Die Urteilsberichtigung gem. § 319 ZPO

Europäische Hochschulschriften

Publications Universitaires Européennes

European University Studies

Reihe II

Rechtswissenschaft

Série II Series II

Droit

Law

Bd./Vol. 3414

PETER LANG

Frankfurt am Main · Berlin · Bern · Bruxelles · New York · Oxford · Wien

Stefan Proske

Die Urteilsberichtigung gem. § 319 ZPO

PETER LANG
Europäischer Verlag der Wissenschaften

Die Deutsche Bibliothek - CIP-Einheitsaufnahme

Proske, Stefan:

Die Urteilsberichtigung gem. § 319 ZPO / Stefan Proske. -
Frankfurt am Main ; Berlin ; Bern ; Bruxelles ; New York ;
Oxford ; Wien : Lang, 2002
(Europäische Hochschulschriften : Reihe 2,
Rechtswissenschaft ; Bd. 3414)
Zugl.: Mannheim, Univ., Diss., 2001
ISBN 3-631-38152-2

D 180
ISSN 0531-7312
ISBN 3-631-38152-2

www.peterlang.de

Inhaltsübersicht

Inhaltsverzeichnis

Vorwort

Die vorliegende Arbeit wurde von der rechtswissenschaftlichen Fakultät der Universität Mannheim im Wintersemester 2000/01 als Dissertation angenommen. Sie entstand im wesentlichen während meiner Tätigkeit am Lehrstuhl für Bürgerliches Recht, Zivilprozeßrecht, Internationales Privatrecht und Rechtsvergleichung von Herrn Professor Dr. Jochen Taupitz in den Jahren 1994 bis 1998. Herrn Professor Taupitz bin ich daher nicht nur für die Erstellung des Erstgutachtens, sondern auch für vielfältige Anregungen und Förderungen, die ich während meiner Zugehörigkeit zum Lehrstuhl erfuhr, sowie seine Geduld und Gesprächsbereitschaft dankbar. Herrn Professor Dr. Hans-Martin Pawlowski danke ich für die rasche Zweitbegutachtung der Arbeit. Der Kanzlei Johlke, Niethammer & Partner - Rechtsanwälte, Wirtschaftsprüfer, Steuerberater -, Hamburg, danke ich für die Übernahme des Druckkostenzuschusses.

Die Literatur- und Rechtsprechungsnachweise befinden sich auf dem Stand Anfang 2001. Da seit 1998 weder in der Rechtsprechung noch in der Literatur wesentliche neue Gesichtspunkte zum hier bearbeiteten Thema auftauchten, konnte sich die Aktualisierung weitestgehend auf die Ergänzung bzw. Ersetzung der Belegstellen beschränken. Unberücksichtigt blieb dabei die bereits 1999 erschienen Arbeit von WOLTER zum gleichen Thema.[1] Ähnlich dem hier unternommenen Ansatz geht es auch WOLTER eigenem Bekunden nach um eine „funktionale“ Betrachtungsweise. Allerdings beschränkt sich diese Sicht auf die Untersuchung der korrigiblen Urteilsmängel,[2] und wird nicht auf das Institut der Urteilsberichtigung im Zusammenhang mit den anderen zivilprozessualen Instituten zur Korrektur von Urteilen ausgeweitet.[3] Sicherlich auch deshalb gelangt WOLTER bei seiner Untersuchung der Zentralfragen, die sich zu § 319 ZPO stellen, nicht über den bereits von WIESEMANN geschaffenen Stand hinaus[4] und fällt teilweise sogar dahinter zurück[5].

Ich hoffe, daß diese Arbeit der Rechtsprechung als praktischer Leitfaden und der Wissenschaft als Anregung für weitere Diskussionen dienen wird.

---

1 KAI WOLTER, Die Urteilsberichtigung nach § 319 ZPO, Münster, 1999.

2 WOLTER, a. a. O., S. 21 ff.

3 Vgl. hierzu unten, Einleitung I. 4, S. 21 ff.; § 3 , S. 47 ff.

4 Siehe etwa zur Frage der Verbindlichkeit des Berichtigungsbeschlusses im Sinne einer materiellen Rechtskraft einerseits WOLTER, a. a. O., S. 150 ff. und andererseits WIESEMANN, S. 232 ff.

5 Siehe etwa zur Frage des Beginns der Rechtsmittelfrist bei Berichtigung des Urteils WOLTER, a. a. O., S. 135 ff., wo er sich ohne inhaltliche Auseinandersetzung der - als einheitliche Linie gar nicht existenten, vgl. unten § 16 I. 1, S. 273 ff. - Rechtsprechung des BGH anschließt. Anders bereits WIESEMANN, S. 213 ff.

Einleitung

§ 319 ZPO:

I. Schreibfehler, Rechnungsfehler und ähnliche offenbare Unrichtigkeiten, die in dem Urteil vorkommen, sind jederzeit von dem Gericht auch von Amts wegen zu berichtigen.

II. Über die Berichtigung kann ohne mündliche Verhandlung entschieden werden. Der Beschluß, der eine Berichtigung ausspricht, wird auf dem Urteil und seinen Ausfertigungen vermerkt.

III. Gegen den Beschluß, durch den der Antrag auf Berichtigung zurückgewiesen wird, findet kein Rechtsmittel, gegen den Beschluß, der eine Berichtigung ausspricht, findet sofortige Beschwerde statt.

Die Urteilsberichtigung ist - im Gerichtsalltag - populär[6] und darüber hinaus manchmal sogar spektakulär. So schlug unlängst die vom höchsten deutschen Gericht vorgenommene Berichtigung des Leitsatzes seiner „Kruzifix-Enscheidung"[7] nicht nur[8] in der Fachöffentlichkeit Wellen.[9] Daher mag es naheliegend erscheinen, sich mit dieser „Wunderwaffe" des Prozeßrechts, die offenbar sogar der Besänftigung einer empörten Öffentlichkeit dienen kann, näher zu beschäftigen.

Andererseits füllen die einschlägigen Kommentierungen zu § 319 ZPO viele Seiten, sind Entscheidungen samt Anmerkung und Gegenanmerkung sowie Aufsätze zu diesem Thema in kaum überschaubarer Anzahl veröffentlicht und finden sich - ohne Gewähr für, aber mit Bemühen um Vollständigkeit - 7 Monographien, die sich ausschließlich der Urteilsberichtigung widmen.[10] Dieser Bibliothek ein

---

6 Als „in der Praxis unentbehrlich" bezeichnet beispielsweise ANKERMANN in AK-ZPO, § 319, Rn. 1, die Urteilsberichtigung.

7 BVerfG 1 BvR 1087/91 v. 16.05.1995, NJW 1995, 2477.

8 Aber auch, vgl. FLUME, NJW 1995, 2904, vs. STRICKER, NJW 1996, 440.

9 Vgl. FRANKFURTER ALLGEMEINE ZEITUNG v. 24.8.1995, S. 3; HANNOVERSCHE ALLGEMEINE v. 23.8.1995, S. 2; DER SPIEGEL v. 28.8.1995, S. 36.

10 HESS, Über die Berichtigung von Urteilen nach § 319 ZPO, 1916; STEINBERG, Die Berichtigung von Urteilen und Beschlüssen, 1930; KLEINSCHMIDT, Das Berichtigungsverfahren nach deutschem und österreichischem Zivilprozeß, 1932; FREYTAG, Berichtigung offenbarer Unrichtigkeiten in richterlichen Entscheidungen, 1933; OSTERLOH, Die Berichtigung gerichtlicher Entscheidungen nach § 319 ZPO, 1970; WIESEMANN, Die Berichtigung gerichtlicher Entscheidungen im Zivil-, Verwaltungs-, Finanz- und Sozialgerichtsprozeß, 1974; BÖTTCHER, Berichtigung und Ergänzung von Urteilen im

weiteres Werk hinzuzufügen, erscheint daher nur gerechtfertigt, wenn dabei dem um- und umgewendeten Gegenstand eine neue Seite abgewonnen werden kann.

Bevor die damit hoffentlich nicht zu hoch gesteckten Erwartungen an die folgenden Ausführungen auch nur ansatzweise erfüllt werden können, soll ein kurzer Überblick über die Urteilsberichtigung als Institut des Prozeßrechts und Gegenstand dieser Arbeit gegeben werden.

I. Die Urteilsberichtigung als Institut des Prozeßrechts

Mit Erlaß des Urteils hat der Zivilprozeß sein Ziel erreicht.[11] Die mit den unterschiedlichen Positionen der Parteien verbundene Unsicherheit über den Bestand von Rechten ist durch die Entscheidung des Gerichts beendet. Durch sein Urteil ist festgestellt, was fortan Recht sein soll und um des Rechtsfriedens willen nicht mehr in Zweifel gezogen werden kann.[12]

Diesen Rechtsfrieden versucht das Prozeßrecht umfassend zu schützen. Zunächst untersagt es dem erkennenden Gericht eine Abänderung seiner Entscheidung, § 318 ZPO. Weiterhin schränkt es die Möglichkeit der Parteien, eine Änderung des Urteils in der höheren Instanz zu erreichen, dadurch ein, daß es für die Einlegung von Rechtsmitteln Fristen bestimmt und den Zugang zu Rechtsmitteln beschränkt. Schließlich bestimmt es, daß nach Ausschöpfung der gewährten Instanzen oder ungenutztem Verstreichenlassen der Rechtsmittelfristen die Entscheidung fortan zwischen den Parteien zu gelten hat.

Betrachtet man die Urteilsberichtigung in diesem Zusammenhang, mag es überraschend erscheinen, daß einem Gericht überhaupt die Berichtigung seines Urteils erlaubt sein soll. Eine Erklärung findet sich darin, daß der Gesetzgeber ein einfaches und rasches Verfahren schaffen wollte, um Unrichtigkeiten *im Ausdruck* des vom Gericht Gewollten zu beseitigen.[13] Er folgte dabei dem aus dem materiellen Recht geläufigen Grundsatz, daß der fehlerhafte Ausdruck nicht dem *wahren Willen* entgegenstehen soll.[14]

Doch gilt dieser Grundsatz nicht unbedingt, bestimmt doch § 319 I ZPO, daß nur *offenbare* Unrichtigkeiten berichtigt werden dürfen; und auch Diskrepanzen

---

Zivilprozeß, 1995. Siehe weiterhin DEGENHARDT, Die Auslegung und Berichtigung von Urteilen des Gerichtshofs der Europäischen Gemeinschaften, 1969.

11 Dabei wird Ziel hier nicht als letzter - und allgemeiner - Prozeßzweck, sondern als verfahrensmäßiger Abschluß, also in einem praktischen Sinn verstanden, vgl. BRUNS, Methodik, S. 191 f. Zum Zweck des Zivilprozesses siehe unten, § 3 IV. 1, S. 53.

12 Genauer zu dieser prozessualen Rechtskrafterklärung unten, § 11 II. 2.c)(1), S. 199 f.

13 Statt aller MUSIELAK in MüKo-ZPO, § 319, Rn. 1, m. w. Nwen.

14 Vgl. MAYER-MALY in MüKo-BGB, § 133, Rn. 8 ff.; näher zur Auslegung von Urteilen unten, § 2 I., S. 33 ff.

zwischen wahrem und erklärten Willen können mitunter nur schwer zu erkennen sein. Der demnach begrenzte Anwendungsbereich der Urteilsberichtigung ist als erstes darzustellen. Daran schließt sich ein Überblick über das Verfahren sowie die Folgen der Urteilsberichtigung an.

Selbstverständlich können in einem Urteil nicht nur Unrichtigkeiten des Ausdrucks vorkommen. Auch wenn die Grenze zwischen Inhalts- und Ausdrucksfehlern mitunter schwer zu ziehen sein mag, erscheint - zumindest idealiter - eine Unterscheidung möglich. Davon geht auch das geltende Recht aus, da es zur Korrektur von Inhaltsfehlern, also Fehlern der Entscheidung selbst, eine Reihe anderer Institute zur Verfügung stellt. Insbesondere soweit diese Institute in einem engen Zusammenhang mit der Urteilsberichtigung stehen, sind sie ebenfalls anzusprechen.

I. Berichtigungsvoraussetzungen

Nach § 319 I ZPO sind vom Gericht offenbare Unrichtigkeiten in seinem Urteil zu berichtigen. Doch was sind offenbare Unrichtigkeiten? Ginge man nur nach dem Begriff des *Offenbaren*, käme man zu höchst unterschiedlichen Antworten, je nach Standpunkt und Kenntnis. So mag dem juristisch Geschulten als offenbar unrichtig erscheinen, wenn in einem Urteil von der „Hinterlegungsstelle des *Land*gerichts" gesprochen wird.[15] Ihm ist klar, daß nur die „Hinterlegungsstelle des *Amts*gerichts" gemeint sein kann, da gem. § 1 II HinterlO Hinterlegungsstellen nur bei den Amtsgerichten eingerichtet sind. Der juristische Laie wird hingegen bereits mit der Hinterlegungsstelle als solcher nichts anfangen können. Andersherum kann ein Rechenfehler dem kaufmännisch Gebildeten in die Augen springen, während der Richter, judex non calculat, lieber die Augen schließt.

Die Schwierigkeit einer Begriffsbestimmung wird - scheinbar[16] - auch nicht dadurch gemildert, daß das Gesetz in § 319 I ZPO nur den Schreib- und Rechnungsfehlern *ähnliche* Unrichtigkeiten für berichtigungsfähig erklärt. Denn während der Schreibfehler durchaus dem klassischen Erklärungsirrtum des materiellen Rechts vergleichbar ist und daher auch als rein mechanisches Versehen bezeichnet wird,[17] ist der Rechenfehler doch ein Fehler, der bereits bei der Bildung des Willens und nicht erst bei ihrem Ausdruck entsteht.[18] Dementsprechend sind Literatur und Rechtsprechung, je nach dem, ob sie den Begriff der offenbaren Unrichtigkeit

---

15 So OLG Zweibrücken 5 W 9/94 v. 06.06.1994, OLGZ 1994, 581 [582].

16 Dazu näher unten, § 3 I., S. 48 ff.

17 RG III 19/89 v. 26.03.1889, RGZ 23, 399 [411].

18 So bereits RG III 65/17 v. 15.05.1917, RGZ 90, 228 [232]; vgl. aus jüngerer Zeit: BGH III ZR 95/82 v. 12.01.1984, NJW 1985, 742 [743].

nun vom Schreib- oder vom Rechenfehler aus interpretiert haben, zu sehr unterschiedlichen Ergebnissen hinsichtlich der Berichtigungsbefugnis gelangt.[19]

Daher wird vielfach darauf hingewiesen, daß eine ausschließlich wortlautbezogene Interpretation der Berichtigungsbefugnis nach § 319 I ZPO untauglich ist. Ihr Verständnis erschließe sich vielmehr erst, wenn man sie in dem bereits angesprochenen Zusammenhang mit der Bindung des Gerichts an seine Entscheidung gem. § 318 ZPO sehe. So betrachtet hat die Begrenzung auf offenbare Unrichtigkeiten die Aufgabe, sicherzustellen, daß das Gericht nicht die in seinem Urteil enthaltene Entscheidung abändert.[20]

Andererseits ist anerkannt, daß es unerheblich ist, an welcher Stelle des Urteils dem Gericht eine offenbare Unrichtigkeit unterlaufen ist. So können Fehler im Rubrum[21] und dort insbesondere in der Parteibezeichnung,[22] in Sachverhalt und Entscheidungsgründen[23] und in der Unterschrift der erkennenden Richter unter das Urteil[24] berichtigt werden.[25] Und auch eine Berichtigung des Tenors ist zulässig, selbst wenn sie ihn inhaltlich umdreht.[26] In der Praxis sind die Berichtigungen von Tenor und Parteibezeichnung die häufigsten - und problematischsten.

---

19 Siehe *einerseits* (enge Anwendung): RG III 19/89 v. 26.03.1889, RGZ 23, 399 [411]; BGH VII ZR 104/57 v. 25.09.1958, NJW 1958, 1917; ROQUETTE, JW 1928, 1317; STEINBERG, S. 9 ff.; HESS, S. 15; E. SCHNEIDER, JurBüro 1969, 457; PRUSKOWSKI, NJW 1979, 931 [932]; MUSIELAK in MüKo-ZPO, § 319, Rn. 4; und *andererseits* (weite Auslegung): RG III 65/17 v. 15.05.1917, RGZ 90, 228 [232]; OLG Jena 2 W 1083/27 v. 23.09.1927, JW 1928, 1317 [1318]; OLG Dresden 2 U 218/38 v. 30.05.1940, ZZP 62 (1941), 384 [385]; OLG Hamm 20 W 47/74 v. 21.03.1975, MDR 1975, 764 [765]; LG Stade 1 S 25/78 v. 26.07.1978, NJW 1979, 168; OLG Düsseldorf 5 WF 176/79 v. 03.08.1979, FamRZ 1982, 1093; BGH III ZR 95/82 v. 12.01.1984, NJW 1985, 742 [743]; LAG München 8 Ta 252/83 v. 10.02.1984, MDR 1985, 170 [171]; LG Köln 13 T 139/86 v. 05.01.1987, NJW-RR 1987, 955; OLG Köln 27 WF 54/92 v. 05.10.1992, FamRZ 1993, 456 [457]; JONAS, JW 1931, 1291 [1292]; MÜMMLER, JurBüro 1978, 167 [168]; BÖTTCHER, S. 18 ff.

20 So bereits FREYTAG, S. 17, und neuerdings BÖTTCHER, S. 30; vgl. weiterhin MUSIELAK in MüKo-ZPO, § 319, Rn. 1; HARTMANN in B/L/A/H, § 319, Rn. 6.

21 BGH II ZR 310/53 v. 27.10.1955, BGHZ 18, 350 [354 f.].

22 BGH IX ZR 193/93 v. 14.07.1994, BGHZ 127, 74 [75 ff.].

23 BGH XII ZR 184/93 v. 09.11.1994, BGH, NJW 1995, 1033.

24 BGH II ZR 310/53 v. 27.10.1955, BGHZ 18, 350 [354 f.].

25 Weitere Beispiele bei HARTMANN in B/L/A/H, § 319, Rn. 13 ff.

26 Vgl. bereits RG III 19/89 v. 26.03.1889, RGZ 23, 399 [403 ff.], sowie jüngst BGH II ZR 188/89 v. 16.05.1991, AG 1991, 315 (mit *abl.* Anm. M. WOLF, AG 1991, 315), worin auch kein Verfassungsverstoß liegt: BVerfG 1 BvR 1330/88 v. 19.12.1988, unveröffentlicht (Juris); *a. A.* wohl OLG Nürnberg 10 WF 1931/80 v. 10.10.1980, unveröffentlicht (Juris).

Schließlich ist die Berichtigungsbefugnis entgegen dem Wortlaut des § 319 I ZPO keineswegs auf Urteile begrenzt. Die Vorschrift ist vielmehr auch auf Beschlüsse[27], Vollstreckungsbescheide[28] und Schiedssprüche[29] anwendbar.[30] Und auch in anderen Verfahrensordnungen ist § 319 ZPO, soweit diese nicht selbst eine entsprechende Vorschrift haben,[31] anzuwenden.[32]

2. *Das Verfahren*

Die Urteilsberichtigung kann jederzeit, auch nach formeller Rechtskraft des Urteils,[33] erfolgen. Sie ergeht entweder auf Antrag einer Partei oder von Amts wegen. Die Entscheidung erfolgt durch Beschluß mit fakultativer mündlicher Verhandlung. Sie darf zwar nur durch den Spruchkörper erfolgen, der das Urteil erlassen hat, doch ist eine Änderung in dessen Besetzung unschädlich.[34] Davon abweichend soll auch das Rechtsmittelgericht die Berichtigung des vorinstanzlichen Urteils vornehmen können, solange der Rechtsstreit infolge eines Rechtsmittels bei ihm anhängig ist.[35]

Die erfolgte Urteilsberichtigung wird auf dem Urteil und seinen Ausfertigungen vermerkt, § 319 II 2 ZPO. Gegen sie findet das Rechtsmittel der sofortige Beschwerde statt, § 319 III ZPO, wobei streitig ist, ob dies auch gilt, wenn gegen das Urteil selbst kein Rechtsmittel eingelegt werden kann.[36] Gegen den Beschluß,

---

27 BGH XII ARZ 2/93 v. 17.02.1993, NJW-RR 1993, 700; so bereits RG V 58/29 v. 28.05.1930, RGZ 129, 155 [161].

28 OLG Frankfurt 5 W 28/89 v. 19.01.1990, NJW-RR 1990, 767; LG Stuttgart 10 T 567/95 v. 23.09.1995, RPfleger 1996, 166; abzulehnen ist jedoch eine Anwendung auf den Mahnbescheid, da hier (noch) keine dem Urteil vergleichbare Entscheidung vorliegt und das Gericht daher auch keiner dem § 318 ZPO ähnlichen Bindung unterliegt, BGH VII ZR 31/83 v. 29.09.1983, NJW 1984, 242; *a. A.* HARTMANN in B/L/A/H, § 692, Rn. 8.

29 VOLLKOMMER in Zöller, ZPO, § 319, Rn. 3, m. w. Nwen.

30 Vgl. im übrigen MUSIELAK in MüKo-ZPO, § 319, Rn. 3, m. w. Nwen; dort auch zum Streit, ob § 319 ZPO auch beim Prozeßvergleich Anwendung findet.

31 So aber § 122 VwGO, § 107 FGO, § 138 SGG; siehe zu diesen WIESEMANN, S. 16 ff., 28 ff., 34 ff.; und über die Verweisungen in §§ 46 II, 64 VI, 72 V ArbGG auch das arbeitsgerichtliche Verfahren, vgl. BAG 4 AZB 15/86 v. 19.08.1986, BAGE 52, 375 [377].

32 Vgl. BGH V ZB 25/88 v. 09.02.1989, BGHZ 106, 370 [371 f.], für das WEG-Verfahren; BGH 3 StR 310/90 v. 14.11.1990, NJW 1991, 1900, und SEIBERT, NJW 1964, 239 für das Strafverfahren; OLG Frankfurt 20 W 74/96 v. 14.03.1996, MDR 1996, 963, zur Berichtigung einer notariellen Urkunde; sowie MUSIELAK in MüKo-ZPO, § 319, Rn. 2, m. w. Nwen.

33 BGH IVb ZB 502/80 v. 23.04.1980, VersR 1980, 744; OLG Hamm 4 WF 457/85 v. 03.09.1986, NJW-RR 1987, 187 [188].

34 BGH III ZR 95/82 v. 12.01.1984, NJW 1985, 742.

35 BGH XI ZR 278/96 v. 27.05.1997, BGHR ZPO § 319 Abs. 1 Urteilsformel 5.

36 *Ablehnend* BGH I ZB 14/89 v. 22.03.1990, NJW-RR 1990, 893.

durch den eine Berichtigung abgelehnt wird, ist nach dem Wortlaut des Gesetzes kein Rechtsmittel gegeben. Anders soll es hingegen sein, wenn das Gericht den Begriff der offenbaren Unrichtigkeit, also seine Berichtigungsbefugnis verkannt hat.[37]

3. *Die Folgen*

Der Berichtigungsbeschluß wirkt auf den Zeitpunkt der Verkündung des Urteils zurück; die durch ihn bewirkte Neufassung des Urteils gilt *rückwirkend* als die ursprüngliche Fassung.[38] Daraus folgt, daß Rechtsmittelfristen grundsätzlich auch dann bereits mit der Zustellung des unberechtigten Urteils begonnen haben, wenn beispielsweise erst der Tenor der berichtigten Fassung eine Beschwer erkennen läßt.[39] Hiervon wird allerdings eine Ausnahme gemacht, wenn das Urteil in der unberichtigten Fassung nicht klar genug war, um den Parteien die Grundlage für ihre Entscheidung über Notwendigkeit und Möglichkeit der Einlegung von Rechtsmitteln abzugeben.[40] Weitere Folge der Rückwirkung ist, daß ein zunächst zulässiges Rechtsmittel aufgrund der Berichtigung unzulässig werden kann und umgekehrt.[41]

Wird der Berichtigungsbeschluß nicht (erfolgreich) angefochten, erwächst er nach h. M. grundsätzlich gem. §§ 319 III, 577 III ZPO in materielle Rechtskraft.[42] Daraus folgt, daß für den Umfang der Rechtskraft des Urteils allein die berichtigte Fassung maßgebend ist.[43] Doch soll dies nach vielfach vertretener Auffassung nicht gelten, wenn der Beschluß sich in Wahrheit nicht als Berichtigungsbeschluß darstellt, weil er die Grenzen der Berichtigungsbefugnis offensichtlich nicht eingehalten hat.[44]

---

37 LG Frankfurt 2/9 T 383/91 v. 13.05.1991, NJW-RR 1991, 1470.

38 BGH III ZR 95/82 v. 12.01.1984, NJW 1985, 742; MUSIELAK in MüKo-ZPO, § 319, Rn. 15 f., m. w. Nwen.

39 BGH V ZR 21/83 v. 09.12.1983, BGHZ 89, 184 [186]; BGH XII ZR 68/89 v. 28.03.1990, FamRZ 1990, 988.

40 BGH VII ZB 13/90 v. 17.01.1991, BGHZ 113, 228 [231]; BGH XII ZR 184/93 v. 09.11.1994, NJW 1995, 1033 [1033 f.].

41 BGH XI ZR 278/96 v. 27.05.1997, BGHR ZPO § 319 Abs. 1 Urteilsformel 5.

42 BGH IX ZR 193/93 v. 14.07.1994, BGHZ 127, 74 [76]; MUSIELAK in MüKo-ZPO, § 319, Rn. 18; LEIPOLD in Stein/Jonas, ZPO, § 319, Rn. 15, m. w. Nwen.

43 BGH III ZR 95/82 v. 12.01.1984, NJW 1985, 742, so schon RG II 331/32 v. 17.03.1933, LZ 1933, 1027.

44 BGH XII ARZ 19/94 v. 29.06.1994, FamRZ 1994, 1520.

4. Abgrenzung zu verwandten Rechtsinstituten

Auch wenn die Urteilsberichtigung somit einen sehr weiten Anwendungsbereich und u. U. erhebliche Folgen hat, ist sie doch keineswegs das einzige und sicher nicht das wichtigste Institut, das die ZPO für die Korrektur von Fehlern in Urteilen vorsieht. Ein tieferes Verständnis der Funktion des Berichtigungsverfahrens erfordert daher, sich diese anderen Instituten, insbesondere in Abgrenzung zur Urteilsberichtigung, zu vergegenwärtigen.

a) Rechtsmittel

Das wichtigste Institut des Prozeßrechts zur Korrektur von Fehlern sind die Rechtsmittel. Sie dienen vor allem[45] der inhaltlichen Überprüfung einer Entscheidung, also dem Einwand, das Gericht habe unrichtig entschieden. Rechtsmittel bewirken zum einen, daß die Kompetenz zur Entscheidung vom Ausgangsgericht, dem judex a quo, zum Rechtsmittelgericht, dem judex ad quem verlagert wird (Devolutiveffekt). Zum anderen führen sie dazu, daß der Vollzug der angefochtenen Entscheidung ausgesetzt wird (Suspensiveffekt).

Mit Devolutiv- und Suspensiveffekt unterscheiden sich die Rechtsmittel von den anderen Rechtsbehelfen, wie Einspruch, Widerspruch, Erinnerung und Wiederaufnahmeklage, die zwar auch zu einer Überprüfung in der Sache führen, aber ohne aufschiebende Wirkung sind und bei denen die Überprüfung durch das Ausgangsgericht erfolgt.

Aufgrund eines Rechtsmittels kann eine neue Entscheidung des Rechtsstreits erreicht werden. Damit unterscheiden sie sich fundamental von der Urteilsberichtigung, welche die Entscheidung unangetastet lassen soll. Weiterhin erfolgt die Berichtigung - i. d. R.[46] - durch das erkennende Gericht selbst und die Einlegung eines Berichtigungsantrags hat - unmittelbar[47] - keinerlei aufschiebende Wirkung in Bezug auf die unberichtigte Entscheidung.

b) Urteilsergänzung, § 321 ZPO

Näher steht die Urteilsberichtigung der Urteilsergänzung gem. § 321 ZPO. Nach dieser Vorschrift hat das Gericht auf Antrag sein Urteil zu ergänzen, wenn es einen Anspruch oder die Frage der Kostentragung übergangenen, d. h. versehentlich[48] nicht beschiedenen hat. Mit Anspruch ist der prozessuale Anspruch gemeint, so daß die Nichtberücksichtigung eines Verteidigungs*mittels*, wie etwa

---

45 Aber auch ein fehlerhafter Entscheidungs*ausdruck* kann eine Beschwer darstellen, vgl. BGH VIII ZR 280/80 v. 09.12.1981, NJW 1982, 1048 [1049].

46 Zur Ausnahme der h. M. siehe bereits oben, Fn. 35, und ausführlich unten, § 14 I. 2, S. 245 ff.

47 Zum Vollstreckungsschutz bei Vorliegen der Berichtigungsvoraussetzungen siehe unten, § 17 I. 2, S. 294 f.

48 BGH VI ZR 40/78 v. 27.11.1979, NJW 1980, 840 [840 f.].

der Aufrechnung, kein übergangener Anspruch ist.[49] Gerade darin zeigt sich auch der Unterschied zwischen einem ergänzungsbedürftigen oder -fähigen und einem sonst unrichtigen Urteil: Hat das Gericht einen prozessualen Anspruch - auch unrichtig - beschieden, ist es insoweit durch § 318 ZPO gebunden.[50] Eine Änderung kann nur durch Rechtsmittel erfolgen. Hat es hingegen noch nicht über diesen Anspruch entschieden, besteht mangels Entscheidung auch keine Innenbindung und fehlt der Anknüpfungspunkt für ein Rechtsmittel, weshalb dieses bezüglich des übergangenen Anspruchs auch unzulässig ist.[51]

Die Ähnlichkeit zwischen Urteilsberichtigung und Urteilsergänzung erschöpft sich jedoch darin, daß in beiden Fällen das erkennende Gericht für die Veränderung des Urteils - als äußere Form, nicht jedoch der Entscheidung! - zuständig ist. Im übrigen besteht zwischen beiden Instituten geradezu ein Ausschlußverhältnis.[52] Zweck der Urteilsberichtigung ist es, den fehlerhaften Ausdruck einer Entscheidung zu korrigieren. Sie setzt daher eine Entscheidung voraus. Die Urteilsergänzung ist hingegen insoweit gegeben, als keine Entscheidung vorliegt. Auswirkungen zeigt dieser Unterschied, wenn das Gericht in den Urteilsgründen einen Anspruch beschieden oder eine Kostenentscheidung getroffen hat, deren Erwähnung im Tenor aber unterblieb. Hier ist ausschließlich die Urteilsberichtigung zur Korrektur gegeben, da auch die Bescheidung in den Gründen eine Entscheidung ist.[53]

c) Tatbestandsberichtigung, § 320 ZPO

Gem. § 314 S. 1 ZPO liefert der Tatbestand des Urteils Beweis für das mündliche Parteivorbringen.[54] Dieser Beweis gilt sowohl positiv, d. h. hinsichtlich dessen, was der Tatbestand als von den Parteien erklärt ausgibt, als auch negativ:

---

49 OLG Frankfurt 22 W 51/88 v. 14.12.1988, NJW-RR 1989, 640.

50 Abweichend für Verstöße gegen das Gebot des ne ultra petita (§ 308 ZPO): KLETTE, ZZP 82 (1969), 93.

51 OLG Zweibrücken 5 UF 157/93 v. 17.01.1994, FamRZ 1994, 972 [973].

52 Das verkennt SCHUMACHER, NJW 1969, 967, der für die Auslegung des § 319 ZPO den (weit ausgelegten) Art. 66 § 1 VfOEuGH heranziehen will. Die weite Auslegung dieser Bestimmung beruht aber gerade darauf, daß die VfOEuGH das Institut der Urteilsergänzung nicht kennt; dazu DEGENHARDT, S. 107; ähnlich unrichtig BÖTTCHER, S. 22, der § 319 ZPO „großzügig" anwenden will, wenn die Frist der §§ 320, 321 ZPO abgelaufen ist.

53 So bereits RG V 689/27 v. 10.11.1928, JW 1929, 101 Nr.6; vgl. aus neuerer Zeit BGH VII ZR 152/62 v. 18.06.1964, NJW 1964, 1858; *a. A.*: BAG 2 AZR 450/58 v. 29.05.1959, BAGE 8, 20 [23] mit *abl.* Anm. BADER, NJW 1965, 527; in der Formulierung auch noch BAG 7 AZR 306/83 v. 18.10.1985, unveröffentlicht (Juris), dazu unten in Fn. 139 a. E., S. 37.

54 Dazu ausführlich HUBER, JuS 1984, 615.

Was im Tatbestand nicht als Parteivortrag erwähnt ist, gilt als von den Parteien nicht vorgetragen.[55]

Seine besondere Bedeutung erhält die Vorschrift dadurch, daß das Revisionsgericht an die tatbestandlichen Feststellungen der Vorinstanz gebunden ist, § 561 ZPO.[56] Weiterhin ist der Tatbestand zur Feststellung der materiellen Rechtskraft eines Urteils erforderlich[57] und gewinnt auch in der Berufung eine eigenständige Bedeutung, wenn es um die Frage neuen und damit evtl. gem. § 528 ZPO verspäteten Vortrags geht.[58]

Diese Folgen machen deutlich, daß ein unrichtiger Tatbestand erhebliche Nachteile für die Parteien mit sich bringen kann. Verstärkt werden sie dadurch, daß abweichend von § 418 II ZPO der Beweis einer Unrichtigkeit des Tatbestands nur durch das Protokoll geführt werden kann, § 314 S. 2 ZPO.[59] Diese Härte ist nur erträglich, weil es für die Parteien die Möglichkeit der Tatbestandsberichtigung gem. § 320 ZPO gibt.[60]

Nach dieser Vorschrift können Auslassungen, Dunkelheiten und Widersprüche im Tatbestand auf Antrag berichtigt werden, § 320 I ZPO. Zum Tatbestand gehören dabei nicht nur der als solcher bezeichnete Abschnitt des Urteils (vgl. § 313 I Nr. 5 ZPO), sondern alle tatsächlichen Feststellungen im Urteil, auch wenn sie sich in den Entscheidungsgründen befinden[61] oder das Urteil überhaupt keinen gesonderten Tatbestand hat.[62] Andererseits können aber auch *nur* Unrichtigkeiten des Tatbestands nach § 320 ZPO korrigiert werden. Selbst wenn infolgedessen das Urteil insgesamt unschlüssig wird, ist dem Gericht eine „Folgeberichtigung"

---

55 BGH IV ZR 64/89 v. 16.05.1990, VersR 1990, 974; BGH IVa ZR 39/81 v. 03.11.1982, NJW 1983, 885 [886].

56 BGH I ZR 156/84 v. 20.11.1986, NJW 1987, 2297 [2298]; BGH IX ZR 215/92 v. 29. 04.1993, NJW 1993, 1851 [1852]. Einschränkend jedoch BGH XI ZR 166/91 v. 16.06.1992, NJW 1992, 2148 [LS 3, 2149], „Auch wenn der Tatbestand des Berufungsurteils wegen der Einzelheiten des Parteivorbringens keine ausdrückliche Bezugnahme auf die vorangegangenen Schriftsätze enthält, kann das Revisionsgericht in der Regel davon ausgehen, daß deren Inhalt zum Gegenstand der mündlichen Verhandlung gemacht worden ist"; dazu *kritisch* C.-D. SCHUMANN, NJW 1993, 2786 [2787 f.].

57 Dazu ausführlich unten, § 2 I., S. 33 ff.

58 C.-D. SCHUMANN, NJW 1993, 2786 [2787], m. w. Nwen.

59 Richtig aber BALZER, NJW 1995, 2448 [2451 in Fn. 24], der darauf hinweist, daß die Beweisfunktion wegen der üblichen Verweisung zunehmend unbedeutend werde.

60 BAG 1 AZR 531/54 v. 09.12.1955, AP Nr. 2 zu § 7 KSchG.

61 BGH IX ZR 215/92 v. 29. 04.1993, NJW 1993, 1851 [1852].

62 BGH IV ZR 275/96 v. 26.03.1997, NJW 1997, 1931; *a. A.* OLG Köln 2 U 67/87 v. 25.05.1988, OLGZ 1989, 78 [78 ff.].

anderer Teile der Entscheidung versagt, § 320 V ZPO.[63] Zulässig ist es jedoch, daß eine Partei einen Antrag auf Urteilsergänzung gem. § 321 ZPO auf die erfolgte Tatbestandsberichtigung stützt.[64]

Der Antrag ist binnen 2 Wochen nach Zustellung des vollständigen Urteils, spätestens aber innerhalb von drei Monaten ab Verkündung zu stellen, § 320 I, II 1 u. 3 ZPO.[65] Über ihn wird aufgrund zwingender[66] mündlicher Verhandlung entschieden, § 320 III 1 ZPO; an der Entscheidung dürfen nur die Richter teilnehmen, die bei dem Urteil mitgewirkt haben, § 320 IV S. 2 ZPO. Die Entscheidung erfolgt durch Beschluß, der gem. § 320 IV S. 4 ZPO unanfechtbar ist. Diese engen Verfahrensgrenzen sind darin begründet, daß es bei der Tatbestandsberichtigung ausschließlich auf die Erinnerung der Richter ankommt, die an der mündlichen Verhandlung teilgenommen haben.[67]

Ein interessanter Sonderfall fand sich am AG Castrop-Rauxel:[68] Einer Klage auf Mieterhöhung wurde stattgegeben, ohne daß der Erhöhungszeitpunkt in Tenor, Tatbestand oder Gründen festgestellt wurde. Eine Urteilsberichtigung gem. § 319 ZPO wurde mangels Offenkundigkeit abgelehnt. Auch eine Tatbestandsberichtigung war wegen Verhinderung des Richters nicht möglich. Deshalb, so daß Gericht, konnte auch keine Urteilsergänzung erfolgen. Das Gericht folgerte daraus die Zulässigkeit einer erneuten Klage.[69]

Das demnach sehr förmliche Verfahren der Tatbestandsberichtigung findet aber nur statt, wenn die Unrichtigkeit des Tatbestands *nicht* offenbar ist; anderenfalls greift das einfache Verfahren der Urteilsberichtigung, wie § 320 I ZPO bestimmt. Daher folgert die h. M. im Umkehrschluß aus der Voraussetzung der Urteilsberichtigung, daß eine Tatbestandsberichtigung nach § 320 ZPO nur erforderlich und zulässig ist, wenn die Unrichtigkeit aufgrund falscher Willens*bildung*

---

63 BGH II ZR 38/94 v. 30.01.1995, NJW-RR 1995, 572: Unrichtigkeit der Parteibezeichnung.

64 Mittelbach, DB 1967, 1428 [1429]; Rosenberg/Schwab/Gottwald, ZPR, § 61 I 4, S. 335.

65 Gegen die Versäumung dieser Frist gibt es auch dann keine Wiedereinsetzung, wenn das Urteil entgegen §§ 310 II, 315 II ZPO erst nach Ablauf dieser Frist zu den Akten gelangt ist; dieser Mangel kann jedoch einen Revisionsgrund darstellen, BGH II ZR 22/59 v. 25.01.1960, BGHZ 32, 17 [27 f.]. Siehe auch die Reformvorschläge 1977, nach der die Frist auf einen Monat verlängert werden (Kommissionsbericht ZPR, S. 106) und als Notfrist ausgestaltet werden sollte (a. a. O., S. 85 f.). Kritisch zur st. Rspr. auch E. Schneider, MDR 1988, 640.

66 Diese ist nach BGH V ZR 224/97 v. 17.12.1998, NJW 1999, 796, jedoch nicht erforderlich, wenn der Antrag bereits unzulässig ist.

67 Vgl. BGH IX ZR 257/88 v. 22.02.1990, BGHR ZPO § 320 Revisionsurteil 1.

68 AG Castrop-Rauxel 11 C 296/92 v. 05.02.1993, ZMR 1993, 228.

69 Siehe zu solchen Fällen fehlender Rechtskraft unten, § 2 I. 1, S. 40.

entstanden ist.[70] Sollte auch der Beschluß, durch den eine Tatbestandsberichtigung ausgesprochen wird, fehlerhaft sein, ist im Falle der offenbaren Unrichtigkeit seine Berichtigung durch einen Berichtigungsbeschluß nach § 319 ZPO zulässig.[71]

d) Feststellungsklage

Als letztes ist für die Funktion der Urteilsberichtigung im Gefüge der prozessualen Institute die Klage auf Feststellung des Urteilsinhalts wesentlich. Mit dieser Klage können Zweifel über den Inhalt eines Urteils behoben werden. Ihr steht nicht die Rechtskraft des Vorurteils entgegen, da ihr Ziel nicht die Neuentscheidung des alten Rechtsstreits ist, sondern gerade die Erkenntnis dessen, was entschieden wurde.[72]

Das nach § 256 ZPO für eine Feststellungsklage erforderliche besondere Rechtsschutzbedürfnis ist allerdings nur gegeben, wenn die Unrichtigkeit nicht in einem einfacheren Verfahren, insbesondere dem Berichtigungsverfahren nach § 319 ZPO ausgeräumt werden kann. Das wurde beispielsweise bejaht beim Streit um die Reichweite eines Unterlassungsurteils,[73] des Umfangs einer Nachbesserungspflicht, zu der ein Werkunternehmer verurteilt wurde,[74] eines Anerkenntnisses[75] und bei der unrichtiger Bezeichnung eines herauszugebenden Sparbuchs.[76]

e) Fehlermatrix

Die vorstehend angeführten Institute zur Korrektur unrichtiger Urteile behandeln sehr unterschiedliche Fehler. Diese lassen sich in zweifacher Hinsicht unterteilen. Zum einen können sie danach unterschieden werden, an welcher Stelle sie auftreten. Entsprechend den nach § 313 I ZPO grundsätzlich erforderlichen Angaben sind dies Rubrum, Tenor, Tatbestand und Entscheidungsgründe. Zum anderen können die möglicherweise auftretenden Fehler nach ihrer Art, also danach unterschieden werden, ob es sich um solche des Inhalts oder des Ausdrucks handelt. Letztere wiederum sind zur Abgrenzung von berichtigungsfähigen und solchen, die es nicht sind, in offensichtliche und andere, hier der Plastizität wegen „versteckte" genannt, zu trennen.

---

70 FISCHER, Bezugnahmen, S. 91.

71 BGH IVa ZR 155/86 v. 09.12.1987, NJW-RR 1988, 407 [408].

72 BGH I ZR 117/51 v. 22.02.1952, BGHZ 5, 189 [194]; OLG Frankfurt 4 UF 6/80 v. 20.03.1980, FamRZ 1980, 906 [906 f.]; OLG Köln 2 U 149/87 v. 12.10.1988, NJW-RR 1989, 567 [567 f.].

73 RG I 356/12 v. 16.04.1913, RGZ 82, 161 [164].

74 BGH VII ZR 14/75 v. 23.09.1976, MDR 1977, 133.

75 OLG Frankfurt 4 UF 6/80 v. 20.03.1980, FamRZ 1980, 906.

76 BGH VIII ZR 81/71 v. 25.09.1972, NJW 1972, 2268 [2268 f.], dazu unten, § 6 I. 2.a), bei Fn. 376, S. 88.

Jedem dieser somit zweifach (nach Ort und Art) bestimmten Fehler ist im System der ZPO ein bestimmtes Institut zur Korrektur zugeordnet. Diese Zuordnung läßt sich in einer Matrix darstellen:

<table>
<tr><th rowspan="2" colspan="3">Fehler</th><th colspan="4">Ort</th></tr>
<tr><th>Rubrum insbes. Parteibezeichnung</th><th>Tenor</th><th>Tatbestand</th><th>Gründe*</th></tr>
<tr><td rowspan="3">Art</td><td colspan="2">Inhalt</td><td>RM</td><td>RM oder** § 321 ZPO</td><td>§ 320 ZPO</td><td>(RM)</td></tr>
<tr><td rowspan="2">Ausdruck</td><td>versteckt</td><td>FSK</td><td>FSK /*** neu</td><td>(FSK)****</td><td>(FSK)</td></tr>
<tr><td>offenbar</td><td colspan="3">§ 319 ZPO</td><td>(§ 319 ZPO)</td></tr>
</table>

Erläuterungen:

RM = Rechtsmittel; FSK = Feststellungsklage.

* Streitig ist, ob auch fehlerhafte Entscheidungsgründe eine Partei beschweren. Nach h. M. ist dies - zumindest grundsätzlich - nicht der Fall.[77] Eine Ausnahme ist aber akzeptiert, wenn den Gründen eine über die unmittelbare Entscheidung hinausgehende Bedeutung zukommt, wie etwa bei einer Verurteilung zu Schadensersatz wegen einer vorsätzlich begangenen unerlaubten Handlung, da dies gem. § 850f II ZPO weitere Vollstreckungsmöglichkeiten eröffnet als eine Verurteilung aus sonstigem Grund.[78] Soweit solche Ausnahmen nicht vorliegen sind sowohl Rechtsmittel als auch Klage auf Feststellung des Urteilsinhalts trotz etwaiger Unrichtigkeiten der Gründe unzulässig.

** Wenn sich ein inhaltliche Fehler des Urteils auf den Tenor auswirkt (was der Normalfall ist) ist nur entweder ein Rechtsmittel (Anspruch *falsch* beschieden) oder die Urteilsergänzung (Anspruch *nicht* beschieden) gegeben; vgl. bereits oben, b)., S. 21.

*** Bei Ausdrucksfehlern, die nicht der Urteilsberichtigung unterfallen, hängt die Zulässigkeit von Klage auf Feststellung des Urteilsinhalts oder einer erneuten (i. d. R. Leistungs-) Klage von den Umständen des Einzelfalls, namentlich von den mitunter widerstreitenden Interessen Schutz der Rechtskraft vs. Verhinderung der Titelverdoppelung ab.[79]

---

77 BGH IVb ZR 638/80 v. 02.12.1981, BGH, NJW 1982, 578 [579 f.]; OLG Celle 4 U 91/78 v. 14.07.1978, OLGZ 1979, 194 [195 f.]; *a. A.* BETTERMANN, ZZP 82 (1969), 24 ff.; GRUNSKY, ZZP 76 (1963), 165 [170 ff.], m. w. Nwen.

78 BGH III ZR 215/88 v. 30.11.1989, BGHZ 109, 275 [276 ff.]; vgl. weiterhin zum Sonderfall der lediglich als zur Zeit unbegründet abgewiesen Klage, bei der der Beklagte die völlige Abweisung der Klage erstrebt, BGH II ZR 250/55 v. 23.05.1957, BGHZ 24, 279 [284]: Beschwer gegeben.

79 Vgl. BGH VIII ZR 81/71 v. 25.09.1972, NJW 1972, 2268; BGH V ZR 233/83 v. 18.01.1985, BGHZ 93, 287 [289 f.].

**** Eine erneute Klage zur Feststellung etwaiger Unrichtigkeiten im Tatbestand ist nur insoweit zulässig, wie diese Tatbestandselemente auf die Entscheidung Einfluß haben; anderenfalls würde die enge Frist des § 320 II ZPO überspielt.[80]

II. Die Urteilsberichtigung als Gegenstand dieser Arbeit

Einleitend wurde eingeräumt, daß über die Urteilsberichtigung schon viel geschrieben wurde und sich daher fragt, was eine neue Untersuchung dieses Themas rechtfertigt. Der Grund liegt m. E. darin, daß alle bisherigen Darstellungen dieses Rechtsinstituts es weitgehend bei einer Wortlautinterpretation des § 319 ZPO beließen. Allenfalls historische Auslegungskriterien wurden ergänzend herangezogen. Eine systematische Betrachtung des Berichtigungsverfahrens als Teil des gesamten Systems zivilprozessualer Institute zur Korrektur fehlerhafter Entscheidungen unterblieb jedoch ganz oder erschöpfte sich in einem wenig differenzierten Hinweis auf den Grundsatz der Verfahrensökonomie[81] und die gelegentlich ausgesprochene Empfehlung, die Urteilsberichtigung „weitherzig“[82] anzuwenden.

Folge dieser mangelhaften dogmatischen Fundierung ist zum einen, daß die Vertreter einer engen und einer weiten Auslegung der Berichtigungsbefugnis weitgehend sprachlos nebeneinander stehen. Aufbauend auf einer systematischen Untersuchung von Funktion und Gegenstand der Urteilsberichtigung (Erster Teil) sind daher im Zweiten Teil dieser Arbeit die Grenzen der Berichtigungsbefugnis neu zu bestimmen.

Die weitere und in der Rechtsanwendung zu erheblicher Unsicherheit führende Konsequenz der mangelhaften Fundierung des Instituts der Urteilsberichtigung ist, daß immer noch keine Einigkeit herrscht, was Folge einer *unzulässigen* Urteilsberichtigung ist. Auch hier stehen Entscheidungen und andere Ansichten, die mal eine Bindungswirkung bejahen, mal diese verneinen, weitgehend beziehungslos nebeneinander.[83] Man muß zwar nicht die Auffassung teilen, daß die unrichtige Entscheidung das „Zentralproblem der allgemeinen Prozeßrechtslehre“ ist.[84] Doch ist kaum von der Hand zu weisen, daß die Antwort auf die Frage nach der Bindung an eine fehlerhafte Urteilsberichtigung von erheblicher Bedeutung für die Beurteilung dieses Instituts ist. Da weiterhin - wie im Detail noch zu zeigen ist - die bisherigen Lösungsansätze sehr oberflächlich geblieben sind, stellt sich die Frage nach der Bindungswirkung der Urteilsberichtigung durchaus als zentrales

80 BGH VII ZR 14/75 v. 23.09.1976, MDR 1977, 133.

81 BGH III ZR 95/82 v. 12.01.1984, NJW 1985, 742; OLG Hamm 20 W 47/74 v. 21.03.1975, MDR 1975, 764 [765]; HARTMANN in B/L/A/H, § 319, Rn. 12, m. w. Nwen.

82 OLG Frankfurt 1 W 28/68 v. 11.09.1969, NJW 1970, 436.

83 Vgl. HEINRICH, LM § 319 ZPO Nr. 19, der von einer noch offenen Frage spricht.

84 So der Titel der Abhandlung von SAX, ZZP 67 (1954), 21 ff., *dagegen* GAUL, AcP 168 (1968), 27 [58], der dies als „methodische Verirrung“ bezeichnet.

Problem *dieses Instituts* dar. Sie bildet daher den Dritten Teil und zweiten Schwerpunkt dieser Arbeit.

Schließlich hängen mit dem Institut der Urteilsberichtigung eine Reihe von Verfahrensfragen zusammen. Neben dem eigentlichen Berichtigungsverfahren und dem Problem der Anfechtung von hierin ergangenen Entscheidungen handelt es sich dabei um das Verhältnis von Urteilsberichtigung und Rechtsmitteln gegen das zu berichtigende Urteil sowie um die haftungsrechtlichen Folgen der Vollstreckung bei fehlerhafter oder unterbliebener Berichtigung. Diese Fragen werden im Vierten Teil behandelt.

Bei all' diesen Fragen ist auf eine Einschränkung der vorliegenden Untersuchung hinzuweisen: Das Institut der Urteilsberichtigung ist nur in seinem unmittelbaren Anwendungsbereich, also in der Anwendung auf Urteile, Gegenstand dieser Arbeit. Zwar kann es nach allgemeiner Ansicht auch auf andere Entscheidungen und sogar auf Nichtentscheidungen angewendet werden.[85] Doch treten hierbei die besonderen Probleme, die sich bei der *Urteils*berichtigung aus dem möglichen Konflikt der Bindungswirkungen von unberichtigtem Urteil und Berichtigungsbeschluß ergeben können, nicht auf. Da sich weiterhin der gesetzlich geregelte Anwendungsfall des Berichtigungsverfahrens auf Urteile bezieht, erscheint es gerechtfertigt, die Untersuchung darauf zu beschränken. Die Berichtigung von Beschlüssen, als bedeutender weiterer Anwendungsfall, wird nur „illustrandi causa" gestreift.

Weiterhin wird der in diesem Zusammenhang regelmäßig[86] untersuchten Frage nach einer Haftung des Richters für eine fehlerhafte Urteilsberichtigung in dieser Untersuchung nicht nachgegangen. Nach h. M. ergreift das Richterspruchprivileg des § 839 II BGB auch die Berichtigung gem. § 319 ZPO.[87] Dieses Ergebnis wird zum einen auf den rechtskraftfähigen Charakter des Berichtigungsbeschlusses,[88] zum anderen auf die zu wahrende Unabhängigkeit des Richters[89] gestützt. Die vorliegende Arbeit wird zeigen, daß der Berichtigungsbeschluß nicht in materielle Rechtskraft erwächst.[90] Damit entfällt eine der tragenden Säulen für die Anwendung des Richterspruchprivilegs. Die Anwendung des § 839 II BGB auf die Urteilsberichtigung hängt somit von der Frage ab, ob auch bzw. allein der Schutz der Unabhängigkeit der Richter diese Haftungsbeschränkung rechtfertigt oder gar verlangt. Eine Antwort auf diese bereits viel diskutierte[91] Frage ist im Rahmen der hier vorgelegten Untersuchung nicht möglich. Sie erscheint aber auch verzichtbar, da sie primär die Auslegung des § 839 BGB und nicht die des § 319 ZPO betrifft.

---

85 Dazu oben, I. 1, S. 19.

86 Vgl. WIESEMANN, S. 220 f.; STEINBERG, S. 26; OSTERLOH, S. 99.

87 RG III 65/17 v. 15.05.1917, RGZ 90, 228 [230 f.]; WIESEMANN, S. 220 f., jew. m. w. Nwen; *a. A.* - soweit ersichtlich nur - WIECZOREK, ZPO (1. Aufl.), § 319, Anm. E II b.

88 RG, a. a. O.; LEIPOLD, JZ 1967, 737 [740]; MERTEN, FS Wengler, S. 530 f.

89 Siehe die Nwe. oben, Fn. 86.

90 Siehe unten, 0, § 12 III. 2, S. 222 ff.

91 Vgl. MERTEN, FS Wengler, S. 538 ff.; J. BLOMEYER, NJW 1977, 557 [560 f.]; GRUNSKY, FS Raiser, S. 151 ff., 154; SMID, Jura 1990, 225 [227 ff.].

Erster Teil: Funktion und Gegenstand der Urteilsberichtigung

Es scheint im Grundsatz allgemeiner Ansicht zu entsprechen, daß der Berichtigungsbeschluß der Korrektur von Differenzen zwischen *gebildetem* und *erklärtem* Willen dient.[92] Die hier gestellt Frage nach der *Funktion* der Urteilsberichtigung könnte daher als Scheinfrage zur Seite gelegt werden. Daß dem tatsächlich nicht so ist, zeigt sich, wenn aus dem (scheinbaren) Konsens Konsequenzen zu ziehen sind. So ist durchaus strittig, ob gegen einen Berichtigungsbeschluß das Rechtsmittel der sofortige Beschwerde (§ 319 III ZPO) etwa deswegen ausgeschlossen ist, weil gegen die Entscheidung selbst kein Rechtsmittel gegeben ist. Während diejenigen, die das Rechtsmittel gewähren, auf den unterschiedlichen Gegenstand von Berichtigungs- und Urteilsverfahren verweisen,[93] argumentiert die Gegenansicht, daß die Überprüfung der Berichtigungsentscheidung notwendig auch eine - unzulässige - Überprüfung der (ursprünglichen) Sachentscheidung bedinge.[94] Letzteres kann aber nur dann richtig sein, wenn Funktion des Berichtigungsverfahrens nicht *nur* die Korrektur von Erklärungsfehlern, sondern - zumindest auch - von Fehlern in der Sachentscheidung ist.[95]

§ 1 - Die Urteilsberichtigung zwischen Entscheidungskonstanz und Änderungsbefugnis

Die durch den angesprochenen Scheinkonsens verdeckte Unsicherheit über Funktion und Gegenstand der Urteilsberichtigung erklärt sich aus einem so grundlegenden wie folgenschweren Dilemma: Einerseits wird die Urteilsberichtigung als ein Verfahren zur Behebung von Fehlern des Gerichts bei der Formulierung der Entscheidung verstanden. Gegenstand der Berichtigung ist demnach nicht der Entscheidungs*inhalt*, sondern nur der Ausdruck, den der Inhalt gefunden hat.[96] Für dieses Verständnis spricht auch der Wortlaut des § 319 I ZPO, der „Schreibfehler" als (einen) Grundtyp des berichtigungsfähigen Fehlers nennt, und

---

92 Vgl. hier nur BGH II ZR 188/89 v. 16.05.1991, AG 1991, 315; OLG Düsseldorf 3 W 7/73 v. 24.01.1973, NJW 1973, 1132; OLG Köln 4 U 154/59 v. 20.11.1959, NJW 1960, 1471; MUSIELAK in MüKo-ZPO, § 319, Rn. 1, m. w. Nwen.

93 KG 12 W 1797/71 v. 14.10.1971, NJW 1972, 262.

94 OLG Karlsruhe 2 W 37/67 v. 10.08.1967, MDR 1968, 421.

95 Es ist hier noch nicht der Platz, diesen Streit zu entscheiden; er wird unten, § 15 II. 1, S. 264, ausführlich erörtert. Seine Erwähnung sollte nur deutlich machen, daß über die genaue Funktion der Urteilsberichtigung keineswegs die behauptete Klarheit besteht.

96 So etwa LG Wuppertal 6 T 858/89 und 862/89 v. 25.10.1990, DGVZ 1990, 189 [190]; MUSIELAK in MüKo-ZPO, § 319, Rn. 4, m. w. Nwen.

damit einen Vergleich mit der auch aus dem materiellen Recht bekannten Kategorie des Erklärungsirrtums nahelegt.

Andererseits wird die Urteilsberichtigung nach § 319 ZPO aber auch als Ausnahme von der Bindung des Gerichts an seine eigene Entscheidung - Innenbindung, § 318 ZPO - verstanden.[97] Dann aber ist Gegenstand des Berichtigungsverfahrens gerade nicht mehr nur der Entscheidungs*ausdruck*, sondern auch der Entscheidungs*inhalt*. Und auch für diese Erklärung gibt es gute Gründe. So nannte bereits die Begründung des Entwurfs der CPO die Verfahren nach §§ 319-321 ZPO eine Ausnahme von der Innenbindung.[98] Und auch die in § 319 I ZPO ebenfalls als Grundtyp des berichtigungsfähigen Fehlers genannten „Rechenfehler" stellen ganz unzweifelhaft zumindest keine rein „mechanischen" Versehen dar, sondern sind klassische Denkfehler.[99]

Gerade die zuletzt genannte Überlegung führte aber auch dazu, daß die Grenze zwischen berichtigungsfähigen Fehlern einerseits und nur mit Rechtsmitteln anfechtbaren Fehlern andererseits immer mehr verschwamm. So stellte das RG bereits 1917 fest, „daß sich also eine verläßliche Unterscheidung zwischen Rechenfehlern und rein mechanischen Versehen einerseits und materiellem Irrtum andererseits nicht durchführen läßt."[100] Und unter Berufung auf diese Entscheidung wies das OLG Jena einige Zeit später die sofortige Beschwerde gegen einen Berichtigungsbeschluß zurück, mit dem das LG seinen die Berufung verwerfenden Beschluß de facto aufgehoben hatte. Da nämlich, so das OLG, mit Rechen- auch Denkfehler berichtigt werden dürften, gelte der Grundsatz, daß die Willensbildung der Berichtigung unzugänglich sei, nicht durchgängig.[101] Und in neuerer Zeit meinte das LG Stade, es seien „nicht nur solche Unrichtigkeiten zu berichtigen, die nach Beratung bei der Niederlegung des Urteils entstanden sind, sondern auch solche Fehler, die sich aufgrund eines Versehens schon vorher (bei der Beratung) eingestellt hatten und sich bis zum Urteil fortgesetzt haben, ohne dem

---

97 BGH IX ZR 193/93 v. 14.07.1994, BGHZ 127, 74 [79]; WIESEMANN, S. 77 f., 80 f.; HESS, S. 11; M. Wolf, AG 1991, 315; LEIPOLD in Stein/Jonas, ZPO, § 319, Rn. 9: „eng begrenzte Ausnahme von § 318 ZPO", m. w. Nwen.

98 HAHN, Materialien-ZPO, S. 288.

99 So bereits RG III 19/89 v. 26.03.1889, RGZ 23, 399 [411]; JONAS, JW 1931, 1291, und JW 1936, 103; vgl. aus neuerer Zeit BGH III ZR 95/82 v. 12.01.1984, NJW 1985, 742 [743].

100 RG III 65/17 v. 15.05.1917, RGZ 90, 228 [232].

101 OLG Jena 2 W 1083/27 v. 23.09.1927, JW 1928, 1317 [1318], mit *abl.* Anm. v. ROQUETTE, JW 1928, 1317.

wirklichen Willen des Gerichts zu entsprechen.“[102] Insofern ist es nur konsequent, wenn der BGH in seiner jüngsten Entscheidung zur Urteilsberichtigung ausführt:

> *„[Vielmehr] schränkt jede Berichtigung - auch die gemäß § 319 ZPO nach einhelliger Auffassung zulässige - zwangsläufig die Bindungswirkung nach § 318 ZPO ein. Es geht allein um die Grenzlinie zwischen der Unabänderlichkeit von Entscheidungen einerseits sowie der Berichtigung offenbarer Fehler andererseits.“*[103]

Wäre diese Ansicht richtig, bestünde auch zwischen der mit einem Rechtsmittel verbundenen Abänderungsbefugnis und der Berichtigungsbefugnis nur ein gradueller Unterschied. Denn die Abänderungsbefugnis des Rechtsmittelgerichts ist das Pendant zur Innenbindung des die Entscheidung erlassenden Gerichts. Urteilsberichtigung und Abänderung der Entscheidung im Rechtsmittelverfahren unterschieden sich demnach lediglich im Umfang der Abänderungsbefugnis; ihre Funktion wäre jedoch grundsätzlich gleich. Dies entspricht auch der Beschreibung, die WIESEMANN für das Wesen des Berichtigungsbeschlusses findet. Seiner Ansicht nach ist

> *„ein solcher Beschluß [], was seine ‘Zielsetzung’ betrifft, Entscheidungen vergleichbar, die in einem - auf ‘Abänderung’ eines angefochtenen Urteils gerichteten - Berufungs- oder Revisionsverfahren ergehen. Derartige Entscheidungen verbinden ... die rückwirkende Aufhebung des angefochtenen Urteils mit seiner Ersetzung durch eine verbessernde, reformatorische Entscheidung; ... Jedes in seinem rechtskraftfähigen Inhalt (‘offenbar’) ‘fehlerhafte’ Urteil steht unter der (auflösenden) Bedingung seiner (zulässigen) Berichtigung. Findet letztere statt, so wird ... der ‘fehlerhafte’ Teil des Urteils rückwirkend vernichtet. An die Stelle des beseitigten Entscheidungsteils tritt der Inhalt des Berichtigungsbeschlusses.“*[104]

Doch stehen diese Ansichten in offenem Widerspruch zum Ausgangspunkt der ganz h. M., daß die *Berichtigungs*befugnis gem. § 319 ZPO gerade keine *Abänderungs*befugnis beinhaltet, wie sie jedem Rechtsmittel zugrunde liegt und durch § 318 ZPO für das erlassende Gericht ausgeschlossen wird. Es stellt sich daher die entscheidende Frage, ob tatsächlich der vom BGH behauptete und auch vom historischen Gesetzgeber angenommene *zwangsläufige* Konflikt zwischen Ur-

---

102 LG Stade 1 S 25/78 v. 26.07.1978, NJW 1979, 168 (*Hervorhebung* vom Verf.), mit *abl.* Anm. PRUSKOWSKI, NJW 1979, 931; ähnlich OLG Bamberg 2 UF 269/97 v. 12.04.1999, FamRZ 2000, 38.

103 BGH IX ZR 193/93 v. 14.07.1994, BGHZ 127, 74 [79].

104 WIESEMANN, S. 202 f.

teilsberichtigung und Innenbindung besteht, ob also die Berichtigung *notwendig* zu einer Abänderung der Entscheidung führt.

Dieser Frage soll auf zwei Ebenen nachgegangen werden. Zuerst ist zu untersuchen, ob die Urteilsberichtigung auch ohne Eingriff in die Entscheidung erklärt werden *kann*. Ist dies zu bejahen, stellt sich die nächste Frage, ob ein solches - einschränkendes - Verständnis des Berichtigungsverfahrens auch im Gefüge der (zivil-) prozessualen Institute sinnvoll oder gar notwendig ist. Wie nämlich die soeben angeführten Beispiele aus der Rechtsprechung zeigen, besteht durchaus die gegenläufige Bestrebung, das Institut der Urteilsberichtigung auch auf den Bereich eindeutiger Entscheidungsänderung zu erstrecken.

§ 2 - Die Möglichkeit der entscheidungsneutralen Urteilsberichtigung

Bei der Untersuchung, ob eine Urteilsberichtigung notwendig auch die zu berichtigende Entscheidung verändert, können einige Berichtigungen, die bestimmt ohne Einfluß auf die Entscheidung bleiben, außer acht gelassen werden. Zu denken ist hier zunächst an die Korrektur von Rechtschreibfehlern bei denen das falsch geschriebene Wort aus sich heraus jedoch noch verständlich ist. Auch soweit man in diesen Fällen die Urteilsberichtigung überhaupt für einschlägig hält,[105] und nicht bei einem entsprechenden Antrag das Rechtsschutzbedürfnis verneint,[106] liegt doch sicher keine Veränderung der durch § 318 ZPO geschützten Entscheidung vor.

Doch auch bei Berichtigungen, die mehr in die „Substanz" des Urteils gehen, wird man in vielen Fällen kaum von einem Eingriff in die Entscheidung und damit in die Innenbindung sprechen können. Wird beispielsweise das ursprünglich weggelassene Datum des Schlusses der mündlichen Verhandlung durch Berichtigungsbeschluß ergänzt, liegt hier einerseits eine grundsätzlich zulässige Urteilsberichtigung vor.[107] Andererseits hat dieses Datum trotz seiner Wichtigkeit mit der Entscheidung selbst, wie sie Gegenstand von Bindungswirkungen sein kann, nichts zu tun.[108]

Eigentlich fraglich im Sinne der vom BGH aufgestellten These eines zwingenden Konflikts zwischen Urteilsberichtigung und Innenbindung ist daher von vornherein nur ein Teilbereich der möglichen Berichtigungen. Es handelt sich hierbei

---

105 So beispielsweise, FREITAG, S. 15; KLEINSCHMIDT, S. 112.

106 Dazu unten, § 14 III. , S. 251; auf die geringe praktische Bedeutung der Korrektur solcher Unrichtigkeiten weist zutreffend bereits KLEINSCHMIDT, a. a. O., hin.

107 Dazu unten, § 8 I. 2.e), S. 167.

108 Vgl. hierzu unten, § 8 I. 2.e), S. 167.

um Berichtigungen des Tenors, entscheidungserheblicher Teile von Tatbestand und Gründen, sowie um Berichtigungen der Parteibezeichnung. Nur in diesen Fällen ist die in obiger Behauptung vorausgesetzte Veränderung der Entscheidung durch die Urteilsberichtigung überhaupt möglich.

Das insoweit eingegrenzte Problem wird durch folgende, nach ganz h. M. zulässige Urteilsberichtigung verdeutlicht: Das LG hatte in den Gründen des Urteils zu einzelnen Streitkomplexen Teilbeträge genannt, diese aber im Tenor zu einem falschen Gesamtbetrag addiert. Anschließend wurde der Tenor entsprechend der Urteilsgründe gem. § 319 ZPO berichtigt. Das OLG wies die hiergegen gerichtete sofortige Beschwerde (§ 319 III ZPO) zurück, da die Unrichtigkeit offenbar und die Berichtigung somit zulässig gewesen sei.[109] Hier nun scheint die Ansicht des BGH vom zwangsläufigen Konflikt zwischen Urteilsberichtigung und Innenbindung bestätigt: Wurde doch mit dem Tenor nach landläufiger Vorstellung auch die Entscheidung geändert, was § 318 ZPO dem erkennenden Gericht gerade untersagt.[110]

Genau diese „landläufige" Vorstellung einer Identität von Tenor und Entscheidung erweist sich damit als vorrangig klärungsbedürftig. Erst wenn festgestellt ist, wie sich die Entscheidung aus dem Urteil ergibt, kann beantwortet werden, ob und wann eine Veränderung des Tenors oder anderer Bestandteile des Urteils zu einer Abänderung der Entscheidung führen. Und erst danach läßt sich klären, ob auch die zulässige Urteilsberichtigung zu einer Veränderung der Entscheidung und damit zum behaupteten Konflikt mit § 318 ZPO führt.

I. Die Erkenntnis der Entscheidung aus dem Urteil

Das Problem, den Inhalt eines Urteils zu bestimmen, begegnet einem in Literatur und Rechtsprechung immer dann, wenn es darum geht, die Wirkungen, die von dem Urteil ausgehen, zu bestimmen. An diesem Ansatz ist richtig, daß die Erkenntnis der Entscheidung juristisch immer nur in einem Bezug zu den an sie anknüpfenden Wirkungen relevant ist.[111] Er erweist sich jedoch als problematisch, wenn die für die *verschiedenen* Urteilswirkungen geltenden unterschiedlichen normativen Begrenzungen undifferenziert mit der *hermeneutischen* Frage der Erkenntnis der Entscheidung aus dem Urteil verknüpft werden.

---

109 OLG Hamburg 5 W 10/78 v. 20.03.1978, MDR 1978, 583; ähnliche Konstellationen lagen auch den Entscheidungen BAG 5 AZR 292/63 v. 16.05.1964, AP Nr. 1 zu § 561 ZPO, und bereits RG III 19/89 v. 26.03.1889, RGZ 23, 399, zugrunde.

110 So denn auch FREYTAG, S. 23, der bei Berichtigung des Tenors eine Veränderung der Sachentscheidung annahm.

111 LARENZ/CANARIS, Methodenlehre, S. 27; verallgemeinernd GADAMER, Wahrheit, S. 291 f., 308, der gerade hierin den Unterschied zwischen den Verstehensansätzen des (Rechts-) Historikers und des Juristen sieht.

Hermeneutik wird hier in einem sehr grundlegenden Sinn verstanden. Als allgemeine geisteswissenschaftliche Methode „...will *[sie]* Äußerungen und Werke des menschlichen Geistes, Texte ... aus sich und in ihrem Zusammenhang verstehen und auf ihren Sinn abfragen."[112] Sie verlangt insoweit nur die Offenheit des Lesers für die potentielle Vieldeutigkeit eines Textes und die Wahl rationeller Methoden zur Findung der (hier) maßgeblichen Bedeutung.[113]

Die Hermeneutik ist als Methode der Gesetzesauslegung und -anwendung allgemein anerkannt, wenngleich über die Wahl der innerhalb ihrer anzuwendenden Methoden durchaus Streit besteht.[114] Die Interpretationsbedürftigkeit gerichtlicher Entscheidungen wird - in der Rechtsprechung und dem zivilprozessualen Schrifttum[115] - hingegen gerne übersehen.[116] Das ist um so überraschender, als gerade auch Urteile sich zutreffend nur mit der für die Hermeneutik konstitutiven Offenheit verstehen lassen.[117]

1. Zur Bedeutung des Tenors

Die Untauglichkeit der Vermischung von Inhalt und Wirkungen einer Entscheidung zeigt sich insbesondere bei der Frage, welche Bedeutung dem Tenor zur Erkenntnis des Urteilsinhalts zukommt.

Dies gilt zunächst für die ohne Zweifel zentrale Rolle, die dem Tenor eines Urteils in der Zwangsvollstreckung zukommt.[118] Aus §§ 724 I, 317 II ZPO folgt,

---

112 So die Definition im Brockhaus.

113 LARENZ/CANARIS, Methodenlehre, S. 25 ff. Nicht einzugehen ist hier auf die Hermeneutik als historische Methode, wenngleich sie gerade dort ihre besondere Bedeutung entfaltet (vgl. GADAMER, Wahrheit, S. 250 ff.: „Geschichtlichkeit des Verstehens"). Die Frage nach dem zutreffenden Inhalt eines Urteils in Bezug auf seine Anwendung (Vollstreckung, Rechtskraft etc.) stellt sich in aller Regel in engem zeitlichen Zusammenhang mit seiner Entstehung. Es besteht daher keine Notwendigkeit, eine zeitliche Kluft und damit einen Bedeutungswandel des Ausdrucks (dazu LARENZ/CANARIS, Methodenlehre, S. 30, 34) zu überbrücken. Insoweit ähnelt die Auslegung eines Urteils der eines Rechtsgeschäfts (siehe dazu MAYER-MALY in MüKo-BGB, § 133, Rn. 4 f., und zu den aus der Rechtssicherheit bedingten Einschränkung unten, § 5 II. , bei Fn. 292, S. 71).

114 LARENZ/CANARIS, Methodenlehre, S. 141 ff.; siehe zu den Methoden der Auslegung rechtsgeschäftlicher Erklärungen: MAYER-MALY in MüKo-BGB, § 133, Rn. 6 f.

115 Anders hingegen in der Literatur zum allgemeinen Zivilrecht, vgl. MAYER-MALY in MüKo-BGB, § 133, Rn. 34a; DILCHER in Staudinger, BGB, § 133, Rn. 11; HEFERMEHL in Soergel, BGB, § 133, Rn. 6.

116 LARENZ/CANARIS, Methodenlehre, S. 27.

117 LARENZ/CANARIS, a. a. O.

118 „Gute" Beispiele für die Vermischung von „Entscheidung" und „vollstreckbarem Inhalt" liefern E. SCHNEIDER, MDR 1967, 94, sowie HARTMANN in B/L/A/H, § 322, Rn. 10, der fälschlich meint, sich auf OLG Hamm 14 W 10/83 v. 30.03.1983, MDR 1983, 849, stützen zu können. Tatsächlich lag der dort gegenständlichen Entscheidung lediglich ein *zufälliger* Doppelmangel von fehlender Vollstreckbarkeit und - wohl nur eingeschränkter, nicht aber gänzlich - fehlender materieller Rechtskraft zugrunde.

daß Grundlage der Zwangsvollstreckung, die vollstreckbare Ausfertigung, i. d. R. die auf Rubrum und Tenor beschränkte „Kurzfassung" des Urteils ist. Daher ist - in diesen Fällen - der für die Zwangsvollstreckungsorgane maßgebliche Urteilsinhalt in objektiver Hinsicht auch nur der Tenor.[119] Doch handelt es sich bei der Vollstreckbarkeit nur um *eine* Urteilswirkung.[120] Und die Frage, in welchem Umfang aus einem Urteil vollstreckt werden kann, ist somit ebenfalls lediglich eine Frage der Begrenzung *dieser* Urteilswirkung. Mit dem tatsächlichen Inhalt der Entscheidung hat sie nur insoweit etwas zu tun, als beide übereinstimmen *sollen.*[121]

Besonders hinderlich für die Erkenntnis des Urteilsinhalts hat sich die Übertragung der für die Bindungswirkung der materiellen Rechtskraft maßgeblichen normativen Kriterien auf den hermeneutischen Prozeß der Urteilsinterpretation ausgewirkt. Der Wille des historischen Gesetzgebers, die objektiven Grenzen der materiellen Rechtskraft im Gegensatz zur Lehre SAVIGNYs[122] auf die Entscheidung über den Anspruch zu beschränken, wurde zur Auslegungsrichtlinie für die hiervon unabhängige Frage nach dem Inhalt der Entscheidung. Ihren Ausdruck fand diese Fehlentwicklung in der - zum Teil auch heute noch gebräuchlichen[123] - Formel, daß die Entscheidung der Tenor *sei*, der unter Zuhilfenahme von Tatbestand und Gründen allenfalls ausgelegt werden könne.[124] Denn der Tenor des Urteils enthalte mit seinem Ausspruch über den Klageantrag (stattgegeben oder abgewiesen) die eigentliche, bindungsfähige Entscheidung,

> *„...den imperativen Ausspruch des Gerichts, also denjenigen Bestandteil des in der Rechtsprechung der Gerichte sich verkörpern-*

Eine saubere Unterscheidung dieser Urteilswirkungen findet sich hingegen bei BGH IX ZR 244/92 v. 18.11.1993, BGHZ 124, 164 [166, 170].

119 Das gilt nach verbreiteter Praxis sogar dann, wenn die vollstreckbare Ausfertigung aus der vollständigen Entscheidung besteht. Siehe hierzu unten, § 3 IV. 2.b), S. 59 ff.

120 Dazu ausführlich unten, § 12 I. 2, S. 213 ff.

121 Was selbstverständlich nur für Urteile mit einem vollstreckbaren Inhalt gilt.

122 SAVIGNY, System Bd. VI, S. 350, 429, 451; siehe dazu SCHWAB, FS Bötticher, S. 321 [324 f.].

123 Z. B. bei FENGE in AK-ZPO, § 322, Rn. 23; JAUERNIG, ZPR, § 63 III 5, S. 224 f.; SCHILKEN, ZPR, Rn. 1020; HARTMANN in B/L/A/H, § 322, Rn. 6; WASMUTH, JurBüro 1991, 265, der eine Befugnis zur Auslegung des Tenors nur bei zwingenden Zweifeln an der Richtigkeit des Tenors anerkennt. In der Formulierung bleiben dem aber auch neuste Entscheidungen des BGH verhaftet, vgl. etwa BGH VI ZR 181/96 v. 13.05.1997, NJW 1997, 3447.

124 Vgl. RG II 566/28 v. 25.06.1929, RGZ 125, 159 [163]; BGH IV ZR 32/50 v. 21.05.1951, BGHZ 2, 164 [LS 3, S. 170 f.]; BAG 2 AZR 450/58 v. 29.05.1959, BAGE 8, 20 [23]; BGH III ZR 16/60 v. 27.02.1961, BGHZ 34, 337 [339].

den Staatsakts [...], in dem das Wesen der rechtsprechenden richterlichen Tätigkeit gipfelt. "[125]

So verstanden erscheint die oben[126] angeführte Urteilsberichtigung, durch die auch der Tenor verändert wurde, tatsächlich eine Änderung der Entscheidung zu bewirken.

Diese Ansicht kann sich vordergründig sogar auf die Genese des heutigen § 322 ZPO stützen. In dem Entwurf zu einer CPO war dem heutigen § 322 ZPO (§ 283 des Regierungsentwurfs) noch ein Abs. 3 angefügt, der lautete: „Der Eintritt der Rechtskraft ist nicht davon abhängig, daß die der Rechtskraft fähige Entscheidung in die Urteilsformel aufgenommen ist."[127] In der Begründung hieß es, daß zwar der Umfang der Rechtskraft umstritten sei. Doch es herrsche „Einverständnis darüber, daß es für die materielle Rechtskraft gleichgültig ist, an welchem Orte, ob in der Urteilsformel oder in den Entscheidungsgründen der der Rechtskraft fähige Ausspruch des Richters steht."[128] Ausdrücklich sollte durch diese Formulierung die Rechtskrafttheorie SAVIGNYs nicht anerkannt werden. Vielmehr fuhr der Entwurf zur Begründung fort: „Sollte die Rechtskraft von der Aufnahme der Entscheidung in die Urteilsformel abhängig gemacht werden, so würde man einem übertriebenen Formalismus huldigen."[129] In den Beratungen wurde § 283 III des Regierungsentwurfs nach heftiger Diskussion jedoch gestrichen.[130]

Hieraus heute noch ein Argument für den Primat des Tenors zu ziehen, hieße aber wohl, den Bogen zu überspannen.[131] Denn die damalige Diskussion läßt sich nur vor dem Hintergrund des Streits um die Weite der materiellen Rechtskraft verstehen. So überrascht es auch nicht, daß sich die Lager der Befürworter und Gegner des § 283 III CPO (Reg.-Entw.) nach ihrer Einstellung zu SAVIGNYs Rechtskraftlehre schieden. Und die Letztgenannten, die Abgeordneten BÄHR und GNEIST, fürchteten offenbar, daß mit dem Abs. 3 die Lehren SAVIGNYs durch die Hintertür Einlaß fänden.[132] Entscheidend für die Ablehnung des Abs. 3 war dann auch das Argument des Abgeordneten SCHWARZE, daß diese Bestimmung entweder überflüssig oder gefährlich sei.[133] Jedoch ist die Gefahr, daß SAVIGNYs Rechtskraftlehre wieder Einzug erhält, heute kaum gegeben. Daher verbleibt lediglich die (zutreffende) Feststellung, daß die Vorschrift insoweit überflüssig ist, wie sie sich durch den Rückgriff auf allgemeine Auslegungsgrundsätze von selbst versteht.

---

125 RG VI 151/14 v. 04.05.1914, RGZ 85, 17 [21]. So beispielsweise auch SCHILKEN, ZPR, Rn. 1020; E. SCHNEIDER, MDR 1967, 94; MUSIELAK in MüKo-ZPO, § 313, Rn. 9.

126 In und bei Fn. 109, S. 33.

127 Hahn, Materialien-ZPO, S. 38.

128 Hahn, Materialien-ZPO, S. 290 f.

129 Hahn, Materialien-ZPO, S. 292.

130 Hahn, Materialien-ZPO, S. 608 f.

131 So auch BADER, NJW 1965, 527 [527 f.]; LINDACHER, ZZP 88 (1975), 64 [68 f.].

132 Hahn, a. a. O.: Gefahr der „Vermengung des dispositiven Teils des Urteils mit den Entscheidungsgründen".

133 Hahn, a. a. O.

Demgegenüber hat sich aber in der neueren Literatur[134] und Rechtsprechung[135] der alte[136] Gedanke durchgesetzt, daß die Entscheidung dem Urteil als Ganzem zu entnehmen ist. Diese Einsicht folgt aus der evident begrenzten Tauglichkeit des Tenors für die Erkenntnis des Urteilsinhalts. Zwar ist am sogenannten „Primat des Tenors" richtig, daß das Gericht versuchen muß und wird, seine Entscheidung in der Urteilsformel zusammenzufassen.[137] Doch ist genauso wenig bestreitbar, daß dies in vielen Fällen gar nicht gelingen kann, und in einigen Fällen trotz prinzipieller Möglichkeit nicht erfolgt.

Zur ersten Gruppe gehören zunächst die klageabweisenden Urteile, deren Tenor („Die Klage wird abgewiesen") für sich genommen keinen - über die Instanzbeendigung hinausreichenden - rechtserheblichen Inhalt hat.[138] Doch trifft diese Feststellung genauso auf die Masse der stattgebenden Urteile zu. Lautet der Tenor des auf eine Zahlungsklage ergehenden Urteils beispielsweise, daß der Beklagte zur Zahlung von 1.000 DM verurteilt wird, stellt diese Information nur einen Bruchteil des gesamten Urteilsinhalts dar. In beiden Fällen ist ohne Berücksichtigung des Urteils als Ganzem die Entscheidung nicht zu ermitteln.[139]

---

134 Explizit ROSENBERG/SCHWAB/GOTTWALD, § 153 IV, S. 925: „Inwieweit über den Klageanspruch entschieden ist, muß die Auslegung ergeben. Diese hat den ganzen Inhalt des Urteils zum Gegenstand ..."; so auch VOLLKOMMER in Zöller, ZPO, vor § 322, Rn. 31: ...Auslegung des ganzen Urteils...". Vgl. ferner MUSIELAK, ZPR, Rn. 471 a. E.; LEIPOLD in Stein/Jonas, ZPO, § 322, Rn. 180 ff.; OSTERLOH, S. 82 ff.

135 BGH III ZR 174/81 v. 17.02.1983, NJW 1983, 2032; BGH II ZR 154/86 v. 12.01.1987, NJW-RR 1987, 831 [831 f.]; BGH VI ZR 120/85 v. 01.07.1986, NJW 1987, 371; LAG Bremen 4 Ta 6/96 v. 28.02.1996, MDR 1996, 1069.

In der Sache auch schon BGH VII ZR 152/62 v. 18.06.1964, NJW 1964, 1858, wo die Berichtigung des Tenors um die ausweislich der Urteilsbegründung erfolgte Abweisung der Feststellungswiderklage gebilligt wurde. Ebenso bereits RG V 689/27 v. 10.11.1928, JW 1929, 101 Nr. 6. Auf diesen Zusammenhang von Berichtigungsbefugnis und Ermittlung des Urteilsinhalts hat bereits LINDACHER, ZZP 88 (1975), 64 [65 f.] hingewiesen.

136 Vgl. bereits RG VII 133/18 v. 20.09.1918, RGZ 95, 2 [5]; ferner RG II 566/28 v. 25.06.1929, RGZ 125, 159; WACH, Vorträge, S. 142 ff.; KISCH, Urteilslehre, S. 3 ff.

137 Vgl. BGH VIII ZR 280/80 v. 09.12.1981, NJW 1982, 1048 [1049]; BGH X ZB 8/87 v. 14.02.1989, GRUR 1989, 494 [495].

138 Vgl. etwa zum Umfang der Abweisung einer Herausgabeklage BGH I ZR 32/50 v. 07.05.1951, NJW 1951, 837.

139 Abweichend jedoch FENGE in AK-ZPO, § 322, Rn. 23, der behauptet, daß für die positive Funktion der materiellen Rechtskraft (Bindung bei Präjudizialität) der Tenor ausreiche. Dies ist jedoch eindeutig falsch, denn der Tenor einer stattgebenden Kaufpreiszahlungsklage kann für sich genommen für die Berechtigung einer weiteren Klage, diesmal auf Zahlung von Verzugszinsen (so das Bsp. von FENGE, a. a. O., Rn. 15), nichts hergeben; er gewinnt erst zusammen mit dem Sachverhalt Sinn. Vgl. dazu richtig LEIPOLD in

Darüber hinaus kann in einigen Fällen eine präzise Urteilsformel dem Prozeßzweck sogar zuwiderlaufen. Dies gilt beispielsweise bei Unterlassungsklagen, bei denen die im allgemeinen erforderliche Genauigkeit des Tenors möglicherweise dazu führt, daß der Beklagte durch ein geringfügig anderes Verhalten den Erfolg des gewonnenen Prozesses nachträglich vereiteln kann.[140]

Zur zweiten Gruppe, bei der der Tenor keinen Aufschluß über die getroffene Entscheidung bietet, gehören die pathologischen Urteile. Mit dieser Bezeichnung sind hier drei Konstellationen gemeint: Zunächst die Fälle, in denen der Tenor unklar oder in sich widersprüchlich ist. Hier erscheint es selbstverständlich und ist daher auch unbestritten, daß Zweifel über die Tragweite der Urteilsformel anhand der Entscheidung im übrigen auszuräumen sind.[141] Ob man dies nun mit der h. M. lediglich als *Auslegung des Tenors* bezeichnet, oder aber bereits dies als Beleg dafür sieht, daß die getroffene Entscheidung dem Urteil als Ganzem zu entnehmen ist, mag auf sich beruhen - es besteht insoweit nur eine terminologische Differenz.

Etwas anderes scheint hingegen für die zweite Konstellation innerhalb der Gruppe pathologischer Urteile zu gelten. Dabei handelt es sich um Entscheidungen, bei denen ein in sich eindeutiger Tenor unklaren bzw. widersprüchlichen Entscheidungsgründen gegenüber steht. Ein Beispiel hierfür bietet die jüngste BGH-Rechtsprechung:[142]

Der Kläger hatte - u. a., Sachverhalt hier vereinfacht - Ersatz bezifferter Schäden (Antrag 1) sowie die Feststellung der Ersatzpflicht der Beklagten für weitere Schäden (Antrag 2) verlangt. Das Landgericht hatte im Tenor seiner als „Grund- und Teilurteil“ bezeichneten Entscheidung 1. die begehrte Ersatzpflicht für zukünftige Schäden zu ¾ ausgespro-

---

Stein/Jonas, ZPO, § 322, Rn. 181 f., 184 sowie bereits KISCH, Urteilslehre, S. 3 (in Fn. 5) und S. 5. Letztlich zeigt sich auch hier der Irrtum, die Auslegungsbedürftigkeit einer Erklärung als „Mangel“ zu begreifen, vgl. LARENZ/CANARIS, Methodenlehre, S. 26.

Widersprüchlich BAG 2 AZR 324/84 v. 12.09.1985, NZA 1986, 424, das zunächst die alte BGH-Formel, wonach ein Tenor nur bei Unklarheit der Auslegung bedürfe, zitiert, dann feststellt, daß der Tenor eindeutig sei, um sodann fortzufahren: „Dennoch ist zur Ermittlung des Umfangs der Rechtskraft auf die Entscheidungsgründe ... zurückzugreifen“; BAG 7 AZR 306/83 v. 18.10.1985, unveröffentlicht (Juris), das zwar ausdrücklich feststellt, „der rechtskraftfähige Inhalt der Entscheidung beschränkt sich auf den Entscheidungssatz“, sodann jedoch zutreffend eine Auslegung des gesamten Urteils, sogar samt Parteivortrag vornimmt, um festzustellen, ob im Vorprozeß auch über die Wirksamkeit der ordentlichen Kündigung entschieden wurde, oder sich die Entscheidung nur auf die im Tenor ausgesprochene Unwirksamkeit der außerordentlichen Kündigung beschränkt.

140 Vgl. BGH V ZR 142/56 v. 30.04.1958, MDR 1958, 497 [498]; BGH XII ZR 51/92 v. 24.11.1993, NJW 1994, 245 [246].

141 Vgl. RG II 566/28 v. 25.06.1929, RGZ 125, 159 [163]; BGH IV ZR 32/50 v. 21.05.1951, BGHZ 2, 164 [170]; so auch E. SCHNEIDER, MDR 1967, 94 [95]; LEIPOLD in Stein/Jonas, ZPO, § 322, Rn. 179 ff.

142 BGH VI ZR 181/96 v. 13.05.1997, NJW 1997, 3447.

chen und 2. die „Entscheidung über die Ziffern I., III. bis V. des Klageantrags [...] dem Schlußurteil vorbehalten." Zu Beginn der Entscheidungsgründe führte es aus, daß es angebracht erscheine, durch ein Teilurteil über den Grund gemäß §§ 301, 304 I ZPO vorab zu entscheiden, da im vorliegenden Fall Grund und Betrag streitig seien, wobei über den Grund im Rahmen des Feststellungsantrages entschieden werden könne. Im Rahmen des Teil- und Grundurteils sei festzustellen, daß die Beklagte zu 75% dem Grunde nach zu haften habe. Am Ende des landgerichtlichen Urteils heißt es, daß der Klage bezüglich des Feststellungsantrages im Ergebnis zu 75% stattzugeben sei; eine Entscheidung über die restlichen Anträge sowie der Kostenausspruch blieben dem Schlußurteil vorbehalten. Das OLG sah das landgerichtliche Urteil entgegen der Bezeichnung lediglich als Teilurteil zum Feststellungsantrag an, und bestätigte es mit der Maßgabe, daß ein Feststellungsurteil vorliege. Dieser Auslegung folgte auch der BGH.[143]

In diesen Fällen, so der BGH, gebühre der Urteilsformel der Vorrang. „Dies deshalb, weil die Gründe der Auslegung der Formel, nicht aber deren Änderung dienen".[144]

Ganz abgesehen davon, daß diese Aussage mehr Behauptung denn Begründung ist, wird sie von der Entscheidung noch nicht einmal getragen: Denn tatsächlich gelangt der BGH zu seiner - i. E. richtigen - Entscheidung gerade durch eine Auslegung des Urteils als Ganzem. Ohne die Entscheidungsgründe und hier sogar besonders deutlich den Tatbestand mit den Anträgen, war eine Erkenntnis des Entschiedenen nicht möglich.

Aber auch losgelöst vom Einzelfall bietet diese Konstellation keinen Beleg für einen unwiderleglichen Primat des Tenors. Die besondere Bedeutung, die dem Tenor für die Auslegung solcher Entscheidungen zukommt, folgt vielmehr aus allgemein hermeneutischen Grundsätzen: Zum einen kann die Urteilsauslegung, d. h. die Erkenntnis des Entscheidungsinhalts, nicht daran vorbeigehen, daß das Gericht in aller Regel auf die Abfassung des Tenors besondere Sorgfalt verwendet.[145] Daher bietet der Tenor durchaus einige Gewähr dafür, das vom Gericht Gewollte wiederzugeben. Zum anderen kommt bei der Auslegung eines Textes, der zur gleichen Frage eindeutige und mehrdeutige Passagen enthält, den eindeutigen Teilen ein besonderer Stellenwert zu. Daraus wird deutlich, daß auch der Tenor letztlich nur ein - wenngleich sicher bedeutender - Teil des Gesamttextes Urteil ist. Für den Nachweis des prinzipiellen Vorrangs eines Urteilselements bei der Auslegung ist aber auch diese Fallgruppe ungeeignet.

---

143 A. a. O., S. 3448, und hob gerade deshalb die Entscheidungen auf, da damit die Gefahr der Divergenz von Teil- und Endurteil bestand.

144 A. a. O.

145 Siehe zum großen Stellenwert, der der Abfassung des Tenors in der Referendarausbildung zukommt: SCHELLHAMMER, ZP, Rn. 739 ff.

In der Sprache der Hermeneutik erweist sich der Tenor damit als das Vorverständnis prägend. Er ist die „hermeneutische Hypothese“[146] oder auch das „Vorurteil“[147], das zum Verstehen des Textes ‚Urteil‘ unerläßlich ist, aber im Reflexionsprozeß des „hermeneutischen Zirkels“[148] bzw. - gleichbedeutend - des „Hin- und Herwanderns des Blickes“[149] zwischen hermeneutischer Hypothese und Text ständiger Überprüfung bedarf.

Eigentlich problematisch und in der Behandlung strittig ist ausschließlich die Konstellation eines Widerspruchs zwischen in sich eindeutigem Tenor einerseits und ebenfalls - aber abweichend! - eindeutigem Rest des übrigen Urteil (Tatbestand und Entscheidungsgründe) andererseits. Nur in diesen Fällen, in denen sich mittels Auslegung des gesamten Urteils keine eindeutige Entscheidung feststellen läßt, kann sich die Frage nach einem Primat von Urteil oder Entscheidungsgründen stellen.

Bemüht man sich aber, zunächst lediglich den Inhalt der Entscheidung zu verstehen, d. h. aus dem Urteil zu ermitteln, kann eigentlich kein Zweifel bestehen, daß insbesondere ausführliche und schlüssige Urteilsgründe einen höheren hermeneutischen Wert haben, als die gedrängte, eines Zusammenhangs entbehrende Urteilsformel.[150] Daher hielte ich im Falle eines Urteils, das im Tenor die Klage abweist, in den Gründen jedoch darlegt, warum der im Tatbestand genannte Anspruch besteht, die Gründe für maßgeblich. Letztlich ist auch dieses Ergebnis aber wiederum Frage und Folge einer Auslegung des Urteils als Ganzem. In Fällen, in denen die Auslegung zu keinem eindeutigen Inhalt führt, enthält das Urteil keine bzw. - was gleichbedeutend ist - eine in sich widersprüchliche Entscheidung. Es entfaltet daher keine Rechtskraft.[151]

Das bedeutet nicht, daß das Urteil unwirksam i. S. v. nichtig wäre.[152] Im Gegenteil kann ein derart fehlerhaftes Urteil - wegen eindeutigen Tenors - sogar vollstreckbar sein.[153] Gerade hierin erweist sich die Richtigkeit der oben getroffenen Aussage, daß die Orientierung der h. M. am Tenor zur Erkenntnis der Entscheidung falsch ist.

Letztlich entscheidet auch die h. M. und insbesondere die Rechtsprechung nicht anders. Indem sie die Berichtigung des Tenors nach den Entscheidungs-

---

146 LARENZ/CANARIS, Methodenlehre, S. 28 f.

147 GADAMER, Wahrheit, S. 270 ff.

148 GADAMER, a. a. O.

149 LARENZ/CANARIS, Methodenlehre, S. 29.

150 Vgl. grundlegend LINDACHER, ZZP 88 (1975), 64 [70]; ihm folgend LEIPOLD in Stein/Jonas, ZPO, § 322, Rn. 180 f.; so aber auch schon PLANCK, Lehrbuch, S. 463; HESS, S. 23; OSTERLOH, S. 84.

151 Siehe die Fälle in BGH IV ZR 80/51 v. 06.03.1952, BGHZ 5, 240 [244 ff.]; BGH VII ZR 12/61 v. 30.11.1961, MDR 1962, 397 [398], mit Anm. SCHWAB, ZZP 75 (1962), 123; BGH IX ZR 244/92 v. 18.11.1993, BGHZ 124, 164 [166 f.].

152 JAUERNIG, Urteil, S. 190 f.

153 So in BGH IX ZR 244/92 v. 18.11.1993, BGHZ 124, 164 [170].

gründen zuläßt, hebt sie ihre These vom Primat des Tenors selbst auf. Das wird besonders deutlich bei den Zahlungsklagen, bei denen der - ausweislich der Entscheidungsgründe - fehlerhafte Tenor nach dem Rechenwerk der Urteilsgründe berichtigt wird.[154]

Erwägenswert könnte allenfalls sein, aus Gründen der Rechtssicherheit oder des Vertrauensschutzes eine Erkenntnisschranke zu postulieren, nach der in solchen Konfliktfällen der Tenor Vorrang vor dem Urteil als Ganzem genießt.[155] Doch spricht insbesondere die Genese eines komplizierteren Urteils dafür, daß damit eine Entscheidung zementiert würde, die so gar nicht getroffen wurde. Man schüfe daher mit einer solchen Vorgehensweise zwar Ruhe, aber keine *Rechts*sicherheit. Zumindest innerhalb eines Erkenntnisverfahrens, welches - innerhalb der prozessualen Grenzen - der Wahrheitssuche verpflichtet ist, sollte sich dieser Weg verbieten. Dem Anliegen des Vertrauensschutzes ist durch andere Institute, insbesondere der Wiedereinsetzung, Rechnung zu tragen.[156]

2. *Zur Bezeichnung der Parteien*

So wie sich der objektive Inhalt der getroffenen Entscheidung nur durch Auslegung des gesamten Urteils ergibt, kann auch die Frage, zwischen wem das Urteil ergangen ist, wie also die *subjektiven* Grenzen der materiellen Rechtskraft verlaufen, letztlich nur durch Auslegung ermittelt werden.[157] Zwar ist sehr viel eher eine abschließende Bezeichnung der Parteien im Rubrum möglich. Doch ist keineswegs gewährleistet, daß diese Angaben auch die tatsächlich am Verfahren beteiligten Parteien richtig benennen. So können beispielsweise Falschbezeichnungen, die bereits in der Klageschrift enthalten waren, aber auch Fehler bei der Übernahme der Parteiangaben in das Urteil zu einem fehlerhaften Rubrum führen.

3. *Urteilsexterne Erkenntnisquellen*

Gelegentlich zeigt sich, daß selbst die Auslegung der ganzen Urteilsurkunde nicht zur Erkenntnis der getroffenen Entscheidung verhilft. Dies gilt insbesondere in den soeben angeführten Fällen der zweifelhaften oder gar unrichtigen Parteibe-

---

154 Vgl. BGH XII ZR 68/89 v. 28.03.1990, FamRZ 1990, 988: Verurteilung im Tenor zur Unterhaltszahlung von 900 DM dem ein - erst zu berechnender - Betrag von 675 DM in den Gründen gegenüberstand.

155 So LINDACHER, ZZP 88 (1975), 64 [70 f.], und bereits HEINZERLING, AcP 52 (1869), 499 [504 f.].

156 So auch - für das Patentverfahren - BPatG 4 W (pat) 71/69 v. 08.09.1971, GRUR 1972, 90 [92]; BPatG 4 W (pat) 41/71 v. 08.09.1971, BPatGE 13, 77 [84], das zutreffend darauf hinweist, daß einem schützenswerten Vertrauen die Erkennbarkeit des richtigen Entscheidungsinhalts entgegensteht. Ähnlich BGH II ZR 310/53 v. 27.10.1955, BGHZ 18, 350 [357], der sich gegen einen „Eigenwert" des offenbar unrichtigen Urteils ausspricht.

157 Vgl. BGH VIII ZR 34/82 v. 16.05.1983, NJW 1983, 2448 [2448 f.]; BGH III ZR 196/50 v. 24.01.1952, BGHZ 4, 328 [334 f.]; OLG Nürnberg 9 U 903/87 v. 01.07.1987, OLGZ 1987, 482 [483]; GOTTWALD in MüKo-ZPO, § 322, Rn. 124.

zeichnung. Die tatsächlich vom Urteil betroffenen Personen lassen sich häufig nur unter Zuhilfenahme außerhalb des Urteils liegender Informationen bestimmen. So ist etwa die Frage, ob der im Urteil als „E. Meyer" bezeichnete Beklagte mit dem tatsächlich existierenden „F. Maier" identisch ist, nur anhand des Urteils nicht zu beantworten. Aufschluß vermag erst eine urteilsexterne Erkenntnisquelle, wie etwa das Einwohnermelderegister, zu geben.

Und auch zur Erkenntnis der objektiven Entscheidung dürfen außerhalb der Urteilsurkunde befindliche Informationen verwerten werden. Dies gilt neben ausdrücklich in Bezug genommenen Quellen[158] sogar für solche Hilfsmittel, deren Bedeutung sich erst nachträglich erschließt: So sind zur Ermittlung der getroffenen Sachentscheidung u. U. auch das Parteivorbringen[159] oder ein mit dem Urteil ergangener Streitwertbeschluß[160] zu berücksichtigen. Und beim Versäumnis-, Anerkenntnis- und Verzichtsurteil ist wegen des Fehlens von Tatbestand und Gründen (§ 313b I 1 ZPO) die Entscheidung sogar weitgehend der Klageschrift bzw. dem Anerkenntnis zu entnehmen.[161]

Diese nach allg. Meinung zulässige und von der Rechtsprechung ständig praktizierte Möglichkeit, urteilsexterne Erkenntnisquellen zu benutzen, ist selbstverständlich mit einer Gefahr verbunden: Je weiter man den Kreis solcher „Auslegungshilfen" zieht, um so größer wird das Risiko, statt der tatsächlich getroffenen Entscheidung eine für richtig erachtete im Wege der Auslegung zu „ermitteln". Bestimmt man beispielsweise den Urteilsinhalt nach dem Parteivorbringen, können Gesichtspunkte in die Auslegung Eingang finden, die erst der Auslegende, nicht aber der Vorderrichter als wesentlich erkannte. Daher ist hierbei äußerste Zurückhaltung angebracht, die sich in einem „Primat des Urteils" ausdrückt.

4. Zusammenfassung

Zusammenfassend läßt sich festhalten, daß der objektive Inhalt der Entscheidung nicht aus dem Wortlaut einzelner Urteilspassagen folgt. Maßgeblich ist vielmehr die Auslegung des Urteils als Ganzem. Dies gilt insbesondere für den Tenor, der entgegen immer noch weit verbreiteter Ansicht keineswegs „die" Entscheidung darstellt, sondern angesichts seiner auf die Vollstreckung zugeschnittenen Ausformung bereits im Idealfall nur einen Teilaspekt der getroffenen Ent-

---

158 BGH I ZR 52/83 v. 09.05.1985, BGHZ 94, 276 [291 f.] (nicht mit ausgefertigter Ausdruck eines Computerprogramms, auf das im Tenor bezug genommen wurde).

159 BGH III ZR 16/60 v. 27.02.1961, BGHZ 34, 337 [339]; BGH VI ZR 300/95 v. 25.06.1996, VersR 1996, 1299 [1300]: Die in Schriftsätzen erwähnte Beschränkung der Einstandspflicht des Haftpflichtversicherers gem. § 3 Nr. 1 PflVG wirkt auch ohne Erwähnung im Tenor anspruchs- und damit rechtskraftbegrenzend.

160 BGH VIII ZR 28/94 v. 29.06.1994, NJW-RR 1994, 1251 [1252].

161 Vgl. BGH II ZR 154/86 v. 12.01.1987, NJW-RR 1987, 831 [831 f.]; *kritisch* MAYER-MALY in MüKo-BGB, § 133, Rn. 34a.

scheidung wiedergibt. Daher vermag ein fehlerhafter Tenor die Erkenntnis der Entscheidung nicht zu verhindern.

Aber auch die *subjektiven* Grenzen der materiellen Rechtskraft werden keineswegs abschließend durch die Angaben im Rubrum bestimmt. Obgleich sich hier im Regelfall eine Auslegung erübrigt, ist sie doch grundsätzlich zulässig und u. U., wenn nämlich der Wortlaut des Rubrums nicht eindeutig oder gar fehlerhaft ist, auch geboten. Gerade in diesem Fall zeigt sich, daß zur Erkenntnis des Urteilsinhalts neben dem Urteil auch andere Erkenntnisquellen herangezogen werden können und müssen. Ihre Einbeziehung in die Urteilsauslegung begegnet zwar unter dem Aspekt der Rechtssicherheit im Ansatz beachtlichen Bedenken, doch erweist sich die Notwendigkeit, auch diese Quellen im Auslegungsprozeß zu benutzen, letztlich als stärker.

II. Konstanz der Entscheidung bei Änderung des Urteilsausdrucks

Mit diesem hermeneutischen „Rüstzeug" zur Ermittlung der Entscheidung aus dem Urteil kann auch die eingangs gestellte Frage, ob - wie es die h. M. behauptet - eine Veränderung des Tenors oder anderer Bestandteile des Urteils durch die Urteilsberichtigung *zwangsläufig* zu einer Abänderung der Entscheidung führt, beantwortet werden.

1. Möglichkeit der Entscheidungskonstanz

Die Antwort hierauf lautet: Nein! Es hat sich nämlich gezeigt, daß es für den durch Auslegung zu ermittelnden Inhalt des Urteils unerheblich ist, ob der Beklagte nun als „Meyer" oder zutreffend als „Maier" bezeichnet wurde, ob das Gericht 2 und 2 zu 5 oder aber korrekt zu 4 addiert hat etc.. Maßgeblich ist allein, ob sich aus dem Urteil im Wege der Auslegung *eine* Entscheidung ermitteln läßt. Innerhalb dieser Begrenzung, auf die sogleich noch näher einzugehen ist, folgt im Umkehrschluß aber auch eine auf den ersten Blick überraschende Invarianz der Entscheidung gegenüber *Veränderungen* ihres Ausdrucks. Soweit nämlich im Wege zulässiger und notwendiger Auslegung aus verschiedenen Textvarianten dieselbe Entscheidung folgt, kann auch aus der Änderung des Entscheidungsausdrucks A in die inhaltsgleiche Variante B keine Veränderung der getroffenen Entscheidung folgen.

Diese Entscheidungskonstanz besteht nun nicht nur bei der Änderung von „Kleinigkeiten" wie Rechtschreibfehlern, sondern z. B. auch bei der Anpassung eines fehlerhaften Tenors an die in sich eindeutigen Urteilsgründe. Auch in diesen „Musterfällen" der Urteilsberichtigung, für die das eingangs[162] genannte Beispiel steht und die auf den ersten Blick einen Widerspruch zur Bindung des Gerichts an

---

162 Oben S. 33, in und bei Fn. 109.

seine Entscheidung vermuten lassen, besteht der von der h. M. behauptete Konflikt zwischen Innenbindung und Urteilsberichtigung nicht.

Nichts anderes gilt in vielen anderen Fällen der Urteilsberichtigung. Egal ob die Bezeichnung der Parteien oder des erkennenden Gerichts, Widersprüchlichkeiten im Tenor oder Widersprüchlichkeiten zwischen Tenor und Gründen berichtigt werden: Solange die Auslegung des berichtigten wie des unberichtigten Urteils, jeweils unter möglicher Hinzuziehung notwendiger weiterer Erkenntnisquellen, zum selben Urteilsinhalt führt, ist mit der Berichtigung des Urteils keine Änderung der Entscheidung und damit auch kein Eingriff in die Innenbindung verbunden.

2. *Offenbare Entscheidungskonstanz als Merkmal der Urteilsberichtigung*

Es ist jedoch offensichtlich, daß es andererseits auch Urteilsberichtigungen, d. h. Veränderungen des Entscheidungsausdrucks gibt, die auch die Entscheidung selbst abändern *können*. So mag es im Einzelfall durchaus zweifelhaft sein, ob der ursprünglich als „Meyer" bezeichnete Beklagte tatsächlich mit dem „Maier" des Berichtigungsantrags oder -beschlusses identisch ist. Genauso wenig ist eine Abweichung zwischen Tenor und Entscheidungsgründen immer unzweifelhaft aufzuklären. Wenn in diesen Fällen der Entscheidungsausdruck verändert wird, ist damit die *Möglichkeit* der Abänderung auch der Entscheidung selbst gegeben. Und bereits diese Möglichkeit stellt einen Eingriff in die Innenbindung nach § 318 ZPO dar.

Unproblematisch sind hingegen die offensichtlich die Entscheidung abändernden Berichtigungsbeschlüsse: „Berichtigt" ein Gericht etwa den ursprünglich eindeutig zugesprochenen Betrag, weil es erst nachträglich merkt, daß eine zur Aufrechnung gestellte Forderung bereits erloschen war,[163] verändert es die Entscheidung und verstößt damit unbestreitbar gegen die Innenbindung aus § 318 ZPO. Fraglich ist hier lediglich, ob man diesen Eingriff in die Entscheidung mit der Berichtigungsbefugnis des § 319 ZPO systemkonform begründen und damit rechtfertigen kann. Dieser Frage kann erst später nachgegangen werden.

Die Überzeugungskraft der hier eingeführten These, daß die Urteilsberichtigung ohne Konflikt zur Innenbindung erklärt werden kann, hängt daher davon ab, daß eine eindeutige Abgrenzung zwischen solchen Berichtigungen, die die Entscheidung unberührt lassen, und solchen, die sie verändern können, gelingt. Nur wenn dies möglich ist, kann die nächste Frage, ob eine „konfliktfreie" Ausgestaltung des Berichtigungsverfahrens auch zweckmäßig und systemgerecht ist, sinnvoll gestellt werden. Sollte die Abgrenzung hingegen nicht gelingen, wäre *jede* Urteilsberichtigung potentiell entscheidungsverändernd und wäre damit in der Tat

163 So OLG Dresden 2 U 218/38 v. 30.05.1940, ZZP 62 (1941), 384; ähnliche Konstellation in RG I 341/26 v. 19.01.1927, RGZ 116, 13.

im Berichtigungsverfahren der von der h. M. behauptete Konflikt von Urteilsberichtigung und Innenbindung angelegt. Es bliebe dann lediglich zu klären, wie weit der durch § 319 ZPO legitimierte Eingriff in die Entscheidung reicht.

Jedoch ist diese Abgrenzung bereits im Wortlaut des § 319 I ZPO enthalten. Danach sind gerade nur solche Unrichtigkeiten berichtigungsfähig, die „offenbar" sind - und das „Offenbare" und das „Zweifelhafte" schließen sich gegenseitig begriffsnotwendig aus.[164] Daraus folgt, daß eine Berichtigung dann nicht mehr die Identität der Entscheidung gewährleistet, wenn Zweifel daran möglich sind. Aber wann sind Zweifel ausgeschlossen? Dies erklärt sich aus der Natur des Zweifels: Er beruht auf der individuell unterschiedlichen Wahrnehmung. Daher ist zweifelsfrei oder offenbar nur das, was überindividuell gleich wahrgenommen wird.[165]

Diese Wortbedeutung des Offenbaren findet auch eine etymologische Stütze. So steht offenbar auch für das, was „einer großen Anzahl Menschen eröffnet wird"[166], und verweist damit auf die - ursprünglich religiöse - überindividuelle Wahrnehmung, d. h. intersubjektive Gewißheit.

Gegen die Tauglichkeit dieser Definition des „Offenbaren" sind zwei Einwände naheliegend: Zum einen kann entgegnet werden, daß es kaum Umstände gibt, die von allen Menschen gleich wahrgenommen werden. Doch steckt darin eine Verkennung der Funktion des „Überindividuellen". Seine Aufgabe ist es nicht, den Kreis sicherer Erkenntnis auf - wohl kaum vorhandenes - „Menschheitswissen" einzugrenzen.[167] Es geht lediglich darum, die Zufälligkeiten und die Wertungsabhängigkeit *individueller* Wahrnehmung zu verhindern. Daher ist beispielsweise ein Rechenfehler auch dann offenbar, wenn er von zahllosen des Rechnens Unkundigen weder bemerkt noch korrigiert werden kann. Gleiches gilt für Schreibfehler, die notwendig von allen, die der deutschen Sprache nicht mächtig sind, nicht wahrgenommen werden.

Der zweite mögliche Einwand ist, daß es bei einer Begrenzung des Offenbaren auf das überindividuell gleich Wahrgenommene jeder in der Hand hätte, durch das interessengelenkte Vortäuschen von Zweifeln die Feststellung des „Offenbaren" zu verhindern. So könnte der durch ein Urteil, das zwei plus zwei zu drei addiert, Begünstige gegen dessen Berichtigung einwenden, daß diese Unrichtigkeit kei-

---

164 Siehe MITZKA, Wörterbuch: „offenbar ist, was ... nicht geleugnet, nicht bestritten ... werden kann."

165 So schon STEIN, Wissen, S. 148; vgl. aus neuerer Zeit OLG Karlsruhe 16 WF 245/86 v. 04.03.1987, FamRZ 1987, 852 [853]: „Allgemeinkundig sind solche Tatsachen, die ... von so vielen Personen wahrgenommen sind oder wahrgenommen werden können, daß es auf die Kenntnis eines einzelnen *[=individuelle Wahrnehmung]* nicht mehr ankommt" (*Einschub* v. Verf.).

166 MITZKA, a. a. O.

167 STEIN, Wissen, S. 144 f.

neswegs offenbar sei - er habe Zweifel. Doch zeigt bereits dieses Beispiels, daß es sich dabei um ein lediglich abstrakt-theoretisches Problem handelt. In der Praxis macht sich der, der solches behauptet, schlicht lächerlich. Ein juristisches Problem ist damit aber nicht aufgeworfen.[168]

Die Tauglichkeit des so verstandenen „Offenbaren" als Abgrenzungskriterium ergibt sich auch aus dem verwandten Begriff der „Offenkundigkeit", wie er in §§ 291, 727 ZPO verwendet wird. Zwar ist der Anwendungsbereich beider Vorschriften umstritten. Doch liegt dies im wesentlichen daran, daß beide Normen auf das „bei dem Gericht" Offenkundige abstellen. Damit erweitern sie den Anwendungsbereich vom Allgemeinkundigen auf das nur Gerichtskundige und schaffen genau damit die Probleme in der Praxis.[169] Eine entsprechende Erweiterung fehlt jedoch im Tatbestand des § 319 I ZPO. Daher entspricht dessen Merkmal der offenbaren Unrichtigkeit auch nur dem unproblematischen Merkmal des Allgemeinkundigen der §§ 291, 727 ZPO. Und zu dessen Erklärung ist das oben verwendete Modell der überindividuell gleichen Wahrnehmung entwickelt und soweit ersichtlich auch nicht - nachhaltig[170] - in Frage gestellt worden.[171]

Der Sache nach entspricht dieses Modell wohl auch dem, was mit den bisherigen Versuchen, das „Offenbare" i. S. v. § 319 ZPO zu definieren, gemeint war. Man findet dabei Beschreibungen wie, offenbar sei das, was sich mit „Gewißheit"[172] oder gar „zweifelloser Gewißheit"[173] ergebe, bzw. was „zwingend und für jeden sachkundigen Außenstehenden erkennbar"[174] oder auch „evident"[175] sei. Eine ähnliche Definition lautet: „Offenbar ist eine Unrichtigkeit, wenn sie auf der Hand liegt. Als offenbar ist anzusehen, was durchschaubar, eindeutig oder augenfällig ist."[176] Jedoch bietet das Modell der überindividuell

168 Siehe H. HENKEL, Einführung, S. 201, der zum durchaus vergleichbaren Fall, daß jemand versucht, eine Katze als Hund auszugeben, meint, daß dies nur heißt, „sich dem Fluch der Lächerlichkeit auszusetzen".

169 Zu diesen vgl. bereits STEIN, Wissen, S. 151 ff.; sowie aktuell BGH I ZR 1/96 v. 02.04.1998, NJW 1998, 3498 [3499] (die Tatsache, daß die normale Nahrung den Vitamin-H-Bedarf decke, könne offenkundig i. S. v. gerichtskundig sein), und die weiteren Rechtsprechungsnachweise bei HARTMANN in B/L/A/H, § 291, Rn. 3 f.

170 Zum grundlegend anderen Ansatz von LIPP, Wissen, S. 62 ff., siehe unten, in Fn. 273, S. 68.

171 Vgl. OLG Karlsruhe 16 WF 245/86 v. 04.03.1987, FamRZ 1987, 852 [853]; PRÜTTING in MüKo-ZPO, § 291, Rn. 5; HARTMANN in B/L/A/H, § 291, Rn. 1, jew. m. w. Nwen.

172 RG III 19/89 v. 26.03.1889, RGZ 23, 399 [411].

173 HEINZERLING, AcP 52 (1869), 499 [505 f.].

174 BPatG 4 W (pat) 41/71 v. 08.09.1971, BPatGE 13, 77 [85].

175 OLG München 25 W 1876/86 v. 12.08.1986, OLGZ 1986, 124 [125].

176 So BFH VIII B 157/83 v. 04.09.1984, DB 1984, 2602 [LS 1], zum insoweit gleichlautenden § 107 FGO.

gleichen Wahrnehmung einen größeren Erklärungswert als die Ersetzung des einen Begriffs durch andere.[177]

III. Ergebnis

Vorstehende Überlegungen haben gezeigt, daß entgegen der h. M. kein *notwendiger* Konflikt zwischen Urteilsberichtigung und Innenbindung besteht.[178] Entnimmt man nämlich richtigerweise die getroffene und von § 318 ZPO geschützte Entscheidung dem Urteil als Ganzem, lassen sich viele der allgemein für zulässig erachteten Berichtigungen als eine ausschließlich äußerliche Veränderung des Urteils begreifen. Das gilt auch, wenn durch die Berichtigung Tenor oder Parteibezeichnung geändert werden.

Allerdings ist mit der Änderung des Ausdrucks - über die Fälle einer offensichtlich abändernden Urteilsberichtigung hinaus - immer dann ein Änderung der Entscheidung verbunden, wenn Zweifel an der Identität von berichtigtem und unberichtigtem Urteil möglich sind. Diese sind lediglich dann ausgeschlossen, wenn die Entscheidungskonstanz „offenbar“, d. h. unabhängig von der Wahrnehmung und Wertung des konkreten Beobachters ist. Insoweit ergab sich eine Parallele zur Allgemeinkundigkeit, wie sie anerkannter Rechtsbegriff im Tatbestand der §§ 291, 727 ZPO ist.

Mit dieser Grenzziehung ist einerseits eine klare Abgrenzung von möglicherweise inhaltsverändernden gegenüber entscheidungsneutralen Urteilsberichtigungen möglich. Andererseits wird hierdurch aber auch der Anwendungsbereich der Urteilsberichtigung gegenüber der z. T. erheblich großzügiger verfahrenden Praxis sowie vielen Literaturstimmen eingeschränkt. Es stehen sich daher zwei Modelle gegenüber: Auf der einen Seite steht ein auf den Ausdruck begrenztes und damit entscheidungsneutrales Berichtigungsverfahren. Auf der anderen Seite steht ein weiteres Verständnis der Urteilsberichtigung, in dessen Anwendungsbereich auch die Entscheidung verändernde Berichtigungen fallen. Im Folgenden gilt es, sich zwischen ihnen zu entscheiden.

§ 3 - Die begrenzte Funktion der Urteilsberichtigung

Die Antwort auf die Frage, welche Funktion der Urteilsberichtigung zukommt, hängt zunächst von der Auslegung des Begriffs der „ähnlichen offenbaren Unrichtigkeit“ in § 319 I ZPO ab. Denn gerade die, die der Urteilsberichtigung einen weiten Anwendungsbereich eröffnen wollen, finden hierin ihren Anknüpfungs-

---

177 Zu den Details siehe unten, § 5 , S. 65 ff.

178 So bereits HEIM, Feststellungswirkung, S. 66; KÖST, ZZP 62 (1941), 385 [392]; LINDACHER, ZZP 88 (1975), 64 [72]; wohl auch MUSIELAK in MüKo-ZPO, § 319 Rn. 1.

punkt. Neben der somit gebotenen grammatischen Auslegung erfordert das Verständnis der Funktion der Urteilsberichtigung im Gefüge der prozessualen Institute und Ziele aber auch eine systematischen und teleologischen Auslegung des § 319 ZPO.

I. Die grammatische Auslegung des § 319 ZPO

Der sprachliche Befund des § 319 ZPO erscheint ambivalent. Zwar sind in Abs. 1 als erstes Schreibfehler, die unzweifelhaft Fehler des Ausdrucks sind, als berichtigungsfähig bezeichnet. Doch erklärt die Norm außerdem Rechenfehler zu offenbaren Unrichtigkeiten. Und gerade deren Erwähnung führte ja dazu, daß in Rechtsprechung und Literatur die Meinung Raum gewann, daß die Urteilsberichtigung keineswegs auf die Korrektur von Ausdrucksfehlern beschränkt sei.[179]

In der Tat ist dieser Ansicht zuzugeben, daß Rechenfehler unzweifelhaft Denkfehler sind.[180] Sie unterscheiden sich in *dieser* Beziehung nicht von Subsumtionsirrtümern, d. h. Fehlern bei der Entscheidungsfindung. Und auch in einer weiteren Beziehung besteht zwischen Rechen- und Subsumtionsfehlern eine gewisse Ähnlichkeit. Die Entscheidung eines Rechtsstreits verlangt vom erkennenden Gericht ja nicht bloß die aneinanderreihende Aufzählung rechtlicher Aspekte des Falls, sondern die zusammenfassende Würdigung des Rechtsschutzgesuchs: Klagt der geschädigte G beispielsweise 10.000 DM aus einem Unfall ein, kann sich das Gericht nicht damit begnügen, darzulegen, daß der Beklagte S rechtswidrig und schuldhaft Rechtsgüter des G verletzt habe, und daß hierdurch G ein Schaden von 8.000 DM an seinem PKW entstanden sei, sowie G Anspruch auf weitere 2.000 DM Schmerzensgeld habe. Vielmehr hat das Gericht den danach begründeten Klageanspruch auch zusammenfassend zu bescheiden.[181] Dies geschieht *äußerlich* im Tenor. Begeht das Gericht bei dessen Formulierung einen Fehler, berechnet es etwa die Summe der Ansprüche fälschlich zu 9.000 DM, hat es daher - in einem weiteren Sinne - bei der Entscheidung des Rechtsstreits einen Fehler gemacht.

Ebenfalls ein Fehler bei der Entscheidung des Rechtsstreits liegt bei folgender Abwandlung vor:[182] Auf die Klage des G entgegnet S, er habe bereits 2.000 DM auf den Schadensersatzanspruch geleistet. Diese Einwendung übersieht das Gericht und verurteilt S zur Zahlung von 10.000 DM. Auch hier könnte man meinen,

---

179 Vgl. die Nwe oben, Fn. 19.

180 Grundlegend wohl RG III 65/17 v. 15.05.1917, RGZ 90, 228 [232]; vgl. aus neuerer Zeit WIESEMANN, S. 50 f., 85, der zutreffend darauf hinweist, daß auch Schreibfehler Denkfehler sein können.

181 Insoweit zutreffend WIESEMANN, S. 51.

182 So etwa die Konstellation in OLG Hamm 20 W 47/74 v. 21.03.1975, MDR 1975, 764.

das Urteil leide an einem dem Rechenfehler vergleichbaren Mangel und damit an einer offensichtlichen Unrichtigkeit i. S. v. § 319 ZPO.[183]

Genauer besehen besteht zwischen beiden Fehlern jedoch ein wesentlicher Unterschied: Im ersten Fall beruht die unrichtige Tenorierung *ausschließlich* auf der Verletzung allgemeingültiger Rechengesetze. Im zweiten Fall ist hingegen unklar, welches Rechengesetz überhaupt anwendbar ist. Zwar wäre es (lediglich) ein Rechenfehler, *wenn* das Gericht 10.000 weniger 2.000 zu 10.000 DM errechnet. Doch ist für die Anwendung dieses Gesetztes kein Raum, wenn dem Urteil nicht zu entnehmen ist, *daß* das Gericht eine Leistung i.H.v. 2.000 DM auf den Klageanspruch anrechnen wollte. Diesen Unterschied hat bereits WETZELL erkannt, als er formulierte:

> *„Ein Rechenfehler insbesondere ist also nur dann anzunehmen, wenn für das arithmetische Verhältnis feststehender Zahlengrößen zu einander ein unrichtiger Ausdruck gebraucht, nicht aber wenn auf die Angaben der Parteien eine falsche Beurteilung angewandt, oder gar aus irrigen Parteiansätzen der entsprechende Schluß gezogen worden ist.“*[184]

Aber auch mit dieser Formulierung bleibt unklar, worin letztlich der Unterschied zwischen Rechen- und anderen Denk- und insbesondere Rechtsanwendungsfehlern liegt. Allein die Offensichtlichkeit kann es nicht sein, denn auch Subsumtionsirrtümer können mindestens so klar auf der Hand liegen, wie Fehler in einem komplizierten Rechenwerk.[185] Entscheidend erscheint vielmehr, daß die Anwendung von *Rechen*regeln keine spezifisch juristische, dem Richter vorbehaltene Tätigkeit ist. Daher berühren Mängel in ihrer Anwendung die Entscheidung als solche nicht.[186] Zurecht meint daher das BPatG, daß bei „Entscheidun-

---

183 So OLG Hamm a. a. O., S. 765; *ähnlich* BGH III ZR 95/82 v. 12.01.1984, NJW 1985, 742 [743] (dazu unten bei Fn. 404, S. 94); BFH VIII B 157/83 v. 04.09.1984, DB 1984, 2602 (dazu unten bei Fn. 417, S. 97); OLG Köln 27 WF 54/92 v. 05.10.1992, FamRZ 1993, 456 [457] (dazu unten bei Fn. 450, S. 105); MUSIELAK in MüKo-ZPO, § 319, Rn. 6: auch das Übersehen oder Verwechseln von Rechnungsposten; *a. A.* OLG Oldenburg 12 UF 188/81 v. 03.02.1982, FamRZ 1982, 1092 [1092 f.]; OLG Frankfurt 22 W 51/88 v. 14.12.1988, NJW-RR 1989, 640 für die übersehene Aufrechnung.

184 WETZELL, System, S. 656 (Hervorhebung v. Verf.); ähnlich OLG Zweibrücken 2 WF 11/82 v. 19.03.1982, FamRZ 1982, 1030 [1031]; STEINBERG, S. 9; E. SCHNEIDER, JurBüro 1969, 457; G. LÜKE, JuS 1986, 553 [555].

185 Das spricht auch gegen die Ansicht WIESEMANNS, S. 84 f., der die Gemeinsamkeit berichtigungsfähiger Fehler in ihrer „Flüchtigkeit“ sieht; ähnlich OLG Zweibrücken 5 W 9/94 v. 06.06.1994, OLGZ 1994, 581 [582], das von „Gedankenlosigkeit“ spricht.

186 Ähnlich wohl KLEINSCHMIDT, S. 100 f., der allerdings - zumindest mißverständlich - vom „richterlichen Willen“ und „Urteilszweck“ spricht, und OSTERLOH, S. 72 f., der den „Sinn“ des Urteils als maßgebliche Konstante ansieht.

gen, die in solcher Weise unrichtig sind, ... der richtige Entscheidungsinhalt latent in der Entscheidung selbst enthalten und für jedermann zumindest feststellbar...“[187] ist.

Gleiches gilt für in einem Urteil vorkommende Schreibfehler: Hat das Gericht im Tenor versehentlich Kläger und Beklagten verwechselt, oder in den Gründen „zu“- statt „aberkannt“ geschrieben, ist dies ein Fehler, der mit der eigentlichen richterlichen Tätigkeit nichts zu tun hat. Er kann genauso gut in einem Kochbuch oder einem Artikel über das Liebesleben der Waldameisen vorkommen.

Diese bislang übersehene Gemeinsamkeit von Schreib- und Rechenfehlern entzieht allen bisherigen Versuchen, aufgrund der Verschiedenheit beider Fehlertypen („mechanisches Versehen“ vs. „Denkfehler“) einen von beiden zum Maßstab der „*ähnlich* offenbaren Unrichtigkeiten“ zu machen,[188] den Boden. Denn der zweifellos vorhandene Unterschied wird durch das übereinstimmende Merkmal des *nicht spezifisch richterlichen* Fehlers überlagert. Daher können „*ähnlich* offenbare Unrichtigkeiten“ ebenfalls nur nicht spezifisch richterliche Fehler sein.

Ihr *unähnliches* Gegenstück bilden die Fehler, die gerade aus der Besonderheit richterlicher Tätigkeit entspringen. Und die Besonderheit, die richterliche von jeder anderen Tätigkeit unterscheidet, ist die Aufgabe der endgültigen Streitentscheidung.[189] Daher können Fehler in der *eigentlichen*, d. h. dem Urteil als ganzem zu entnehmenden Entscheidung bereits nach einer grammatischen Auslegung des § 319 I ZPO nicht berichtigt werden - seien sie auch so offenbar wie Schreibfehler.

II. Die systematische Funktionsbestimmung der Urteilsberichtigung

Offener erscheint hingegen das Ergebnis einer systematischen Auslegung. Zwar folgt die Regelung des Berichtigungsverfahrens unmittelbar auf die Konstituierung der Innenbindung, doch läßt sich dies ebenso gut als Konkretisierung des wie als Ausnahme zu § 318 ZPO begreifen. Eher könnte der Vergleich von § 319 ZPO mit der Tatbestandsberichtigung nach § 320 ZPO ein Argument für das Verständnis der Urteilsberichtigung als Ausnahme zur Innenbindung abgeben. Denn nach den oben ausgeführten Grundsätzen kann dem Tatbestand eine be-

---

187 BPatG 4 W (pat) 71/69 v. 08.09.1971, GRUR 1972, 90 [92]; BPatG 4 W (pat) 41/71 v. 08.09.1971, BPatGE 13, 77 [84].

188 Vgl. die Nwe oben, Fn. 19.

189 MEYER in v. Münch, GG, Art. 92, Rn. 7; LEIPOLD in Stein/Jonas, ZPO, § 322, Rn. 30 f.; ausführlich unten, § 5 I., S. 65 ff.

deutende Rolle bei der Erkenntnis der Entscheidung zukommen und seine Veränderung kann daher auch die Entscheidung selbst berühren.[190]

Doch scheitert dieser Schluß an der unterschiedlichen Ausgestaltung von Urteilsberichtigung und Tatbestandsberichtigung. So erfolgt die Tatbestandsberichtigung gem. § 320 I ZPO nur auf Antrag, der innerhalb von 2 Wochen nach Zustellung des vollständig abgefaßten Urteils gestellt sein muß, und 3 Monate nach Verkündung des Urteils ausgeschlossen ist (§ 320 II ZPO). Demgegenüber ist die Urteilsberichtigung *jederzeit* also auch noch nach Jahren[191] und ohne Antrag möglich, § 319 I ZPO. Weiterhin ist im Tatbestandsberichtigungsverfahren zwingend (§ 320 III 1 ZPO) eine mündliche Verhandlung vorgeschrieben; bei der Urteilsberichtigung steht sie nach § 319 II 1 ZPO hingegen im Ermessen des Gerichts.[192] Letztlich dürfen gem. § 320 IV 2 ZPO bei der Entscheidung über die Tatbestandsberichtigung nur die Richter mitwirken, die auch am Urteil mitgewirkt haben. § 319 I ZPO gesteht die Berichtigungsbefugnis dagegen „dem Gericht" zu, ohne sie auf die konkret am Urteil beteiligten Richter zu beschränken.[193]

Dieser systematische Vergleich der Verfahrensvoraussetzungen und -ausgestaltung nach § 319 ZPO einerseits und § 320 ZPO andererseits bestätigt den textlichen Befund, daß den erheblich höheren Anforderungen ein weiterer Wirkungsbereich der Tatbestandsberichtigung entspricht. Ist daher bei ihr eine Veränderung der Entscheidung selbst nicht ausgeschlossen, erscheint der Umkehrschluß, daß die Urteilsberichtigung keine Entscheidungsänderung bewirken soll, nicht fernliegend. Zumindest sprechen die genannten Unterschiede dagegen, aus dem möglichen Konflikt von *Tatbestands*berichtigung und Innenbindung auch einen solchen zwischen *Urteils*berichtigung und Innenbindung herzuleiten.

Und auch die letzte Vorschrift dieses Zusammenhangs, § 321 ZPO, streitet nicht für ein Verständnis des § 319 ZPO, das die Urteilsberichtigung in Konflikt zur Innenbindung sieht. Denn die Urteilsergänzung betrifft gem. § 321 I ZPO nur „übergangene" Ansprüche. Hinsichtlich derer liegt aber noch gar keine Entscheidung vor, zu der sich das Gericht in Konflikt begeben könnte.[194] Insgesamt ist dem systematischen Zusammenhang, in dem § 319 ZPO steht, daher keine abschließende Antwort auf die hier entscheidende Frage, ob ein „konfliktfreies" oder „konfligierendes" Modell des Berichtigungsverfahrens besser dem Gesetz ent-

---

190 Weshalb auch für die Tatbestandsberichtigung von unanfechtbaren Urteilen ein Rechtsschutzbedürfnis bestehen kann, vgl. HARTMANN in B/L/A/H, § 320, Rn. 1.

191 Siehe zur evtl. *Verwirkung* des Anspruchs auf Urteilsberichtigung unten, § 14 III. 2, S. 252 ff.

192 Zu dessen Ausübung näher unten, § 14 IV. 2, S. 256.

193 Hierzu unten, § 14 I., S. 244 ff.

194 Dazu oben, Einleitung I. 4.b), S. 21.

spricht, zu entnehmen. Die überwiegenden Argumente sprechen indes für die hier vertretene Alternative.

III. Zur subjektiv teleologischen Funktionsbestimmung

Demgegenüber scheint die Vorstellung des historischen Gesetzgebers auf den ersten Blick für ein weites Verständnis der Urteilsberichtigung, das auch Veränderungen der Entscheidung einschließt, zu sprechen. Schließlich ist bereits in der Begründung des Entwurfs der CPO das Verfahren nach § 319 ZPO als eine Ausnahme von der Innenbindung bezeichnet worden.[195] Doch beruhte diese Annahme auf einem unrichtigen Verständnis dessen, was die Entscheidung ausmacht; es war Folge der verfehlten - und zudem widersprüchlichen[196] - Vorstellung, allein der Tenor enthalte die Entscheidung. Auf Grund dieser irrigen Annahme mußte der historische Gesetzgeber jede Berichtigung, die den Text des Tenors verändert, als Eingriff in die Entscheidung verstehen.

In der Sache selbst besteht jedoch kein Zweifel, daß der historische Gesetzgeber inhaltliche Änderungen der getroffenen Entscheidung *nicht* als Berichtigung nach § 319 ZPO verstanden wissen wollte. Zwar ergibt sich dies nicht unmittelbar aus der Gesetzesbegründung; sie enthält kaum über den Wortlaut hinausführende Hinweise.[197] Doch nimmt die Begründung des Regierungsentwurfs auf die verschiedenen Prozeßordnungen des gemeinen Rechts Bezug,[198] so daß auch eine inhaltliche Übereinstimmung mit den dort konstituierten Regeln unterstellt werden kann. Für jene war jedoch anerkannt, daß eine inhaltliche Änderung der verkündeten Entscheidung dem Richter untersagt ist.[199] Die Beschränkung der Berichtigungsbefugnis ging sogar soweit, daß nach Rechtskraft des Urteils jede Berichtigung des Tenors unzulässig war; denn ab diesem Zeitpunkt hätten die Parteien ein „unwiderrufliches Recht auf den Wortlaut des Decitivs" erlangt.[200]

IV. Objektiv teleologische Funktionsbestimmung

Auch wenn sowohl die grammatische als auch die subjektiv teleologische Auslegung bereits gegen die Ausdehnung der Berichtigungsbefugnis auf Fehler der Entscheidung selbst sprechen, ist damit doch nicht mehr als ein Hinweis für

---

195 HAHN, Materialien-ZPO, S. 288.

196 Vgl. die Diskussion um § 322 III ZPO des Entwurfs zur CPO, dazu oben, § 2 I. 1, bei Fn. 127, S. 36.

197 HAHN, Materialien-ZPO, S. 288.

198 HAHN, a. a. O.

199 WETZELL, System, S. 656; HEINZERLING, AcP 52 (1869), 499 [501 f.].

200 HEINZERLING, AcP 52 (1869), 499 [505], mit Nwen zur damaligen Rechtsprechung; ähnlich heute LINDACHER, ZZP 88 (1975), 64 [71 f.].

die Richtigkeit der hier vertretenen Auffassung gewonnen. Entscheidend für das richtige Verständnis der Funktion der Urteilsberichtigung ist, welche Auslegung des § 319 ZPO die Erreichung des Prozeßzwecks fördert.

I. Die Urteilsberichtigung als „kleines" Rechtsmittel?

Mit dieser Forderung nach einer objektiv teleologischen Funktionsbestimmung scheint auf den ersten Blick eine erhebliche Unsicherheit in die Auslegung des § 319 ZPO hineingetragen: Gehört doch die Frage nach dem Zweck des Zivilprozesses zu den strittigsten Fragen der Prozeßrechtswissenschaft.[201] Indessen ist diesem Problem auch hier nicht auf den letzten Grund zu gehen. Ausreichend ist es, das im Prozeß notwendig angelegte Spannungsverhältnis zwischen den potentiell konfligierenden Zielen der materiellen Gerechtigkeit einerseits und der Rechtssicherheit andererseits zu erkennen.[202]

Dezidiert *a. A.* insbesondere GAUL, der als Prozeßziel *ausschließlich* die Wahrung und Durchsetzung des materiellen Rechts anerkennt.[203] Demgegenüber bilde die Rechtssicherheit, wegen derer auch unrichtige Entscheidungen verbindlich seien, lediglich eine praktische Begrenzung der Verwirklichung dieses Ziels.[204] Doch widerspricht diese Vorstellung bereits dem geltenden Prozeßrecht: Stellt es doch mit Anerkenntnis, Verzicht und vor allem dem Versäumnisurteil Institute bereit, die ein materiell richtiges Urteil gerade nicht absichern.[205] Darüber hinaus hebt sie die Frage nach dem Prozeßziel auf eine metaphysische Ebene, die dann in der Tat zur Beantwortung dogmatischer Fragen ungeeignet ist.[206] Von praktisch-wissenschaftlichem Interesse ist nur eine Zielbeschreibung, die die realen Möglichkeiten seiner Erreichung berücksichtigt.[207] Und die Realität beinhaltet zwangsläufig auch das Urteil, das verfahrensgemäß zustande gekommen ist, jedoch in einer ex ante-Betrachtung die materielle Rechtslage verfehlt hat.

Ebenfalls nicht hilfreich erscheint es, das Vorliegen eines Spannungsverhältnisses überhaupt zu leugnen.[208] Zwar ist es zutreffend, daß es ein vorfindliches materielles Recht nicht gibt, sondern dieses im konkreten Prozeß erarbeitet werden muß.[209] Doch kann so-

---

201 Vgl. die Nwe. Bei SCHUMANN in Stein/Jonas, ZPO[20], Einleitung, Rn. 6.

202 Vgl. BVerfG 1 BvR 295/58 v. 19.03.1959, BVerfGE 9, 223 [226 f.]; BVerfG 2 BvR 852/93 v. 25.11.1994, NJW 1995, 711; REINICKE, NJW 1952, 3 [5 f.]; STÜRNER, ZZP 99 (1986), 291 [316]; HABSCHEID, NJW 1988, 2641 [2642]; ausführlich SCHUMANN in Stein/Jonas, ZPO[20], Einleitung, Rn. 11 ff.

203 GAUL, AcP 168 (1968), 27 [57 ff., et passim].

204 GAUL, a. a. O., 60 f.; ähnlich JAUERNIG, ZZP 66 (1953), 398 [414], der von „Determinierung" und „Limitierung" des Prozeßziels spricht.

205 Insoweit zutreffend BÖHM, S. 42 f.

206 So GAUL, a. a. O., 35.

207 Vgl. SAX, ZZP 67 (1954), 21 [36 ff., 40].

208 So aber PAWLOWSKI, ZZP 80 (1967), 345 [361 f.]; ähnlich GAUL, AcP 168 (1968), 27 [61], der sich gegen die „Unrichtigkeit des Urteils als feststehende Tatsache" wendet.

209 Dazu noch unten, § 12 III. 2.b)(1), S. 225.

wohl die Feststellung des relevanten Sachverhalts als auch die Konkretisierung der Norm *eindeutig* fehlerhaft erfolgen.[210] Dies nimmt das Prozeßrecht hin, *um* einen Abschluß des Verfahrens zu erreichen.

Aus der Akzeptanz dieses Spannungsverhältnisses als bestimmenden Faktor des (Zivil-)Prozesses folgt auch der hier vertretene Widerstand gegen Bestrebungen, das Berichtigungsverfahren nach § 319 ZPO zur Korrektur offenbarer Entscheidungsfehler zu benutzen.[211] Zwar ist der Gegenansicht durchaus zuzugeben, daß Entscheidungen - dem Juristen! - genauso offenbar unrichtig erscheinen können, wie ihr Ausdruck; und auf den ersten Blick mögen die, die der Urteilsberichtigung einen über die bloße Korrektur von Ausdrucksfehlern hinausgehenden Anwendungsbereich verschaffen wollen, noch ein weiteres, gewichtiges Argument auf ihrer Seite haben: Wie verträgt es sich nämlich mit dem Streben nach materieller Gerechtigkeit, wenn das Gericht eine offenbare Fehlentscheidung, die es selbst erkennt, als unabänderlich hinnehmen müßte? Würde hierdurch nicht eine Formalisierung mit fragwürdigem Ergebnis ins Extrem getrieben?

Zur Illustration mag ein alter Fall des OLG Dresden dienen:[212] Das Gericht hatte zunächst die Klage abgewiesen, da die Klageforderung wegen Aufrechnung erloschen sei. Dabei übersah es jedoch, daß die zur Aufrechnung gestellte Forderung ihrerseits bereits durch eine frühere Aufrechnung mit anderen Forderungen zum größten Teil erloschen war. Diese Entscheidung wurde gem. § 319 ZPO berichtigt, weil - so das OLG Dresden - „nach heutiger Rechtsauffassung" eine einengende Anwendung des § 319 ZPO nicht mehr gerechtfertigt ist. Denn, so fährt das Gericht unter Berufung auf das Reichsgericht[213] fort, es soll „durch Sprüche, die auf offenbarer Unrichtigkeit beruhen, offensichtliches Unrecht

---

210 So auch GOTTWALD in MüKo-ZPO, § 322, Rn. 15; LARENZ/CANARIS, Methodenlehre, S. 59 ff., 61.

211 So aber OLG Jena 2 W 1083/27 v. 23.09.1927, JW 1928, 1317, mit *abl.* Anm. von ROQUETTE, JW 1928, 1317; OLG Hamm 20 W 47/74 v. 21.03.1975, MDR 1975, 764; LG Stade 1 S 25/78 v. 26.07.1978, NJW 1979, 168 mit *abl.* Anm. von PRUSKOWSKI, NJW 1979, 931; FLUME, NJW 1995, 2904 [2905]; weitere Nwe. in BGH IX ZR 193/93 v. 14.07.1994, BGHZ 127, 74 [78], wo die Frage offen gelassen wurde. De lege ferenda forderte bereits HESS, Berichtigung (1916), S. 66 f., eine Ausdehnung der Berichtigungsbefugnis auf die Korrektur inhaltlicher Fehler. Gewisse Sympathien, offenkundige errores in iudicando auf diesem einfachen und gegenüber einem Rechtsmittel kostengünstigeren Weg zuzulassen, zeigt auch E. SCHNEIDER, JurBüro 1969, 457 [458].

212 OLG Dresden 2 U 218/38 v. 30.05.1940, ZZP 62 (1941), 384, mit *abl.* Anm. KÖST, ZZP 62 (1941), 385 [392]: „freirechtliche Rechtsfindung".

213 RG IV 200/38 v. 09.01.1939, RGZ 159, 109 [110] - diese Entscheidung betraf i. ü. nicht § 319 ZPO, sondern zog das angeblich in dieser Vorschrift steckende Prinzip nur als Argumentation für eine sehr zweifelhafte Auslegung des „unabwendbaren Zufalls" in § 233 ZPO a. F. heran.

nicht zum Recht erhoben werden *[...]*. Das Recht darf nicht an Förmlichkeiten scheitern."[214]

Doch weckt gerade der letzte Punkt Bedenken, und bei näherer Betrachtung erweisen sich auch die anderen Argumente als nicht ganz so überzeugend, wie sie auf den ersten Blick erscheinen mögen. Selbstverständlich ist das Ziel der Rechtsprechung Gerechtigkeit und damit die richtige Entscheidung des Einzelfalles.[215] Doch wo liegt die Gewähr, daß die berichtigte Entscheidung nun auch die tatsächlich richtige ist?[216] Wäre unter Berücksichtigung weiteren Vorbringens - gerade die problematischen Berichtigungsbeschlüsse ergehen ja auf Grund eines Antrags und damit weiterer Sachausführungen[217] - nicht vielleicht ein drittes Ergebnis noch richtiger, gerechter? Müßte man - um der Gerechtigkeit willen - dann nicht auch eine weitere, inhaltlich abändernde „Berichtigung" zulassen?[218]

Gerade diese Problematik wird durch die angeführte Entscheidung des OLG Dresden veranschaulicht. Die meisten Fehlurteile entstehen nämlich nicht aufgrund „fehlerhafter" Rechtsauffassungen, sondern infolge unrichtiger Sachverhaltserfassung.[219] Gerade hier sind jedoch Flüchtigkeitsfehler und Mißverständnisse besonders naheliegend, die bei späterer Betrachtung durchaus als „offenbar" erscheinen mögen.

Aber auch ohne „Fortspinnen" einer unendlichen Berichtigungskette, wäre mit der Ausdehnung der Urteilsberichtigung auf Entscheidungsfehler die Rechtssi-

---

214 OLG Dresden, a. a. O., S. 385; i. E. *ähnlich* aus jüngster Zeit: BayObLG 3Z BR 328/95 v. 13.12.1995, NJW-RR 1997, 57: „Der Begriff der offenbaren Unrichtigkeit ist im Interesse der Prozeßwirtschaftlichkeit und *eines besseren Richterspruchs* weit auszulegen" (Hervorhebung vom Verf.); ähnlich OLG Bamberg 2 UF 269/97 v. 12.04.1999, FamRZ 2000, 38; HARTMANN in B/L/A/H, § 319, Rn. 8.

215 BVerfG 1 BvR 361/78 v. 27.09.1978, BVerfGE 49, 220 [226]; BVerfG 2 BvR 804/75 v. 24.03.1976, BVerfGE 42, 64 [73].

216 Vgl. etwa den in RG III 19/89 v. 26.03.1889, RGZ 23, 399 [409 f.] zitierten Fall einer - vom RG aufgehobenen - Berichtigung der Kostenentscheidung. In der Begründung der aufhebenden Entscheidung hieß es, daß „sogar bezweifelt werden kann, ob nicht das Urteil die Kosten richtiger verteilt hat, wie der angefochtene Beschluß".

217 Im Ansatz zutreffen erblickt daher WEBER, LM Nr. 10 zu § 319 ZPO, in dem *Fehlen* eines Berichtigungsantrags ein Indiz für die Richtigkeit des Berichtigungsbeschlusses.

218 So wohl OLG Köln 27 WF 54/92 v. 05.10.1992, FamRZ 1993, 456 [457], das den durch eine fehlerhafte Berichtigung (dazu unten, S. 105, in und bei Fn. 450) Benachteiligten darauf verweist, den Berichtigungsbeschluß berichtigen zu lassen!

219 So auch LOTZ, NJW 1996, 2130 [2133], der (auch) deshalb das auf *Rechts*fehler beschränkte außerordentliche Rechtsmittel der „greifbaren Gesetzeswidrigkeit" wegen Verstoßes gegen Art. 3 GG ablehnt. Siehe auch den Fall BGH XII ARZ 2/93 v. 17.02.1993, NJW-RR 1993, 700 (dazu unten, S. 183, bei Fn. 795), bei dem die angeblich offenbare Unrichtigkeit des Verweisungsbeschlusses ebenfalls erst nach weiteren Schriftsätzen zu tage trat, sowie FLOTHO, DRiZ 1996, 353 [357]: „Der weitaus größte Arbeitsaufwand der Zivilgerichte erstreckt sich weniger auf Rechtsfragen als auf die sorgfältige und differenzierte Tatsachenfeststellung".

cherheit nachhaltig erschüttert. Der Grund hierfür liegt zum einen in der nach § 319 I ZPO *jederzeit*, also auch nach Eintritt der Rechtskraft möglichen Berichtigung. Soll denn tatsächlich noch Jahre nach Erlaß des Urteils der Bestand der Entscheidung in Frage stehen? Zum anderen wäre mit diesem Verständnis der Urteilsberichtigung die Rechtskraft der Entscheidung von ihrer Richtigkeit abhängig. Man mag hiergegen einwenden, daß doch nur „offenbare" Unrichtigkeiten im Urteil zu dieser Einschränkung führten, und daß derart fehlerhaften Entscheidungen von vornherein nur eine geringere Bestandskraft zukommen könne.[220] Doch würde dabei verkannt, daß der Begriff der „offenbaren Unrichtigkeit", wenn er auch auf Fehler der Entscheidung selbst ausgedehnt wird, zu unbestimmt ist, als daß er als geeignetes Abgrenzungskriterium zwischen wirksamen und unwirksamen Entscheidungen dienen könnte.[221]

Die begrenzte Tauglichkeit des Kriteriums der „offenbaren Unrichtigkeit" zur Beantwortung von Rechtsfragen offenbart sich schon bei der Frage der Zulässigkeit außerordentlicher Rechtsmittel. So können nach der Rechtsprechung des BGH Beschlüsse, die mit der geltenden Rechtsordnung „schlechthin unvereinbar" sind, auch dann angefochten werden, wenn eine (weitere) Beschwerde an sich nicht statthaft ist.[222] Dies ist u.U. gegeben, wenn der angefochtene Beschluß offensichtlich unrichtig ist.[223] Hierauf gestützt hob der BGH die Kostenentscheidung eines OLG mit der Begründung auf, die dort vertretene Ansicht habe zwar auch einer früheren Entscheidung desselben Senats[224] zugrunde gelegen, doch werde hieran nicht mehr festgehalten, da sie mit dem Gesetz *offensichtlich* nicht übereinstimme.[225] Die durch solche Rechtsprechung erzeugte Unsicherheit mag noch angehen, wo es um die *Zulässigkeit von Rechtsmitteln* geht.[226] Etwas *anderes* ist jedoch die Frage, ob eine derart unsichere Abgrenzung auch für die *Wirksamkeit der Entscheidung* ausschlaggebend sein kann. Die Frage zu stellen heißt, sie zu verneinen.

Daher erscheint auch die folgende Funktionsbeschreibung, die das BVerfG dem Institut der Urteilsberichtigung gab, unzutreffend:

> *„Das Prozeßrecht gibt den Gerichten verschiedene Möglichkeiten an die Hand, offensichtliche und sofort erkannte Versehen zu korrigieren (§§ 319 ff. ZPO). Der erkennbare Sinn dieser Regelungen liegt darin, Verfälschungen des Rechtsspruches durch technische*

---

220 So etwa H. OTTO, SAE 1974, 58 [60].

221 So auch E. SCHNEIDER, JurBüro 1969, 456 [457]; JAUERNIG, ZZP 66 (1953), 398 [415].

222 Ausgangspunkt dieser Rechtsprechung ist wohl BGH VIII ZR 131/57 v. 18.11.1958, BGHZ 28, 349 [350 f.]; vgl. aus neuere Zeit BGH IX ZB 40/89 v. 14.12.1989, NJW 1990, 1794 [1795]; siehe zum ganzen BRAUN, ZZP 106 (1993), 236.

223 BGH VII ZB 3/92 v. 08.10.1992, BGHZ 119, 372.

224 BGH V ZR 108/91 v. 22.05.1992, NJW 1992, 2575.

225 BGH V ZB 5/93 v. 04.03.1993, BGHZ 121, 397 [400].

226 Sehr *kritisch* jedoch CHLOSTA, NJW 1993, 2160; WAX, LM H. 2/1993, § 567 ZPO Nr. 28 in Anm. zu BGH VII ZB 3/92 v. 08.10.1992, BGHZ 119, 372.

Fehlleistungen und banale Irrtümer zu vermeiden. Sie schützen damit die Rechtssuchenden vor den Folgen solcher im Justizalltag unvermeidlichen Fehler und sind damit Ausdruck des das Prozeßrecht durchziehenden Prinzips der Rücksichtnahme auf die Rechtssuchenden und ihrer fairen Behandlung."[227]

Denn weder lassen sich „banale" Irrtümer von anderen sicher abgrenzen, noch erscheint die „Rücksichtnahme" als derart grundlegendes Prinzip des (Zivil-) Prozeßrechts, daß es die Preisgabe der Rechtssicherheit rechtfertigen könnte. Vielmehr verkennt diese Ansicht, daß der Zivilprozeß vom Grundsatz der widerstreitenden Parteiinteressen geprägt ist.[228] Daher muß die Rücksichtnahme dort Einschränkungen erfahren, wo sie - und das ist im Zivilprozeß die Regel - nur auf Kosten der anderen Partei verwirklicht werden kann. Sowohl bei der Korrektur einer aufgrund „banalen Irrtums" unterlassenen Rechtsmittelzulassung[229] als auch bei einer fehlerhaften Entscheidung in der Hauptsache oder bezüglich der Prozeßkostentragung gewährte eine Abänderung der getroffenen Entscheidung keine weiteren, aus dem Nichts geschaffenen Rechte, sondern verteilt Rechtspositionen lediglich um.[230]

Ähnlich STÜRNER, der - wenngleich in anderem Zusammenhang, nämlich bei der Kollision von Gläubiger- und Schuldnerinteressen in der Zwangsvollstreckung - ebenfalls darauf hinweist, daß die Abwägung anders aussieht, wo staatliches Handeln gegenläufige private Rechtsgüter schützen soll, als beim bloßen Gegenüber von öffentlichen und privaten Interessen.[231]

Aber auch eine Beschränkung der Berichtigung inhaltlicher Fehler auf den Zeitraum vor Rechtskraft der zu berichtigenden Entscheidung kommt nicht ernstlich in Betracht.[232] Zum einen ist nicht ersichtlich, mit welcher Begründung das in der ZPO einheitlich angelegte Institut der Urteilsberichtigung in zwei unterschiedliche Institute aufgespalten werden sollte. Zum anderen und vor allem würde mit einer solchen Zweiteilung aus der Urteilsberichtigung eine - wenngleich befristete

---

227 BVerfG 1 BvR 1140/86 v. 15.01.1992, NJW 1992, 1496 (Hervorhebung vom Verf.); ähnlich OLG Koblenz 14 W 754/98 v. 05.11.1998, NJW-RR 1999, 867, das - wenngleich ‚nur' im Kostenfestsetzungsverfahren - zur Korrektur von „Pannen" wie der Verletzung rechtlichen Gehörs qua § 319 ZPO auffordert.

228 LEIPOLD in Stein/Jonas, ZPO, vor § 128, Rn. 87 f.; GEIGER in BVerfGE 42, 64, 79 ff. [83 f.]; ausführlich SMID, Rechtsprechung, S. 313 ff.

229 So im genannten Fall des BVerfG, a. a. O., dazu ausführlich unten, § 6 IV. 1, S. 125, in und bei Fn. 523.

230 Vgl. BRUNS, Methodik, S. 203.

231 STÜRNER, ZZP 99 (1986), 291 [296].

232 Offen gelassen von BGH IX ZR 193/93 v. 14.07.1994, BGHZ 127, 74 [80], der sich insoweit jedoch fälschlich auf PRUSKOWSKI, NJW 1979, 931 [932], als Befürworter solcher Unterscheidung beruft.

und sachlich auf offenbare Unrichtigkeiten begrenzte - Gegenvorstellung gegen Urteile werden.[233] Ein solches Institut ist - wie § 318 ZPO unmißverständlich zeigt - der geltenden ZPO jedoch fremd und seine Einführung wird - zumindest de lege lata - aus guten Gründen von der bislang ganz h. M. auch abgelehnt.[234]

Allerdings nehmen die Stimmen zu, die *de lege ferenda* für die Zulassung der Gegenvorstellung auch gegen Urteile plädieren.[235] Doch soll dieses Institut auf die Korrektur schwerer *Verfahrens*fehler beschränkt werden, die bisher den Beschwerten zur Einlegung einer Verfassungsbeschwerde, insbesondere wegen Verletzung des rechtlichen Gehörs, genötigt haben.

Insgesamt scheint daher die mit einer Ausdehnung der Berichtigungsbefugnis nach § 319 ZPO auf Entscheidungsfehler zwangsläufig verbundene Einbuße an Rechtssicherheit den vielleicht möglichen Gewinn an materieller Gerechtigkeit mehr als aufzuwiegen. Entsprechende Bestrebungen sind daher abzulehnen.

2. Die Notwendigkeit bloßer Ausdruckskorrektur zur Wahrung des Prozeßzwecks

Mit der soeben getroffenen Ausgrenzung scheint der Versuch einer Funktionsbeschreibung der Urteilsberichtigung in einer Sackgasse angelangt zu sein: Zunächst soll die Berichtigung nicht der Korrektur auch nur offensichtlicher Entscheidungsfehler dienen. Darüber hinaus soll die Berichtigungsbefugnis auch noch auf solche Ausdrucksfehler begrenzt werden, die sich auch ohne einen Berichtigungsbeschluß aus dem unberichtigten Urteil samt sonstiger zur Ermittlung der Entscheidung heranzuziehender Erkenntnisquellen eindeutig ergeben.[236] Mit diesen eng gesetzten Grenzen könnte fraglich erscheinen, wozu dann überhaupt noch das zwar relativ einfache aber dennoch formelle Institut der Urteilsberichtigung dienen soll.

a) Ausdruckskorrektur zur Sicherung des Rechtsfriedens

Die Antwort auf diese Frage ergibt sich wiederum aus dem Prozeßzweck. Eines seiner wesentlichen Elemente ist die Schaffung bzw. Wiederherstellung von Rechtsfrieden. Und diese Aufgabe erfüllt ein in der Entscheidung zwar eindeutiges, im Ausdruck jedoch offenbar unrichtiges Urteil nur unvollkommen. Es sei

233 So schon E. SCHNEIDER, JurBüro 1969, 457.

234 So jüngst BVerwG 11 C 25.93 v. 08.03.1995, NJW 1995, 2053; BSG 4 RA 12/91 v. 29.05.1991, MDR 1992, 386; vgl. weiterhin GUMMER in Zöller, ZPO, § 567 Rn.25; BRAUN in MüKo-ZPO, vor § 567, Rn.8; STÜRNER, JZ 1986, 526 [533]; ROTH, JZ 1996, 375 [376] jew. m.w.Nwen; *a. A.* AG Wiesbaden 99 C 118/94 v. 14.11.1994, NJW-RR 1995, 702.

235 Vgl. GOTTWALD, NJW 1996, Beilage zu Heft 23, 9 [10, 12]; FEIBER, NJW 1996, 2057 [2059].

236 Siehe hierzu grundsätzlich oben § 2 I., S. 33 ff., sowie im Detail unten § 5, S. 65 ff.

nur auf den Fall hingewiesen, daß der Tenor des Urteils infolge eines offensichtlichen Additionsfehlers im Widerspruch zu den eindeutigen Urteilsgründen steht. Hier ist keineswegs ausgeschlossen, daß der durch den fehlerhaft gefaßten Tenor Begünstigte sich dessen berühmt und damit die Entstehung von Rechtsfrieden verhindert.

b) Ausdruckskorrektur zur Rechtsdurchsetzung

Die Wichtigkeit der Berichtigung auch offenbarer Ausdrucksfehler ergibt sich jedoch vor allem aus dem Prozeßzweck der *Durchsetzung* subjektiver Rechte.[237] Dieses Ziel kann nur erreicht werden, wenn der Anspruchsinhaber seinen im Erkenntnisverfahren rechtskräftig festgestellten Anspruch erforderlichenfalls auch zwangsweise, d. h. im Wege der Zwangsvollstreckung, durchsetzen kann.[238] Grundlage der Zwangsvollstreckung ist aber nur ein zur Vollstreckung geeigneter Titel (§§ 704 I, 794 ff. ZPO). Und einen solchen bildet auch das Zivilurteil nur dann, wenn der zu vollstreckende Anspruch sowie Vollstreckungsschuldner und -gläubiger *bestimmt* sind.[239] Zwar ist auch für das Vollstreckungsverfahren weitgehend anerkannt, daß zur Bestimmung der im Wege der Zwangsvollstreckung zu erzwingenden Leistung der Vollstreckungstitel auszulegen ist.[240] Doch besteht diese Gemeinsamkeit mit der Bestimmung des Urteilsinhalts in einem nachfolgenden Erkenntnisverfahren nur grundsätzlich; im Detail gibt es eine ganze Reihe von insgesamt dann doch erheblichen Abweichungen.[241]

---

237 Vgl. ROSENBERG/SCHWAB/GOTTWALD, ZPR, § 1 III, S. 2 f., pointiert GAUL, AcP 168 (1968), 27, 46 ff.

238 Als „Prüfstein" für die Wirksamkeit des Rechtsschutzes bezeichnen daher beispielsweise ROSENBERG/GAUL/SCHILKEN, ZwVollR, § 5 I 1, S. 45 die Zwangsvollstreckung; ähnlich de LOUSANOFF, JurBüro 1982, 1094,

239 OLG Düsseldorf 9 W 58/98 v. 26.08.1998, MDR 1998, 1431; BGH IVb ZR 73/84 v. 06.11.1985, NJW 1986, 1440; SCHÜLER, DGVZ 1982, 65; STÜRNER/MÜNCH, JZ 1987, 178 [181 f.].

240 Ganz h. M., vgl. bereits RG I 356/12 v. 16.04.1913, RGZ 82, 161 [164]; BUSCH, ZZP 53 (1938), 84 [85 ff.], sowie aus neuerer Zeit BGH VII ZR 272/90 v. 08.10.1992, NJW 1993, 1394 [1395]; BGH IV ZR 59/61 v. 29.09.1961, BGHZ 36, 11 [17]; OLG Saarbrücken 9 W 148/98 v. 08.06.1998, FamRZ 1999, 110; AG Hamburg 322 M 2954/79 v. 06.09.1979, DGVZ 1980, 29; BROX/WALKER, ZwVollR, Rn. 42; HARTMANN in B/L/A/H, Grundz § 704, Rn. 18, 21 ff.; SCHÜLER, DGVZ 1982, 65 [66 ff.], jew. m. w. Nwen.; sehr weitgehend KG 1 W 2199/88 v. 29.07.1988, NJW-RR 1988, 1406: Anwendung von § 427 BGB, wenn im Titel nicht bestimmt ist, in welchem Verhältnis die mehreren Schuldner haften; OLG Frankfurt 12 W 107/95 v. 10.08.1995, NJW 1996, 1219 [1220]: Auslegung des Titels nach Treu und Glauben.

241 So betonen etwa MÜNZBERG in Stein/Jonas, vor § 704, Rn. 31; ROSENBERG/GAUL-/SCHILKEN, ZwVollR, S. 110, daß die Berichtigung nach § 319 ZPO weiter gehen kann

Ergänzend sei darauf hingewiesen, daß die Väter der ZPO eine wesentlich restriktivere Haltung hatten. So ist in der Begründung des Regierungsentwurfs zu lesen: „In Ausführung der angenommenen Grundsätze soll dem Gerichtsvollzieher überhaupt nichts weiter als die unbedingte Vollstreckung eines vollständig bestimmten Urtheils überlassen werden."[242]

Unterschiede ergeben sich insbesondere, wenn zur Bestimmung des Inhalts oder der Beteiligten der Zwangsvollstreckung außerhalb des Titels liegende Erkenntnisquellen herangezogen werden müßten. Während dies nach allgemeiner Ansicht in einem Erkenntnisverfahren zulässig ist, wird eine solche Bezugnahme im Vollstreckungsverfahren grundsätzlich abgelehnt.[243] Diese Erkenntnisbeschränkung soll nach verbreiteter Ansicht sogar dann gelten, wenn der auslegungsbedürftige Titel selbst ausdrücklich auf die Quelle Bezug nimmt,[244] oder wenn, wie beim Anerkenntnisurteil, das nach § 313b ZPO weder Tatbestand noch Gründe enthält, ohne solche Quellen eine Auslegung des Titels praktisch unmöglich ist.[245] Gelegentlich wird die Beschränkung sogar dahin ausgedehnt, daß es auch nicht ausreiche, wenn die in Bezug genommenen Quellen dem Titel beigefügt sind.[246] Diese Einschränkungen der Auslegungs- und damit Erkenntnisbefug-

---

als die Auslegung durch die Vollstreckungsorgane. Siehe dazu sowie zur umgekehrten Konstellation unten, § 12 IV. 3.b), S. 238 f.

242 HAHN, Materialien-ZPO, S. 434.

243 Vgl. BGH IVb ZR 73/84 v. 06.11.1985, NJW 1986, 1440; OLG Karlsruhe 2 UF 186/83 v. 08.03.1984, OLGZ 1984, 341 [342]; SCHÜLER, DGVZ 1982, 65 [69]; offen gelassen in LG Hannover 11 T 22/77 v. 25.02.1977, DGVZ 1978, 61, da sich dort auch unter Heranziehung der Klageschrift der Inhalt der Zug-um-Zug zu erbringenden Gegenleistung nicht eindeutig ermitteln ließ. Siehe zu der umfangreichen Kasuistik: STÜRNER/MÜNCH, JZ 1987, 178 [181 f.], m. w. Nwen.

244 LG Berlin 81 T 409/93 v. 18.10.1993, DGVZ 1994, 8 (Bezugnahme im Tenor auf Kaufverträge); offen gelassen in BGH I ZR 52/83 v. 09.05.1985, BGHZ 94, 276 [291 f.]: Dem Urteil nicht beigehefteter Ausdruck eines Computerprogramms, auf das im Tenor bezug genommen wurde, berühre „allenfalls" die Vollstreckung.

245 OLG Köln 2 W 107/91 v. 03.04.1992, RPfleger 1992, 527 [LS 1, 528]; OLG Frankfurt 15 W 59/93 v. 16.09.1993, NJW-RR 1994, 9; *a. A.* OLG Köln 2 W 127/92 v. 19.08.1992, OLG Köln, FamRZ 1992, 1446: Auslegung des Anerkenntnisurteils anhand des Parteivortrags bei Zwangsgeldfestsetzung nach § 888 ZPO.

246 So OLG Hamm 14 W 66/73 v. 30.08.1973, NJW 1974, 652, wo die Vollstreckbarkeit eines gerichtlichen Vergleichs abgelehnt wurde. Der Beklagte hatte sich verpflichtet, „die vom Sachverständigen W. festgestellten Mängel ... auszubessern..." und die Gläubigerin beantragte nun, sie zu ermächtigen, auf Kosten des Schuldners diese Handlungen vornehmen zu lassen, und eine Vorauszahlung für die Kosten anzuordnen. Das OLG gab der sofortigen Beschwerde des Schuldners statt, da die vorzunehmenden Handlungen im einzelnen im Titel selbst bezeichnet sein müßten.

nis der Vollstreckungsorgane[247] wirken sich zum einen aus, wenn die im Wege der Zwangsvollstreckung zu erzwingenden Leistung aus dem Titel nicht eindeutig hervorgeht.[248] Als - für den Gläubiger - besonders problematisch erweist sie sich jedoch, wenn der Titelschuldner selbst im Titel nicht richtig bezeichnet wurde. Die Klarstellung des Titelinhalts kann in diesen Fällen nämlich in aller Regel nur durch andere Erkenntnisquellen erfolgen.[249]

Doch selbst dann, wenn der Titel insgesamt zur Bestimmung des Inhalts und Umfangs der Zwangsvollstreckung ausreichen würde, der Tenor der zu vollstreckenden Entscheidung jedoch auslegungsbedürftig ist, ist eine Zwangsvollstreckung keineswegs unproblematisch. Dies liegt zum einen daran, daß der eingangs angeführte Grundsatz der Auslegungsfähigkeit des Titels zwar h. M. entspricht, in der Praxis der Vollstreckungsgerichte jedoch keineswegs Allgemeingut ist.[250] Vor allem aber ist der Gläubiger, der aus einem solchen Titel vollstrecken lassen will, de facto auf den „guten Willen" des Gerichtsvollziehers angewiesen. Ist dieser nicht vorhanden, mag er zwar im Wege der Vollstreckungserinnerung (§ 766 ZPO) seinen Vollstreckungsanspruch letztendlich doch durchsetzen; die hierdurch bewirkte Verzögerung kann den Vollstreckungserfolg und damit die Effektivität des Rechtsschutzes jedoch verhindern.

Eine weitere Verzögerung tritt ein, wenn auch das Vollstreckungsgericht den Vollstreckungstitel für zu unbestimmt hält. Gäbe es nun kein besonderes Verfahren, zumindest offenbare Ausdrucksmängel des Urteils - wozu auch die Unvollständigkeit gehören kann - einfach zu beheben, wäre der Vollstreckungsgläubiger auf ein neues Erkenntnisverfahren zur Bestimmung des vollstreckbaren Urteilsinhalts angewiesen.[251] Ist aber zur Erlangung der Vollstreckbarkeit ein weiteres Erkenntnisverfahren notwendig, hat der Vorprozeß zumindest teilweise den Pro-

---

247 Stürner, ZZP 99 (1986), 291 [307] spricht zurecht vom „Grundsatz beschränkter und summarischer Kognition" im eigentlichen Vollstreckungsverfahren.

248 So in den vorstehend genannten Fällen; vgl. weiterhin OLG Köln 4 WF 162/97 v. 25.11.1997, FamRZ 1999, 107; Schüler, DGVZ 1982, 65 [69 ff.], mit Beispielen.

249 Wann in diesen Fällen eine berichtigungsfähige „offenbare Unrichtigkeit" vorliegt, wird unten, § 7 , S. 131 ff., erörtert.

250 Vgl. AG Erkelenz 17 M 1597/93 v. 28.06.1993, DGVZ 1994, 13: der Gerichtsvollzieher sei nicht verpflichtet, sich zur Bestimmung der Leistungspflicht „in Tatbestand und Urteilsgründe zu vertiefen." Im Grundsatz anscheinend auch LG Hannover 11 T 22/77 v. 25.02.1977, DGVZ 1978, 61; ähnlich Schüler, DGVZ 1982, 65 [69]: der Gerichtsvollzieher sei nicht verpflichtet, eine „mathematische Aufgabe" zu lösen.

251 So bereits RG I 356/12 v. 16.04.1913, RGZ 82, 161 [164], und aus neuerer Zeit BGH VIII ZR 81/71 v. 25.09.1972, NJW 1972, 2268 [2268 f.].

zeßzwecks verfehlt.[252] Andererseits ist jedoch ein neues Erkenntnisverfahren in den Fällen *offenbarer* Unrichtigkeit überflüssig: Die Feststellung der im Streit befindlichen Rechte erfolgte bereits eindeutig im vorhergehenden Verfahren, lediglich der Ausdruck der Entscheidung war fehlerhaft. Daher hat der Vorprozeß seinen Zweck auch nur teilweise verfehlt; dem nachfolgenden Verfahren bliebe nichts anderes, als den Inhalt der vormals getroffenen Entscheidung - wegen der Offensichtlichkeit bereits eindeutig vorgegeben - zu ermitteln. Genau hier zeigt sich nun die wesentliche Bedeutung eines auf die Korrektur offenbarer Ausdrucksfehler beschränkten Berichtigungsverfahrens: Mit deren Berichtigung in einem einfachen Verfahren wird die anderenfalls durch die eingeschränkte Erkenntnisbefugnis im Vollstreckungsverfahren erforderliche Wiederholung eines inhaltlich bereits bestimmten Erkenntnisverfahrens vermieden.

§ 4 - Zusammenfassung

Vorstehende Untersuchungen konnten zunächst zeigen, daß entgegen der h. M. kein *zwangsläufiger* Konflikt zwischen der Urteilsberichtigung und der Bindung des Gerichts an die von ihm erlassene Entscheidung besteht. Geht man nämlich zutreffend davon aus, daß die getroffene Entscheidung dem Urteil als Ganzem zu entnehmen ist, führt die Veränderung einzelner Textpassagen - auch des Tenors oder des Rubrums - keineswegs notwendig zu einer Änderung der Entscheidung. Vielmehr ist die Urteilsberichtigung - solange die Auslegung des unberichtigten wie des berichtigten Urteils zum gleichen Inhalt führt - entscheidungsneutral.

Diese Invarianz der Entscheidung gegenüber Veränderungen ihres Ausdrucks ist jedoch nur dann gegeben, wenn Zweifel an der Identität ausgeschlossen sind. Sie wird durch das Merkmal des „Offenbaren" in § 319 I ZPO erreicht. Inhaltliche Schärfe gewann dieses in bisherigen Auslegungsversuchen blaß gebliebene Kriterium durch eine Parallele zur Allgemeinkundigkeit, wie sie anerkannter Rechtsbegriff im Tatbestand der §§ 291, 727 ZPO ist. Daraus ergab sich, daß offenbar das ist, was unabhängig von der Wahrnehmung und Wertung des konkreten Beobachters erkenntlich ist.[253]

---

252 Daher entschied BGH VIII ZR 280/80 v. 09.12.1981, NJW 1982, 1048 [1049] zurecht, daß der Kläger einen Anspruch darauf hat, daß ihm im Erkenntnisverfahren ein der Rechtslage entsprechendes Urteil als Vollstreckungstitel zur Verfügung gestellt wird, der nicht erst noch der Klarstellung im Zwangsvollstreckungsverfahren bedarf.

253 Ähnlich bereits GEISSLER, NJW 1956, 344 [345]: „Das Gesetz aber läßt nur die Berichtigung solcher Unrichtigkeiten zu, die eindeutig und unmißverständlich sind, aber kein *wertendes Vertrauen* und keinen *abwägenden Glauben* zu ihrer Erkenntnis bedingen." (*Hervorhebung* vom Verf.)

Auf Grundlage dieser Erkenntnis erscheinen die verschiedenen Ansichten zum Umfang der Berichtigungsbefugnis nicht mehr als ununterbrochenes Kontinuum mehr oder weniger starker Eingriffe in die Innenbindung, sondern es waren zwei klar geschiedene Modelle des Berichtigungsverfahrens erkennbar. Auf der einen Seite steht ein Verständnis des § 319 ZPO, das die Urteilsberichtigung auf die Korrektur reiner Ausdrucksfehler begrenzt. Dem steht ein Alternativmodell gegenüber, nach dem auch offensichtliche Entscheidungsfehler berichtigungsfähig sind.

Die Frage, welches dieser Modelle eher dem geltenden Recht entspricht, konnte mittels der traditionellen Auslegungsmethoden zugunsten der „konfliktfreien" Alternative entschieden werden: Bereits anhand der grammatikalischen Auslegung ergab sich, daß Veränderungen der Entscheidung selbst, also Veränderungen des Subsumtionsschlusses, nicht § 319 I ZPO unterfallen, da sie keine den Schreib- und Rechenfehlern „ähnlichen offenbaren Unrichtigkeiten" sind. Dieses Ergebnis wurde durch die systematische und historische Auslegung bestätigt. Vollends gegen eine Ausdehnung der Berichtigungsbefugnis auf Fehler der Entscheidung selbst sprachen schließlich die objektiv teleologischen Auslegungskriterien. Unter ihnen steht die mit dem Prozeß bezweckte Schaffung von Rechtssicherheit im Vordergrund. Sie wäre durch eine materielle Berichtigungsbefugnis des erkennenden Gerichts massiv beeinträchtigt, ohne daß ihr ein bedeutender Gewinn an materieller Gerechtigkeit gegenüberstände.

Die Urteilsberichtigung hat daher ausschließlich deklaratorische Funktion.[254] Sie bezweckt in erster Linie den Gleichlaut zwischen dem in einem nachfolgenden Erkenntnisverfahren und einem Vollstreckungsverfahren zugrunde zu legenden Urteilsinhalt, also einem Gleichklang von Entscheidung und vollstreckbarem Anspruch.[255] Diesem Ergebnis entspricht auch der Befund, daß den überwiegenden Teil der Rechtsprechung zu § 319 ZPO Entscheidungen im Zusammenhang mit der Vollstreckung aus einem - gelegentlich nur vermeintlich - fehlerhaft formulierten Urteil ausmachen.

Keine originäre Bedeutung besitzt das zutreffend auf die Berichtigung *offenbarer* Unrichtigkeiten des Entscheidungs*ausdrucks* begrenzte Institut der Urteilsberichtigung dagegen, soweit die zu berichtigende Entscheidung in einem anderen *Erkenntnis*verfahren erneut Bedeutung erlangt. Denn dabei ist das Urteil zur Bestimmung der Grenzen der materiellen Rechtskraft - und nur diese kann hier Be-

---

254 So bereits WACH, Vorträge, S. 145; STEINBERG, S. 25; sowie aus neuerer Zeit LINDACHER, ZZP 88 (1975), 64 [72]; ROSENBERG/SCHWAB/GOTTWALD, ZPR, § 61 I 3a, S. 333.

255 Dies gilt natürlich nur, soweit die Entscheidung einen vollstreckbaren Anspruch zum Gegenstand hat.

deutung erlangen - selbständig und „in seiner Gesamtheit" auszulegen.[256] Eine Notwendigkeit, den Urteilsinhalt für nachfolgende Erkenntnisverfahren klarzustellen, ist daher nicht gegeben.[257]

256 BGH III ZR 19/60 v. 03.07.1961, BGHZ 35, 338 [340 f.]; vgl. weiterhin BGH III ZR 16/60 v. 27.02.1961, BGHZ 34, 337 [339]; BGH IV ZR 156/61 v. 14.02.1962, BGHZ 36, 365 [367 f.]; BGH III ZR 174/81 v. 17.02.1983, NJW 1983, 2032; BGH V ZR 287/81 v. 11.03.1983, NJW 1984, 126 [127]; BGH VIII ZR 158/86 v. 03.06.1987, NJW-RR 1988, 199 [200]; BGH V ZR 46/93 v. 11.11.1994, NJW 1995, 967; BGH V ZR 178/93 v. 17.03.1995, NJW 1995, 1757; OLG Frankfurt 4 UF 6/80 v. 20.03.1980, FamRZ 1980, 906 [906 f.].

257 So auch LINDACHER, ZZP 88 (1975), 64 [72].

Zweiter Teil: Grenzen der Berichtigungsbefugnis

Aus der soeben vorgenommenen Funktionsbestimmung der Urteilsberichtigung ergaben sich zwei Grenzen der Berichtigungsbefugnis. Zum einen zeigte sich, daß berichtigungsfähig nur nicht spezifisch richterliche, nicht die eigentliche Entscheidung betreffende Fehler sind. Zum anderen ist eine Urteilsberichtigung nur solange zulässig, wie berichtigtes und unberichtigtes Urteil zweifelsfrei dieselbe Entscheidung beinhalten.

Diese Bestimmung der „offenbaren Unrichtigkeit" reichte aus, um den Nachweis zu führen, daß ein Verständnis der Urteilsberichtigung als entscheidungsneutrales Verfahren der Ausdruckskorrektur möglich und prozessual richtig ist. Als Verfahrensanleitung für die Bestimmung berichtigungsfähiger Fehler in der Praxis sind diese Kriterien jedoch zu unscharf. Diese Konkretisierung ist im folgenden nachzuholen. Dabei sind zunächst die Grundsätze der Berichtigungsbefugnis herauszuarbeiten. Diese werden danach auf die in der Praxis bedeutendsten Fehlergruppen angewandt.

§ 5 - Grundsätze

Nach klassischem Verständnis dient die Urteilsberichtigung der Korrektur von Differenzen zwischen Wille und Ausdruck. Die aus diesem Ansatz folgende Beschreibung des Berichtigungsverfahrens als Mittel der Ausdruckskorrektur wurde zwar auch hier benutzt, sie erweist sich bei genauerer Betrachtung jedoch nicht nur als konkretisierungsbedürftig, sondern auch als mißverständlich. Diese möglichen Mißverständnisse sind zunächst auszuräumen, bevor mit der eigentlichen Konkretisierung begonnen werden kann.

I. Abgrenzung zum nicht berichtigungsfähigen Entscheidungsfehler

Die erste Ungenauigkeit liegt darin, daß mit dieser Beschreibung eine richtige Abgrenzung zwischen berichtigungsfähigen und der Urteilsberichtigung nicht zugänglichen Fehlern im Urteil nicht in allen Fällen möglich ist. Denn wie dargelegt wurde und anerkannt ist, sind die nach dem Gesetz berichtigungsfähigen Rechenfehler Unrichtigkeiten in der Willensbildung und nicht des Ausdrucks.

Daher wurden bereits oben die grundsätzlich berichtigungsfähigen Unrichtigkeiten eines Urteils dahin konkretisiert, daß es sich um nicht spezifisch richterliche, d. h. nicht gerade aus der Besonderheit richterlicher Tätigkeit entspringende Fehler handeln dürfe. Und als Besonderheit richterlicher Tätigkeit wurde die endgültige Streitentscheidung genannt, weshalb Fehler dabei nicht nach § 319 I ZPO berichtigungsfähig seien.

Dieser Schluß bedarf einer Einschränkung. Sie folgt aus der Struktur richterlichen Entscheidens und deren normativen Vorgaben. Hierzu muß man sich zunächst vergegenwärtigen, daß Ziel und Wesen richterlicher Entscheidungstätigkeit in der Ausräumung von Zweifeln über das Bestehen von Rechten liegt.[258] Diese Zweifel bestehen, da weder eindeutig ist, welcher Sachverhalt dem behaupteten bzw. bestrittenen Recht zugrunde liegt, noch welcher Rechtssatz auf den Sachverhalt anzuwenden ist. Und auch dem Richter kann trotz seiner speziellen Ausbildung die völlige i. S. einer allgemein befriedigenden Ausräumung dieser Zweifel nicht gelingen: Weder kann eine Sachverhaltsfeststellung, die mitunter auf höchst widersprüchlichen Zeugenaussagen oder Sachverständigengutachten beruht, zweifelsfrei richtig sein, noch gibt es bei der Konkretisierung des abstrakten Gesetzes zur konkreten Fallnorm immer nur die eine richtige Lösung.[259]

Das Ziel der Rechtsvergewisserung kann die Rechtsordnung daher nur erreichen, indem sie verbleibende Zweifel durch Machtspruch für unbeachtlich erklärt. Diese Macht üben im staatlichen Gewaltengefüge des Grundgesetzes die Richter aus, Art. 92 GG. Ihnen ist sowohl das Recht zur verbindlichen Feststellung des Sachverhalts als auch das Recht zur verbindlichen Auslegung der Rechtsnormen verliehen. Hinsichtlich beider Aspekte sind sie zu den mit der richterlichen Tätigkeit notwendig verbundenen Akten wertender, ja mitunter sogar dezisionistischer Entscheidungsfindung legitimiert.[260]

Für die Abgrenzung der spezifisch richterlichen von den unspezifischen Fehlern bedeutet das, daß das maßgebliche Kriterium genau betrachtet nicht in der Entscheidungsfindung, sondern in der legitimierten Machtausübung durch Wertung liegt. Daher ist die Grenze zwischen berichtigungsfähigen und nicht berichtigungsfähigen Unrichtigkeiten nicht die Entscheidungsfindung insgesamt, sondern nur in soweit, wie sie Ausübung spezifisch richterlicher, d. h. im staatlichen Gewaltengefüge dem Richter eingeräumter und vorbehaltener Wertungsbefugnis ist. Grundsätzlich *nicht* berichtigungsfähig sind daher nur die Unrichtigkeiten, die in Ausübung richterlicher Wertungsbefugnis entstanden.[261]

---

258 E. **Schumann**, Fehlurteil, S. 319; **Leipold** in Stein/Jonas, ZPO, § 322, Rn. 34 ff., m. w. Nwen; so auch **Pawlowski**, ZZP 80 (1967), 345 [368].

259 **Rosenberg/Schwab/Gottwald**, ZPR, § 133 II 3, S. 790; **Leipold** in Stein/Jonas, ZPO, vor § 128, Rn. 84; **Achterberg**, FS Troller, S. 4; **Voßkuhle**, Rechtsschutz, S. 60 ff., jew. m. w. Nwen.

260 BVerfG 1 BvR 112/65 v. 14.02.1973, BVerfGE 34, 269 [287]; **Hergenröder**, Rechtsfortbildung, S. 126 f., 149 ff, m. w. Nwen.

261 I. E. ähnlich **Felix**, FR 1960, 35 [36], der von der Berichtigung gem. § 92 III AO „*wertende* Beurteilungen" ausnimmt (*Hervorhebung* vom Verf.).

Daraus folgt zunächst, daß Rechtsirrtümer, seien sie vom Standpunkt der (jeweils![262]) h. M. auch noch so „offenbar", niemals berichtigungsfähig sind. Denn die ZPO als unterste Konkretisierungsstufe staatlicher Machtdelegation an die rechtsprechende Gewalt[263] differenziert zwar nach mehr oder weniger schwierigen Rechtsfragen.[264] Die Beantwortung dieser Fragen überträgt sie - im Urteilsverfahren - aber in jedem Fall einem Richter.

Anders stellt sich die Rechtslage für Tatsachenfeststellungen dar. Zwar ist auch diese Aufgabe im Zivilprozeß *grundsätzlich* dem Richter übertragen, §§ 286 ff. ZPO sowie die Vorschriften über die Durchführung einer Beweisaufnahme, §§ 355 ff. ZPO. Und es wird keineswegs verkannt, daß die Tatsachenfeststellungen in der Prozeßpraxis *die* überragende Rolle spielen.[265] Doch überträgt die ZPO keineswegs *jede* Tatsachenfeststellung dem Richter. Vielmehr sind gem. § 291 ZPO offenkundige Tatsachen vom Beweis und damit der Feststellungsmacht des Richters ausgenommen.[266] In Bezug auf sie sind keine spezifisch richterlichen Wertungen erforderlich oder auch nur möglich.[267]

Dem steht nicht entgegen, daß es selbstverständlich der Richter ist, der auch die offenkundigen Tatsachen in das Urteil übernimmt und darauf aufbauend weitere, juristische Schlüsse zieht. Der wesentliche Unterschied zu den sonstigen Tatsachenfeststellungen besteht nämlich darin, daß jene, wie § 286 ZPO anordnet, vom Gericht nach freier Überzeugung *festzustellen* sind.[268] Es ist gerade ein spezifisches und wesentliches Element richterlicher Tätigkeit, aus dem Vortrag der Parteien und den von ihnen beigebrachten Beweismitteln *ein* tatsächliches Geschehen zu konstruieren, das fortan für das Urteil und

---

262 Siehe zu den Schwankungen, denen selbst die Rechtsprechung des BGH unterworfen ist, oben bei Fn. 224, S. 56, und zur Bildung und Ermittlung einer „h. M." ALTHAUS, h. M., S. 40 ff., 100 ff.

263 In der Normpyramide GG - GVG - ZPO; siehe hierzu BVerfG 2 BvR 235/64 v. 08.02.1967, BVerfGE 21, 139 [145]; PROSKE, NJW 1997, 352 [355].

264 Vgl. § 348 I Z. 1 2. Alt. ZPO für die Übertragung auf den Einzelrichter in der landgerichtlichen Eingangsinstanz, wenn „die Sache keine besonderen Schwierigkeiten ... rechtlicher Art aufweist" und hierzu im Hinblick auf das Grundrecht des gesetzlichen Richters (Art. 102 I 2 GG) kritisch: BETTERMANN, ZZP 91, 365 [393 f.]. Der Sache nach liegt diese Differenzierung bereits der streitwertabhängigen Zuständigkeitsverteilung zwischen Amtsgericht und Landgericht gem. §§ 23 Nr. 1, 71 I GVG zugrunde.

265 Siehe hierzu bereits die Nwe oben, Fn. 219, S. 55.

266 Gleiches gilt für zugestandene Tatsachen, § 288 I ZPO, die hier jedoch unberücksichtigt bleiben können.

267 *A. A.* beispielsweise ACHTERBERG, FS Troller, S. 8 f., der jedoch von einem weiteren Verständnis des Begriffs der offenkundigen Tatsachen ausgeht; siehe zu diesem Unterschied bereits oben, § 2 II. 2, S. 46.

268 Vgl. hierzu BVerfG 2 BvR 459/93 v. 30.06.1993, NJW 1993, 2165; BGH III ZR 139/67 v. 17.02.1970, BGHZ 53, 245 [256].

die in ihm enthaltenen rechtlichen Schlüsse maßgeblich ist, das gelten *soll.*[269] Dieser Konstruktionsakt fehlt jedoch bei der bloßen *Übernahme* offenkundiger Tatsachen: Hier ist dem Richter die Freiheit der *eigenen* Überzeugungsbildung verwehrt. Er hat eine außerjuristische, gesellschaftliche Überzeugung von dem, was wahr *ist*, hinzunehmen und ist insoweit auf die Tätigkeit eines Protokollanten beschränkt.

Mit diesem Verständnis erklärt sich auch, warum allgemeinkundig i. S. v. § 291 ZPO richtigerweise nur solche Tatsachen sind, zu deren Feststellung es nicht auf die individuelle Wahrnehmung und die damit verbundenen Unsicherheiten ankommt.[270] Beim Beweis konstruiert der Richter *eine mögliche* Realität; sie ist durch seine individuelle Wahrnehmung geprägt.[271] Diese Konstruktion sollte zwar so beschaffen sein, daß sie von möglichst vielen akzeptiert wird. Eine allgemeine Akzeptanz wird sie jedoch kaum erreichen.[272] Allgemeinkundige Tatsachen *sind* hingegen *die Realität*; die Frage der Akzeptanz stellt sich daher nicht.

Aus diesen Überlegungen wird weiterhin der grundlegende, bislang vom gleichen prozessualen Ergebnis verdeckte Unterschied zwischen den beiden Tatbestandsvarianten des § 291 ZPO deutlich. Während allgemeinkundige Tatsachen dem Beweis zwingend entzogen sind, ist der Beweisausschluß (nur) gerichtskundiger Tatsachen eine rein pragmatische Entscheidung: An sich beweisbedürftige Tatsachen (wozu auch Erfahrungssätze gehören) hat das Gericht bereits früher zu *seiner* Gewißheit festgestellt, so daß eine Wiederholung der Beweisaufnahme *dem Gericht* keine neue Erkenntnis vermitteln könnte.[273]

Daraus folgt, daß fehlerhaft festgestellte allgemeinkundige Tatsachen, auch wenn auf ihnen weitere richterliche Schlüsse aufbauen, grundsätzlich berichtigungsfähige Unrichtigkeiten sind.[274] Wenn beispielsweise der der Entscheidung zugrunde gelegte Lebenshaltungsindex unrichtig festgestellt wurde, ist dieser Fehler offenbar i. S. v. § 319 I ZPO und kann berichtigt werden.[275] Dabei ist es

---

269 Vgl. ACHTERBERG, FS Troller, S. 9 f.

270 PRÜTTING in MüKo-ZPO, § 291, Rn. 5; HARTMANN in B/L/A/H, § 291, Rn. 1; so schon STEIN, Wissen, S. 148.

271 Vgl. ACHTERBERG, FS Troller, S. 10; zutreffend spricht HERGENRÖDER, Rechtsfortbildung, S. 132 f., von einer „fiktiven ‚zivilprozessualen' Wahrheit".

272 Vgl. PAWLOWSKI, Jura 1989, 337 ff.

273 Vgl. etwa die (aufgehobene) Vorentscheidung zu BGH I ZR 74/88 v. 29.03.1990, NJW-RR 1990, 1376, und dazu PANTLE, MDR 1993, 1166.

Grundsätzlich *a. A.* jüngst LIPP, Wissen, S. 62 ff., der den Grund und damit zugleich die Grenze für die Verwertbarkeit solches Gerichtswissens in der „Distanz zum Sachverhalt" (a. a. O., S. 64) und der damit noch gewährleisteten Neutralität und Unparteilichkeit sieht. Da sich LIPP jedoch auf die - hier nicht entscheidende - Gerichtskundigkeit bezieht, kann die Ansicht unerörtert bleiben.

274 *A. A.* HARTMANN in B/L/A/H, § 319, Rn. 22; dunkel BÖTTCHER, S. 20 f.: keine Berichtigung, wenn der ‚Gedankengang' unterbrochen wird.

275 OLG Düsseldorf 2 UF 203/93 v. 23.06.1997, FamRZ 1997, 1407 [1408]; dazu näher unten, § 6 I. 2.b)(2), S. 98, bei Fn. 419; vgl. auch BGH V ZR 52/91 v. 24.04.1992, NJW

unerheblich, daß dies zu einer Veränderung der Entscheidung führt. Diese Veränderung ist nämlich nicht anders zu werten als die, die sich aus einem Rechenfehler ergibt. In beiden Fällen erfolgt die Veränderung nicht bei einer dem Richter vorbehaltenen Entscheidungstätigkeit. Mit dieser Einschränkung soll auch im folgenden der bisherige Sprachgebrauch der zulässigen als „entscheidungsneutralen" Urteilsberichtigung beibehalten werden.[276]

II. Abgrenzung zwischen Entscheidung und Entscheidungswille

Die zweite Ungenauigkeit in der Bezeichnung des Berichtigungsverfahrens als Mittel der Ausdruckskorrektur liegt darin, daß damit dem Mißverständnis Vorschub geleistet wird, es komme auf den Willen des Gerichts bei der Entscheidung an. Gerade in der Praxis führt diese Fehlvorstellung zu glatten Mißbräuchen des Instituts der Urteilsberichtigung.[277]

Andererseits führt das Abstellen auf einen (mutmaßlichen) Entscheidungswillen aber auch zu ungerechtfertigten Einschränkungen der Berichtigungsbefugnis. Das gilt insbesondere bei der sogenannten Parteiberichtigung, da hier die „richtige" Bezeichnung nie von einem (natürlichen) Willen umfaßt ist.[278]

Welche bedenklichen „Kurzschlüsse" sich aus dieser Formulierung ergeben, zeigt eine Entscheidung des LG Köln.[279] Seine Ansicht, daß eine durch die Änderung der Streitwertfestsetzung unrichtig gewordene Kostenentscheidung berichtigt werden könne,[280] stützt das Gericht maßgeblich auf die Divergenz zwischen Erklärtem und Gewollten und führt dazu aus:

> *„Entsprechend den Vorschriften der §§ 91 ff. ZPO will der Richter die Kosten im Grunde demjenigen auferlegen, der unterlegen ist. Dieser eigentliche Entscheidungswille des Richters wird bei einer Anpassung ... gerade nicht geändert, sondern im Gegenteil verwirklicht."*[281]

1992, 2088: „Der in der Fachpresse ... veröffentliche statistische monatliche Indexstand der Lebenshaltungskosten ist offenkundig im Sinne des § 291 ZPO".

276 Zum Problem nicht juristischer, aber trotzdem dem Richter vorbehaltener Schlüsse siehe sogleich unten, III. 1 d), S. 76.

277 Beispielhaft LG Stade 1 S 25/78 v. 26.07.1978, NJW 1979, 168; OLG Düsseldorf 5 WF 176/79 v. 03.08.1979, FamRZ 1982, 1093: „...es genügt *[zur Berichtigungsbefugnis]* vielmehr, daß das Gericht die Entscheidung, die es treffen *wollte*, ... nicht getroffen hat" (*Hervorhebung* vom Verf.).

278 Vgl. LG Gießen 7 T 333/81 v. 02.10.1981, JurBüro 1982, 1093 [1094], das deshalb die Berichtigung ablehnte, mit *abl.* Anm. de LOUSANOFF, JurBüro 1982, 1094.

279 LG Köln 13 T 139/86 v. 05.01.1987, NJW-RR 1987, 955.

280 Dazu unten, § 6 II. 2.b), S. 110.

281 LG Köln, a. a. O., S. 956 (Hervorhebung vom Verf.); ähnlich HESS, S. 20.

Doch ist bereits der Ansatz, daß der Richter *immer* entsprechend dem Gesetz entscheiden wolle, empirisch nicht haltbar. Ein Blick auf die Entscheidungen des BVerfG, in denen es Urteile der ordentlichen Gerichte wegen Willkür aufgehoben hat,[282] und die der Rechtsprechung zur sogenannten „greifbaren Gesetzwidrigkeit"[283] zugrunde liegenden Fälle belegen, daß das gesetzestreue Urteil zwar normative Vorgabe, deshalb aber nicht unverbrüchliche Realität ist. Aber auch das gesetzwidrige Urteil ist bis zu seiner Aufhebung im Rechtsmittelverfahren gegen eine Änderung durch das erkennende Gericht geschützt.[284]

Darüber hinaus führt das Abstellen auf einen „im Grunde" vorhandenen, „eigentlichen" Entscheidungswillen dazu, daß unter dem Gewand dieses mutmaßlichen Willens letztlich jede Entscheidungsänderung im Berichtigungsverfahren möglich wäre. Ihn zum Maßstab zu machen hieße daher, der willkürlichen Veränderung der Entscheidung Tür und Tor zu öffnen, und die Rechtssicherheit aufzugeben.[285]

Daher ist es auch unhaltbar, wenn POHLE bei einem „Widerspruch zwischen dem im Richterspruch erklärten und dem, was die Richter *in Wahrheit* wollten", die Berichtigungsbefugnis ‚nur' den erkennenden Richtern einräumen will.[286] Diese Ansicht ist allenfalls insoweit „richtig", als es auch noch „falscher" geht: Die oben zitierte Entscheidung des LG Köln zeichnet sich nämlich neben der fehlerhaften Begründung auch noch dadurch aus, daß das Gericht aufgrund einer Beschwerde gegen die Ablehnung einer Berichtigung durch das Amtsgericht tätig wurde. Zumindest in dieser Kombination von (falschem) Berichtigungsverständnis und Erweiterung der Anfechtungsmöglichkeit (über § 319 III ZPO hinaus[287]) wird aus dem Berichtigungsverfahren ein gesetzloses Rechtsmittel, gegen das die sehr umstrittene[288] außerordentliche Beschwerde wegen „greifbarer Gesetzwidrigkeit" geradezu *konservativ* erscheint.

---

282 Vgl. nur BVerfG 2 BvR 65/95 u.a. v. 10.07.1996, NJW 1997, 649: Willkür, ohne ersichtlichen Grund Verfahren durch Trennung unter Revisionsgrenze zu drücken; BVerfG 1 BvR 986/91 v. 19.05.1992, BVerfGE 86, 133 [145 ff.]: Verstoß gegen Art. 103 I GG durch Überraschungsentscheidung.

283 BGH V ZB 5/93 v. 04.03.1993, BGHZ 121, 397 [398 ff.]: Entscheidung des Oberlandesgerichts, die Prozeßkosten dem Prozeßbevollmächtigten aufzuerlegen, weil die Prozeßfähigkeit seiner Partei nicht feststeht; BGH X ARZ 1018/95 v. 20.03.1996, NJW-RR 1996, 891: unhaltbarer Verweisungsbeschluß.

284 BGH IVb ZR 86/86 v. 30.09.1987, BGHZ 102, 37 [39]; BGH I ZR 275/95 v. 28.05.1998, NJW 1999, 287 [288]; KG 18 U 6829/86 v. 27.05.1987, NJW-RR 1987, 1215 [1216], mit Nwen auch zu einschränkenden Ansichten.

285 So auch PRUSKOWSKI, NJW 1979, 931 [932]; WIESEMANN, S. 51; G. LÜKE, JuS 1986, 553 [556].

286 POHLE, AP Nr. 13 zu § 319 ZPO.

287 Dazu unten, § 15 I., S. 260 ff.

288 Siehe dazu die Nwe oben, Fn. 222 ff., S. 56.

Aber nicht nur der explizit so bezeichnete *mutmaßliche* Wille ist als Kriterium für die Berichtigungsbefugnis ungeeignet.[289] Letztlich ist nämlich jedes Abstellen auf einen Entscheidungs*willen* spekulativ und damit unsicher. Das Einzige, was tatsächlich wahrnehmbar ist, ist das Urteil samt evtl. weiterer Erkenntnisquellen. Sie sind der einzig mögliche Anknüpfungspunkt für eine entscheidungsneutrale Korrektur des Ausdrucks. Man kann zwar - in der Sache korrekt - von ihnen als die Indizien sprechen, in denen sich der Wille des Gerichts niedergeschlagen hat, und sie zum ausschließlichen Maßstab der Berichtigung machen.[290] Vorzugswürdig, weil nicht zu oben beschriebenen Mißverständnissen führend, und konsequenter erscheint es hingegen, nicht von einem Willen des Gerichts auszugehen, dem im Wege der Urteilsberichtigung zum Durchbruch zu verhelfen sei, sondern von der anhand des Urteils und weiteren Indizien feststellbaren *Entscheidung*.[291]

Daher ist es auch problematisch, die Auslegung von Urteilen ohne weiteres dem § 133 BGB zu unterstellen.[292] Die mit dieser Subjektivität verbundene Unsicherheit verträgt sich nicht mit dem letztlich auf (Rechts-)Sicherheit abzielenden Zweck des Zivilprozesses.[293] Vielmehr sind an die Argumente, die einen klaren Wortlaut derogieren könnten, erheblich höhere Anforderungen zu stellen, als bei der Auslegung privatrechtlicher Willenserklärungen.[294]

---

289 Vgl. etwa die für eine *unzulässige* Berichtigung in BFH VIII B 157/83 v. 04.09.1984, DB 1984, 2602, gegebene Begründung: „Sinn und Zweck der Vorschrift bestehen darin, das Gericht und damit die Beteiligten nicht an etwas zu binden, was *in Wirklichkeit* nicht gewollt war." (Hervorhebung vom Verf.; zum Fall unten, in und bei Fn. 417, S. 97.)

290 So BAG 2 AZR 7/55 v. 22.12.1955, AP Nr. 2 zu § 319 ZPO; LAG Düsseldorf 7 Ta 285/91 v. 07.11.1991, NZA 1992, 427: keine Berichtigung nach den subjektiven Vorstellungen des Richters oder des Spruchkörpers; OLG München 25 W 1876/86 v. 12.08.1986, OLGZ 1986, 484 [485]: keine Berichtigung des Stuhlurteils aufgrund erst nach Verkündung abgefaßter schriftlicher Entscheidungsbegründung, da Wille bei Entscheidung dadurch nicht feststellbar.

Dieser Weg entspräche allerdings den allgemeinen Grundsätzen, wie innere Tatsachen im Prozeß festzustellen sind, vgl. BVerfG 2 BvR 459/93 v. 30.06.1993, NJW 1993, 2165; BGH VIII ZR 94/82 v. 04.05.1983, NJW 1983, 2034 [2035]; ROSENBERG/SCHWAB/-GOTTWALD, ZPR, § 113 I 1, S. 645. Doch ist der Wille des Gerichts hier nicht entscheidend.

291 Ähnlich OSTERLOH, S. 72 f.

292 Zutreffend MAYER-MALY in MüKo-BGB, § 133, Rn. 34a, *gegen* DILCHER in Staudinger, BGB, § 133, Rn. 11, und HEFERMEHL in Soergel, BGB, § 133, Rn. 6.

293 Die undifferenzierte Anwendung des § 133 BGB auf Urteile durch DILCHER und HEFERMEHL überrascht um so mehr, als beide - zutreffend - bei der Auslegung von Verwaltungsakten auf den „hoheitlichen Charakter" (DILCHER, a. a. O., Rn. 12) bzw. die „erhöhten Anforderungen in bezug auf Klarheit und Bestimmtheit" (HEFERMEHL, a. a. O., Rn. 7) hinweisen.

294 MAYER-MALY, a. a. O., spricht von einer „objektivierenden Interpretation"; insoweit zutreffen auch BGH VII ZR 12/61 v. 30.11.1961, MDR 1962, 397 [398]: Die „Ausle-

Welche Indizien aber zur Feststellung einer offenbaren Unrichtigkeit herangezogen werden können, ist damit nicht gesagt. Dies ist als nächstes zu untersuchen.

III. Konkretisierung des Offenbaren

Mit der grundsätzlichen Beschränkung der Berichtigungsbefugnis auf Fehler, die nicht der Entscheidung als Wertungsakt anhaften und einen faßbaren Niederschlag gefunden haben, ist die notwendige Konkretisierung des § 319 I ZPO noch nicht erschöpft. Erforderlich ist bereits dem Wortlaut nach weiterhin, daß die Unrichtigkeit auch „offenbar" sein muß. Dies Kriterium wurde oben vom Ergebnis her bestimmt. Danach war Kennzeichen der zulässigen Berichtigung, daß unberichtigtes und berichtigtes Urteil zweifelsfrei die selbe Entscheidung beinhalten. Zweifelsfrei war diese Feststellung, wenn sie überindividuell gleich getroffen wird.

Auch die innere Rechtfertigung dieses Kriteriums folgt im Umkehrschluß aus der soeben dargestellten Legitimation richterlicher Wertung.[295] Die Kompetenz zur Wertung ist zwar grundsätzlich den Richtern zugewiesen. Jedoch nur im Rahmen der Prozeßordnung. Sobald diese dem Gericht die Entscheidungszuständigkeit entzieht, erlischt auch dessen Wertungskompetenz. Mit Erlaß des Urteils ist das Gericht zu einer weiteren Entscheidung über das bereits Abgeurteilte nicht mehr zuständig.[296] Damit erlischt seine Wertungskompetenz. *Zulässige*[297] Feststellungen kann es nun nur noch insoweit „treffen", wie dafür keine Wertung erforderlich ist, weil sie nämlich überindividuell gleich getroffen werden. Und genau das ist der hier definierte Bereich der Urteilsberichtigung. Diese innere Rechtfertigung steht hinter der äußeren Funktion des „Offenbaren", die in der Garantie der Identitätswahrung besteht.

Daraus ergeben sich mehrere Fragen. Zunächst ist zu klären, welcher Personenkreis als überindividuelle Referenzgruppe heranzuziehen ist. Sodann sind die zulässigen Erkenntnisquellen für die Auslegung des Urteils zu bestimmen. Und schließlich ist auf das erforderliche Maß an Offensichtlichkeit zur Bestimmung einer offenbaren Unrichtigkeit einzugehen.

1. Personenkreis zur Bestimmung des Offenbaren

Bereits oben[298] wurde darauf hingewiesen, daß offenbar i. S. v. allgemeinkundig *nicht* bedeutet, daß eine Tatsache von *allen* Menschen gleich wahrgenommen

---

gung ... hat sich im Interesse der Rechtssicherheit allein an das zu halten, was der Richter *erkennbar* zum Ausdruck gebracht hat" (*Hervorh.* v. Verf.).

295 Mit Legitimation ist nur eine äußere, formale Legitimation gemeint. Zur Legitimation als gesellschaftlicher Akzeptanz siehe: PAWLOWSKI, Jura 1989, 337 [337 ff.], m. w. Nwen.

296 JAUERNIG, Urteil, S. 154 f.; BGH IV ZR 42/72 v. 18.04.1973, NJW 1973, 1197 (für einen Beschluß), dazu näher unten, § 11 II. 2.c)(2), S. 202 f.

297 Das ist strikt von der Frage nach der *Wirksamkeit* fehlerhafter Entscheidungen zu trennen, vgl. unten, § 11 II. 2.c)(3), S. 205 f.

298 § 2 II. 2, S. 45.

wird. Dies zu fordern, hieße jede Berichtigung auszuschließen, da selbst zur Feststellung von Rechtschreibfehlern, geschweige denn von Fehlern in einem umfangreicheren Rechenwerk, nicht jeder in der Lage ist. Es ist aber auch nicht notwendig, um die nach Wegfall der Entscheidungszuständigkeit bestehende Legitimationslücke auszufüllen.

Fraglich ist daher, welcher Personenkreis zur Bestimmung des Offenbaren herangezogen werden muß. Denkbar erscheinen vier Definitionen: Zunächst könnte als offenbar das verstanden werden, was von dem erkennenden Gericht einheitlich wahrgenommen wird. Eine andere Gruppierung könnte aus den Parteien des Rechtsstreits bestehen. Weiterhin erscheint es möglich, beliebige Außenstehende als Maßstab zu nehmen, oder schließlich diesen sehr weiten Kreis auf die Personen einzugrenzen, die von dem entschiedenen Lebenssachverhalt besondere Kenntnisse haben. Jedes dieser *Sets* ist auf seine Tauglichkeit als Repräsentant für die überindividuell gleiche Wahrnehmung zu prüfen.[299]

a) Offenbar bei Gericht

Die erste Möglichkeit ist jedoch offensichtlich ungeeignet. Im tatsächlichen Normalfall der Einzelrichterentscheidung hieße sie, bereits auf das konstitutive Kriterium der *über*individuellen Wahrnehmung zu verzichten. Aber auch bei Kammer- oder Senatsentscheidungen schrumpfte das Überindividuelle auf einen sehr kleinen, zudem noch äußerst befangenen Kreis. Für eine offenbare Unrichtigkeit ausreichen zu lassen, daß das Gericht sie dafür hält, würde der Berichtigungsbefugnis jede Grenze und der notwendigen Entscheidungskonstanz jede Garantie nehmen. Dies Kriterium ist daher abzulehnen.[300]

Nur scheinbar a. A. ist eine - zudem vereinzelt gebliebene - Entscheidung des BGH,[301] in der es für ausreichend gehalten wurde, daß die Unrichtigkeit für *andere* Richter ohne weiteres erkennbar ist. Darin liegt nämlich keine Begrenzung auf die erkennenden Richter, sondern nur auf Richter im allgemeinen, also einen besonderen Personenkreis, der sich von der Allgemeinheit durch seine besonderen Kenntnisse unterscheidet. Auf die Tauglichkeit dieses Kriteriums ist unten einzugehen.

b) Offenbar für die Parteien

Die Einwände der geringen Zahl und der Befangenheit sprechen auch dagegen, die gleiche Wahrnehmung der Parteien zum Maßstab zu nehmen. Allerdings ist deren Befangenheit gegensätzlich, so daß man bei einer Übereinstimmung annehmen könnte, daß dieser Umstand auch allgemein konsensfähig ist. Doch erscheint bereits das als gewagte Hypothese, denn die Parteien können aus verschiedenen,

---

299 Siehe hierzu aus sozialpsychologischer Sicht: IRLE, Sozialpsychologie, S. 65 ff.

300 So auch WIESEMANN, S. 97.

301 BGH VI ZR 176/78 v. 08.07.1980, BGHZ 78, 22 [23], mit Anm. WEBER, LM Nr. 10 zu § 319 ZPO.

z. B. prozeßtaktischen Überlegungen heraus durchaus geneigt sein, auch fünf einmal gerade sein zu lassen.

Zurecht wird daher die gleiche Wahrnehmung *nur* der Parteien als ungenügend erachtet.[302] Häufig trifft man aber die Meinung an, es sei ausreichend, wenn der Fehler für Gericht *und* Parteien offenbar sei.[303] Doch ist damit etwas anderes gemeint, als es auf den ersten Blick erscheint. Tatsächlich geht es diesen Autoren nämlich nicht darum, den *Personenkreis* zu bestimmen, der Maßstab für das gleich Wahrgenommene sein soll, sondern sie wollen die *Erkenntnisquellen*, aus denen sich ein wie auch immer zusammengesetzter Personenkreis bedienen kann, definieren.[304] Das sind jedoch zwei verschiedenen Aspekte der Frage, welche Unrichtigkeiten offenbar sind.[305] Auf die nach den zulässigen Erkenntnisquellen ist später einzugehen. Hinsichtlich des Personenkreises führt diese Ansicht i. E. zu keiner Eingrenzung auf Parteien und / oder Gericht.

c) Offenbar für Außenstehende

Nimmt man die Vorgenannten hinzu, erscheint als ganz herrschende Auffassung, daß offenbar nur die Unrichtigkeit ist, die auch für Außenstehende als solche ersichtlich ist.[306] Damit ist auch dem Erfordernis der überindividuellen Wahrnehmung auf vollkommene Weise genüge getan. Unschädlich ist, daß der Außenstehende dabei idealisiert wird. Denn daß Erkenntnismaßstab nicht real jeder, sondern nur ein „verständiger“[307] oder „unbefangener“[308] Außenstehender

---

302 So auch WIESEMANN, S. 99, mit Nwen auch zur gelegentlich *abweichenden* älteren Rechtsprechung (a. a. O., S. 88, Fn. 7).

303 BGH III ZR 95/82 v. 12.01.1984, NJW 1985, 742 [743]; GEISSLER, NJW 1956, 344 [345]; HESS, S. 16 f.; LEIPOLD in Stein/Jonas, ZPO, § 319, Rn. 6; ROSENBERG/SCHWAB/-GOTTWALD, § 61 I 3, S. 332.

304 Besonders deutlich bei MUSIELAK in MüKo-ZPO, § 309, Rn. 7: „Maßstab für die Offenkundigkeit des Fehlers sind also nicht die *Erkenntnismöglichkeiten* irgendeines Betrachters, sondern eines am Verfahren Beteiligten“ (*Hervorhebung* vom Verf.); ähnlich OLG Hamburg 5 W 10/78 v. 20.03.1978, MDR 1978, 583: „...der mit dem Streitstoff vertraute...“; M. WOLF, AG 1991, 315: „...jedem, der ernsthaft mit der Sache befaßt ist...“.

305 So auch WIESEMANN, S. 86, 97, der von „Erkenntnispersonen“ spricht.

306 So insbes. die Rspr. vgl. BGH VII ZR 104/57 v. 25.09.1958, NJW 1958, 1917; LAG Düsseldorf 7 Ta 285/91 v. 07.11.1991, NZA 1992, 427; LG Frankfurt 2/9 T 383/91 v. 13.05.1991, NJW-RR 1991, 1470 [1471]; aber auch die Lit., vgl. WIESEMANN, S. 99; BÖTTCHER, S. 99; VOLLKOMMER in ZÖLLER, ZPO, § 319, Rn. 5; WASSERMANN in AK-ZPO, § 319, Rn. 4, in der Sache auch die oben, Fn. 303 f., Genannten.

307 So WIECZOREK, ZPO, § 319, Anm. B I.

308 So BPatG 4 W (pat) 33/70 v. 28.01.1971, MittdtschPatAnw 1971, 157 [158], zu § 26 V PatG.

sein kann, wurde bereits dargelegt.[309] Und auch in anderen Bereichen, in denen es auf die Unabhängigkeit von individueller Wahrnehmung und Wertung ankommt, ist der „unvoreingenommene, ... verständige Beobachter“[310] anerkannter Maßstab für die Evidenz eines Umstands.

d) Offenbar für Fachleute

Fraglich erscheint, ob der relevante Personenkreis auf den *fachkundigen*[311] Außenstehenden, mit dem Sonderfall des „Rechtskundigen“[312], oder sogar auf den „unbefangenen Durchschnitts*fachmann*“[313] eingegrenzt und damit die Berichtigungsbefugnis entsprechend erweitert werden kann. Denn auch beim „verständigen Beobachter“ der h. M. ist mit „verständig“ häufig nicht nur „*common* sense“, sondern auch *Fach*verstand gemeint.[314]

(1) Maßstab der Sachkundigen

Ein Bedürfnis für eine Begrenzung auf Sachkundige kann sich - abgesehen von Rechtsfragen, dazu sogleich - immer dann ergeben, wenn Streitgegenstand nicht ein alltäglicher Sachverhalt, sondern einer mit beispielsweise medizinischer oder technisch-wissenschaftlicher Thematik ist. Hier führt bereits die besondere Begrifflichkeit dazu, daß Unrichtigkeiten auch vom „verständigen“ Jedermann nicht erkannt werden können, und damit von der Urteilsberichtigung ausgeschlossen blieben. Zwar wäre auch dieser Jedermann in der Lage, sich die Fachausdrücke anzueignen, doch könnte man dann kaum noch davon sprechen, daß die aus ihrer Fehlbenutzung entspringende Unrichtigkeit offenbar sei.

Es sei nochmals[315] darauf hingewiesen, daß es hier nicht um die Frage der zulässigen Erkenntnis*quellen* für die Offensichtlichkeit der Unrichtigkeit geht. Die Frage nach den Quellen ist die objektive Seite des Problems. Sie bezieht sich auf den Gegenstand der Erkenntnis und stellt sich konkret für das eine unrichtige Urteil. Die Frage nach den Erkenntnispersonen ist hingegen subjektiv und bezieht sich auf die Eigenschaften, die diese

---

309 Oben, § 2 II. 2, S. 44.

310 BGH IX ZR 226/91 v. 17.12.1992, BGHZ 121, 98 [103], zur Nichtigkeit eines auf einen Arrest gestützter Überweisungsbeschlusses, und dazu SCHULTES, JR 1995, 137, der dieses Evidenzkriterium bejaht, dessen a. a. O. vom BGH vorgenommene Erweiterung auf „Insider“ des Arrestrechts aber - zutreffend, dazu sogleich im Text - ablehnt (a. a. O., S. 138 f.; ähnlich STÜRNER, JZ 1991, 406, in *abl.* Anm. zu BGH IX ZR 211/89 v. 25.10.1990, BGHZ 112, 356).

311 BPatG 4 W (pat) 41/71 v. 08.09.1971, BPatGE 13, 77 [84].

312 OLG Düsseldorf 13 W 33/74 v. 23.01.1975, BB 1977, 471 [472].

313 BPatG 4 W (pat) 33/70 v. 28.01.1971, MittdtschPatAnw 1971, 157 [158], zu § 26 V PatG, der eine „offensichtliche“ Unrichtigkeit zum Gegenstand der Berichtigung erklärt.

314 Siehe nur BGH IX ZR 226/91 v. 17.12.1992, a. a. O. (Fn. 310).

315 Dazu bereits oben, in und bei Fn. 304 f.

Personen aufweisen müssen. Sie ist zugleich abstrakt, da es nicht um einen realen Beobachter geht.

In der Sache ist gegen eine Berichtigungsbefugnis jedoch nichts einzuwenden, solange sich die Unrichtigkeit auf den Fehlgebrauch solcher Fach*begriffe* beschränkt. Selbst die Möglichkeit, daß das Gericht sie abweichend vom „fach"-gemein anerkannten Sprachgebrauch benutzen wollte, ist auszuschließen. Daher kann deren Korrektur die durch das Kriterium der Offenkundigkeit zu schützende Entscheidung auch nicht beeinträchtigen.

Anders sind hingegen Fehler in medizinischen oder technisch-wissenschaftlichen *Schlüssen* zu bewerten. Auch diese mögen zwar dem Fachmann mitunter als offenbar erscheinen, doch führte ihre Korrektur möglicherweise zu einer Veränderung der Entscheidung. Denn neben dem Ziehen rechtlicher Schlüsse und der Feststellung von Tatsachen ist das Schlußfolgern tatsächlicher Art Kernstück richterlicher Entscheidungstätigkeit. Zwar kann - und teilweise muß - sich das Gericht dabei sachverständiger Hilfe bedienen, doch ist dies eben nur eine Hilfe; die Schlußfolgerung selbst ist Element der Beweiswürdigung gem. § 286 ZPO und damit ausschließlich dem Gericht anvertraut.[316] Eine Unrichtigkeit in den genannten Schlüssen, die sich erst dem Sachkundigen offenbart, ist daher nicht berichtigungsfähig. In soweit darf der Personenkreis der (nur) „verständigen Beobachter" also nicht eingeschränkt werden.

Diese Abgrenzung wird in einer Entscheidung des BPatG verdeutlicht, wo bei Anwendung des § 26 V PatG die Behebung einer Unrichtigkeit in einer mathematischen Formel zugelassen wurde.[317] Die Unrichtigkeit war zwar sicher nicht offensichtlich in dem Sinne, daß „Jedermann" sie hätte erkennen können, doch ist dem mathematisch Versierten unzweifelhaft klar, daß die nach der ursprünglichen Formel vorzunehmende Subtraktion von Größen unterschiedlicher Dimension unmöglich ist. Die Formel bekam erst durch die Berichtigung einen und zwar den einzig möglichen Sinn. Die Berichtigung war daher zulässig.

(2) Maßstab der Rechtskundigen

Auf einen noch offensichtlicheren Konflikt mit dem Grundgedanken der wertungsausschließenden weil überindividuellen Wahrnehmung stößt man, wenn man einen Rechtskundigen zum Maßstab der Erkenntnis der *offenbaren* Unrichtigkeit nehmen will. Soweit die Rechtskunde dazu dienen soll, „offenbare" Fehler in der *Auslegung* von Rechtssätzen zu erkennen, scheidet eine Berichtigungsbefugnis aus bereits genannten Gründen aus.[318] Sie kann auch nicht durch diese Hintertür wieder eingeführt werden.

---

316 ROSENBERG/SCHWAB/GOTTWALD, § 124 IV, S. 726, KISSEL, GVG, § 1, Rn. 160; jew. m. w. Nwen.

317 BPatG 4 W (pat) 33/70 v. 28.01.1971, MittdtschPatAnw 1971, 157 [158].

318 Siehe dazu oben, I., S. 65 ff.

Anders erscheint es hingegen auch hier bei der Frage, ob ein allgemein anerkannter, und auch im konkreten Zusammenhang nicht wertend benutzter *Rechtsbegriff* offenbar unrichtig ist. Hat beispielsweise ein Gericht „Offenbarungseid" statt „eidesstattliche Versicherung" geschrieben, ist das eine Unrichtigkeit, die nicht offenbar im Sinne einer Allgemeinkundigkeit ist. Dem Rechtskundigen erschließt sie sich jedoch ohne jegliche Wertungsmöglichkeit sofort und unzweifelhaft. Gegen ihre Kennzeichnung als „offenbar" bestehen daher keine Bedenken.[319]

Ein Beispiel nicht offenkundiger Unrichtigkeit findet sich in einer Entscheidung des OLG Düsseldorf:[320] Im ursprünglichen Tenor des LG hieß es: „Das Urteil ist vorläufig vollstreckbar, der Antragstellerin wird nachgelassen, die Zwangsvollstreckung durch Sicherheitsleistung in Höhe von 10.000 DM ... abzuwenden." Er wurde dahin berichtigt, daß er lautete: „...die Zwangsvollstreckung *wegen der Kosten* ... abzuwenden." Das OLG begründete die Zurückweisung der Beschwerde wie folgt: Der „Wille des Erstrichters war zumindest *für einen Rechtskundigen* von vornherein *offenbar*, weil die Höhe der Sicherheitsleistung der Höhe der zu erwartenden Verfahrenskosten des ersten Rechtszuges ziemlich genau angepaßt ist."[321] Damit trifft es aber eine Wertung, die nie allgemeinkundig und daher auch nicht offenbar sein kann.

e) Ergebnis

Grundsätzlich ist somit in subjektiver Hinsicht eine Unrichtigkeit nur dann offenbar, wenn sie jedem unvoreingenommenen, verständigen Beobachter als Unrichtigkeit erscheint. Eine Einengung dieses weiten Personenkreises auf Fachkundige ist nur in soweit gerechtfertigt, wie es darum geht, den Fehlgebrauch von z. B. medizinischen, technisch-wissenschaftlichen oder auch juristischen Fachbegriffen festzustellen. Solange es nicht um Fehler in Schlußfolgerungen geht, bleibt diese Erweiterung der Berichtigungsmöglichkeit ohne Eingriff in die Entscheidung und ist daher zulässig. Auch der nicht sachkundige Beobachter könnte sich die Kenntnis der Begriffe verschaffen und würde dann die Unrichtigkeit erkennen.

Daraus folgt im Umkehrschluß, daß eine Unrichtigkeit *nicht* offenbar ist, wenn in diesem Personenkreis eine Einigung nicht zu erzielen ist.[322] Denn es ist nochmals hervorzuheben, daß offenbar im - einzig möglichen - Sinne von allgemein-

---

319 So auch OLG Köln 2 W 146/70 v. 21.09.1970, MDR 1971, 56, vgl. weiterhin die Verwechslung in der Bezeichnung der Hinterlegungsstelle bei OLG Zweibrücken 5 W 9/94 v. 06.06.1994, OLGZ 1994, 581 [582]: zulässige Berichtigung, obwohl nur dem Juristen offenbar.

320 OLG Düsseldorf 13 W 33/74 v. 23.01.1975, BB 1977, 471, mit *abl.* Anm. RUNGE, BB 1977, 472.

321 OLG Düsseldorf, a. a. O., S. 472 (*Hervorhebung* vom Verf.).

322 Zutreffend WIECZOREK, ZPO, § 319, Anm. B I.

kundig nur das sein kann, was von *allen* (Relevanten) gleich wahrgenommen wird.[323] Ist hingegen über die Wahrnehmung ein Streit möglich, ist der Umstand zweifelhaft.[324]

2. *Erkenntnisquellen zur Bestimmung des Offenbaren*

Es fragt sich nun, ob neben diesen subjektiven Kriterien die offenbare Unrichtigkeit eines Urteils auch objektiv, nämlich nach den zu ihrer Aufdeckung zugelassenen Erkenntnisquellen einzugrenzen ist. Dafür spricht die Wortlautinterpretation. Denn der Begriff „offenbar" kommt vom althochdeutschen „offanbar", was „sich offen tragend" bedeutet.[325] Das ist im Wortsinn aber nur erfüllt, wenn das Urteil die Unrichtigkeit in sich trägt, d. h. Fehler und statt dessen Gemeintes *aus dem Urteil* hervorgehen.[326] Und auch im umgangssprachlichen Gebrauch wird man als offenbar kaum einen Umstand bezeichnen, der erst aus verschiedenen Erkenntnisquellen zu erschließen ist.[327]

Dieser Begrenzung folgt im Grundsatz auch die h. M. Nach ihr sollen Unrichtigkeiten offenbar sein können, wenn sie sich aus dem Urteil selbst ergeben.[328] Musterbeispiel hierfür ist die Berichtigung des Tenors um die nach den Gründen getroffene Entscheidung.[329] Darüber hinaus wird eine offenbare Unrichtigkeit aber auch dann angenommen, wenn sie sich erst aus Erkenntnisquellen ergibt, auf die im Urteil verwiesen wird.[330] Und auch insoweit wird man noch sagen können, daß das Urteil sie in sich trage.

Weniger leicht verträgt es sich mit dem Wortsinn des „Offenbaren", daß nach ebenfalls weit verbreiteter Ansicht auch Erkenntnisquellen, die sich lediglich in den Prozeßakten befinden, herangezogen werden können.[331] Und keinen Anhalt im „in sich tragen" finden schließlich die ständige Rechtsprechung, nach der auch die Umstände bei Erlaß und Verkündung der Entscheidung zu berücksichtigen

---

323 Siehe dazu oben, § 2 II. 2, S. 44 f.

324 Verkannt von WIESEMANN, S. 89, Fn. 7, sowie - in anderem Zusammenhang - von BGH IX ZR 226/91 v. 17.12.1992, BGHZ 121, 98 [103], vgl. oben, Fn. 310.

325 KLUGE/MITZKA, Wörterbuch.

326 So wohl WIESEMANN, S. 97 f.

327 Vgl. WAHRIG, Wörterbuch: „offen zutage liegend".

328 BGH III ZR 265/54 v. 08.03.1956, BGHZ 20, 188 [191]; OSTERLOH, S. 84.

329 Vgl. OLG Hamburg 5 W 10/78 v. 20.03.1978, MDR 1978, 583.

330 OLG Düsseldorf 5 WF 176/79 v. 03.08.1979, FamRZ 1982, 1093; BPatG 4 W (pat) 33/70 v. 28.01.1971, MittdtschPatAnw 1971, 157 [157 f.].

331 HESS, S. 27; WIESEMANN, S. 98; KÖNIG, MDR 1989, 706 [708].

sind,[332] und die ebenfalls verbreitete Meinung, daß auch Register, Verzeichnisse und andere Urkunden zuzulassen sind.[333]

Es fragt sich jedoch, ob der Wortsinn des Offenbaren auch hinsichtlich der objektiven Grenzen der Berichtigungsbefugnis der richtige Ausgangspunkt ist. Wie nämlich schon oben[334] festgestellt wurde, kann die Ermittlung der Entscheidung aus dem Urteil durchaus die Hinzuziehung urteilsexterner Erkenntnisquellen erfordern. Da weiterhin die Urteilsberichtigung unbestritten dem besseren Ausdruck der getroffenen Entscheidung dient, rechtfertigt sich eine Ausgrenzung solcher Quellen nur insoweit, wie sie dazu dient, eine mögliche Veränderung der Entscheidung zu verhindern.

Hier zeigt sich, daß die h. M., soweit sie eine Begrenzung der Erkenntnisquellen verlangt, verschiedene Kriterien vermischt. Denn Motiv für die Beschränkung auf Quellen, auf die im Urteil bezug genommen wird, ist, daß dadurch eine Aushöhlung des Offenbaren verhindert werden soll.[335] Diese Aushöhlung ist jedoch nicht an die Nähe oder Ferne vom Urteilstext gekoppelt. So ist etwa die Erkenntnis aus einem öffentlichen Register viel sicherer, als die aus - häufig pauschal[336] - in bezug genommenem Parteivorbringen oder den vielbemühten Umständen bei Erlaß oder Verkündung des Urteils.[337] Daher ist es für die Offenkundigkeit des Fehlers unerheblich, ob dieser sich aus dem Urteil selbst oder erst aus davon ganz unabhängigen Erkenntnisquellen ergibt.

Eine Begrenzung ist dagegen im Hinblick auf die *Art* der Erkenntnisquelle erforderlich. Aus dem Merkmal der Allgemeinkundigkeit folgt, daß nur solche Quellen zur Ermittlung einer offenbaren Unrichtigkeit tauglich sind, die Gewähr für eine überindividuell gleiche Wahrnehmung bieten.[338] Daher kommt beispielsweise eine Berichtigung aufgrund der Erinnerung der bei Verkündung der Entscheidung anwesenden Personen nicht in Betracht. Es verbleiben damit als Erkenntnisquellen nur Schriftstücke und ähnlich dauerhaft fixierte Aufzeichnungen.

---

332 BGH III ZR 265/54 v. 08.03.1956, BGHZ 20, 188 [191 f.]; BGH VI ZR 176/78 v. 08.07.1980, BGHZ 78, 22 [23]; BGH III ZR 95/82 v. 12.01.1984, NJW 1985, 742 [743]; BAG 4 AZR 103/58 v. 19.05.1960, BAGE 9, 222 (LS).

333 BFH VIII B 157/83 v. 04.09.1984, DB 1984, 2602 zum insoweit gleichlautenden § 107 FGO; MUSIELAK in MüKo-ZPO, § 309, Rn. 7; STEINBERG, S. 16 ff.; einschränkend WIESEMANN, S. 98.

334 Insbesondere § 2 I. 3, S. 41 f.

335 Vgl. etwa BGH VI ZR 176/78 v. 08.07.1980, BGHZ 78, 22 [22 f.]; PRUSKOWSKI, NJW 1979, 931 [932].

336 Hierzu kritisch FISCHER, Bezugnahmen, S. 33 f.

337 Siehe insbesondere BGH VI ZR 176/78 v. 08.07.1980, BGHZ 78, 22 [23], wo auf Parallelentscheidungen abgestellt wurde; dazu noch unten, § 6 IV. 2, S. 126 ff., bei Fn. 531.

338 Vgl. LAG Düsseldorf 7 Ta 285/91 v. 07.11.1991, NZA 1992, 427: „objektivierbar“.

Auch in *zeitlicher* Hinsicht ist eine Einschränkung notwendig. Der Schutz der einmal getroffenen Entscheidung ist nur gewährleistet, wenn ausschließlich Erkenntnisquellen berücksichtigt werden, die vor oder mit Erlaß des Urteils entstanden sind. Jede Verwertung später angefertigter Aufzeichnungen trägt die Gefahr der Veränderung der Entscheidung in sich.[339] Daher sind die bei einem Stuhlurteil erst nach der Verkündung abgefaßten schriftlichen Entscheidungsgründe keine geeignete Grundlage für eine Berichtigung des verkündeten Urteilstenors.[340] Und auch eine Berichtigung des Urteils aufgrund einer erst nach dessen Verkündung erfolgten Protokollberichtigung (§ 164 ZPO) scheidet aus.[341]

Daher ist auch folgender Entscheidung des BGH[342] - in der Begründung - nicht zuzustimmen: Das Landgericht hatte auf die Verhandlung über den Einspruch gegen einen Vollstreckungsbescheid die Klage abgewiesen. Das OLG als Berufungsgericht verkündete am Schluß der mündlichen Verhandlung einen Urteilstenor, wonach auf die Berufung der Klägerin das Urteil des Landgerichts abgeändert werde und der Vollstreckungsbescheid in Höhe von 13.510,40 DM aufrechterhalten bleibe. Zusammen mit den schriftlichen Urteilsgründen stellte es den Parteien einen Berichtigungsbeschluß zu, wonach der Tenor des Urteils wegen eines Rechenfehlers dahin berichtigt werde, daß die Berufung gegen das Urteil des Landgerichts zurückgewiesen wird. Die gegen ihn gerichtete sofortige Beschwerde verwarf der BGH.

Zwar erfolgte die Verwerfung vom Standpunkt des BGH zur Frage der Anfechtbarkeit von Berichtigungsbeschlüssen des OLG aus zurecht,[343] doch gibt die Begründung, mit der der BGH auch die Zulässigkeit der Beschwerde unter dem Gesichtspunkt der „greifbaren Gesetzwidrigkeit" ablehnte, Grund zur Kritik. Zunächst ist festzuhalten, daß dieser Berichtigung jeder objektive Anhalt fehlt. Zwar führt der BGH aus, daß sich der neu gefaßte Tenor aus der Urteilsbegründung ergebe. Doch ist diese erst entstanden, nachdem das Urteil in der mündlichen Verhandlung gefällt worden war und daher die Bindung aus § 318 ZPO bestand. Besonders verfehlt ist es aber, wenn der BGH bemerkt, daß auch die von der Klägerin vorgetragenen Umstände über die Erörterungen in der mündlichen Verhandlung nicht *zwingend* erkennen ließen, daß das Berufungsgericht zunächst anders entschieden habe. Denn eine Urteilsberichtigung ist nicht solange zulässig, wie nicht nachweisbar ist, daß sie zu einer Abänderung der Entscheidung führt, sondern umgekehrt ist

---

339 *A. A.* HESS, S. 23, der meint, daß die Möglichkeit einer pflichtwidrigen Änderung bei Abfassung des Urteils nach Verkündung nicht ernsthaft in Betracht zu ziehen sei. Doch gibt er dadurch den Schutz der Entscheidung und damit die Rechtssicherheit dem Vertrauen anheim; zutreffend GEISSLER, NJW 1956, 344: es können „Unzulänglichkeiten ... nicht durch bona fides ersetzt werden".

340 So auch OLG München 25 W 1876/86 v. 12.08.1986, OLGZ 1986, 124; LAG Düsseldorf 7 Ta 285/91 v. 07.11.1991, NZA 1992, 427; Sächsisches LAG 9 Ta 197/98 v. 16.07.1998, NJ 1998, 614; *a. A.* BGH III ZR 95/82 v. 12.01.1984, NJW 1985, 742, dazu unten, § 6 I. 2.b)(1), bei Fn. 404, S. 94 f.

341 So auch WIESEMANN, S. 98.

342 BGH I ZB 14/89 v. 22.03.1990, NJW-RR 1990, 893.

343 Siehe zu diesem Problem unten, § 15 II. 2.a), S. 265.

sie nur dann zulässig, wenn auch nur die *Möglichkeit* einer Abänderung ausgeschlossen werden kann.[344]

3. *Offensichtlichkeit und Beweiserhebung*

Als letztes Problem bei der Definition der offenbaren Unrichtigkeit erscheint die Frage, wie offensichtlich die Unrichtigkeit sein muß, um nach § 319 ZPO berichtigt werden zu können.

Die h. M. sucht die Lösung in zwei Richtungen. Zunächst ist weithin akzeptiert, daß offenbar nicht heißt, daß die Unrichtigkeit „in's Auge springen" muß. Insbesondere bei einem Rechenfehler steht es der Berichtigung nicht entgegen, wenn sich der Fehler erst durch aufwendiges Nachrechnen ermitteln läßt.[345] Andererseits ist aber nach ganz überwiegender Meinung eine Beweisaufnahme zur Feststellung der Unrichtigkeit unzulässig.[346]

Beiden Behauptungen ist zuzustimmen. Sie stellen lediglich zwei Aspekte des Offenbaren als Sonderfall des Offenkundigen gem. § 291 ZPO dar. Dessen Konstitutiv ist nicht, daß sich ein Umstand *leicht* ermitteln läßt, sondern daß er überindividuell *gleich* wahrgenommen wird. In der Praxis wird beides zwar häufig zusammenfallen, doch ist bei einem Auseinanderfallen allein das Kriterium der überindividuell gleichen Wahrnehmung entscheidend.

Auch insoweit ist „offenbar" in § 319 I ZPO also weder etymologisch noch umgangssprachlich, sondern normativ zu verstehen. Es ist unerheblich, wenn sich die Unrichtigkeit erst aufgrund von Nachforschungen ergibt, solange sich das Ergebnis dieser Nachforschungen eindeutig, im obigen Sinne *zweifelsfrei* ergibt. Ein auch nur möglicher Eingriff in die geschützte Entscheidung ist damit nicht verbunden. Anders ist es hingegen bei einer Beweisaufnahme. Ihr Zweck besteht gerade darin, in individueller Wahrnehmung gründende Zweifel letztlich durch Machtspruch zu beseitigen.[347] Sie ist Kernstück richterlicher Entscheidungstätigkeit und ihre Vornahme im Berichtigungsverfahren stünde in einem zwangsläufigen Konflikt mit dem Schutz der Entscheidung.

---

344 Zutreffend WIESEMANN, S. 100 (Fn. 1).

345 BGH XII ZR 184/93 v. 09.11.1994, NJW 1995, 1033; OLG Hamburg 5 W 10/78 v. 20.03.1978, MDR 1978, 583; FREYTAG, S. 37 f.; MUSIELAK in MüKo-ZPO, § 319, Rn. 7; *a. A.* WASSERMANN in AK-ZPO, § 319, Rn. 4: nur, wenn der Fehler *sofort* erkennbar ist (Hervorhebung vom Verf.).

346 OLG Düsseldorf 11 RW 32/59 v. 29.01.1960, RzW 1960, 356 (kein Sachverständigengutachten); HARTMANN in B/L/A/H, § 319, Rn. 28; im übrigen stillschweigend vorausgesetzt, vgl. die Nwe sogleich, Fn. 348; *a. A.* STEINBERG, S. 16, der dies aus einem Umkehrschluß zu § 320 ZPO folgert.

347 Siehe oben, § 5 I., S. 65 ff.

Dieser zwingende Ausschluß einer Beweisaufnahme ist genauer zu betrachten. Zwar besteht auch in soweit grundsätzliche Einigkeit, daß nicht nur die Unrichtigkeit, sondern auch das Richtige offenbar, d. h. nicht (erst) zu beweisen sein müsse.[348] Doch wird dieser richtige Grundsatz in der Anwendung häufiger verletzt. Greift das Gericht beispielsweise zur Erkennung und Korrektur einer (vermeintlich) offenbar unrichtig unterlassenen Revisionszulassung auf gleichzeitig verkündete Parallelentscheidungen zurück,[349] erhebt es tatsächlich einen (Indizien-) Beweis über den Zulassungs*willen* des Gerichts. Bereits die Feststellung, daß es sich um in der rechtlichen Beurteilung gleich gelagerte Fälle handelt, kann nämlich nicht überindividuell gleich getroffen werden. Und es ist auch keineswegs offenbar, daß das Gericht bei gleichartigen Fällen auch gleich entschieden *hat*. Zwar *soll* es das, wie sich aus Rechtsstaatgebot und Gleichheitsgrundsatz ergibt, doch entspricht die tatsächliche Entscheidung keineswegs immer den normativen Anforderungen. Tatsächlich handelt es sich bei einer solchen Berichtigung also um eine unzulässige *Ersetzung* der Entscheidung.[350]

Besonders schwierig durchzuführen ist der Ausschluß einer Beweisaufnahme schließlich, wenn außerhalb des Urteilstextes liegende Erkenntnisquellen genutzt werden. Die erforderliche Abgrenzung ist hier nicht leicht vorzunehmen.[351] Darauf ist im Zusammenhang mit den einzelnen Fallgruppen näher einzugehen.[352]

IV. Zur Fehlerherkunft

Nur kurz ist im Zusammenhang mit den grundsätzlichen Grenzen der Berichtigungsbefugnis auf die - vor allem - in der älteren Literatur[353] und Rechtsprechung[354] behauptete These einzugehen, daß berichtigungsfähig nur solche Fehler

---

348 BPatG 4 W (pat) 71/69 v. 08.09.1971, GRUR 1972, 90 [92]; OLG Celle 5 W 192/55 v. 04.07.1955, NJW 1955, 1843 [1844]; OLG Zweibrücken 2 WF 11/82 v. 19.03.1982, FamRZ 1982, 1030 [1031]; LAG Hamm 1 Ta 143/80 v. 13.11.1980, BB 1981, 795 (LS); HARTMANN in B/L/A/H, § 319, Rn. 11; *a. A.* HESS, S. 46 f., der zur Feststellung des ‚wirklich' Gemeinten eine Beweisaufnahme zulassen will.

349 BGH VI ZR 176/78 v. 08.07.1980, BGHZ 78, 22 [23 f.], dazu unten, § 6 IV. 2, S. 126 ff., bei Fn. 531.

350 Der BGH hätte in diesem Fall die Revision wegen Verstoßes gegen Art. 3 selbst zulassen können, siehe dazu PROSKE, NJW 1997, 352 [360].

351 Zumindest mißverständlich BAG 3 AZR 99/77 v. 24.08.1977, AP Nr. 18 zu § 319 ZPO: Unrichtigkeit „offenkundig oder bewiesen".

352 Siehe insbesondere § 6 I. 2.a), S. 86 ff., zur Berichtigung von Falschbezeichnungen.

353 Vgl. KISCH, Parteiänderung, S. 595 f.; aber auch SCHNEIDER, MDR 1966, 811 [812]; BULL, RPfleger 1958, 279; MÜMMLER, JurBüro 1978, 167 [168].

354 Vgl. RG V 217/02 v. 08.10.1902, JW 1902, 588 Nr.7; so aber auch AG Mönchengladbach 3 (6) B 8745/55 v. 25.04.1961, JurBüro 1961, 394 [395]; LG Gießen 7 T 333/81 v. 02.10.1981, JurBüro 1982, 1093 [1094] mit *abl.* Anm. de LOUSANOFF, JurBüro 1982, 1094, die sich jedoch auf die Berichtigung von Vollstreckungsbescheiden bezogen. *A. A.*

seien, die aus der Sphäre des Gerichts stammen. Soweit das Gericht hingegen eine fehlerhafte Angabe der Parteien übernommen habe, sei eine Berichtigung bereits deshalb ausgeschlossen.

Zu dieser weder durch Wortlaut noch Telos des § 319 ZPO gedeckten Einschränkung der Berichtigungsbefugnis besteht jedoch kein Anlaß. Das Richtige hierzu hat HÖRLE bereits 1914 ausgeführt:

> *„Den Unterschied, ob ein Schreibfehler oder eine Unrichtigkeit sich durch ein unmittelbares Versehen des Richters oder mittelbar durch ein Versehen der Partei in das Urteil eingeschlichen hat, haben nur wissenschaftliche Grübelei und Engherzigkeit in das Gesetz hineingetragen."*[355]

Daher entspricht es heute auch ganz herrschender Ansicht, daß die Herkunft der Unrichtigkeit für die Berichtigungsbefugnis unerheblich ist.[356]

V. Zusammenfassung

Die grundsätzlichen Grenzen der Berichtigungsbefugnis nach § 319 I ZPO lassen sich wie folgt zusammenfassen:

Von der Urteilsberichtigung in jedem Fall ausgeschlossen sind Rechtsirrtümer und Schlußfolgerungen tatsächlicher Art, die Gegenstand einer Beweisaufnahme sein können. Berichtigungsfähig sind daher nur fehlerhaft festgestellte oder übernommene Tatsachen sowie sonstige Schlußfolgerungen, insbesondere[357] Rechenfehler. Insoweit steht der Berichtigung indes nicht entgegen, daß sich durch die Änderung der Tatsachengrundlage oder Berichtigung des Schlußverfahrens eine Veränderung der äußeren Entscheidung ergeben kann.

Aber auch Tatsachen und die sonstigen Schlußfolgerungen sind im Einzelfall nur dann berichtigungsfähig, wenn die Unrichtigkeit offenbar ist. Dabei gilt:

> *Offenbar i. S. v. § 319 I ZPO ist eine Unrichtigkeit, wenn sowohl die Tatsache der Unrichtigkeit als auch das statt dessen Gemeinte für jeden unbefangenen, verständigen und mit der Terminologie Vertrauten im Zeitpunkt der Entscheidung ersichtlich ist.*

---

jedoch schon KG XVII ZS v. 09.11.1912, OLG Rspr. 27, 87; OLG München I ZS v. 09.11.1912, OLG Rspr. 27, 88.

355 HÖRLE, ZZP 44 (1914), 65 [67].

356 LAG München 8 Ta 252/83 v. 10.02.1984, MDR 1985, 170 [171]; MUSIELAK in MüKo-ZPO, § 319, Rn. 5; LEIPOLD in Stein/Jonas, ZPO, § 319, Rn. 8; sowie umfassend WIESEMANN, S. 101 ff., m. w. Nwen.

357 Aber auch nicht-mathematisch logische Schlüsse fallen hierunter, siehe unten, § 6 I. 2.a), insbes. S. 88.

Diese Definition schließt die Bezugnahme auf nicht dauerhaft fixierte Erkenntnisquellen ebenso aus wie eine Beweisaufnahme über das vom Gericht gewollte. In beiden Fällen wäre die notwendige überindividuell gleiche Wahrnehmung („jeden") nicht gewährleistet. Weiterhin verhindert sie durch die Festlegung des maßgeblichen Zeitpunktes die Gefahr einer nachträglichen Veränderung der Entscheidung durch Abänderung ihrer Grundlagen.

§ 6 - Die Berichtigung des Tenors

Neben der Korrektur der Parteibezeichnung ist die Berichtigung des Tenors der Hauptanwendungsfall der Urteilsberichtigung. Entsprechend der einleitend angekündigten gruppenweisen Erörterung der Hauptfälle problematischer Berichtigungsbeschlüsse, werden im folgenden die Bestandteile des Tenors auf ihre Berichtigungsfähigkeit hin untersucht.

I. Berichtigung des Ausspruchs in der Hauptsache

Erster Bestandteil des Tenors ist der Ausspruch zu Hauptsache. Die Zulässigkeit seiner Berichtigung hängt maßgeblich davon ab, ob durch den Berichtigungsbeschluß ausschließlich der Tenor, oder auch die Entscheidungsgründe verändert werden.

1. Ausschließliche Tenorberichtigungen

Unproblematisch erscheinen die Fälle, in denen lediglich der Tenor berichtigt, d. h. an die in sich widerspruchslosen Urteilsgründe angeglichen wird. Auch diese Gruppe läßt sich unterteilen:

a) Ergänzung versehentlicher Auslassungen

Zunächst sind die Urteile zu nennen, in deren ursprünglichem Tenor ein Teil des Klageanspruchs nicht beschieden wurde, es sich aus den Gründen des Urteils aber eindeutig ergibt, daß eine Entscheidung auch insoweit getroffen wurde. Hier ist - mit Ausnahme der bereits erwähnten abweichenden älteren Auffassung des BAG[358] - eine Berichtigungsbefugnis allgemein anerkannt.[359] Ihr steht auch die damals vom BAG bemühte Rechtssicherheit nicht entgegen, da sich, wie bereits

---

358 BAG 2 AZR 450/58 v. 29.05.1959, BAGE 8, 20 [23], dazu oben bei Fn. 124, S. 35.

359 BGH VII ZR 152/62 v. 18.06.1964, NJW 1964, 1858; VOLLKOMMER in Zöller, ZPO, § 319, Rn. 10; WIESEMANN, S. 145 ff., m. w. Nwen; so bereits RG V 689/27 v. 10.11.1928, JW 1929, 101 Nr.6; RG II 90/42 v. 05.11.1942, DR 1943, 249 [250]; OLG Dresden II ZS v. 19.04.1912, OLG Rspr. 27, 88.

ausführlich dargelegt wurde,[360] die Entscheidung aus dem Urteil als ganzem ergibt und diese unverändert bleibt.

Das gilt selbstverständlich nicht nur bei der Ergänzung des Tenors um einen vollstreckbaren Ausspruch, sondern beispielsweise auch dann, wenn die Klage ausweislich der Entscheidungsgründe nur zu einem Bruchteil für gerechtfertigt erklärt wurde, die im übrigen gebotene Abweisung der Klage aber zunächst unterblieb. Sie kann durch Berichtigungsbeschluß nachgeholt werden.[361]

Andererseits kann einem Antrag auf Ergänzung des Tenors nach § 319 ZPO auch das Rechtsschutzbedürfnis fehlen. So ist es bei einer Klage, die mangels Fälligkeit der Klageforderung als „zur Zeit" unbegründet abgewiesen wird, nicht erforderlich, die zeitlich eingeschränkte Rechtskraft des Urteils im Tenor zum Ausdruck zu bringen. Es genügt, wenn diese zeitliche Begrenzung aus den Entscheidungsgründen erkennbar ist.[362]

b) Korrektur von Abweichungen

Mit dem hier entwickelten Verständnis von der Auslegung des Urteils lassen sich aber auch die Fälle lösen, bei denen der ursprüngliche Tenor im Widerspruch zu der ausweislich der Entscheidungsgründe getroffenen Entscheidung steht. Auch hier führt die Berichtigung des Tenors nicht zu einer Änderung der Entscheidung.

Daher ist eine Berichtigung zulässig, wenn nach den eindeutigen Entscheidungsgründen die Klage abgewiesen, ihr im unberichtigten Tenor jedoch stattgegeben wurde,[363] oder ausweislich der gesamten Entscheidung die *Berufung* zurückgewiesen wurde, im ursprünglichen Tenor jedoch irrtümlich eine *Klage*abweisung stand.[364] Genauso unproblematisch ist die Abänderung des Tenors „Die Beklagte wird weiterhin verurteilt, dem *Beklagten*..." in „... dem *Kläger*...".[365] Und auch wenn bei einer Klage über 25.000 DM zzgl. Zinsen der ursprüngliche Tenor lautete, daß der Beklagte zur Zahlung von 16.000 DM nebst Zinsen verurteilt werde, in den Gründen aber explizit steht, daß die Forderung nur i.H.v. 5.000 DM und ohne Zinsanspruch begründet ist, ist die Berichtigung zulässig.[366]

---

360 Oben, § 2 I., S. 33 ff.

361 BGH IV ZR 155/90 v. 10.07.1991, NJW-RR 1991, 1278; OLG Stuttgart 15 UF 251/83 u. 531/83 v. 13.01.1984, FamRZ 1984, 402 [403]; OLG Bremen 2 U 149/71 v. 22.06.1972, VersR 1973, 226 [228].

362 LG Freiburg 5 O 282/96 v. 19.12.1996, MDR 1997, 396.

363 LAG Köln 11 (2) Ta 31/00 v. 06.04.2000, MDR 2000, 1255.

364 BAG 5 AZR 54/74 v. 13.11.1974, AP Nr. 45 zu § 616 BGB.

365 AG Krefeld 10 C 336/94 v. 04.04.1995, unveröffentlicht (Juris).

366 BGH V ZR 21/83 v. 09.12.1983, BGHZ 89, 184.

Problematisch erscheint hingegen folgender Fall:[367] Laut Tenor des unberichtigten Urteils wurden die Beklagten verurteilt, „das Klavierspielen in der Wohnung im Anwesen ..., erster Stock rechts, zu unterlassen". In den Entscheidungsgründen hatte das Gericht ausgeführt, daß dem Kläger ein „Anspruch auf Unterlassung der Störung der Beklagten durch das Klavierspielen ihres Sohnes" zusteht. Das Urteil wurde dahin berichtigt, daß der Tenor nunmehr lautet: „Die Beklagten werden verurteilt, *dafür zu sorgen*, daß das Klavierspielen in der Wohnung unterbleibt.

Hier erscheint es zwar möglich, und vielleicht sogar naheliegend, daß das Gericht von vornherein eine Handlungspflicht der Eltern aussprechen wollte. Doch ist Gegenstand der Urteilsauslegung und damit der Urteilsberichtigung nicht der *Wille* des Gerichts, sondern die tatsächlich getroffene *Entscheidung* anhand des objektiven Niederschlags, den sie im Urteil gefunden hat. Nur soweit sich eine vom Tenor abweichende Entscheidung zweifelsfrei erkennen läßt, ist eine Berichtigung zulässig.

Für die im berichtigten Tenor ausgesprochene Handlungspflicht der Eltern bietet das unberichtigte Urteil indes keine zweifelsfreie Grundlage. Sie kann erst durch weitere juristische Schlüsse gewonnen werden. Diese wertende Auslegung ist in der Zwangsvollstreckung sicher zulässig und erforderlich,[368] in das Berichtigungsverfahren gehören sie jedoch nicht. Die Berichtigung war daher unzulässig.[369]

2. *Berichtigung von Tenor und Entscheidungsgründen*

Bereits im Ansatz problematischer sind die Berichtigungen, bei denen nicht nur der Tenor an die Entscheidungsgründe angepaßt wird, sondern diese oder auch der Tatbestand ebenfalls abgeändert werden. Hier ist die Gefahr der Veränderung der Entscheidung augenfällig.

a) Falschbezeichnungen

Unter diese Rubrik fallen zunächst die Falschbezeichnungen. Bei ihnen gewinnt die oben[370] begründete Zulässigkeit der Heranziehung urteilsexterner Erkenntnisquellen samt der Abgrenzung zum Urkundenbeweis eine erste Bedeutung.

Wenn die Falschbezeichnung *ausschließlich* im Tenor vorkommt, in Tatbestand oder Gründen der Gegenstand jedoch richtig bezeichnet wurde, ist eine Berichtigung des Tenors nach dem Urteil als ganzem problemlos möglich.

---

367 OLG München 21 W 698/86 v. 19.03.1986, NJW-RR 1986, 638.

368 So auch OLG München, a. a. O.; siehe genauer unten, § 12 IV. 3.b), S. 238.

369 Offen gelassen von OLG München, a. a. O., da der Berichtigungsbeschluß bereits vom LG aufgehoben worden war.

370 § 5 III. 2, S. 78 f.

Als erstes Beispiel möge ein alter Fall des RG dienen: Der Kläger hatte im Vorprozeß einen Anspruch auf Übereignung eines Grundstücks zugesprochen bekommen. Erst in der Vollstreckung stellte sich heraus, daß das Grundstück im Urteil mit einer falschen Flurstücknummer bezeichnetet worden war. Er klagte nun auf Feststellung, daß das Ersturteil das nämliche Grundstück betraf. Nach - insoweit zutreffender - Ansicht des RG war diese Klage nur zulässig, wenn eine Urteilsberichtigung als einfacherer Rechtsbehelf ausgeschlossen war.[371]

Die Berichtigung wäre unproblematisch, wenn das Grundstück lediglich im Urteil falsch bezeichnet worden wäre, in der Klageschrift aber die richtigen Angaben bereits enthalten waren. In diesem Fall wäre auszuschließen, daß das Gericht dem Kläger ein anderes Grundstück als das Beantragte zusprechen wollte. So war es jedoch nicht; die Falschbezeichnung rührte bereits vom Kläger her. Sie ließ sich somit auch nicht anhand des in Bezug genommenen Parteivortrags feststellen. Die einzige Möglichkeit, die Unrichtigkeit aufzuklären, bestand in der Verwertung des betreffenden Grundbuchs.

Nach obigen Grundsätzen ist die Benutzung des Grundbuchs an sich zulässig, um eine offenbare Unrichtigkeit festzustellen.[372] Jedoch darf sein Inhalt nur insoweit verwertet werden, wie damit nicht ein Beweis ersetzt bzw. umgangen wird. Der Beweis ist nach den Grundsätzen des § 291 ZPO aber nur dann ausgeschlossen, wenn der fragliche Umstand allgemeinkundig ist, es also nicht auf eine Wertung bei ihrer Feststellung ankommt. Der Inhalt des Grundbuches ist allgemeinkundig.[373] Damit steht jedoch keineswegs fest, daß trotz der Fehlangaben des Klägers ein bestimmtes Grundstück bezeichnet ist. Denn die Allgemeinkundigkeit bezieht sich nur auf den Inhalt des Grundbuchs, nicht aber auf die Zuordnung der außerhalb liegenden Wirklichkeit zu ihm. Gerade die Zuordnung kann zweifelhaft und damit Gegenstand eines Beweises sein.

Wenn hier von einem Beweis im Zusammenhang mit der Urkunde „Grundbuch" gesprochen wird, ist ein Mißverständnis naheliegend und auszuschließen: Es geht keinesfalls darum, den mit dem Grundbuch zu führenden Urkundenbeweis zu umgehen. Das Grundbuch erbringt als öffentliche Urkunde vollen Beweis der bezeugten Tatsache, § 418 I, III ZPO. Diese Tatsache ist der Umstand, daß für eine Person ein Recht an einem Grundstück eingetragen wurde. Etwas ganz anderes ist die hier relevante Frage, ob das als Nr. xyz eingetragene Grundstück mit dem Grundstück Nr. zyx des Urteils identisch ist. Hierfür kann das Grundbuch keinen Beweis erbringen.

---

371 RG V 217/02 v. 08.10.1902, JW 1902, 588 Nr.7, zum Verhältnis von Urteilsberichtigung und Klage auf Feststellung des Urteilsinhalts siehe unten, § 12 III. 3, S. 228.

372 So auch WIESEMANN, S. 98.

373 Vgl. BGH IX ZR 255/93 v. 15.12.1994, NJW 1995, 1162; GREGER in Zöller, ZPO, § 291, Rn. 1.

Hätte der Beklagte beispielsweise zwei Grundstücke im einschlägigen Grundbuch, wäre allein durch die Bezeichnung des Grundbuchs eine eindeutige Zuordnung nicht möglich. Die Unsicherheiten könnten nur durch - dem Richter vorbehaltene und daher im Berichtigungsverfahren unzulässige - Schlußfolgerungen aus anderen Umständen beseitigt werden. Anders ist es jedoch, wenn der Beklagte nur ein Grundstück im bezeichneten Grundbuch hat, oder wenn von den mehreren Grundstücken eines durch weitere Angaben im Urteil, die den Angaben im Grundbuch entsprechen, soweit individualisiert wäre, daß Zweifel an der Identität ausgeschlossen sind.[374] In diesem Fall könnte die Feststellung überindividuell gleich erfolgen, weshalb auch eine Berichtigung zulässig ist.

Der Fall des RG läßt sich leider nicht lösen, da dem Urteil die entsprechenden Tatsachenfeststellungen nicht zu entnehmen sind. Aus Sicht des RG kam es darauf aber nicht an, da es eine Berichtigung - unrichtig - schon daran scheitern ließ, daß der Fehler nicht vom Gericht, sondern vom Kläger herrührte.[375]

Eine ähnliche Konstellation lag einer Entscheidung des BGH zugrunde.[376] Der Kläger hatte durch Versäumnisurteil die Herausgabe eines Sparbuchs „Nr. 2552“ erwirkt. Bei der Vollstreckung zeigte sich, daß der Beklagte nur ein Sparbuch „Nr. 2553“ besaß, weshalb der Gerichtsvollzieher die Vollstreckung ablehnte. Der frühere Kläger klagte nun auf Feststellung des Urteilsinhalts, weshalb wiederum fraglich war, ob die Urteilsberichtigung als einfacherer Rechtsbehelf dem besonderen Rechtsschutzbedürfnis der Feststellungsklage entgegenstand.

Der BGH verneinte eine Berichtigungsmöglichkeit, da das Versehen sich nicht aus dem Zusammenhalt von Urteilsformel und Urteilsgründen ergebe.[377] Und in der Tat ist zutreffend, daß auch hier die Unrichtigkeit nur aus urteilsexternen Erkenntnisquellen folgen kann. Doch wurde bereits oben dargelegt und ist auch in der Rechtsprechung grundsätzlich anerkannt, daß dies einer Berichtigung nicht prinzipiell entgegensteht.[378] Worauf es lediglich ankommt ist, daß die Erkenntnisquelle ihrer Art nach zur überindividuell gleichen Wahrnehmung geeignet ist.

Unter diesem Aspekt besteht aber kein Unterschied zum Grundbuchfall des RG. Wenn der ursprünglich Beklagte nur ein Sparbuch bei der bezeichneten Bank hatte, ist ein Zweifel darüber ausgeschlossen, daß statt der Nr. 2552 die Nr. 2553 gemeint war. Etwas anderes könnte allenfalls daraus folgen, daß es sich bei dem Verzeichnis der Sparbücher einer Bank um eine nicht jedermann zugängliche In-

374 Dies ist ein Beispiel für nicht-mathematische aber trotzdem logische und daher zwingende Schlüsse.

375 RG V 217/02 v. 08.10.1902, a. a. O., S. 589; vgl. dazu oben, § 5 IV. , S. 82.

376 BGH VIII ZR 81/71 v. 25.09.1972, NJW 1972, 2268.

377 BGH, a. a. O., S. 2269.

378 Siehe oben, § 5 III. 2, S. 79.

formationsquelle handelt, während das Grundbuch grundsätzlich allen zugänglich ist (§ 12 GBO). Dieser Unterschied könnte dem Erfordernis des Allgemeinkundigen i. S. v. *jedem* Unbefangenen, Verständigen gleich erscheinend widersprechen.[379]

Indes erscheint die Allgemein*zugänglichkeit* nicht als notwendiges Kriterium der Allgemein*kundigkeit*. Zum einen wird sie auch von der h. M. nicht konsequent angewandt. So ist schon die Einsicht in das Grundbuch keineswegs jedem, sondern nur denen, die ein „berechtigtes Interesse" darlegen können gestattet, § 12 I 1 GBO. Und erst recht sind die Prozeßakten, die nach nahezu einhelliger Ansicht zur Berichtigung herangezogen werden können,[380] nicht öffentlich. Zum anderen, und darauf kommt es entscheidend an, hat die Zugänglichkeit nichts mit der überindividuell gleichen Wahrnehmung, die innerer Grund für den Ausschluß des Beweises und die Zulässigkeit der Berichtigung ist, zu tun. Da grundsätzlich eine Beschränkung der Erkenntnisquellen nur insoweit in Betracht kommt, wie es darum geht, unsichere Grundlagen der Wahrnehmung auszuschließen,[381] kann der Ausschluß nicht allgemeinzugänglicher Informationsquellen nur gerechtfertigt werden, wenn und soweit dies dazu dient, falsche Wahrnehmung aufgrund - möglicherweise - verfälschter Quellen zu verhindern. Eine solche Verfälschung ist jedoch bei Quellen, die sich in Dritter, d. h. neutraler Hand befinden, nicht ernsthaft zu besorgen. Ihrer Berücksichtigung im Berichtigungsverfahren stehen daher keine durchgreifenden Bedenken entgegen. Die Berichtigung war daher entgegen der Ansicht des BGH zulässig.

Nicht überzeugend ist auch die von WIESEMANN verlangte Beschränkung auf Erkenntnisquellen, die dem Gericht *ständig* zur Verfügung stehen.[382] Denn bereits das Grundbuch, das auch er zulassen will, steht zumindest dem Rechtsmittelgericht, auf dessen Kenntnisnahmemöglichkeit er insbesondere abstellt, nicht zur Verfügung.

An vorstehende Überlegungen knüpft auch der nächste in diesem Zusammenhang zu besprechende Fall an. Das Gericht hatte im Tenor, der unrichtigen Angabe im Klage*antrag* folgend, die Fabrikationsnummer eines Fotokopiergeräts falsch bezeichnet, ohne daß sich die richtige Bezeichnung aus anderen Teilen des Urteils ergeben hätte. Die Berichtigungsmöglichkeit wurde hier - zutreffend - bejaht, da die richtige Fabrikationsnummer eindeutig aus den Schriftsätzen, die Gegenstand der mündlichen Verhandlung und damit des Urteils waren, folgte.[383] Anders wäre es jedoch zu beurteilen, wenn sich die Falschbezeichnung nur mit Unterlagen fest-

---

379 So wohl die h. M., vgl. BGH V ZR 52/91 v. 24.04.1992, NJW 1992, 2088; HARTMANN in B/L/A/H, § 291, Rn. 2.

380 Siehe die Nwe oben, Fn. 331, S. 78.

381 Siehe oben, § 5 III. 2, S. 78 ff.

382 WIESEMANN, S. 98.

383 OLG Hamm 20 W 67/88 v. 07.10.1988, JurBüro 1989, 693.

stellen ließe, die *von einer Partei* erst im Berichtigungsverfahren beigebracht wurden. Hier fehlte die oben geforderte sichere Grundlagen der zweifellosen Wahrnehmung, weshalb solche Erkenntnisquellen nicht zur Berichtigung benutzt werden dürfen.

Gerade die weiteren Ausführungen des Gerichts, daß nämlich die Berichtigung auch deshalb zulässig sei, weil die Identität des Geräts zwischen den Parteien *nicht streitig* sei,[384] erfordern noch eine Klarstellung: Der Ausschluß der von einer Partei erst im Berichtigungsverfahren beigebrachten Erkenntnisquellen wird nicht schon dadurch aufgehoben, daß die Gegenseite ihrer Berücksichtigung zustimmt. Zwar können die Parteien bis zum Erlaß des Urteils Tatsachen zugestehen (§ 288 ZPO) und sie damit ebenso wie die allgemeinkundigen Tatsachen der Feststellungsmacht des Richters entziehen.[385] Doch ist diese Befugnis Ausfluß der Parteiherrschaft,[386] die mit Erlaß des Urteils beendet ist.[387] Für die Berichtigung sind daher nur offenbare, nicht aber *bloß* zugestandenen Tatsachen maßgeblich.[388]

Eine deutlich andere Konstellation liegt folgendem, letztem Fall zugrunde: Der Kläger hatte im Räumungsrechtsstreit die Wohnung sowohl mit der - richtigen - Wohnungsnummer als auch - fälschlich - als im „ersten Obergeschoß *rechts*" gelegen bezeichnet. Antragsgemäß erging ein Räumungsurteil, in dessen Tenor lediglich die unrichtige Lagebeschreibung vorkam. In den Entscheidungsgründen war aber auch die korrekte Wohnungsnummer wiedergegeben. Fraglich ist, ob der Tenor in die richtige Lagebezeichnung (erstes Obergeschoß *links*) berichtigt werden durfte.[389]

Der wesentliche Unterschied zu den zuvor betrachteten Fällen liegt darin, daß die im Urteil hinsichtlich der Wohnungsbezeichnung enthaltene Erklärung perplex ist und sich dieser Widerspruch auch weder anhand des gesamten Urteilstextes noch unter Hinzuziehung weiterer *schriftlicher* Erkenntnisquellen, wie etwa in den vorhergehenden Fällen des Grundbuchs, des Verzeichnisses der Sparbücher oder der Schriftsätze, auflösen läßt. Die einzig mögliche Art der Erkenntnis liegt hier in der tatsächlichen Besichtigung der Örtlichkeit. Doch schiene mit dessen

---

384 OLG Hamm, a. a. O.; so auch OLG Düsseldorf 4 W 14/76 v. 05.07.1976, MDR 1977, 144: ein Fehler sei berichtigungsfähig, wenn er „unzweifelhaft, eindeutig oder unbestritten" sei.

385 Auch das aber nur grundsätzlich, vgl. BGH VII ZR 46/61 v. 24.05.1962, BGHZ 37, 154 [156], zum offenbar unwahren Geständnis.

386 PRÜTTING in MüKo-ZPO, § 288, Rn. 1, m. w. Nwen.

387 Siehe dazu unten, bei Fn. 926, S. 208.

388 Dazu, daß ein Zugeständnis im Berichtigungsverfahren nicht völlig bedeutungslos ist, sogleich.

389 Bejaht von AG Heilbronn 6 C 3514/96 v. 26.01.1998, ZMR 1998, 297.

Durchführung der oben aufgestellte Grundsatz, daß eine Beweisaufnahme im Berichtigungsverfahren unzulässig ist, verletzt. Denn die Besichtigung ist ein Musterfall des Augenscheins, der gem. § 317 ZPO ein Beweis ist.

Indes erscheint dieser Schluß voreilig. Wie jeder andere Beweis dient auch der Augenschein nur dem Ausschluß *möglicher* Zweifel.[390] Wo hingegen in der Wahrnehmung keine Zweifel möglich sind, es sich also um einen Umstand überindividuell gleicher Wahrnehmung handelt, ist nach § 291 ZPO der Beweis und damit auch ein Augenschein nicht erforderlich. Um einen solchen Umstand handelt es sich bei der Frage, ob die vom Beklagten bewohnte Wohnung nun rechts oder links im ersten Obergeschoß liegt.[391] Dem steht nicht entgegen, daß das Gericht von der Lage der Wohnung (zunächst) keine Kenntnis hat. Denn die Allgemeinkundigkeit einer Tatsache wird dadurch, daß einige sie nicht kennen, solange nicht berührt, wie die „Ahnungslosen" sie gleich wahrnehmen *könnten*.[392] Daher wäre selbst die Besichtigung der Örtlichkeit durch das Gericht, sofern sie *nur* der Feststellung dieses offenkundigen Umstands dient, keine Beweisaufnahme und daher im Berichtigungsverfahren grundsätzlich zulässig.[393]

Jedoch wird eine solche Ortsbesichtigung in den wenigsten Fällen erforderlich sein. Erklären sich die Parteien nämlich übereinstimmend zu dem fraglichen Umstand, wird er dadurch zwar noch nicht allgemeinkundig, doch *kann* dies als Indiz hierfür gewertet werden. Ob das Gericht von diesem Indiz auf die Allgemeinkundigkeit des Umstands schließen darf, hängt vom fraglichen Umstand ab. Der Schluß ist unzulässig, wenn sich der Umstand *seiner Art nach* der überindividuell gleichen Wahrnehmung entzieht. So macht die übereinstimmende Bekundung der Parteien über das Verhalten einer Person dieses nicht allgemeinkundig. Denn wie sich eine Person verhalten hat, ist wertende Beurteilung und entzieht sich damit der objektiven Wahrnehmung. Genauso unzulässig wäre ein Schluß, wenn er zwar auf einen objektiv wahrnehmbaren Umstand gerichtet ist, die übereinstimmende Bekundung der Parteien aber den Umstand anders darstellt, als er nach Ansicht des Gerichts sein kann (Beispiel: Timbuktu läge in Asien).

Schließlich ist auch zu berücksichtigen, aus welchen Quellen sich die Erkenntnis des allgemeinkundigen Umstands ergeben soll und was die Parteien als Indiz hierfür anbieten. Wenn es sich um „unsichere" Quellen handelt, mag der Umstand seiner Art nach zwar allgemeinkundig sein und auch der Inhalt, den die Parteien

---

390 Dazu ausführlich oben, § 2 II. 2, S. 44 ff.

391 Vgl. LEIPOLD in Stein/Jonas, ZPO, § 291, Rn. 2: Lage und Entfernung von Ortschaften sind allgemeinkundig.

392 Dazu oben, § 2 II. 2, bei Fn. 167, S. 45.

393 Zutreffend schon HÖRLE, ZZP 44 (1914), 65 [70], der die Beweisaufnahme von der Stoffsammlung mit nur „informatorischer Bedeutung" abgrenzt.

ihm übereinstimmend beilegen, richtig erscheinen, die beliebige Reproduzierbarkeit der Wahrnehmung wäre jedoch nicht gewährleistet. Daher hätten im vorherigen Fall nachträglich beigebrachte Dokumente aus Parteibesitz nicht als Indiz für die Allgemeinkundigkeit der Identität des Fotokopiergeräts zugelassen werden können.

Aus diesen Grenzen der Indizwirkung übereinstimmenden Parteivortrags wird auch der Unterschied zu der Ansicht deutlich, die meint, daß es für die offenbare Unrichtigkeit ausreiche, daß der fragliche Umstand zwischen den Parteien *unstrittig* sei.[394] Die Unstrittigkeit als Maßstab der Berichtigungsbefugnis zu nehmen, heißt nichts anderes, als den Parteien die Verfügungsbefugnis über die Rechtskraft des Urteils zu geben; dem kann nicht gefolgt werden.[395] Nimmt man - auch übereinstimmenden Parteivortrag - hingegen nur als Indiz, bleibt die einmal getroffene richterliche Entscheidung der Parteidisposition entzogen. Sie kann lediglich insoweit geändert werden, wie sie auf einer unzutreffenden Vorstellung über allgemeinkundige Umstände beruht.

Die hier vertretene Auffassung zur Erkenntnis der offenkundigen Unrichtigkeit ist somit gegenüber der, die auf das unstrittig sein abstellt, zunächst enger. Sie kann aber auch weiter gehen. Als Indiz für die Allgemeinkundigkeit eines Umstandes ist nämlich keineswegs nur *übereinstimmender* Parteivortrag geeignet. Vielmehr kann auch die bestrittene Behauptung einer Partei, wenn sie den oben genannten Kriterien genügt, dem Gericht als Indiz für die Allgemeinkundigkeit ausreichen. Denn der Allgemeinkundigkeit steht nicht entgegen, daß sie - interessengelenkt - von einer Partei bestritten wird.[396]

Im Fall des fehlerhaften Räumungsurteils handelt es sich bei der Lagebeschreibung um einen seiner Art nach überindividuell gleich wahrnehmbaren Umstand. Weiterhin sind die übereinstimmenden Parteiangaben hierzu auch keineswegs erkennbar falsch. Und auch die Quelle zur Erkenntnis des Umstands war sicher, da sich jedermann durch schlichtes Hingehen vom Inhalt des Umstandes überzeugen konnte. Daher war die Bezeichnung der Wohnung als im „ersten Obergeschoß *rechts*“ gelegen offenbar unrichtig und konnte durch die Bezeichnung im „ersten Obergeschoß *links*“ ersetzt werden.

Über einen besonderen Fall der „Berichtigung“ einer Falschbezeichnung hatte 1960 das OLG Hamm zu entscheiden. Der (Vollstreckungs-)Gläubiger hatte vor einem KreisG der damaligen DDR einen Unterhaltstitel in „DM“ gegen seinen im Westen wohnenden Vater erwirkt. Zunächst beantragte er bei dem Vollstreckungsgericht im Westen, den Titel auf Zahlung in DM-West umzuändern. Der Antrag wurde zurückgewiesen. Daraufhin beantragte der Gläubiger beim KreisG die Berichtigung des Titels in DM-West. Der Berichtigungsbeschluß erging. Das OLG hielt ihn - zutreffend - für fehlerhaft.[397] Denn es spricht alles dafür, daß ein Gericht, daß ein Zahlungsurteil ausspricht, in der Währung des forums

394 So etwa AG Heilbronn 6 C 3514/96 v. 26.01.1998, ZMR 1998, 297; OLG Hamm 20 W 67/88 v. 07.10.1988, JurBüro 1989, 693; OLG Düsseldorf 4 W 14/76 v. 05.07.1976, MDR 1977, 144.

395 Dazu noch unten, in und bei Fn. 926, S. 208.

396 Dazu oben, § 2 II. 2, S. 44 ff.

397 OLG Hamm 15 W 463/59 v. 07.03.1960, RPfleger 1960, 298 [299].

ausurteilt.[398] Zumindest, und nur darauf kommt es hier an, ist es vorbehaltlich besonderer Umstände nicht offensichtlich, daß eine andere Währung gemeint ist.

b) Rechenfehler

Ebenfalls zu einer Korrektur von Tenor *und* Entscheidungsgründen führt die Berichtigung von Rechenfehlern.[399] Und gerade bei ihnen ist die Gefahr der unzulässigen weil die Entscheidung verändernden Berichtigungen besonders groß - hat doch die ganze Diskussion um die angebliche Befugnis zur Abänderung der Entscheidung bei der in § 319 I ZPO enthaltenen Ermächtigung zur Korrektur von Rechnungsfehlern begonnen.[400]

Nachdem im ersten Teil dieser Arbeit nachgewiesen werden konnte, daß ein derart erweitertes Verständnis des Berichtigungsverfahrens gegen Wortlaut und Systematik des § 319 ZPO, vor allem aber gegen den Zweck des Prozeßrechts verstößt, bleibt vorliegend nur noch die Grenze zwischen berichtigungsfähigem Rechenfehler und inkorrigiblen Entscheidungsfehler feinzuzeichnen. Auszugehen ist dabei von der alten und zutreffenden Abgrenzung WETZELLs, nach der ein Rechenfehler nur vorliegt, „wenn für das arithmetische Verhältnis *feststehender* Zahlengrößen zu einander ein unrichtiger Ausdruck gebraucht, nicht aber wenn auf die Angaben der Parteien eine falsche Beurteilung angewandt, oder gar aus irrigen Parteiansätzen der entsprechende Schluß gezogen worden ist“.[401]

(1) Abgrenzung zwischen Fehlern im Rechenprogramm und bei der Eingabe

Der grundlegende Unterschied zwischen diesen beiden Fehlerarten läßt sich an zwei Fällen darstellen. Der erste Fall betraf eine Unterhaltsberechnung. Das Amtsgericht hatte in den Gründen des Urteils eine Vielzahl von abzugsfähigen Posten anerkannt. Bei der Saldierung dieser Positionen ist ihm aber ein Fehler unterlaufen, infolge dessen es die Leistungsfähigkeit des Beklagten zur Zahlung von Unterhalt bejahte. Auf Antrag des Beklagten berichtigte es das Urteil, indem es die Positionen korrekt saldierte, die Urteilsgründe entsprechend änderte und den Tenor neu faßte, so daß es nunmehr hieß, die Klage wird abgewiesen.[402]

Wenngleich der BGH über die Zulässigkeit der Berichtigung nicht zu entscheiden hatte, ließ er doch - völlig zu recht - keinen Zweifel daran, daß er sie für zu-

---

398 Näher MAIER-REIMER, NJW 1985, [2049] 2053.

399 Wenn es sich um eine sogenannte Punktesache handelt, bei der lediglich die in den Einzelkomplexen zuerkannten Beträge fehlerhaft addiert wurden, vgl. OLG Hamburg 5 W 10/78 v. 20.03.1978, MDR 1978, 583, und dazu oben bei Fn. 109, S. 33, ist *ausschließlich* eine Tenorberichtigung erforderlich.

400 RG III 65/17 v. 15.05.1917, RGZ 90, 228 [232] und dazu oben, § 3 I. , S. 48.

401 WETZELL, System, S. 656; siehe dazu oben, § 3 I. , insbesondere S. 49, m. w. Nwen.

402 BGH XII ZR 184/93 v. 09.11.1994, NJW 1995, 1033.

lässig hielt.[403] Denn in diesem Fall hatte das Gericht im Urteil sämtliche Wertungen, die für die Unterhaltsberechnung erforderlich waren, vorgenommen. Es war eindeutig, von welchem Einkommen es ausgegangen ist, und welche Posten es als abzugsfähig anerkannt hat. Die einzig unrichtige Verrechnung dieser Positionen konnte ohne Wertungsmöglichkeit berichtigt werden. In einer dem *Rechen*fehler entsprechenden Terminologie läßt sich sagen, daß das Rechen*programm* vorgegeben war, lediglich die Eingabedaten waren zweifelsfrei fehlerhaft. Eine solche Unrichtigkeit ist offenbar.

Grundsätzlich anders waren hingegen die Voraussetzungen in folgendem Fall: Der Kläger nahm die Beklagte wegen einer Vielzahl älterer Forderungen in Anspruch. Das LG gab der Klage i. H. v. 53.112,86 DM statt und wies sie hinsichtlich weiterer 403,54 DM ab. Im Berufungsrechtszug verkündete das OLG ein Teilurteil, daß die Klage „über den vom Landgericht abgewiesenen Teil hinaus in Höhe eines Teilbetrages von 39.129.97 DM" abgewiesen werde. Zusammen mit der Urteilsbegründung stellte es den Parteien einen Berichtigungsbeschluß zu, nach dem der Tenor des Teilurteils dahin berichtigt werde, daß nur weitere 13.470,55 DM abgewiesen wurden. Dieser Betrag ergab sich aus der Urteilsbegründung, in der Forderungen von insgesamt 13.874,09 DM als verjährt bzw. nicht schlüssig dargelegt bewertet wurden.[404]

Der BGH hielt die Berichtigung für zulässig. Er stützte sich dabei nicht nur auf die Erwägung, daß eine weite Berichtigungsbefugnis „in der Sache den besseren Richterspruch"[405] bringe, sondern meinte, daß das Berufungsgericht zwar bei der Beratung des Teilurteils verschiedene Forderungen verwechselt habe, aber nicht davon ausgegangen werden könne, „daß das Berufungsgericht die getroffene Entscheidung *sachlich* ändern wollte, weil es seine Willensbildung nachträglich *aus materiellrechtlichen Gründen* als falsch erkannt hatte".[406]

Der Entscheidung kann jedoch weder im Ergebnis noch in der Begründung zugestimmt werden. Unrichtig ist es zunächst, mit dem Argument des „besseren" Richterspruchs, dem Gericht entgegen § 318 ZPO eine Abänderungsbefugnis einzuräumen. Das wurde oben[407] ausführlich dargelegt. Weiterhin ist die vom BGH vorgenommene Trennung von Änderungen der Willensbildung aus materiellrechtlichen Gründen einerseits und sonstigen Gründen andererseits nicht nachvollziehbar. Es bleibt bereits dunkel, welche anderen Gründe, die wohl berichtigungsfähig sein sollen, gemeint sind. Wären *prozeßrechtliche* Fehler ge-

403 BGH, a. a. O.

404 BGH III ZR 95/82 v. 12.01.1984, NJW 1985, 742.

405 BGH, a. a. O.

406 BGH, a. a. O., S. 743 (*Hervorhebung* vom Verf.).

407 § 3 IV. 1, S. 53 ff.

meint, etwa das Übergehen von Parteivortrag, wäre die Aussage sicher falsch. Denn dabei handelt es sich nach wohl unbestrittener Auffassung um einen *echten*, nicht berichtigungsfähigen Entscheidungsfehler.[408] Aber auch wenn, was näher liegt, Fehler bei der Tatsachenfeststellung gemeint wären, ist die Behauptung in dieser Allgemeinheit unrichtig. Denn wie oben[409] dargelegt wurde, ist gerade die Tatsachenfeststellung wesentliches - und fehlerträchtiges - Element der Entscheidungsfindung, d. h. der Willensbildung. Fehler hierbei sind nur dann korrigibel, wenn sie sich auf die Feststellung *offenkundiger* Tatsachen beziehen.

Diese Beschränkung ist der Grund, warum der Entscheidung auch im Ergebnis nicht gefolgt werden kann. Eine offenbare Unrichtigkeit bei der Tatsachenfeststellung ist nur gegeben, wenn die Unrichtigkeit und das tatsächlich Entschiedene *zur Zeit der Urteilsverkündung* zweifelsfrei feststellbar waren.[410] In der oben eingeführten Terminologie von „Rechenprogramm" und „Eingabedaten" lag dem Teilurteil des Berufungsgerichts ein Doppelfehler zugrunde. Zum einen waren die Daten fehlerhaft, da das Gericht verschiedene Forderungen verwechselte. Dieser Fehler ist zwar grundsätzlich berichtigungsfähig, jedoch nur, wenn er offenkundig ist. Ohne Wertung wahrnehmbar war die Entscheidung des Berufungsgerichts, welche Forderungen als verjährt oder unschlüssig dargelegt bewertet werden, aber erst anhand der *nachträglichen* Begründung des Teilurteils. Das ist unzureichend.

Darüber hinaus ist weitere Voraussetzung der Berichtigung, daß das Rechen*programm* zweifelsfrei ersichtlich ist. Das ist bei einem ohne Gründe verkündeten Urteil jedoch *niemals* der Fall. Denn auf welchem Weg (=Rechenprogramm) das Gericht zum zugesprochenen Betrag gekommen ist, erschließt sich aus dem Ergebnis nicht. Er mag zwar für den Rechtskundigen ersichtlich sein - Addition der schlüssig dargelegten und nicht verjährten Forderungen abzüglich des bereits vom LG zugesprochenen Betrags - doch ist auch das eine im Berichtigungsverfahren unzulässige Wertung. Zweck der Urteilsberichtigung ist aber nicht, einen Entscheidungsweg zu *(er)finden*, sondern aufgrund einer zweifelsfrei feststellbaren Entscheidung (=Rechenprogramm) einen Ergebnisfehler durch unrichtige Anwendung des Programms oder offenkundig fehlerhafter Dateneingabe zu korrigieren.

---

408 Siehe nur die Fehlerfolgen der §§ 539, 551 ZPO.

409 § 3 IV. 1, insbesondere bei Fn. 219, S. 55.

410 Siehe oben, § 5 III. 2, S. 80.

(2) Offenkundigkeit der fehlerhaften Eingabe

Während Fälle der - immer unzulässigen - Korrektur des Rechenprogramms in der gerichtlichen Praxis eher selten vorkommen,[411] sind Verstöße gegen das Offenkundigkeitsgebot bei der Korrektur fehlerhafter Dateneingabe häufiger. Besonders augenfällig ist die unzulässige Korrektur der Entscheidung, wenn das Gericht durch einen Berichtigungsbeschluß Positionen zuerkennt, die nicht nur übergangen wurden, sondern in den Gründen des unveränderten Urteils ausdrücklich aberkannt waren. Hier scheidet eine Urteilsberichtigung selbstverständlich aus.[412] Aber auch die Fälle *übersehener* Positionen stellen keine berichtigungsfähige offenbare Unrichtigkeit dar. Das gilt insbesondere, wenn das Gericht bei der Entscheidung übersehen hat, daß der dem Urteil zugrunde liegende und zugesprochene Anspruch bereits durch Teilzahlung vermindert war. Hierbei handelt es sich um echte, wenngleich sicherlich nur durch Flüchtigkeit bedingte Entscheidungsfehler. Sie sind - qua Berichtigungsbeschluß - nicht korrigibel.[413]

Die Grenze zum berichtigungsfähigem Fehler bei der Dateneingabe zeigen folgende Entscheidungen aus - rechenintensiven - Versorgungsausgleichsverfahren:[414] Im einen Fall hatte das Familiengericht in die Entscheidung über den öffentlich-rechtlichen Versorgungsausgleich nur die Anwartschaften des Ehemannes aus der Rentenversicherung der Angestellten oder Arbeiter einbezogen, weitere Anwartschaften aus der knappschaftlichen Rentenversicherung dagegen übersehen. Letztere ergaben sich zwar auch aus der schriftlichen Auskunft des Versicherungsträgers, die während des Verfahrens eingeholt worden war und sich bei den Akten befand. Doch waren die verschiedenen Anwartschaften auf unterschiedlichen Blättern genannt und es befand sich auch in den Gründen der Entscheidung kein Hinweis darauf, daß die Anwartschaften aus der knappschaftlichen Rentenversicherung einbezogen werden sollten. Ihre Berücksichtigung wäre zwar *juristisch* notwendig (§ 1587a II Nr. 2 BGB), doch erfordert dies einen in der (ur-

---

411 Die Verstöße beschränken sich auf die Fälle, in denen ein Stuhlurteil (so die Fälle oben, Fn. 340, S. 80) oder ein entgegen § 310 II ZPO bei Verkündung nicht vollständig abgefaßtes Urteil (so wohl in BGH, a. a. O. (in Fn. 404)) berichtigt wurde.

412 So auch OLG Düsseldorf 3 W 7/73 v. 24.01.1973, NJW 1973, 1132; OLG Frankfurt 11 W 57/83 v. 22.11.1983, MDR 1984, 323.

413 OLG Celle 5 W 1/69 v. 13.01.1969, JurBüro 1969, 456; *a. A.* RG I 341/26 v. 19.01.1927, RGZ 116, 13; OLG Dresden 2 U 218/38 v. 30.05.1940, ZZP 62 (1941), 384 (Aufrechnung, dazu oben, Fn. 212, S. 54); OLG Hamm 20 W 47/74 v. 21.03.1975, MDR 1975, 764 [765] (dazu oben, Fn. 182, S. 48); MUSIELAK in MüKo-ZPO, § 319, Rn. 5, m. w. Nwen.

414 Siehe dazu auch F. HENSSLER, Korrektur, S. 33 ff., sowie MAIER/HERRMANN, NJW 1980, 11 ff., mit Beispielen unveröffentlichter Entscheidungen, die eine Berichtigung pauschal ablehnen.

sprünglichen) Entscheidung nicht erkennbar vorgenommenen Entschluß, d. h. Wertungsakt. Er darf auch im Berichtigungsverfahren nicht nachgeholt werden, weshalb dieser Fehler nicht berichtigungsfähig war.[415]

Im anderen Fall wurde ebenfalls eine Anwartschaft aus der knappschaftlichen Rentenversicherung bei der Berechnung des öffentlich-rechtlichen Versorgungsausgleichs übersehen. Doch nahm das Urteil in den Gründen explizit auf die eingeholte Auskunft bezug. Daher war die Entscheidung, daß die *Anwartschaften laut Auskunft* einbezogen werden sollen, getroffen. Soweit die rechnerische Ausführung hinter diesem Entschluß zurück geblieben ist, kann sie zweifelsfrei, nämlich ohne neuen Entschluß und ohne Wertung, behoben werden. Daher war die Berichtigung zulässig.[416]

Als weiteres Beispiel einer *unzulässigen* Berichtigung fehlerhafter Dateneingabe sei noch folgender Fall aus der Finanzgerichtsbarkeit genannt. Das FG hatte bei der Einkommensberechnung zunächst übersehene Gewinnanteile nachträglich durch Berichtigungsbeschluß eingefügt und Tenor sowie Gründe seines Urteils geändert. Der BFH hielt die Berichtigung für zulässig und begründete seine Auffassung damit, daß „die Nichtberücksichtigung der ... Einkünfte ... offensichtlich auf einem Versehen durch Übernahme von Zahlen aus einer unzutreffenden Zeile des Berechnungsbogens" beruhe.[417] Aber auch wenn man dieser Prämisse zustimmt, ist damit doch nur festgestellt, daß ein offensichtlicher Fehler vorliegt. Keinesfalls offenbar ist hingegen, *wie* dieser Fehler zu korrigieren ist. Das erschließt sich erst durch die - im Berichtigungsverfahren unzulässige - rechtliche Bewertung des Falles. Daß mit diesem Berichtigungsbeschluß letztlich eine erneute Entscheidung getroffen wurde, zeigt auch die weitere Begründung des BFH: „Der Senat hält es für ausgeschlossen, daß das FG die begünstigten Einkünfte i. S. des § 34c Abs.4 EStG absichtlich nicht berücksichtigt hatte. ... Hätte das FG die begünstigten Einkünfte absichtlich nicht berücksichtigt, hätte es im übrigen nahegelegen, im Urteil einen entsprechenden Hinweis aufzunehmen".[418] Das ist aber nichts anderes als eine *rechtliche*, d. h. wertende Würdigung der Entscheidung.

Ein besonderer Fall fehlerhafter „Dateneingabe" lag schließlich folgender Entscheidung zugrunde: Das Gericht hatte bei der Berechnung des Zugewinnausgleichs die nach § 1376 I BGB erforderliche Indexierung des Anfangsvermögens fehlerhaft vorgenommen; es hatte sich, wie in der Praxis üblich, auf den im Kommentar von Palandt abgedruckten Preisindex für die Lebenshaltungskosten verlassen. Tatsächlich war er aber dort in der 52. Auflage fehlerhaft wiedergegeben. Folge dieses Fehlers war eine unrichtige Berechnung des Zugewinns, weshalb der

---

415 So auch OLG Oldenburg 12 UF 188/81 v. 03.02.1982, FamRZ 1982, 1092 [1092 f.]; *a. A.* OLG Bamberg 2 UF 269/97 v. 12.04.1999, FamRZ 2000, 38, zu einer im Urteil übersehenen Position im Zugewinnausgleich.

416 So auch OLG Düsseldorf 5 WF 176/79 v. 03.08.1979, FamRZ 1982, 1093.

417 BFH VIII B 157/83 v. 04.09.1984, DB 1984, 2602.

418 BFH, a. a. O.

Klageantrag falsch beschieden wurde. Das Gericht berichtigte die fehlerhafte Berechnung in den Entscheidungsgründen und den Ausspruch im Tenor.[419]

Die Berichtigung war zulässig. Die Entwicklung der Lebenshaltungskosten ist - ausgehend von dem zu ihrer Ermittlung verwendeten Programm - eine allgemeinkundige Tatsache. Auch hier wird die Allgemeinkundigkeit nicht dadurch aufgehoben, daß sie im Einzelfall falsch wiedergegeben, oder sogar falsch berechnet wird. Soweit sich ein Urteil auf einen anderen als den richtigen Preisindex stützt, ist dieser Fehler zweifelsfrei feststellbar, das Urteil also offenkundig unrichtig.[420]

c) Sonstige Veränderungen

Aber nicht nur die Korrektur von Rechenfehlern wird in der Praxis zum Anlaß genommen, sich über die Bindung aus § 318 ZPO hinwegzusetzen. So hatte beispielsweise das OLG übersehen, daß durch die Rücknahme der Berufung gegen den Beklagten zu 2) auch dessen Anschlußberufung wirkungslos geworden war. Daher änderte es das erstinstanzliche Urteil zu seinen Gunsten ab. Nachdem dem OLG dieser Irrtum aufgefallen war, „berichtigte" es sein Urteil.[421]

In einem anderen Fall berichtigte das LG eine ihm nachträglich zweifelhaft erschienene Zinsentscheidung.[422] Und schließlich ist auf einen Fall hinzuweisen, bei dem der Kläger zunächst PKH für eine Klage über 7000 DM beantragt, diesen Antrag später zurückgezogen und schließlich Klage über 1200 DM erhoben hatte. Das Landgericht verurteilte den Beklagte zur Zahlung von 7000 DM und erklärte das Urteil gegen Sicherheitsleistung i.H.v. 8000 DM für vollstreckbar. Nachdem es seinen Fehler erkannt hatte, „berichtigte" es die Entscheidung.[423]

In allen Fällen handelt es sich jedoch um eine eindeutige Veränderungen der Entscheidung, die mit dem hier entwickelten Verständnis der Urteilsberichtigung nicht vereinbar sind.[424] Sie sind auch nicht deshalb zuzulassen, weil hier ein Ver-

---

419 OLG Düsseldorf 2 UF 203/93 v. 23.06.1997, FamRZ 1997, 1407 [1408].

420 *Insoweit* zutreffend auch BFH VIII B 157/83 v. 04.09.1984, DB 1984, 2602: Fehler beim Ablesen einer Steuertabelle *können* offenbare Unrichtigkeiten darstellen.

421 Siehe BGH IVa ZB 27/88 v. 10.05.1989, NJW 1989, 2625.

422 OLG Oldenburg 2 W 42/00 v. 31.03.2000, MDR 2000, 1211.

423 Sachverhalt nach OLG Köln 4 U 154/59 v. 20.11.1959, NJW 1960, 1471.

424 So auch OLG Köln, a. a. O., das S. 1472 weiter ausführte, daß der Berichtigungsbeschluß „auch bei formalem Fortbestand keinerlei materielle Wirkung" habe. Ebenfalls ablehnend das OLG Oldenburg, a. a. O., daß sich zur Wirkung des unrichtigen Berichtigungsbeschlusses allerdings nicht äußerte. Der BGH, a. a. O. (Fn. 421), verwarf die sofortige Beschwerde gegen den Berichtigungsbeschluß wegen Unzulässigkeit des Rechtsmittels ohne sich zur Sache zu äußern; ähnliche Konstellation bereits oben, Fn. 342, S. 80.

stoß gegen das Gebot des „ne ultra petita“ (§ 308 ZPO) vorliegt. Zwar ist die Bindung des Gerichts an die Anträge einer der Leitgedanken des geltenden Zivilprozeßrechts und der Verstoß hiergegen - dogmatisch betrachtet - sicherlich schwerwiegend. Doch führte selbst die Zulassung der Berichtigung „nur“ schwerwiegender Entscheidungsfehler zur Preisgabe der Rechtssicherheit.[425]

Schließlich sei noch auf eine weitere *un*zulässige Änderung der Entscheidung hingewiesen. Im unberichtigten Tenor wurde die Beklagte zur Zahlung eines Betrages von 355.332,03 DM Zug-um-Zug gegen Übergabe und Übereignung von 35 Bürocontainern verurteilt. Nachdem sich in der Zwangsvollstreckung herausgestellt hatte, daß nicht alle Container vorhanden waren, erwirkte der Kläger eine Berichtigung des Ausspruchs dahin, daß die Vollstreckung auch i. H. v. jeweils 10.152,34 DM Zug-um-Zug gegen Übergabe und Übereignung jeweils eines Bürocontainers erfolgen könne. Zutreffend hob das OLG den Beschluß auf.[426]

3. *Zusammenfassung*

Die Zulässigkeit der Berichtigung des Hauptsacheausspruchs hängt wesentlich davon ab, ob lediglich der Tenor, oder mit ihm auch Tatbestand und / oder Entscheidungsgründe verändert werden.

Im ersten Fall wird eine Berichtigung des Tenors in Anpassung an die eindeutigen Entscheidungsgründe in aller Regel zulässig sein. Hierzu gehören die „Schulfälle“ des ausgelassenen oder verdrehten Ausspruchs, sowie die fehlerhafte Addition der Einzelentscheidungen bei sogenannten Punktesachen. Lediglich dann, wenn auch dem gesamten Urteilstext die getroffene Entscheidung nicht zweifelsfrei, d. h. wertungsunabhängig entnommen werden kann, ist eine Berichtigung des Tenors unzulässig.

Nahezu umgekehrt stellt sich die Situation dar, wenn zusammen mit dem Hauptsacheausspruch auch Tatbestand und/oder Entscheidungsgründe berichtigt werden. In diesen Fällen liegt die Gefahr der unzulässigen Veränderung der Entscheidung auf der Hand. Nur in zwei Konstellationen wird die Urteilsberichtigung daher unproblematisch sein. Zum einen kann in vielen Fällen der Falschbezeichnung eines Gegenstandes die richtige Bezeichnung zweifelsfrei festgestellt werden. Dabei ist es unschädlich, daß sich die richtige Bezeichnung u. U. erst aus urteilsexternen Erkenntnisquellen wie fremden Unterlagen (Grundstücks- und Sparbuchfall) oder gar im Zuge einer Ortsbesichtigung (Wohnungsfall) ergibt.

---

425 Dazu ausführlich oben, § 3 IV. 1, S. 53 ff. KLETTE, ZZP 82 (1969), 93 [104 ff.] will in diesen Fällen mit der entsprechenden Anwendung der Urteilsergänzung, § 321 ZPO, helfen; zustimmend ROSENBERG/SCHWAB/GOTTWALD, ZPR, § 133 I 1, S. 786, m. w. Nwcn.

426 OLG Hamburg 14 W 73/96 v. 10.12.1996, OLG-Rp Hamburg 1997, 112.

Maßgeblich ist allein, daß die zur Berichtigung notwendige Erkenntnis zweifelsfrei getroffen werden kann. Dies ist nicht gewährleistet, wenn das Erkenntnisobjekt aus einer unsicheren, d. h. der Manipulation zugänglichen Quelle stammt.

Die zweite Fallgruppe grundsätzlich zulässiger Berichtigung von Ausspruch und Entscheidungsgründen liegt in der Korrektur von Rechenfehlern. Dabei ist allerdings scharf zwischen Fehlern im Rechenprogramm und solchen der Dateneingabe zu unterscheiden. Erstere sind Fehler im Entscheidungsweg, die immer der Urteilsberichtigung entzogen sind. Hierzu gehören auch die Fälle, in denen das Rechenprogramm erst nach Erlaß der Entscheidung erkennbar wird (Stuhlurteil). Demgegenüber ist eine fehlerhafte Dateneingabe nicht nur in den klassischen Fällen des Verschreibens, sondern auch dann korrigibel, wenn sich der Fehler aus der Übernahme fehlerhaft errechneter oder mitgeteilter allgemeinkundiger Daten ergibt (Lebenshaltungskostenindex).

II. Berichtigung des Kostenausspruchs

Neben der Berichtigung des Hauptsacheausspruchs haben gerade in jüngerer Zeit Berichtigungen des Kostenausspruchs die Gerichte beschäftigt.[427] Und auch hier ist ein starkes Bedürfnis zu verspüren, echte Entscheidungsfehler zu beheben.

Damit wird ein weiteres Mal die Tendenz der Gerichte deutlich, Einschränkungen der Rechtsmittelmöglichkeiten durch den Gesetzgeber, § 99 I ZPO, durch die ausweitende Anwendung bestehender Vorschriften zu umgehen.[428]

Bevor auf die verschiedenen Konstellationen eingegangen werden kann, stellt sich zunächst die grundsätzliche Frage, ob die oben betonte strikte Bindung des Gerichts an seine Entscheidung aus § 318 ZPO auch für die Kostenentscheidung gilt. Wäre das nämlich zu verneinen, könnte auch die Berichtigungsbefugnis insofern neu, und zwar weiter bestimmt werden. Doch besteht hierfür kein Anlaß. Denn auch wenn es nicht besonders hervorgehoben wird, ist doch kaum ein Zweifel möglich, daß die Innenbindung nicht nur die Entscheidung in der Hauptsache umfaßt. Allein ein solches Verständnis wird auch § 321 I ZPO gerecht, in der die (unterlassene) Entscheidung über die Kosten der über einen Hauptsacheanspruch gleichgestellt wird. Schließlich ist auch die Entscheidung über die Pflicht zur Kostentragung eine echte Streitentscheidung[429] und daher folgt aus der Ab-

---

427 Es handelt sich dabei jedoch keineswegs um eine neue Konstellation, vgl. bereits RG III 65/17 v. 15.05.1917, RGZ 90, 228, sowie die weiteren Nwe bei WIESEMANN, S. 150, Fn. 1.

428 Deutlich OLG Köln 27 WF 54/92 v. 05.10.1992, FamRZ 1993, 456 [457], das die von ihm angenommene Weite der Berichtigungsbefugnis mit der erwähnten Rechtsmittelbeschränkung begründet.

429 Vgl. BGH III ZR 6/53 v. 26.04.1954, BGHZ 13, 142 [144 f.], zur Entscheidung über die Kostentragungspflicht nach beiderseitiger Erledigungserklärung gem. § 91a ZPO, sowie

wägung zwischen materieller Gerechtigkeit und Rechtssicherheit auch hier die Notwendigkeit der Bindung des Gerichts an seine einmal - wenngleich möglicherweise fehlerhaft - getroffene Entscheidung.

Vor diesem Hintergrund sind nun die möglichen Konstellationen zu erörtern, in denen die Berichtigung der Kostenentscheidung praktisch wird. Dabei sind zwei Fälle zu unterscheiden. Zum einen kann eine ursprünglich richtige oder richtig erscheinende Kostenentscheidung durch die Veränderung „äußerer" Umstände nachträglich unrichtig werden. Zum anderen kann aber auch die ursprüngliche Kostenentscheidung von sich aus Anlaß zur Berichtigung bieten. Da die zweite Konstellation, die hier „isolierte Berichtigung der Kostenentscheidung" genannt sei, eine augenfällige Ähnlichkeit zu der Berichtigung des Hauptsacheausspruchs hat, soll mit ihr begonnen werden.

Nicht eingegangen wird im folgenden auf die Berichtigung von Kostenfestsetzungsbeschlüssen. Diese fallen als nicht *urteils*förmige Entscheidung nicht unter das eingangs eröffnete Programm dieser Untersuchung. Indes ist kein Grund ersichtlich, warum nicht auch sie berichtigt werden können.[430] Allerdings besteht ebenfalls kein Anlaß, die Berichtigungsbefugnis hier weiter zu spannen als bei Urteilen.[431]

1. Isolierte Berichtigung des Kostenausspruchs

In der Praxis wird die isolierte Berichtigung der Kostenentscheidung in zwei wiederum sehr unterschiedlichen Fallgestaltungen diskutiert. Einerseits geht es um die *Nachholung* eines unterbliebenen Kostenausspruchs, andererseits um die *Veränderung* des erfolgten Kostenausspruchs.

a) Nachholen eines unterbliebenen Kostenausspruchs

Nach obigen[432] Ausführungen betreffend die Berichtigung des Tenors zur Hauptsache erscheint die Lösung der ersten Variante einfach:

> *„Wird in den Tenor eine Kostenentscheidung nicht aufgenommen, ergibt sich aber aus den Entscheidungsgründen, daß eine Kostenentscheidung getroffen worden ist, kann der Tenor gemäß § 319*

OVG Hamburg Bf II 381/53 v. 24.04.1957, JZ 1958, 67 [68], mit Anm. BAUMGÄRTEL, JZ 1958, 68.

430 Vgl. OLG Hamm 23 W 149/77 v. 28.03.1977, MDR 1977, 760: Berichtigung eines Rechenfehlers.

431 *Fragwürdig* daher OLG München 11 W 2870/92 v. 19.02.1993, JurBüro 1993, 680: Geht der Rechtspfleger versehentlich von einem bei Erlaß des Kostenfestsetzungsbeschlusses bereits geänderten Streitwertbeschluß aus, so sei eine Berichtigung nach ZPO § 319 zulässig. *Unrichtig* OLG Koblenz 14 W 754/98 v. 05.11.1998, NJW-RR 1999, 867, dazu bereits oben, in Fn. 227, S. 57.

432 I. 1 a), S. 84.

> *ZPO berichtigt werden. Eines Ergänzungsurteils gemäß § 321 ZPO bedarf es nicht.*"[433]

Jedoch besteht bei näherer Betrachtung ein praktisch bedeutsamer Unterschied. Während die Entscheidungsgründe zur Hauptsache häufig so ausführlich sind, daß sie die zweifellose Erkenntnis der vom Gericht getroffenen Entscheidung ermöglichen, beschränkt sich die Begründung zur Kostenentscheidung i. d. R. auf die Nennung der gesetzlichen Regelung, §§ 91 ff. ZPO. Von dieser gelangt man zu dem unterbliebenen Ausspruch über die Kostentragung aber erst durch weitere und zudem *spezifisch juristische* Schlüsse, die grundsätzlich einer Berichtigung entgegenstehen.[434]

Die *Möglichkeit* einer Ausnahme besteht lediglich, wenn in den Urteilsgründen der klassische Satz steht: „Die Entscheidung über die Kosten beruht auf § 91 ZPO", der Ausspruch im Tenor aber unterblieb. Ist in diesen Fällen weiterhin zweifelsfrei feststellbar, welche - wegen § 100 ZPO *eine* - Partei im Rechtsstreit unterlag, folgt aus dem Wortlaut des § 91 I 1 ZPO ohne jede Wertungsmöglichkeit, daß diese Partei die Kosten zu tragen hat. Das Urteil kann dann durch Ergänzung des Kostenausspruchs nach § 319 ZPO berichtigt werden. Gleiches gilt, wenn die Kostenentscheidung auf §§ 92 II oder 93 ZPO gestützt wurde. Auch in diesen Fällen ergibt sich der Kostenausspruch, ohne daß eine Wertung möglich wäre, unmittelbar aus dem Gesetz. Er kann dann aber selbstverständlich nur lauten: „Der Kläger / Beklagte trägt die Kosten des Rechtsstreits."

Nicht zu verwechseln ist, daß die Frage der *Anwendbarkeit* der §§ 91 I 1, 92 II, 93 ZPO wertend und mitunter höchst problematisch ist. Diese *Wertungsfrage* ist vom Gericht bereits zweifellos dadurch entschieden, *daß* es die Kostenentscheidung - richtig oder nicht - auf die entsprechende Vorschrift stützte. Und der überindividuell gleichen Wahrnehmung der Notwendigkeit des weiteren Schlusses vom Wortlaut des Gesetzes auf den ihm entsprechenden Ausspruch steht auch nicht die abstrakt denkbare Möglichkeit entgegen, daß das Gericht in Abweichung davon den Kostenausspruch anders treffen wollte. Denn das hieße wiederum den, der zwei und zwei zu drei addieren will, zum Maßstab zu nehmen.[435]

---

433 LAG Bremen 4 Ta 6/96 v. 28.02.1996, MDR 1996, 1069 [LS]; so auch die ganz h. M., vgl. OLG Hamm 2 U 165/85 v. 03.04.1986, NJW-RR 1986, 1444; MUSIELAK in MüKo-ZPO, § 319, Rn. 8; sehr weitgehend LEIPOLD in Stein/Jonas, ZPO, § 319, Rn. 9, m. w. Nwen. So auch - allerdings nur hypothetisch - BGH IVb ZB 805/81 v. 30.09.1981, VersR 1982, 70 [70 f.]; im Fall war der Kostenausspruch lediglich in der Ausfertigung vergessen worden, dazu unten, § 14 VII. , S. 259.

434 Siehe dazu oben, § 5 III. 1.d)(2), S. 76. Das übersieht beispielsweise WIESEMANN, S. 150 f., der in den Fällen des lückenhaften Tenors dessen Ergänzung im Wege der Berichtigung für *allgemein* zulässig hält; ähnlich offenbar LEIPOLD in Stein/Jonas, ZPO, § 319, Rn. 9.

435 Dazu oben, § 2 II. 2, S. 44.

Wird hingegen die Kostenentscheidung auf keine der genannten Vorschriften oder gar explizit auf § 92 I ZPO gestützt, ist eine Ergänzung des Tenors um den unterbliebenen Ausspruch im Wege der Urteilsberichtigung *ausgeschlossen*. Denn § 92 I ZPO bietet mit dem Quotieren und dem gegenseitigen Aufheben zwei Möglichkeiten der Kostenentscheidung, ohne daß aus der bloßen Nennung dieser Vorschrift ersichtlich wäre, welchen Weg das Gericht gegangen ist. Darüber kann auch im Falle eines eindeutig feststellbaren hälftigen Unterliegens nicht hinweggegangen werden. Zwar werden die Kosten dann *i. d. R.* gegenseitig aufgehoben, doch ist diese Folge keineswegs zwingend, sondern es gibt im Einzelfall sogar gute Gründe, auch hier die Kosten zu teilen.[436]

Eine Berichtigungsmöglichkeit wird aber nicht nur ausgeschlossen, wenn verschiedene Entscheidungen jeweils mit *guten* Gründen vertretbar wären. Vielmehr steht bereits die nicht auszuschließende *Möglichkeit* einer abweichenden, wenngleich - juristisch - als unhaltbar erscheinenden Entscheidung der Berichtigung entgegen. Daher kann auch die bei der Verwerfung eines Rechtsmittels *vollständig* unterbliebene Kostenentscheidung nicht durch einen Berichtigungsbeschluß nachgeholt werden.[437] Zwar sieht das Gesetz als *Regel*folge der erfolglosen Rechtsmitteleinlegung die Kostentragung des Rechtsmittelführers vor, § 97 I ZPO. Doch besteht nach § 97 II ZPO von diesem Grundsatz eine Ausnahme. Ob sie vorliegt, läßt sich nur durch *Bewertung* des Falles feststellen. Sie mag zwar in den meisten Fällen so eindeutig erscheinen, daß sie dem *Juristen* als zweifelsfrei gilt, doch sind Juristen, soweit Wertungen vorzunehmen sind, keine taugliche Referenzgruppe, um überindividuell gleiche Wahrnehmung zu gewährleisten.[438]

Wiederum anders ist der unrichtige Kostenausspruch nach Verweisung wegen Unzuständigkeit (§ 281 ZPO) zu beurteilen. Hat sich das Gericht zur Begründung der Kostenentscheidung auf § 281 III ZPO gestützt, aber im Tenor den Ausspruch, daß der Kläger die Kosten der Anrufung des unzuständigen Gerichts zu tragen habe, vergessen, ist dieser Irrtum offenbar und damit berichtigungsfähig. Hat das Gericht jedoch auch in den Entscheidungsgründen den Hinweis auf § 281 III ZPO unterlassen, ist nicht auszuschließen, daß das Gericht diese Besonderheit übersehen hat. Eine Berichtigung ist dann ausgeschlossen.[439]

Soweit nach Vorstehendem eine Ergänzung des Tenors um den unterbliebenen Kostenausspruch im Wege der Urteilsberichtigung ausscheidet, ist die Kostenentscheidung im Verfahren nach § 321 ZPO nachzuholen. Zwar könnte man dagegen

---

436 Vgl. HARTMANN in B/L/A/H, § 92, Rn. 42.

437 *A. A.* BGH IX ZR 192/91 v. 08.07.1993, BGHR ZPO § 319 Nichtannahmebeschluß 1; LEIPOLD in Stein/Jonas, ZPO, § 319, Rn. 9. *Wie hier* wohl MUSIELAK in MüKo-ZPO, § 319, Rn. 8.

438 Siehe oben, § 5 III. 1.d)(2), S. 76.

439 So auch OLG Hamm 22 W 30/00 v. 26.06.2000, NJW-RR 2000, 1524.

einwenden, daß eine Entscheidung ja vorliege, bloß ihr Inhalt nicht mit der für das Berichtigungsverfahren erforderlichen Sicherheit feststellbar sei und deshalb keine neue Entscheidung, sondern nur die Feststellung des Inhalts der bereits getroffenen Entscheidung in Frage käme.[440] Doch bleibt die „getroffene" Kostenentscheidung in den nicht berichtigungsfähigen Fällen, in denen das Urteil lediglich auf eine mehrdeutige Vorschrift verweist, so unbestimmt, daß sie auch in einem Erkenntnisverfahren nicht festgestellt werden kann. Und so wenig wie ein Urteil mit nicht feststellbarer Entscheidung über die Hauptsache materielle Rechtskraft entfaltet,[441] kann auch eine inhaltlich unbestimmte Kostenentscheidung Innenbindung erzeugen, die allein einer Urteilsergänzung nach § 321 ZPO entgegen stünde.[442]

Daher erscheint es auch unrichtig, im Falle, daß bei einer Kostenentscheidung nach der „Baumbachschen Formel" nur ein Teil der Kosten im Tenor verteilt wurde, den unterbliebenen Ausspruch im Wege der Urteilsberichtigung zu ergänzen.[443] Zwar *mag* es für den Juristen klar sein, wer den Rest zu tragen hat, doch ist dies eine Wertung. Auch hier wäre es richtig gewesen, über die nicht ausgeurteilten Kosten im Wege der Ergänzungsurteils zu entscheiden.

b) Berichtigung des Kostenausspruchs im engeren Sinne

Folgt man der hier vertretenen und *im Ansatz* wohl auch allgemein geteilten Ansicht, daß das Gericht auch hinsichtlich der im Urteil getroffenen Kostenentscheidung der Innenbindung aus § 318 ZPO unterliegt, ergibt sich auch für die Berichtigungsbefugnis des Kostenausspruchs im engeren Sinne nichts anderes als für eine Berichtigung in der Hauptsache: Eine als unrichtig erkannte Kosten*entscheidung* darf nicht durch „Berichtigung" des Ausspruchs korrigiert werden.[444]

Daher können beispielsweise Mehrkosten *nicht* nachträglich durch Berichtigung nach § 319 ZPO dem Kläger auferlegt werden, wenn das Gericht bei der Kostenentscheidung übersah, daß der Kläger ursprünglich bei einem unzuständigen Gericht geklagt hat.[445] Genauso wenig kann die Kostenentscheidung, die sich nach Teilerledigung in der Hauptsache - fehlerhaft - nur auf § 91 ZPO stützte, im Wege der Urteilsberichtigung hinsichtlich der sich auf den erledigten Teil bezie-

---

440 Siehe zur Abgrenzung der Urteilsberichtigung von der Klage auf Feststellung des Urteilsinhalts oben, Einleitung I. 4.d), S. 25, und unten, § 12 III. 3, S. 228.

441 Dazu oben, § 2 I. 1, S. 40.

442 Dazu oben, Einleitung I. 4.b), S. 21.

443 So aber OLG Hamburg 8 W 332/84 v. 16.01.1985, JurBüro 1985, 1560.

444 So auch BGH XII ZB 176/93 v. 09.03.1994, EzFamR aktuell 1994, 239 [240]; AG München 234 C 8185/87 v. 30.03.1988, ZMR 1988, 434 [435 (LS)]; WIESEMANN, S. 151; für eine weitergehende Berichtigungsbefugnis LEIPOLD in Stein/Jonas, ZPO, § 319, Rn. 9, m. w. Nwen.

445 OLG Hamm 21 W 15/70 v. 08.06.1970, MDR 1970, 1018.

hende Kosten verändert werden.[446] Und das gilt nicht nur, „falls das Urteil keinerlei Hinweise in der Richtung enthält, daß das Gericht eine Kostenregelung nach Maßgabe der § 91a ZPO *erwogen* hat",[447] sondern in jedem Fall. Denn selbst wenn sich den Urteilsgründen *zweifelsfrei*, d. h. ohne Wertungsmöglichkeit entnehmen ließe, *daß* das Gericht § 91a ZPO anwenden wollte und wenn weiterhin offenbar wäre, welcher Teil des Streitwerts hiervon betroffen ist, ist damit doch nichts über die tatsächliche Kostenentscheidung nach § 91a I ZPO ausgesagt. Denn bei dieser hat das Gericht einen - zudem weiten[448] - Ermessensspielraum. Wie dieser aber vom Gericht ausgefüllt worden wäre, ist reine Spekulation.[449]

Ebenfalls zur - unzulässigen - Ersetzung der ursprünglich unrichtigen Kostenentscheidung führt es, wenn die unrichtige Kostenquotelung gem. § 92 II ZPO unter Hinweis auf einen - vermeintlichen - Rechenfehler berichtigt wird:

> Bei Entscheidung über eine Abänderungsklage hatte das Amtsgericht der Klägerin 1/9 und dem Beklagten 8/9 der Kosten des Rechtsstreits auferlegt. Auf Anregung des Beklagten hat es die Kostenentscheidung gem. § 319 ZPO dahingehend berichtigt, daß nunmehr die Klägerin 3/4 sowie der Beklagte 1/4 der Kosten des Rechtsstreits zu tragen hat. Zur Begründung hat das Amtsgericht ausgeführt, daß ihm insoweit ein Rechenfehler unterlaufen sei, als es den gewährten Mehrbetrag von 117,-- DM in Beziehung zu dem gewährten Gesamtbetrag von 944,-- DM und nicht zu dem begehrten Mehrbetrag von 414,-- DM gesetzt habe.[450]

Denn selbst wenn der Streitwert des Rechtsstreits korrekt berechnet wurde, ist damit lediglich *eine* Grundlage der Willensbildung für die „richtige" Kostenquotelung offenbar. Von dieser gelangt man aber erst durch eine Reihe weiterer, spezifisch juristischer Schlüsse zur Kostenentscheidung. Es handelt sich hier nicht um einen Fehler bei der mathematischen Operation, sondern bei der Entscheidung.[451] Bezeichnender Weise begründet das OLG Köln seine abweichende Auffassung auch nicht nur mit dem alten, richtigen aber unerheblichen[452] Argument, daß Re-

---

446 I. E. zutreffend KG 12 W 1168/80 v. 14.07.1980, JurBüro 1981, 614 [615]; *a. A.* OLG Köln 13 W 31/99 v. 04.05.1999, NJW-RR 2000, 142, für den Fall, daß in der ursprünglichen Kostenentscheidung unberücksichtigt blieb, daß nur hinsichtlich eines Teilbetrages Berufung eingelegt wurde.

447 So aber KG, a. a. O., im LS; vorsichtiger dann in den Gründen [S. 615 a. E.]: Berichtigung „wäre ... *denkbar*, wenn..." (Hervorhebung jew. vom Verf.).

448 Vgl. HARTMANN in B/L/A/H, § 91a, Rn. 118.

449 Ablehnend - *wohl* - auch WIESEMANN, S. 151, Fn. 2.

450 Vgl. OLG Köln 27 WF 54/92 v. 05.10.1992, FamRZ 1993, 456. Identische Konstellation auch in OLG Karlsruhe 2 W 37/67 v. 10.08.1967, MDR 1968, 421; dort hatte sich das OLG jedoch an einer sachlichen Entscheidung über die Zulässigkeit der Berichtigung gehindert gesehen; dazu unten, § 15 II. 1, bei Fn. 1208, S. 264.

451 Ablehnend auch E. SCHNEIDER, MDR 1968, 421 [423].

452 Dazu ausführlich oben, § 3 I., S. 48 ff.

chenfehler immer Denkfehler seien. Entscheidend stützt es sich vielmehr darauf, daß gem. § 99 I ZPO keine Anfechtung gegen die fehlerhafte Kostenentscheidung möglich sei; daher stelle die Berichtigung den „einzigen Weg dar, eine Abänderung der Kostenquote zu erreichen."[453] Die Urteilsberichtigung - und das ist noch einmal festzuhalten - darf jedoch nicht als „kleines Rechtsmittel" mißbraucht werden![454]

An diesem Grundsatz, der in dem Gedanken der Rechtssicherheit wurzelt, darf auch nicht gerüttelt werden, wenn im - gar nicht so seltenen - Einzelfall die wirtschaftliche Bedeutung „nur" der Prozeßkosten erheblich ist. Daher darf die fehlerhafte Kostenentscheidung auch dann nicht nach § 319 ZPO „berichtigt" werden, wenn das Gericht übersehen hat, daß der Beklagte eine während des Rechtsstreits erhobene Widerklage über 500.000 DM zurückgenommen hat.[455]

Daß auch im Bereich des Kostenausspruchs zulässige Berichtigungen möglich sind, zeigt folgender Fall:[456] Eine Klage über 8.700 DM war bis auf 700 DM erfolgreich, der Kläger jedoch - lt. Tenor - in 92% der Kosten verurteilt. In der Begründung des Urteils wird jedoch klar, daß der Beklagte 92% zu tragen hat.

Wenngleich es sich um eine Entscheidung im Beschlußverfahren nach dem FGG handelte, die damit außerhalb des Untersuchungsthemas „*Urteils*berichtigung" liegt, sei noch eine „Berichtigung" erwähnt, mit der sich das BayObLG zu beschäftigen hatte:[457] Im Tenor des amtsgerichtlichen Beschlusses hieß es zunächst, „Die Antragsgegnerin trägt die Kosten des Rechtsstreits." Er wurde durch Berichtigungsbeschluß um den Zusatz ergänzt: „Die Antragsgegnerin hat auch die außergerichtlichen Kosten des Antragstellers zu tragen." Da in dem ursprünglichen Beschluß kein Hinweis auf diese im FGG-Verfahren unübliche[458] Kostentragung enthalten war, bedarf es keines näheren Eingehens, daß eine derartige Berichtigung unzulässig ist. Auch das vom BayObLG bemühte „Interesse der Prozeßwirtschaftlichkeit und eines besseren Richterspruchs" [459] rechtfertigt diese - hier wegen § 18 II FGG - gesetzwidrige Änderung der Entscheidung nicht.

---

453 OLG Köln, a. a. O., S. 457.

454 So auch für den Fall der fehlerhaften Kostenentscheidung BGH XII ZB 176/93 v. 09.03.1994, EzFamR aktuell 1994, 239 [240].

455 *A. A.* OLG Köln 4 U 234/76 v. 25.04.1980, MDR 1980, 761 mit *abl.* Anm. SCHNEIDER, MDR 1980, 762, dessen a. a. O., S. 763, erwogener Ausweg zur Herstellung der materiellen Gerechtigkeit über § 826 BGB jedoch kaum gangbar erscheint.

456 LG Mönchengladbach 4 T 48/99 v. 28.09.1999, MDR 2000, 357.

457 BayObLG 3Z BR 328/95 v. 13.12.1995, NJW-RR 1997, 57.

458 Anders als im streitigen Zivilprozeß findet gem. § 13a I 1 FGG die Erstattung außergerichtlicher Kosten nur bei besonderer Anordnung statt, die der Begründung bedarf, vgl. KG 1 W 435/65 v. 18.03.1965, NJW 1965, 1538 [1539 f.]; ZIMMERMANN in Keidel, FG, § 13a, Rn. 21.

459 BayObLG, a. a. O.

2. *Folgeberichtigung des Kostenausspruchs*

Die vorstehend erörterten Fälle „isolierter“ Berichtigung der Kostenentscheidung zeigen eine starke Ähnlichkeit zu der Berichtigung des Hauptsacheausspruchs und sind daher i. E. auch genauso wie diese zu beurteilen. Was aber gilt, wenn der ursprüngliche Kosten*ausspruch* der dem Urteil im ganzen zu entnehmenden Kosten*entscheidung* entsprach, aber aufgrund einer nachträglichen Änderung seiner Entscheidungsgrundlagen unrichtig wird? Eine Antwort erfordert die differenzierte Betrachtung der Konstellationen, in denen sich das Problem stellt.

Vorher ist aber noch auf ein durch die Terminologie des „unrichtig Werdens“ naheliegendes Mißverständnis hinzuweisen.[460] Tatsächlich „wird“ der Kostenausspruch durch zulässige Berichtigung des Hauptsacheausspruchs oder der Änderung der Streitwertfestsetzung nicht unrichtig, sondern ist es bereits *von Anfang an.*[461] Die Unrichtigkeit war lediglich nicht offensichtlich im Sinne eines - für die Berichtigung nicht erforderlichen[462] - „in die Augen springens“. Dennoch wird auch im folgenden der Einfachheit und Plastizität halber vom unrichtig werdenden Kostenausspruch gesprochen. Die Einschränkung ist aber mitzudenken.

a) Berichtigung als Folge einer Berichtigung der Hauptsacheentscheidung

Eine nachträgliche Änderung der Grundlagen der Kostenentscheidung tritt zum einen auf, wenn der Hauptsacheausspruch des Urteils berichtigt wurde. Hat beispielsweise das Gericht die Klage zunächst abgewiesen und dem Kläger die Kosten auferlegt, stellt sich aber beim nachrechnen heraus, daß die im Tenor formulierte Klageabweisung zweifelsfrei aufgrund eines Rechenfehlers zustande kam und richtig gerechnet der Kläger in vollem Umfang erfolgreich war, erscheint fraglich, ob auch eine „Folgeberichtigung“ der Kostenentscheidung zulässig ist.

Denkbar sind zwei Positionen: Zum einen kann man den Grundsatz des Gleichlaufs von Hauptsache- und Kostenentscheidung bemühen.[463] Danach erschiene die Berichtigung des Kostenausspruchs zulässig, wenn nicht sogar geboten.[464] Zum anderen kann man aber auch auf den eigenständigen Entscheidungscharakter der Kostenentscheidung verweisen und daher eine Folgeberichtigung als - unzulässige - Änderung der Entscheidung ablehnen.[465]

---

460 Dem beispielsweise WIESEMANN, S. 155 f., auch erlegen ist.

461 Zutreffend und deutlich LG Frankfurt 3-12 O 66/94 v. 09.09.1996, NJW-RR 1998, 67 [68], das aber die falschen Schlüsse daraus zieht, dazu unten bei Fn. 480, S. 112.

462 Dazu oben, § 5 III. 3, S. 81.

463 Vgl. hierzu BGH II ZR 15/79 v. 14.05.1979, WM 1979, 1128 [1129].

464 So die wohl h. M., vgl. BGH XI ZR 278/96 v. 27.05.1997, BGHR ZPO § 319 Abs 1 Urteilsformel 5; OLG Hamm 20 W 47/74 v. 21.03.1975, MDR 1975, 764; LEIPOLD in Stein/Jonas, ZPO, § 319, Rn. 9, m. w. Nwen.

465 So WIESEMANN, S. 153 f.; OSTERLOH, S. 79 f.

Beide Ansichten haben Argumente auf ihrer Seite, verfehlen jedoch den Kern des Problems. So ist es zwar richtig, daß auch die Kostenentscheidung eine „echte“ Entscheidung ist, die Bindungswirkungen auslöst. Doch führt diese Bindung auch beim Hauptsacheausspruch keineswegs zur Unzulässigkeit jeder *Berichtigung*. Vielmehr ist sie richtiger Ansicht nach auch dann zulässig, wenn aufgrund der offenbaren Unrichtigkeit von Entscheidungs*grundlagen* ein fehlerhafter Ausspruch zu Hauptsache zustande kam. Verwiesen sei auf das oben[466] erwähnte Beispiel, daß das Gericht seiner Entscheidung einen unrichtigen Lebenshaltungskostenindex zugrunde gelegt hat. Und diese Situation ist dem Verhältnis von verändertem Hauptsacheausspruch zu ursprünglichem Kostenausspruch durchaus ähnlich.

Andererseits ist der Hinweis auf den Gleichlauf von Hauptsache- und Kostenentscheidung als Maßstab für die Berichtigung des Kostenausspruchs sicher zu weit. Denn dieser prozessuale Grundsatz ist bloß eine *normative* Vorgabe, jedoch keine Aussage über die *tatsächliche* Entscheidung. Da Maßstab der Berichtigungsbefugnis aber nicht die „richtige“, sondern die *getroffene* Entscheidung, wie sie sich aus dem Urteil und anderen Erkenntnisquellen zweifelsfrei feststellen läßt, ist, können Grundsätze der „richtigen“ Kostenentscheidung nur insoweit Beachtung erlangen, wie sie ohne Wertungsmöglichkeit zu einem eindeutigen Ergebnis führen.[467]

Daraus folgt für den Eingangsfall der offenbar irrtümlichen Klageabweisung, daß dann, wenn das Gericht den ursprünglichen Kostenausspruch zu Lasten des Klägers auf § 91 I ZPO stützte und der Kläger nach richtiger Berechnung zweifelsfrei vollständig obsiegt hat, auch der Kostenausspruch zu Lasten des Beklagten umgedreht werden darf und muß. Denn hier ist keine Wertungsmöglichkeit eröffnet, sondern lediglich dem eindeutigen Gesetzeswortlaut, nach dem der Unterliegende die Kosten zu tragen hat, Folge zu leisten.

In der Realität sind die Fälle aber häufig schwieriger. Verwiesen sei auf den ebenfalls schon angesprochenen Fall, daß bei einer Klage über 25.000 DM der ursprüngliche Hauptsacheausspruch lautete, daß der Beklagte zur Zahlung von 16.000 DM verurteilt werde, dieser infolge zulässiger Berichtigung aber in eine Zahlungspflicht von nur 5.000 DM geändert wird.[468] Hatte das Gericht seinen Kostenausspruch auf § 92 I ZPO gestützt und tenoriert, „Die Kosten des Rechtsstreits trägt der Kläger zu 36%, der Beklagte zu 64%“ steht einer Anpassung auch des Kostenausspruchs nichts im Wege. Denn durch den Hinweis auf § 92 I ZPO *und* die tatsächlich erfolgte Quotierung ist zweifelsfrei ersichtlich, daß das

466 § 6 I. 2.b)(2), bei Fn. 419, S. 98.

467 Siehe dazu oben, bei Fn. 435, S. 102.

468 BGH V ZR 21/83 v. 09.12.1983, BGHZ 89, 184, dazu oben, bei Fn. 366, S. 85.

Gericht entschieden *hat*, Kläger und Beklagten im Verhältnis ihres Unterliegens mit den Kosten zu belasten. Daher darf der Kostenausspruch verhältnisgemäß angepaßt, d. h. dahin berichtigt werden, daß der Kläger 80% und der Beklagte 20% der Kosten trägt.

Nichts anderes gilt, wenn das Gericht - wie in der Praxis geläufig aber gerade im Hinblick auf eine evtl. erforderliche Berichtigung nicht empfehlenswert - die Kostentragung nicht prozentual sondern durch Brüche bestimmt hat. Im Beispiel hätte der Kostenausspruch dann wohl gelautet; „Die Kosten des Rechtsstreits trägt der Kläger zu 1/3, der Beklagte zu 2/3." Die Abweichung besteht lediglich darin, daß das Gericht keine *exakte* Unterliegenshaftung angeordnet hat, sondern rundete. Dabei gab es dem Kläger einen „Rabatt" von 7,4% auf seine Quote.[469] Diese Differenz ist, da sie eine inkorrigible Wertung des Gerichts enthält, auch der Berichtigung zugrunde zu legen, so daß der Kläger nach Berichtigung des Hauptsacheausspruchs nur mit 80% weniger 7,4% hieraus, also mit 74% zu belasten ist. Der korrekt berichtigte Kostenausspruch lautet daher: „Die Kosten des Rechtsstreits trägt der Kläger zu 74%, der Beklagte zu 26%".

Entsprechend ist zu verfahren, wenn das Gericht die Kostenquote nicht dem Unterliegen in der Hauptsache entsprechend verteilte, gleichwohl aber eine zweifelsfrei erkennbare Quotierung vornahm. Auch in diesen Fällen ist der Kostenausspruch entsprechend dem Verhältnis von rechnerischer zu ausgeworfener Quote entsprechend zu berichtigen.

Ein Beispiel: In obigem Fall möge das Gericht im ursprünglichen Tenor den Kläger zu 40% und Beklagten zu 60% mit den Kosten belastet haben. Statt eines Rabatts ergab sich damit eine Mehrbelastung des Klägers von 11% gegenüber seines ursprünglich tenorierten Hauptsacheunterliegens. Nach dessen Berichtigung ist bei der Folgeberichtigung des Kostenausspruchs das Verhältnis zu wahren und er daher nicht in 80%, sondern in 89% der Kosten zu verurteilen.

In allen übrigen Fällen ist eine Folgeberichtigung des Kostenausspruchs hingegen unzulässig. Ist das Gericht beispielsweise aufgrund eines Rechenfehlers zunächst zum Schluß gekommen, daß der Kläger mit seinem Begehr nur zur Hälfte durchgedrungen sei, und hat es daher die Kosten gegenseitig aufgehoben, kann dies, falls richtige Rechnung ergibt, daß er zu 2/3 erfolgreich war, nicht zu einer Berichtigung des Kostenausspruchs dahin führen, daß er nunmehr nur 1/3 der Kosten zu tragen habe. Denn gem. § 91 I ZPO hat das Gericht die Kosten gegen-

---

469 Das errechnet sich wie folgt: Mathematisch richtig hätte der Kläger ausgehend vom ursprünglichen Hauptsacheausspruch 36% der Kosten zu tragen gehabt. Infolge der vom Gericht vorgenommenen Bruchteilung (1/3) hatte er nur 33,3...% zu tragen. Aus diesem Verhältnis ergibt sich die prozentuale (d. h. auf 100 normierte) Differenz (P) gemäß folgender Regel: P = P1 - 100 mit 33,3... / 36 = P1 / 100 und nach einer (gerundeten) Auflösung zu P1 = 92,6 folgt daraus P = 92,6 - 100 = 7,4 (%).

einander aufzuheben *oder* verhältnismäßig zu teilen. Hier hat sich das Gericht - wenngleich irrtümlich - für die gegenseitige Aufhebung entschieden. Es ist zwar möglich, vielleicht sogar wahrscheinlich, daß das Gericht, hätte es von vornherein in der Hauptsache richtig gerechnet, eine verhältnismäßige Teilung vorgenommen hätte. Doch erforderte dies eine neue, ändernde Entscheidung mit juristischer Wertung, die im Berichtigungsverfahren unzulässig ist.

Nur der Vollständigkeit halber sei schließlich noch darauf hingewiesen, daß im Falle bereits unzulässiger Berichtigung des Hauptsacheausspruchs selbstverständlich auch eine Folgeberichtigung der nun unrichtig gewordenen Kostenentscheidung ausscheidet.[470]

b) Berichtigung als Folge einer Änderung der Streitwertfestsetzung

Mit den hier entwickelten Grundsätzen läßt sich auch der bisher fast „glaubensmäßig" geführte Streit lösen, ob eine Berichtigung des Kostenausspruchs bei nachträglicher Änderung der Streitwertfestsetzung zulässig ist.[471]

Das Problem wird in folgendem Fall deutlich:[472] Der Beklagten ist Inhaber eines lebenslangen, unentgeltlichen Wohnrechts an einer Wohnung im Hause des Klägers. Nach Begründung des Wohnrechts wurden an die Wohnung weitere Räumlichkeiten angebaut, die der Beklagte ebenfalls benutzte. Der Kläger nahm ihn nun auf Herausgabe dieser weiteren Räume und Zahlung einer Entschädigung i.H.v. 10.095,93 DM für die bislang erfolgte unentgeltliche Nutzung in Anspruch. Widerklagend verlangte der Beklagte festzustellen, daß sich das Wohnrecht auch auf die weiteren Räume bezieht. Das LG verurteilte den Beklagte antragsgemäß bis auf einen Teil von 1.734,07 DM der Entschädigungsforderung. Den Streitwert setzte es auf 19.254,57 DM fest, wobei 9.158,64 DM auf den vom Gericht nach § 16 GKG bestimmten Nutzwert der Räume entfielen. Die Kosten des Rechtsstreits legte es dem Kläger zu 1/10, dem Beklagten zu 9/10 auf.

Die gegen die Streitwertfestsetzung gerichtete Beschwerde des Prozeßbevollmächtigten des Klägers wies das OLG zurück. Zwar sei der Streitwert vom LG fehlerhaft bestimmt, da es sich nicht um ein Nutzungsrecht gem. § 16 GKG, sondern um eines nach § 6 ZPO handele, und daher nicht die Jahresmiete, sondern der Verkehrswert maßgeblich sei. Einer Änderung der Streitwertfestsetzung auf

---

470 So auch OLG Düsseldorf 3 W 7/73 v. 24.01.1973, NJW 1973, 1132; *a. A.* OLG Hamm 20 W 47/74 v. 21.03.1975, MDR 1975, 764.

471 Siehe dazu *einerseits* SPECKMANN, NJW 1972, 232, der die Anwendung des § 319 ZPO (a. a. O., S. 235f) mit einem anderenfalls „jedem Gerechtigkeitsgefühl Hohn" (a. a. O., S. 232) sprechenden Ergebnis begründet und der Gegenansicht (a. a. O., S. 233) Indifferenz „gegen elementarste Gebote der Gerechtigkeit" bescheinigt und *andererseits* SCHNEIDER, NJW 1969, 1237, der (a. a. O., S. 1238) davor warnt, den einen Fehler (fehlerhafte Streitwertfestsetzung) durch einen weiteren Fehler (unrichtige Berichtigung) zu beseitigen, ohne jedoch dem - vermeintlichen - Fehler näher nachzugehen.

472 OLG Düsseldorf 9 W 52/92 v. 10.06.1992, NJW-RR 1992, 1532.

an sich richtige 103.000,00 DM stehe jedoch entgegen, daß damit die Kostenentscheidung unrichtig werde. Der Kläger würde dann, wegen § 99 I ZPO inkorrigibel, mit 1/10 der Kosten aus dem höheren Streitwert belastet, obwohl er in Relation dazu nur mit einem minimalen Bruchteil unterlegen sei.[473] Und eine Berichtigung der Kostenentscheidung komme nicht in Betracht, da nach § 319 ZPO nur die versehentliche Abweichung der Willenserklärung von der Willensbildung berichtigungsfähig sei, die Kostenentscheidung aber dem Willen des Gerichts entsprochen habe.[474] Daher müsse die unrichtige Streitwertfestsetzung hingenommen werden; die Abänderbarkeit der Festsetzung gem. § 25 II 2, III GKG sei nämlich begrenzt durch den „Grundsatz, daß es nicht infolge einer nachträglichen Streitwertänderung zu einer materiellen Unrichtigkeit der Kostenentscheidung in einem - rechtskräftigen - Urteil kommen darf".[475]

Unproblematisch ist der Fall, daß durch eine nachträgliche Streitwertänderung (lediglich) der *Kostenfestsetzungsbeschluß* (KFB) unrichtig wird. Hat das Gericht beispielsweise den Streitwert fehlerhaft auf 5.000 DM festgesetzt, dem Kläger die Hälfte des Beantragen zugesprochen und die Kosten den Parteien je zur Hälfte auferlegt, berührt die Heraufsetzung des Streitwerts die Richtigkeit der Kostenentscheidung nicht. Betroffen ist lediglich ein zwischenzeitlich ergangener KFB, der die Gebühren ausgehend vom niedrigeren Streitwert berechnet hat. Hier bietet das Gesetzt in § 107 ZPO Abhilfe, wonach eine Neufestsetzung möglich ist.

Doch erscheint die Existenz dieses „Grundsatzes" fraglich. Weder findet er im Wortlaut des § 25 GKG eine Stütze, noch wird er dem Gebühreninteresse des Staates und der Rechtsanwälte gerecht.[476] Zwar ist einzuräumen, daß dieses Interesse nicht auf Kosten der falschen Partei befriedigt werden darf,[477] aber das rechtfertigt ein Verbot der Neufestsetzung allenfalls insoweit, wie anderweitiger Schutz nicht möglich ist. Und dieser bietet sich dank des hier entwickelten Verständnis der offenbaren Unrichtigkeit durch die Urteilsberichtigung in *Teilbereichen*[478] an.

---

473 OLG Düsseldorf, a. a. O. (Die Unterliegensquote betrug 1,7%).

474 OLG Düsseldorf, a. a. O.; so auch OLG Köln 7 W 1/93 v. 18.03.1993, OLGZ 1993, 446 [447 f.]; LG Bamberg 1 O 118/65 v. 20.04.1970, NJW 1970, 1610; LG Frankfurt 3-12 O 66/94 v. 09.09.1996, NJW-RR 1998, 67 [68]; SCHNEIDER, NJW 1969, 1237 [1238]; THOMAS/PUTZO, ZPO, § 319, Rn. 3; WIESEMANN, S. 155 f.

475 OLG Düsseldorf, a. a. O., m. w. Nwen; so bereits BGH VIII ZR 111/76 v. 30.06.1977, MDR 1977, 925 sowie die ältere Rspr., siehe die Nwe bei SPECKMANN, NJW 1972, 232 [235, Fn. 6].

476 OLG Köln 7 W 1/93 v. 18.03.1993, OLGZ 1993, 446 [447]; OLG Frankfurt 1 W 28/68 v. 11.09.1969, NJW 1970, 436 [436 f.]; SPECKMANN, NJW 1972, 232 [234].

477 BGH VIII ZR 111/76 v. 30.06.1977, MDR 1977, 925; so aber auch SPECKMANN, NJW 1972, 232 [234].

478 *Undifferenziert für* eine Berichtigung der fehlerhaften Kostenentscheidung jedoch OLG Frankfurt 1 W 28/68 v. 11.09.1969, NJW 1970, 436 [437]; LG Hechingen 1 O 81/73 v.

Zur Erinnerung: Konstituens des Offenbaren war der Ausschluß von dem Richter vorbehaltener *Wertung* im Berichtigungsverfahren. Daher können alle wertungsunabhängig feststellbaren Fehler berichtigt werden, auch wenn ihre Berichtigung eine Veränderung der Entscheidung im weiteren Sinne zur Folge hat. Die praktische Konsequenz und Tauglichkeit dieser Bestimmung zeigte sich bereits oben bei der Korrektur des Kostenausspruchs wegen verändertem Hauptsacheausspruch. Ebenso wie eine Hauptsacheentscheidung, die auf einem unrichtig vom Richter festgestellten Index der Lebenshaltungskosten beruht,[479] *kann* auch eine Kostenentscheidung, die auf dem fehlerhaften Hauptsacheausspruch beruht, offenbar unrichtig im Sinne des § 319 I ZPO sein.

Nichts anderes gilt, wenn sich statt des Hauptsacheausspruchs die Streitwertfestsetzung ändert. Denn beide zusammen bilden die - bezogen auf den Kostenausspruch - richterlicher Gestaltungsmacht entzogene Grundlage der Kostenentscheidung. Diese wesentliche Gemeinsamkeit wird auch nicht dadurch aufgehoben, daß sich die Unrichtigkeit des Hauptsacheausspruchs objektiv feststellen läßt, während die Streitwertfestsetzung ein eigener richterlicher Wertungsakt ist. Denn für die *Kosten*entscheidung ist der Weg, in dem Hauptsacheentscheidung und Streitwertfestsetzung entstanden sind, unerheblich. Für sie zählt lediglich deren jeweiliges Ergebnis. Das sind die *äußeren* Daten, auf denen hinsichtlich der Kostentragung die wertende und daher gem. § 318 ZPO unabänderliche richterliche Entscheidungstätigkeit erst aufsetzt.[480]

Diese Grundlagen der Kostenentscheidung sind auch zweifelsfrei feststellbar. Denn ebenso wie sich aus dem Tenor der Hauptsacheausspruch ergibt,[481] ist mit der Streitwertfestsetzung der für die Kostenentscheidung maßgebliche Streitwert zweifelsfrei bestimmt. Und im einen wie im anderen Fall ist auch eine Verände-

---

26.03.1974, VersR 1975, 93: „... weite Auslegung des § 319 ZPO ... ist der einzige Weg, um offensichtlich abwegige Ergebnisse zu vermeiden"; MARKL, GKG, § 25, Rn. 15a: „Rechtsanspruch" der Parteien, die „unrichtig gewordene Kostenentscheidung in eine richtige, gerechte Entscheidung umzuwandeln"; HARTMANN, Kostengesetze, § 25 GKG, Rn. 40 f., m. w. Nwen.

479 Dazu oben, § 6 I. 2.b)(2), bei Fn. 419, S. 98.

480 Das verkennt OLG Düsseldorf, a. a. O. (Fn. 472), S. 100, sowie noch deutlicher der selbe Senat in OLG Düsseldorf 9 U 295/96 v. 26.08.1997, OLG-Rp Düsseldorf 1997, 291 [292], der die offenbare Unrichtigkeit bei der Streitwertfestsetzung mit der des Kostenausspruchs verwechselt; genauso unrichtig OLG Köln 7 W 1/93 v. 18.03.1993, OLGZ 1993, 446 [447 f.], und LG Frankfurt 3-12 O 66/94 v. 09.09.1996, NJW-RR 1998, 67 [68], jew. m. w. Nwen, die daher fälschlich auch die Frage einer *analogen* Anwendung des § 319 ZPO aufwerfen.

481 Unberücksichtigt bleiben Sonderfälle des Hauptsacheausspruchs, die ihrerseits einer wertungsabhängigen Interpretation bedürfen. Dann ist mangels zweifelsfrei feststellbarer Grundlagen selbstverständlich *keine* Berichtigung des Kostenausspruchs zulässig.

rung objektiv feststellbar, so daß die nachträgliche Änderung der Streitwertfestsetzung nicht nur - was wohl unbestritten ist - zu einer Unrichtigkeit des Kostenausspruchs führt, sondern diese auch offenbar sein *kann.*[482]

Der Konjunktiv in vorstehender Aussage ist notwendig, weil nicht jede zweifelsfrei feststellbare Veränderung der Entscheidungsgrundlagen zu einer berichtigungsfähigen offenbaren Unrichtigkeit i. S. v. § 319 I ZPO führt. Denn wie oben ausgeführt muß auch das Ergebnis der etwaigen Berichtigung zweifelsfrei feststehen. Daher wird auch bei der nachträglichen Veränderung der Streitwertfestsetzung die Berichtigungsbefugnis durch das Erfordernis eingeschränkt, daß bei der Änderung des Kostenausspruchs weder eine in der (ursprünglichen) Kostenentscheidung getroffene Wertung geändert noch eine unterlassene Wertung nachgeholt werden darf. Der Ausgangsfall[483] ist in dieser Hinsicht jedoch unproblematisch. Das Gericht hatte eine Quotelung der Kosten (ungefähr) nach dem jeweiligen Unterliegen angeordnet und somit sämtliche erforderlichen Wertungen getroffen.

Im einzelnen waren das folgende Wertungsschritte: Kostenteilung oder einseitige Kostentragung (§ 91 I 1 vs. § 92 *und* § 92 I vs. § 92 II ZPO); Quotelung oder gegeneinander aufheben (§ 92 I 1. vs. 2. Alt. ZPO); Bestimmung der Quote samt Rundung.

Ausgehend von einem geänderten Streitwert läßt sich anhand dieser Daten und des vom Ausgangsgericht festgelegten Rechenprogramms der korrekte, der Kostenentscheidung entsprechende Kostenausspruch zweifelsfrei bestimmen. Er lautet: „Der Kläger trägt 2%, der Beklagte 98% der Kosten des Rechtsstreits".[484] Keinesfalls wäre es zulässig, angesichts des nur geringfügigen Unterliegens die Kostenentscheidung gem. § 92 II ZPO dahin zu ändern, daß der Beklagte die gesamten Kosten des Rechtsstreits trägt. Denn dies würde die vom Gericht bei seiner Kostenentscheidung getroffene Wertung durch eine neue ersetzen.

Gerade in diesem Fall zeigt sich auch die Unzulänglichkeit des bislang herrschenden Verständnisses der Urteilsberichtigung als Mittel zur Korrektur von Differenzen zwischen Wille und Ausdruck. Es ist einerseits zu weit, da es dazu einlädt, einen mutmaßlichen Willen anzunehmen und damit letztlich der früheren Entscheidung den eigenen Willen des Berichtigenden unterlegt. Es ist andererseits zu eng, da es Fehler zementiert, die nicht

---

482 So im Ansatz auch SPECKMANN, NJW 1972, 232 [236], der jedoch nicht zwischen den zweifelsfrei feststellbare Grundlagen und den wertenden Elementen der Kostenentscheidung differenziert und daher - fehlerhaft - zu einer unbeschränkten Berichtigungsbefugnis gelangt.

483 Oben, bei Fn. 472, S. 110.

484 Bei einem vom LG angenommenen 9%igen Unterliegen hatte es die 10%ige Kostentragungspflicht des Klägers angeordnet. Dieses Verhältnis ist auf das nur 1,7%ige Unterliegen des Klägers nach dem geänderten Streitwert zu übertragen: $10 / 9 = P / 1{,}7 \iff P = 1{,}88 \sim P = 2$ (%).

im richterlichen Entscheidungsprozeß begründet sind, und daher dem Schutz - auch der fehlerhaften - Entscheidung aus § 318 ZPO gar nicht unterfallen.

Die zulässige Berichtigung des Kostenausspruchs ist aber natürlich nicht auf den soeben beschriebenen Fall beschränkt. Vielmehr ist entsprechend der oben aufgestellten Grundsätze immer dann eine Anpassung an die geänderte Streitwertfestsetzung möglich, wenn sich der neue Ausspruch zweifelsfrei aus dem mit dem alten Ausspruch vorgegebenen Rechenprogramm ergibt. Trafen beispielsweise Klage und Widerklage aufeinander, die beide abgewiesen und deren Wert auf jeweils 5.000 DM festgesetzt wurde, kann der ursprüngliche Kostenausspruch, der beide Seiten mit je der Hälfte belastete, abgeändert werden, wenn der Streitwert eines der Ansprüche nachträglich verändert wird.[485]

Aber auch wesentlich kompliziertere Fälle entziehen sich keineswegs grundsätzlich der Berichtigung, wie folgendes Beispiel zeigt: Die Klägerin hatte gegen die Beklagten zu 1) und 2) eine Beseitigungsklage erhoben. Die Klage gegen den Beklagten zu 1) nahm sie zurück; der Beklagte zu 2) erhob Widerklage, ebenfalls auf Beseitigung. Das Amtsgericht wies Klage und Widerklage ab, setzte den Streitwert für die Klage auf 1.000 DM, den für die Widerklage auf 2.000 DM fest und traf folgende Kostenentscheidung: „Die Klägerin trägt die außergerichtlichen Kosten der Beklagten zu 1), 10 DM an Gerichtskosten und 1/6 ihrer eigenen außergerichtlichen Kosten allein. Von den übrigen Kosten des Rechtsstreits werden der Klägerin 1/3 und dem Beklagten zu 2) 2/3 auferlegt." Auf Beschwerde des Beklagten zu 2) setzte das Landgericht den Streitwert für die Widerklage auf 1.000 DM herab. Den folgenden Antrag auf Berichtigung der Kostenentscheidung lehnte das Amtsgericht ab.[486]

Diese Entscheidung erscheint unrichtig. Mit seiner Kostenentscheidung hatte das Amtsgericht das Rechenprogramm eindeutig dahin vorgegeben, daß den Parteien die Kosten im Umfang des jeweiligen Unterliegens auferlegt werden sollen.[487] Die Änderung der Streitwertfestsetzung führte lediglich zu einer Veränderung der äußeren Daten und damit zu einer offenbaren Unrichtigkeit. Ausgehend

---

485 So das Beispiel von SPECKMANN, NJW 1972, 232 [234], der jedoch [a. a. O., S. 235] das Problem durch eine unterschiedliche Streitwertfestsetzung für die Parteien lösen will. Ähnlicher Fall in OLG Koblenz 14 W 516/99 v. 30.08.1999, JurBüro 2000, 316. Dort legte die durch die unrichtig gewordenen Kostenentscheidung beschwerte Partei allerdings (nur) Beschwerde gegen die Kosten*festsetzung* ein; diese wurde zurecht zurückgewiesen, da die Kostenfestsetzung an die - wenn auch unrichtige - Kostenentscheidung gebunden ist (a. a. O., S. 317).

486 So in LG Köln 13 T 139/86 v. 05.01.1987, NJW-RR 1987, 955.

487 So i. E. auch LG Köln, a. a. O., wobei die Frage, ob das LG zurecht selbst die Berichtigung unternommen hat, hier noch unberücksichtigt bleiben soll; dazu unten, § 14 I. 2, S. 245 ff.

vom neuen Streitwert der Widerklage läßt sich der nun richtige Kostenausspruch zweifelsfrei berechnen. Er lautet: „Die Klägerin trägt die außergerichtlichen Kosten der Beklagten zu 1), 10 DM an Gerichtskosten und 1/4 ihrer eigenen außergerichtlichen Kosten allein. Die übrigen Kosten des Rechtsstreits werden der Klägerin und dem Beklagten zu 2) je zur Hälfte auferlegt."

Dieses Berichtigungsergebnis deckt sich nicht nur mit dem „*eigentlichen* Entscheidungswillen" des Erstrichters,[488] was für die Berichtigungsbefugnis unerheblich ist,[489] sondern entspricht der Kosten*entscheidung*, wie sie im zu berichtigenden Urteil zweifelsfrei getroffen wurde. Daher und nur daher ist auch eine Berichtigung in unmittelbarer Anwendung des § 319 I ZPO zulässig. Es besteht somit auch keine Veranlassung, die Berichtigungsbefugnis unter Berufung auf „Gebote der Gerechtigkeit" und einen anderenfalls „nur unvollkommenen Rechtsschutz" über das gesetzlich zulässige Maß hinaus auszudehnen.[490]

Andererseits sind der Berichtigungsbefugnis bei nachträglicher Änderung der Streitwertfestsetzung Grenzen gesetzt. Das wird an folgendem Fall deutlich: Gegen eine Klage über 468.535,77 DM verteidigte sich der Beklagte hilfsweise mit Gegenforderungen über insgesamt 579.279,08 DM. Das OLG gab der Klage im wesentlichen statt, setzte den Streitwert auf 468.535,77 DM fest und erlegte die Kosten des Rechtsstreits dem Kläger zu 1/10 und dem Beklagten zu 9/10 auf. Nachträglich setzte es gem. § 25 II 2 GKG den Streitwert auf 1.047.814,80 DM fest und berichtigte den Kostenausspruch dahin, daß der Kläger 1/20 und der Beklagte 19/20 der Kosten zu tragen habe.[491]

Die Berichtigung stützte das OLG auf die „jedenfalls entsprechende Anwendung des § 319 I ZPO".[492] Denn, so fährt das Gericht fort: „Wird ... der Streitwert abgeändert, erweisen sich die Kostenquoten (nunmehr) als offenbar unrichtig und sind nach Maßgabe der Streitwerterhöhung oder -ermäßigung und des sich daraus ergebenden veränderten Verhältnisses des Obsiegens und Unterliegens zu korrigieren".[493] Doch trägt diese richtige Aussage nicht das konkrete Ergebnis. Denn hier hatte das Gericht nicht schlicht einen zu niedrigen Streitwert seiner Kostenentscheidung zugrunde gelegt, sondern es hatte bei Streitwertfestsetzung

---

488 Darauf stellt aber das LG Köln, a. a. O., S. 956 (*Hervorhebung* vom Verf.), maßgeblich ab.

489 Dazu oben, § 5 II., S. 69.

490 So aber LG Köln, a. a. O., S. 956, das deshalb die Berichtigung auch zeitlich entsprechend § 321 ZPO auf 2 Wochen ab Zustellung des Streitwertbeschlusses befristen will.

491 OLG Düsseldorf 19 U 16/91 v. 03.02.1992, NJW-RR 1992, 1407, Sachverhalt vereinfacht.

492 OLG Düsseldorf, a. a. O.

493 OLG Düsseldorf, a. a. O., S. 1408.

und Kostenentscheidung übersehen, daß es auch über die Widerklage entschieden hatte und diese Entscheidung gem. § 19 III GKG kostenpflichtig ist. Daher kann die Korrektur nicht durch eine jeden Zweifel ausschließende Fortschreibung des ursprünglichen Zahlenverhältnisses erfolgen, sondern erfordert eine neue, wertende Entscheidung, daß aus dem Unterliegen mit der Hilfsaufrechnung auch eine Kostentragungspflicht folgt. Diese notwendige Wertung bei der Bestimmung des Berichtigungsergebnisses steht aber der Berichtigungsbefugnis entgegen.

Und auch die vom OLG - zumindest hilfsweise - erwogene „entsprechende" Anwendung des § 319 I ZPO scheidet wegen der anderenfalls preisgegebenen Rechtssicherheit aus.[494] Gerade dieser Fall bietet darüber hinaus auch keinen Anlaß für eine solche Ausdehnung der Berichtigungsbefugnis. Denn das Gericht hat bei seiner Kostenentscheidung die Kosten des Hilfsantrags übergangen, so daß ein Ergänzungsurteil gem. § 321 ZPO möglich und notwendig war. Problematisch ist an dieser Lösung lediglich - abgesehen davon, daß sie förmlicher und daher „umständlicher" ist, als die einfache Berichtigung -, daß gem. § 321 II ZPO die Ergänzung nur binnen einer Frist von 2 Wochen seit Zustellung des Urteils beantragt werden kann, und bei Fristversäumnis auch keine Wiedereinsetzung möglich ist.[495] Doch läßt sich das Problem leichter und vor allem systemgerechter dadurch lösen, daß man den Fristbeginn in diesen Fällen nicht an die Zustellung des Urteils, sondern an die des den Streitwert ändernden Beschlusses setzt.

Es ist allerdings nicht zu bestreiten, daß auch mit konsequenter Anwendung der hier entwickelten Kriterien der Berichtigungsbefugnis sowie dem Institut der Urteilsergänzung nicht alle problematischen Fälle der nachträglichen Streitwertänderung gelöst werden können. Hat der Kläger beispielsweise[496] einen unbezifferten Antrag auf Zahlung von Schadensersatz gestellt und hierauf 5.000 DM zugesprochen bekommen, wird das Gericht dem Beklagte die Kosten gem. § 91 I 1 ZPO vollständig auferlegen, wenn es den Streitwert ebenfalls auf 5.000 DM festsetzt.[497] Bestimmt nun das übergeordnete Gericht den Streitwert nach Beschwerde gem. § 25 III GKG auf 15.000 DM, müßte die Kostenentscheidung gem. § 92 I ZPO lauten, daß der Kläger 2/3 und der Beklagte 1/3 der Kosten zu tragen hat. Dahin kann der ursprüngliche Kostenausspruch jedoch nicht gem. § 319 I ZPO geändert werden, da dies eine - im Berichtigungsverfahren unzulässige - neue richterliche Wertung verlangt. Genauso wenig kommt eine Ergänzung

---

494 Dazu grundsätzlich oben, § 3 IV. 1, S. 53 ff.

495 H. M., vgl. HARTMANN in B/L/A/H, § 321, Rn. 8; aus diesem Grund hält auch SPECKMANN, NJW 1972, 232 [235], eine Korrektur der unrichtig gewordenen Kostenentscheidung über § 321 ZPO für unmöglich.

496 Beispiel nach SPECKMANN, NJW 1972, 232 [233].

497 Siehe zur Streitwertbemessung bei unbezifferten Klageanträgen HUSMANN, NJW 1989, 3126.

der Kostenentscheidung gem. § 321 ZPO in Betracht, da nicht wie im vorhergehenden Fall der Hilfsaufrechnung ein (prozessualer) Anspruch bei der Kostenentscheidung übergangen wurde, sondern im Entschiedenen ein Fehler steckt.

Hier stellt sich tatsächlich die Frage, ob man die nachträgliche Erhöhung[498] des Streitwerts - entgegen § 25 III GKG - ausschließen soll, um eine ungerechtfertigte Mehrbelastung der unterlegenen Seite zu verhindern.[499] Jedoch erkauft man diese „Wohltat" mit einem Eingriff in die Rechte der Rechtsanwälte.[500] Denn wenn der Streitwert auf dem fehlerhaft niedrigeren Niveau bleibt, erhalten sie für ihre Tätigkeit eine geringere Vergütung, als ihnen zusteht (§ 9 I BRAGO). Letztlich handelt es sich also um die Frage, wem die Kosten des gerichtlichen Fehlers aufzubürden sind. Hier entgegen dem Wortlaut des § 25 GKG, der keine Einschränkung der Abänderungsbefugnis vorsieht, gegen die Rechtsanwälte zu entscheiden, erscheint nicht vertretbar. Sofern man die Belastung der Parteien für unerträglich hält, kommt schließlich noch eine teleologische Reduktion des Rechtsmittelausschlusses nach § 99 I ZPO für diese Fälle in Betracht. Insbesondere das sonst so beliebte Argument der drohenden Überlastung der Justiz[501] sollte hier keine Rolle spielen - schließlich handelt es sich um einen ausschließlich gerichtlicherseits verursachten Fehler.

Letztlich bleiben noch die Fälle zu erwähnen, in denen die Unrichtigkeit des Kostenausspruchs zwar *auch* auf einer fehlerhaften Berücksichtigung des Streitwerts beruht, der Fehler aber nicht darin besteht, daß sich der Streitwert als äußeres Datum verändert, sondern daß die fehlerhafte Berücksichtigung unmittelbar in die Entscheidung hinein gewirkt hat. Hat beispielsweise das Berufungsgericht die Kostenentscheidung versehentlich auf der Grundlage des höheren Streitwertes der ersten Instanz getroffen und ist es deshalb zu einer fehlerhaften Kostenteilung gekommen, ist dies ein Fehler bei der Entscheidung selbst. Seine Berichtigung über § 319 ZPO ist unzulässig.[502] Und genauso wenig ist die fehlerhafte Bemessung der Kostenquote wegen einer fehlerhaften Streitwertfestsetzung berichtigungsfähig.

---

498 Bei einer nachträglichen *Verminderung* des Streitwerts stellt sich das Problem zumindest nicht in der Schärfe, da hier auch dann, wenn dadurch der Kostenausspruch inkorrigibel unrichtig wird, die materielle Belastung für jede Seite geringer wird, vgl. SPECKMANN, NJW 1972, 232; siehe dazu auch den Fall LG Frankfurt 3-12 O 66/94 v. 09.09.1996, NJW-RR 1998, 67 [68], wo die Berichtigungsbefugnis allerdings zu unrecht verneint wurde.

499 So BGH VIII ZR 111/76 v. 30.06.1977, MDR 1977, 925; OLG Düsseldorf 9 W 52/92 v. 10.06.1992, NJW-RR 1992, 1532, m. w. Nwen.

500 E. SCHNEIDER, MDR 1977, 925 [926]; MARKL, GKG, § 25, Rn. 15a, spricht sicher nicht zu unrecht von einem auch verfassungsrechtlich nicht unbedenklichen Eingriff, denn es spricht einiges dafür, daß das Gebühreninteresse dem Schutzbereich des Art. 12 GG unterfällt; *offen* BVerfG 1 BvR 1243/88 v. 03.11.1992, BVerfGE 87, 273 [279].

501 Etwa bei STÜRNER, JZ 1986, 526 [533].

502 *A. A.* OLG Hamm 21 W 1/86 v. 20.02.1986, MDR 1986, 594.

3. *Zusammenfassung*

Auch die Kostenentscheidung in einem Urteil unterliegt der Innenbindung gem. § 318 ZPO. Der Kostenausspruch darf daher nur beim Vorliegen einer offenbaren Unrichtigkeit berichtigt werden. Ob dies der Fall ist, entscheidet sich nach den gleichen Grundsätzen, die zur Berichtigung des Hauptsacheausspruchs entwickelt wurden. Daher ist eine Berichtigung nur zulässig, wenn sich der richtige Kostenausspruch ohne Wertungsmöglichkeiten aus dem Urteil als Ganzem ergibt.

Hilfreich ist es, zwei Fallgruppen zu unterscheiden. Eine ist die isolierte Berichtigung des Kostenausspruchs. Hierzu zählt zunächst das Nachholen eines unterbliebenen Ausspruchs. Im Gegensatz zum unterbliebenen Hauptsacheausspruch ist eine Ergänzung des Tenors gem. § 319 ZPO um den Kostenausspruch jedoch nur in Ausnahmefällen zulässig. Das liegt daran, daß das Urteil in aller Regel nur die gesetzlichen Bestimmungen zur Kostenentscheidung nennt, die meistens notwendigen und möglicherweise vom Gericht getroffenen Wertungen jedoch nicht zweifelsfrei dokumentiert werden. Ohne unzulässiges Nachholen erforderlicher Wertungen können daher nur solche Urteile um den unterlassenen Kostenausspruch berichtigt werden, die sich in den Gründen explizit auf §§ 91 I 1, 92 II, 93 ZPO stützen. Im übrigen ist die Kostenentscheidung im Verfahren nach § 321 ZPO nachzuholen. Ebenfalls unzulässig ist eine isolierte Berichtigung des bereits erfolgten Kostenausspruchs, da sich dabei die Möglichkeit der Abänderung der bereits getroffenen Kostenentscheidung kaum ausschließen läßt.

Wesentlich differenzierter und komplizierter stellt sich die Lage bei der Berichtigung des Kostenausspruchs als Folge der Berichtigung seiner Grundlagen dar. In diese Gruppe gehören die Fälle der Berichtigung des Hauptsacheausspruchs sowie der Korrektur der Streitwertfestsetzung. In beiden Fällen verlangt der Grundsatz des Gleichlaufs von Hauptsache- und Kostenentscheidung und damit das Ziel der materiellen Gerechtigkeit die Anpassung der Kostenentscheidung an die veränderten Daten. Doch ist auch hier dem zweiten Element des Rechtsstaatgebot, der Rechtssicherheit, genüge zu tun. Daher ist eine Berichtigung auch in diesen Fällen nur insoweit zulässig, wie die Anpassung des Kostenausspruchs ohne neue richterliche Entscheidung, d. h. ohne Wertungsakt erfolgen kann.

Der somit verbleibende Berichtigungsspielraum ist größer, als es zunächst erscheint. Ausgangspunkt ist die oben gewonnene Erkenntnis, daß auch Unrichtigkeiten, die durch zweifellos fehlerhafte Entscheidungsgrundlagen verursacht wurden, berichtigungsfähige Unrichtigkeiten sind. Sowohl ein berichtigter Hauptsacheausspruch als auch eine veränderte Streitwertfestsetzung stellen *für die Kostenentscheidung* äußere, von jeder Wertung unabhängig wahrnehmbare Daten dar. Wenn der zu berichtigenden Entscheidung das Programm zweifelsfrei zu entnehmen ist, kann der Kostenausspruch berichtigt werden. Doch ist darauf zu achten, daß nicht das Entscheidungsprogramm ausgewechselt wird. Das wäre etwa beim Übergang von quotenmäßiger zu einseitiger Kostentragung oder Kostenaufhebung der Fall.

Soweit bei Anwendung der hier entwickelten Kriterien eine Berichtigung des Kostenausspruchs ausscheidet, kann teilweise über § 321 ZPO die materielle Gerechtigkeit hergestellt werden. Soweit auch dieser Weg versagt, ist entweder im Wege der teleologischen Reduktion die Rechtsmittelsperre des § 99 I ZPO einzuschränken, oder die materiell fehlerhafte Entscheidung - wie auch sonst - als Preis der Rechtssicherheit hinzunehmen.

III. Berichtigung des Ausspruchs über die vorläufige Vollstreckbarkeit

Weiterhin enthalten die nicht rechtskräftigen Urteile mit vollstreckbarem Inhalt einen Ausspruch zur vorläufigen Vollstreckbarkeit. Auch hier sind offensichtliche Fehler keineswegs ausgeschlossen, die Bindung des Gerichts an seine Entscheidung aber anerkannt.[503] Es stellt sich daher die Frage nach ihrer Berichtigungsfähigkeit.

Ausgehend von dem hier entwickelten Verständnis der Urteilsberichtigung kommt eine Berichtigung nur in Betracht, wenn sowohl die Unrichtigkeit als auch der richtige Ausspruch zweifelsfrei ersichtlich sind. Das setzt der Berichtigungsbefugnis in diesem Fall *sehr* enge Grenzen. Denn wie bei der Kostenentscheidung begnügt sich das Gericht bezüglich der Entscheidung zur vorläufigen Vollstreckbarkeit i. d. R. damit, die angewendeten Rechtsnormen zu zitieren; der Weg, auf dem der u. U. fehlerhafte Ausspruch entstanden ist, bleibt damit jedoch weitestgehend im dunklen. Daher kann bei einer Veränderung des Ausspruchs eine - unzulässige - Abänderung der Entscheidung kaum ausgeschlossen werden.

1. Nachholen eines unterbliebenen Ausspruchs über die vorläufige Vollstreckbarkeit

Ähnlich wie bei der Korrektur des Kostenausspruchs stellt sich auch hier als erstes die Frage, ob ein unterbliebener Ausspruch über die vorläufige Vollstreckbarkeit im Wege der Urteilsberichtigung nachgeholt werden kann. Und auch die Antwort entspricht der zum Kostenausspruch gegebenen: Die Ergänzung des Tenors im Wege der Urteilsberichtigung ist zulässig, wenn sich aus den Entscheidungsgründen die getroffene Entscheidung über die vorläufige Vollstreckbarkeit *zweifelsfrei* ergibt.[504]

Damit ist eine Ergänzung jedoch nur in den Fällen möglich, in denen sich das Gericht in den Entscheidungsgründen auf eine Vorschrift gestützt hat, der zufolge

---

503 Vgl. OLG Frankfurt 6 W 292/69 v. 14.07.1969, RPfleger 1969, 395; HARTMANN in B/L/A/H, § 318, Rn. 12.

504 So auch WIESEMANN, S. 158.

das Urteil *ohne* Sicherheitsleistung vollstreckt werden darf (§§ 708, 710 ZPO). Nur in diesen Fällen ist der unterlassene Ausspruch zweifelsfrei ersichtlich. Hat das Gericht hingegen seine Entscheidung (auch) auf § 709 ZPO gestützt, oder neben § 708 ZPO auch § 711 ZPO erwähnt, müßte in der Ergänzung die Sicherheitsleistung angegeben werden. Diese läßt sich aber selbst in den Fällen, in denen in der Hauptsache ein bezifferter Anspruch zugesprochen wurde, nicht zweifelsfrei bestimmen. Denn neben diesem Hauptsacheausspruch sind in aller Regel auch Kosten vollstreckbar. Weiterhin wird in der Praxis regelmäßig die Verzinsung des vorläufig vollstreckbaren Betrages für die mutmaßliche Zeit des Rechtsmittelverfahrens aufgeschlagen. Wegen dieser Unsicherheiten scheidet die Ergänzung durch Berichtigungsbeschluß aus.

Dieser Ausschluß umfaßt auch die Fälle, in denen der Ausspruch zur vorläufigen Vollstreckbarkeit nur teilweise unterblieb. Hat das OLG seine Entscheidung über die vorläufige Vollstreckbarkeit beispielsweise auf §§ 708 Nr. 10, 711 ZPO gestützt, im Tenor aber nur bestimmt, daß das Urteil vorläufig vollstreckbar sei, kommt eine Ergänzung um die zur Abwendung der Vollstreckung zu leistende Sicherheit nicht in Betracht. In all diesen Fällen ist die Entscheidung über die vorläufige Vollstreckbarkeit aber nicht nur nicht berichtigungsfähig, sondern es liegt mangels sicherer Erkennbarkeit überhaupt keine Entscheidung vor.[505] Sie ist daher gem. §§ 716, 321 ZPO nachzuholen.

2. Berichtigung des Ausspruchs zur vorläufigen Vollstreckbarkeit im engeren Sinne

Von der soeben erörterten Ergänzung eines unterlassenen Ausspruchs zur vorläufigen Vollstreckbarkeit ist die Veränderung eines vorhandenen Ausspruchs zu trennen. Die möglichen Veränderungen lassen sich danach unterscheiden, ob sie die Art der Vollstreckbarkeit oder die Höhe einer angeordneten Sicherheitsleistung betreffen.

a) Berichtigung der Art der vorläufigen Vollstreckbarkeit

Sicher eine Abänderung der Entscheidung ist es, wenn das Gericht ein Versäumnisurteil zunächst nur gegen Sicherheitsleistung gem. § 709 ZPO für vollstreckbar erklärt, sodann aber einen Berichtigungsbeschluß erläßt, wonach das Urteil gem. § 708 Nr. 2 ZPO ohne Sicherheit vollstreckbar sei. Hierbei handelt es sich um eine von der Berichtigungsbefugnis nicht gedeckte Korrektur eines Ent-

---

505 Siehe zum vergleichbaren Fall des unterbliebenen Kostenausspruchs oben, § 6 II. 1.a), S. 101 ff.

scheidungsfehlers.[506] Und allgemein wird sich sagen lassen, daß eine Berichtigung in der *Art* des Ausspruchs zur vorläufigen Vollstreckbarkeit niemals zulässig sein kann, denn hierbei lassen sich weder Fehler noch statt dessen Entschiedenes zweifelsfrei bestimmen.

Das wird an folgendem Beispiel deutlich: Im ursprünglichen Tenor hieß es: „Das Urteil ist vorläufig vollstreckbar, der Antragstellerin wird nachgelassen, die Zwangsvollstreckung durch Sicherheitsleistung in Höhe von 10.000 DM ... abzuwenden." Er wurde dahin berichtigt, daß er lautete: „...die Zwangsvollstreckung *wegen der Kosten* ... abzuwenden." Das OLG begründete die Zurückweisung der hiergegen gerichteten sofortigen Beschwerde wie folgt: Der „Wille des Erstrichters war *zumindest für einen Rechtskundigen* von vornherein offenbar, weil die Höhe der Sicherheitsleistung der Höhe der zu erwartenden Verfahrenskosten des ersten Rechtszuges ziemlich genau angepaßt ist".[507]

Doch erscheint diese Begründung fehlerhaft. Der Maßstab des Rechtskundigen diente hier nicht dazu, juristische Fachbegriffe zu verstehen, sondern fehlerhafte Wertungen zu korrigieren.[508] Tatsächlich wurde mit dieser „Berichtigung" daher keine offenbare Unrichtigkeit behoben, sondern die Entscheidung zur vorläufigen Vollstreckbarkeit wertend interpretiert, d. h. abgeändert. Das ist im Rahmen des § 319 ZPO unzulässig.[509]

b) Berichtigung der Höhe einer angeordneten Sicherheitsleistung

Aber auch wenn es nicht um die Korrektur der *Art* der vorläufigen Vollstreckbarkeit, sondern um die *Höhe* der angeordneten Sicherheitsleistung geht, wird eine Berichtigung in den meisten Fällen ausscheiden. Wurden beispielsweise dem Kläger vom Berufungsgericht knapp 1,3 Mio. DM nebst Zinsen von 5 % p. a. seit 2,5 Jahren sowie Ersatz von 55 % seiner Kosten zugesprochen, erschiene eine Sicherheitsleistung von 1,36 Mio. DM zur Abwendung der Zwangsvollstreckung dem Juristen als zu gering und damit unrichtig.[510] Jedoch ist bereits die Erkenntnis der Unrichtigkeit nicht offenbar, denn sie verlangt verschiedene Wertungen.

---

506 So auch OLG Celle 5 W 192/55 v. 04.07.1955, NJW 1955, 1843 (die a. a. O. zitierten Paragraphen stimmen wegen der Vereinfachungsnovelle vom 1.7.1977 (BGBl I, 3281) nicht mehr), zustimmend WIESEMANN, S. 158, Fn. 3.

507 OLG Düsseldorf 13 W 33/74 v. 23.01.1975, BB 1977, 471 (Hervorhebung vom Verf.), mit *abl.* Anm. RUNGE, BB 1977, 472; *zustimmend* LEIPOLD in Stein/Jonas, ZPO, § 319, Rn. 9; MUSIELAK in MüKo-ZPO, § 319, Rn. 8.

508 Dazu oben, § 5 III. 1.d)(2), S. 76.

509 So auch RUNGE, BB 1977, 472.

510 Vgl. BGH III ZR 81/98 v. 13.08.1998, NJW-RR 1999, 213, der die Berichtigungsfähigkeit jedoch offen lies.

Aber auch wenn der Ausspruch zur vorläufigen Vollstreckbarkeit wegen der Berichtigung des Hauptsacheausspruchs unrichtig wird, scheidet seine Berichtigung aus. Wurden im Urteil beispielsweise die 10 dem Kläger zugesprochenen Positionen zunächst zu 10.000 DM addiert und die Sicherheitsleistung auf 12.000 DM festgesetzt, ist zweifelsfrei nur, daß das Gericht neben der vollstreckbaren Hauptforderung weitere 2.000 DM als vollstreckbar erachtet hat. Bereits der Schluß, daß dies wegen der Kosten geschah, ist Wertung. Wenn nun die 10 Positionen korrekt zu 15.000 DM zusammengezählt werden, kann keinesfalls zweifelsfrei darauf geschlossen werden, daß nun auch die Sicherheitsleistung um 5.000 DM zu erhöhen sei. Es wird zwar ein Konsens feststellbar sein, daß dies das *Mindestmaß* der Erhöhung sein muß, doch besteht der notwendige Ausspruch nicht darin, das die Vollstreckung nur gegen Sicherheitsleistung von „*mindestens* 17.000 DM“ zulässig sei, sondern in einem bestimmten Betrag. Dieser ist aber bereits im vereinfachenden Beispiel nicht zweifelsfrei feststellbar. Nimmt man hinzu, daß in der Praxis regelmäßig eine Verzinsung des vorläufig vollstreckbaren Betrages aufgeschlagen wird und durch eine Veränderung des Hauptsacheausspruchs auch eine Veränderung des Kostenausspruchs eintreten kann, erscheint die Zweifelhaftigkeit jeder nachträglichen Anpassung der Sicherheitsleistung offenkundig. Eine Berichtigung ist daher ausgeschlossen.[511]

Berichtigungsfähig sind daher nur offenkundige Schreibfehler. Hat das Gericht bei einem - unberichtigten! - Hauptsacheausspruch über 10.000 DM die Sicherheitsleistung auf 1.200 DM festgesetzt, besteht kein Zweifel, daß es 12.000 DM entschieden hat. Der Tenor kann daher berichtigt werden.

3. *Zusammenfassung*

Unrichtigkeiten im Ausspruch über die vorläufige Vollstreckbarkeit sind nur in Ausnahmefällen der Urteilsberichtigung zugänglich. Falls ein Ausspruch vollständig unterblieb, kann er nach § 319 ZPO nur ergänzt werden, wenn sich das Gericht in den Entscheidungsgründen auf eine Vorschrift gestützt hat, derzufolge das Urteil *ohne* Sicherheitsleistung vollstreckt werden darf (§§ 708, 710 ZPO). Ist hingegen nach den angezogenen Normen eine Sicherheitsleistung zu bestimmen, scheidet die Berichtigung aus. Genauso wenig ist eine Berichtigung möglich, wenn die festgelegte Sicherheitsleistung fehlerhaft ist. Ausnahmen sind nur zuzulassen, wenn es sich um einen offensichtlichen Schreibfehler handelt.

---

511 So auch - wenngleich mit anderer Begründung - WIESEMANN, S. 159; vgl. hierzu noch KG 12 W 1168/80 v. 14.07.1980, JurBüro 1981, 614 [615], das einen Berichtigungsbeschluß, der die Aussprüche zu Sicherheitsleistung und zur Kostentragung veränderte, zutreffend aufhob; OLG Frankfurt 6 W 292/69 v. 14.07.1969, RPfleger 1969, 395, daß die nachträgliche Aufteilung der Sicherheitsleistung auf einzelne Ansprüche ablehnte.

IV. Berichtigung des Ausspruchs über die Rechtsmittelzulassung

Einen weiteren und - früher[512] - heftig umstrittenen Anwendungsbereich findet die Urteilsberichtigung schließlich bei der Korrektur des Ausspruchs über die Rechtsmittelzulassung. Im ordentlichen Zivilprozeß ist die Revision gegen ein Berufungsurteil des OLG nur zulässig, wenn es sich entweder um eine vermögensrechtliche Streitigkeit mit einer Beschwer des Rechtsmittelführers von mehr als (z. Zt.) 60.000 DM handelt oder das OLG die Revision zugelassen hat. Noch größere Bedeutung erhält die Revisionszulassung im arbeitsgerichtlichen Verfahren.[513] Hier ist gem. § 72 I ArbGG die Revision überhaupt nur bei Zulassung, die nach § 72a ArbGG allerdings auch vom BAG nachgeholt werden kann, gegeben. Und gem. § 64 II ArbGG ist die Berufung bei einer Beschwer von weniger als (z. Zt.) 800 DM von der Zulassung durch das Ausgangsgericht abhängig.

1. Zur alten Rechtsprechung des BAG

Der Streit entschärft sich jedoch, wenn man seine zwei grundsätzlich verschiedenen Elemente auseinander hält. Nur zum einen geht es hier nämlich um die Frage der Berichtigungsvoraussetzungen. Die andere, davon zunächst unabhängige Frage ist, ob die Rechtsmittelzulassung im Tenor ausgesprochen werden muß, oder ob auch eine Zulassung in den Urteilsgründen genügt. Während der BGH letztere Ansicht vertritt,[514] bestand die alte Rechtsprechung des BAG auf einem gem. § 60 I ArbGG zu verkündenden Ausspruch im Tenor.[515]

Nur vor diesem Hintergrund wird die höchst unterschiedliche Bedeutung, die die Berichtigung des Ausspruchs zur Rechtsmittelzulassung in den beiden Verfahrensordnungen erlangt hat, verständlich. Im Ergebnis besteht in der ordentlichen Gerichtsbarkeit nämlich nur dann ein Bedürfnis, die Rechtsmittelzulassung nachträglich durch Berichtigungsbeschluß auszusprechen, wenn das OLG auch bis zur Absetzung der Entscheidungsgründe die Frage der Rechtsmittelzulassung übersehen hat, oder sich gar danach noch anders entscheidet. Bis dahin kann es „Dank" der weiten BGH-Rechtsprechung seine Entscheidung zu dieser Frage aufschieben und - de facto - sogar, sofern es nicht vorher eine Entscheidung hierzu verkündet hat, ändern.

---

512 Siehe dazu die Nwe. bei LÄSSIG, Rechtsmittelzulassung, S. 59 ff.

513 In dem § 319 ZPO über die Verweisungen in §§ 46 II, 64 VI, 72 V ArbGG anwendbar ist.

514 BGH III ZR 265/54 v. 08.03.1956, BGHZ 20, 188 [193]; BGH IV ZR 268/55 v. 10.03.1956, NJW 1956, 831.

515 BAG 1 AZR 192/55 v. 13.04.1956, BAGE 2, 358 [360 f.]; BAG 4 AZB 15/86 v. 19.08.1986, BAGE 52, 375 [376 f.].

Von erheblicher Bedeutung *war* hingegen die nachträgliche Berichtigung des Ausspruchs zur Rechtsmittelzulassung im arbeitsgerichtlichen Verfahren. Durch das Verkündungserfordernis bestand keine Möglichkeit, diese Entscheidung zunächst auszuklammern und erst später beim Abfassen der Gründe, wenn sich vielleicht eine Divergenz, die grundsätzliche Bedeutung der Sache oder auch nur ein schlichter Fehler herausstellt, zu treffen. Berücksichtigt man weiterhin, daß gem. § 60 I ArbGG das Urteil grundsätzlich am Ende der Hauptverhandlung verkündet werden soll, wird die erhebliche Fehlerquelle und die Neigung, sie durch die Urteilsberichtigung zu schließen, deutlich.

Diesem massiven und selbst geschaffenen Druck hat das BAG jahrzehntelang standgehalten. In ständiger Rechtsprechung hat es - in formeller Übereinstimmung mit dem BGH[516] aber wie dargelegt in völlig anderem Kontext - eine Berichtigung des Ausspruchs zur Rechtsmittelzulassung nur zugelassen, wenn sich die Tatsache der Rechtsmittelzulassung aus den Umständen bei Erlaß und Verkündung der Entscheidung zweifelsfrei ergab.[517] Für unzulässig und unwirksam[518] hielt es hingegen eine Berichtigung, die sich lediglich auf die *nach* Verkündung abgesetzten Urteilsgründe beruft.[519]

Eine Übereinstimmung auch in der Sache besteht in Rechtsprechung und Literatur allerdings in den Fällen, in denen per Berichtigungsbeschluß *entgegen* den bereits abgesetzten Urteilsgründen die Rechtsmittelzulassung ausgesprochen und Tenor sowie Gründe berichtigt wird. Eine solche Berichtigung ist nach wohl allgemeiner und zutreffender Auffassung unzulässig.[520]

Eine Wende wurde erst in jüngster Zeit durch das BVerfG erzwungen. Dies bezeichnete die vom BAG mit Verkündungserfordernis einerseits und Unzulässigkeit (und Unwirksamkeit) einer die Rechtsmittelzulassung nachträglich aus-

---

516 BGH III ZR 265/54 v. 08.03.1956, BGHZ 20, 188 [193 f.]; BGH VII ZR 104/57 v. 25.09.1958, NJW 1958, 1917; so schon RG IVa 288/35 v. 28.10.1935, JW 1936, 102.

517 BAG 4 AZR 418/68 v. 04.06.1969, BAGE 22, 53 [55]; BAG 4 AZB 15/86 v. 19.08.1986, BAGE 52, 375 [377], m. w. Nwen; zustimmend etwa GRUNSKY, AP Nr. 15 zu § 319 ZPO.

518 Dazu unten, § 9 II. 2.a)(1), S. 180 ff.

519 BAG 1 AZR 192/55 v. 13.04.1956, BAGE 2, 358 [361 f.], mit *abl.* Anm. POHLE, AP Nr. 3 zu § 319 ZPO; BAG 2 AZR 511/58 v. 05.05.1960, BAGE 9, 205 [207 ff.]; offen gelassen in BAG 2 AZR 7/55 v. 22.12.1955, AP Nr. 2 zu § 319 ZPO: Wenn der Berichtigungsbeschluß mit einem vom verkündeten Urteil abweichenden Beratungsergebnis begründet werde, müsse zumindest der Grund der Abweichung dargetan werden; ablehnend zu diesem Begründungserfordernis POHLE, AP Nr. 2 zu § 319 ZPO.

520 BGH, a. a. O. (in Fn. 516); BAG 2 AZR 523/54 v. 07.03.1955, BAGE 3, 21 [22]; BAG 5 AZR 252/67 v. 09.03.1968, AP Nr. 14 zu § 319 ZPO; vgl. zum verwaltungsgerichtlichen Verfahren (§ 34 I AuslG): OVG Bremen 2 BA 67/81 v. 09.12.1981, NVwZ 1982, 636.

sprechenden Urteilsberichtigung andererseits bewirkte Erschwerung des Instanzenzugangs als offensichtlich grundrechtsverletzende „Schikane".[521]

Der Verfassungsbeschwerde lag eine in der Verkündung des arbeitsgerichtlichen Urteils unterbliebene, in den Gründen sowie einem zur Berichtigung des Tenors ergangenem Berichtigungsbeschluß jedoch angeführte Berufungszulassung zugrunde. Das LAG hatte die Berufung verworfen, die sofortige Beschwerde hiergegen wurde vom BAG zurückgewiesen.[522] Die letztgenannten Entscheidungen verstießen nach Ansicht des BVerfG gegen das aus Art. 2 I in Verbindung mit Art. 20 III GG abzuleitende Gebot des fairen Instanzenzugangs.[523]

Nach dieser verfassungsrechtlichen Vorgabe hatte das BAG zu entscheiden, auf welche Weise den Instanzgerichten die Korrektur einer versehentlich unterbliebenen Rechtsmittelzulassung ermöglicht werden sollte.[524] Nach seiner Ansicht konnte dies zum einen durch Verzicht auf das Verkündungserfordernis, zum anderen durch Anerkennung der durch nachträgliche Urteilsberichtigung gem. § 319 ZPO eingefügten Rechtsmittelzulassung geschehen. Zutreffend meinte das Gericht zur zweiten Alternative, es

> *„...spricht der Wortlaut des § 319 ZPO dagegen, daß diese Vorschrift eine hinreichende Grundlage für die nachträgliche Einfügung eines gerichtsintern gebliebenen Zulassungsbeschlusses in das Urteil abgeben kann. Einen solchen Irrtum wird man nämlich kaum als ‚offenbar' bezeichnen können, da er für Außenstehende aus dem Urteil oder den Umständen seines Erlasses oder seiner Verkündung nicht erkennbar geworden ist."*[525]

Das BAG entschied daher, auf das bislang zwingende Erfordernis, die Rechtsmittelzulassung im Tenor auszusprechen und zu verkünden, zu verzichten.[526]

---

521 „Dieses Ergebnis, das einer Schikane nahekommt, ist mit dem aus dem Rechtsstaatsprinzip fließenden Grundsatz der fairen Prozeßgestaltung nicht zu vereinbaren", BVerfG 1 BvR 1140/86 v. 15.01.1992, NJW 1992, 1496; ähnlich scharf schon H. OTTO, SAE 1974, 58: die Rechtsprechung sei ein Beispiel, „wie man Verfahrensregeln als Verfahrensformalismus in Mißkredit bringen kann".

522 BAG 4 AZB 15/86 v. 19.08.1986, BAGE 52, 375.

523 BVerfG, a. a. O. In BVerfG 2 BvR 342/74 v. 27.04.1976, AP Nr. 15 zu § 92 ArbGG, hatte das Gericht hingegen noch festgestellt: „Die Entscheidung des BAG, daß eine versehentlich unterbliebene und nicht verkündete Zulassung der Rechtsbeschwerde nicht in den Gründen nachgeholt werden kann, verstößt *nicht* gegen das Grundgesetz" (LS, *Hervorhebung* vom Verf.).

524 BAG 4 AZR 528/92 v. 23.11.1994, NJW 1996, 674 [674 ff.], mit kaum verhüllter und durchaus begründeter Kritik an der Rechtsprechung des BVerfG.

525 BAG, a. a. O., S. 675.

526 BAG, a. a. O.; die bereits praktisch kaum relevanten Einschränkung, daß dies nur „im Fall des *versehentlichen* Unterbleibens der Verkündung" gelte, ist inzwischen (BAG 6

2. *Die Berichtigungsvoraussetzungen heute*

Nachdem das BAG somit auf die Linie des BGH eingeschwenkt ist, können die Berichtigungsvoraussetzungen bezüglich der Rechtsmittelzulassung einheitlich behandelt werden. Dabei stellen sich vier Fragen.

a) Ergänzung des Tenors nach den später abgesetzten Gründen

Zum einen ist fraglich, ob dann, wenn der verkündete Tenor keinen Ausspruch über die Rechtsmittelzulassung enthielt, die *später* abgesetzten Gründe die Zulassung aber bestimmen, der Tenor durch Berichtigungsbeschluß um den fehlenden Ausspruch *ergänzt* werden darf. Dagegen scheint die oben[527] begründete Unzulässigkeit, nachträglich entstandene Erkenntnisquellen zur Grundlage der Berichtigung zu machen, zu sprechen. Jedoch ist solange, wie noch kein Ausspruch zur Rechtsmittelzulassung gefallen ist, auch keine Entscheidung hierüber getroffen. Das zum Schutz der einmal getroffenen Entscheidung bestimmte Kriterium ist daher unanwendbar.

Gegen eine Berichtigung des Tenors spricht jedoch, daß sie in diesem Fall schlicht überflüssig ist. Denn die nunmehr einheitliche Rechtsprechung von BGH und BAG verlangt den formellen Ausspruch gerade nicht mehr. Aber auch andere Gründe, die die deklaratorische Feststellung des Entschiedenen erfordern, sind nicht ersichtlich. Sie folgten hinsichtlich der übrigen Elemente des Tenors (Aussprüche zur Hauptsache, zur Kostentragung und zur vorläufigen Vollstreckbarkeit) aus den Erkenntnisschranken, die den nachfolgend mit diesen Aussprüchen befaßten Organen auferlegt sind. Das Rechtsmittelgericht unterliegt jedoch keiner solchen Beschränkung. Es darf und muß das gesamte Urteil samt weiterer Erkenntnisquellen der Ermittlung der getroffenen Entscheidung zugrunde legen.[528] Und auch die oben erwähnte Gefahr, daß sich eine Partei wegen einer Falschbezeichnung im Urteil in Wahrheit nicht bestehender Rechte berühmt,[529] ist hier nicht gegeben. Wenn damit aber die Berichtigung überflüssig ist, erscheint sie auch unzulässig.[530]

AZB 48/97 v. 11.12.1998, NJW 1999, 1420 [1421 f.]) auch formell aufgehoben; so schon BAG 1 AZR 372/95 v. 31.10.1995, NZA 1996, 499.

527 § 5 III. 2, S. 78.

528 Dazu ausführlich oben, § 2 I. 1, S. 34 ff., und § 4 , insbesondere in Fn. 256, S. 64.

529 Siehe § 3 IV. 2.a), S. 58.

530 So auch WIESEMANN, S. 163; siehe zur Frage des Rechtsschutzinteresses unten, § 14 III. , S. 250.

Der BGH hat indes abweichend entschieden.[531] Bei der Urteilsverkündung unterblieb ein Ausspruch zur Zulassung der Revision. Wenige Tage danach, aber bevor das vollständige Urteil abgesetzt wurde, erließ das Gericht einen Berichtigungsbeschluß, der den verkündeten Tenor um die unterbliebene Revisionszulassung ergänzte. Hier ist zwar ein Klarstellungsbedürfnis zu bejahen. Denn ersichtlich und nicht ohne Berechtigung wollte das OLG die Parteien nicht erst mit Zustellung des vollständigen Urteils davon in Kenntnis setzen, daß seine Entscheidung anfechtbar ist. Doch fehlte es zu diesem Zeitpunkt an einer „offenbaren“ Unrichtigkeit. Denn auch die Tatsache, daß das Gericht in vier anderen, gleichzeitig verhandelten Verfahren wegen desselben Sachverhalts die Revision zuließ,[532] ermöglicht keinen *logisch-zwingenden*, sondern nur einen - juristisch zulässigen - *analogen* Schluß darauf, daß es auch in diesem Fall so entschieden *hat*.[533] Der BGH hat daher unrichtig die „richtige“ und nicht die - gar nicht ersichtliche - tatsächlich getroffene Entscheidung zur Grundlage der Berichtigungsbefugnis gemacht. Dieser Fehler war zudem überflüssig, da nach der eigenen Rechtsprechung die Revisionszulassung nur in den nachträglich abgesetzten Gründen ausreichend ist.

b) Veränderung des Tenors nach den gleichzeitig abgesetzten Gründen

Wird das Urteil nicht am Schluß der mündlichen Verhandlung verkündet, muß es bei der Verkündung vollständig abgefaßt sein, § 310 II ZPO. Auch in diesem Fall kann eine Divergenz zwischen dem Ausspruch zur Rechtsmittelzulassung im Tenor und der ausweislich der Urteilsgründe getroffenen Entscheidung bestehen. Einfach ist es, wenn die Gründe zweifelsfrei die Entscheidung ergeben, jedoch im Tenor ein Ausspruch fehlt oder aufgrund eines offensichtlichen Schreibfehlers die Zulassung für die falsche Partei erfolgt. Problematisch ist jedoch folgender Fall:[534] Im Tenor des OLG-Urteils, in dem dem Kläger wegen Mitverschuldens nur ein Teil der Klageforderung zugesprochen wurde, hieß es: „Für die *Beklagten* wird die Revision zugelassen“. Am Schluß der Entscheidungsgründe wurde dazu ausgeführt: „Gemäß § 546 I Nr. 1 ZPO wurde die Revision zugelassen, da die Frage, ob und inwieweit das Nichtanlegen von Sicherheitsgurten den Einwand des Mit-

---

531 BGH VI ZR 176/78 v. 08.07.1980, BGHZ 78, 22 mit Anm. WEBER, LM Nr. 10 zu § 319 ZPO. Bei ähnlichem Sachverhalt hat BAG 4 AZR 139/95 v. 10.07.1996, DB 1997, 835, die Frage der Zulässigkeit der Berichtigung offen gelassen.

532 Worauf der BGH, a. a. O., S. 23, entscheidend abstellte.

533 Es ist Wesenszug juristischer Argumentation und Begründung, daß sie nicht formallogisch zwingend, sondern nur - mehr oder weniger - überzeugende Schlüsse ziehen kann, vgl. KAUFMANN, Analogie, S. 4 f.; LARENZ/CANARIS, Methodenlehre, S. 202 (in Fn. 31).

534 BGH VI ZR 236/79 v. 10.03.1981, VersR 1981, 548.

verschuldens nach § 254 BGB begründet, von grundsätzlicher Bedeutung ist und eine im Wortlaut veröffentlichte Entscheidung des Bundesgerichtshofs dazu bisher nicht vorliegt." Dieser Gesichtspunkt sowie die Anregung, die Revision zuzulassen, kam indes von den Klägern.

Auf Antrag der Kläger berichtigte das OLG den Tenor dahin, daß die Revision für sie zugelassen wird. Das erscheint falsch. Zwar entspricht es zutreffender *Auslegung* des unberichtigten Urteils, daß die Revision der Kläger in der Entscheidung zugelassen wurde. Aber das ist kein zweifelsfreies, sondern ein aufgrund vielfacher Wertungen gewonnenes Ergebnis. Dieser Umstand verbietet eine Berichtigung. Sie war aber auch überflüssig - und allein deshalb unzulässig -, da auch ohne einen Berichtigungsbeschluß der BGH die Zulassung dem Urteil als ganzem hätte entnehmen können und müssen.[535]

c) Veränderung des verkündeten Tenors nach den später abgesetzten Gründen

Weiterhin fragt sich, ob im Wege der Urteilsberichtigung ein bereits verkündeter Ausspruch zur Rechtsmittelzulassung *verändert* werden darf. Insoweit ergeben sich jedoch gegenüber den früher erörterten Fällen der Berichtigung der Aussprüche zur Hauptsache etc. keine Abweichungen. Die einzige Besonderheit der Entscheidung über die Rechtsmittelzulassung besteht nach heute einheitlicher Auffassung der Rechtsprechung darin, daß diese Entscheidung bis zum Absetzen des vollständigen Urteils aufgeschoben werden darf. Ist sie jedoch getroffen, ist sie wie jede andere im Urteil getroffene Entscheidung für das erkennende Gericht unabänderlich, § 318 ZPO. Es gelten somit die gleichen Grenzen der Berichtigungsbefugnis. Daher kommt eine Berichtigung des verkündeten Ausspruchs nur in Betracht, wenn die *gleichzeitig* verkündeten Urteilsgründe zweifelsfrei ergeben, daß tatsächlich eine andere Entscheidung zur Rechtsmittelzulassung getroffen wurde, als es nach dem Ausspruch erscheint. Das dürfte in der Praxis aber kaum vorkommen.

d) Ergänzung des Tenors bei fehlender Entscheidung

Letztlich verbleiben die Fälle, in denen weder der verkündete Tenor, noch die (nachträglich) abgesetzten Urteilsgründe eine Entscheidung über die Rechtsmittelzulassung enthalten. Hier lassen sich wiederum zwei Konstellationen unterscheiden. Zum einen ist es möglich, daß das Gericht diese Frage schlicht übersehen hat. Zum anderen kann es aber auch sein, daß das Gericht eine Entscheidung bewußt unterließ, da es davon ausging, daß das Rechtsmittel wegen der Beschwer auch ohne besondere Zulassung zulässig wäre.[536]

---

535 Zu dieser Entscheidung noch unten, § 16 I. 1.b), bei Fn. 1252, S. 274.

536 So die Fälle BGH XII ZR 7/94 v. 25.10.1995, WM 1996, 187; BGH VI ZR 96/85 v. 13.05.1986, NJW 1986, 3143, m. w. Nwen, wobei jedoch n keinem Fall vom OLG eine

In beiden Fällen scheidet eine Berichtigung nach § 319 ZPO aus.[537] Es ist nämlich bereits nicht zweifelsfrei ersichtlich, ob es sich bei den „fehlenden" Ausführungen zur Rechtsmittelzulassung tatsächlich um ein Versehen handelt, oder ob das Gericht die Frage geprüft und - ohne besondere Erwähnung - negativ entschieden hat.[538] Selbst wenn in der zweiten Konstellation die Zulassungswürdigkeit oder -bedürftigkeit des Rechtsstreits - für den Juristen! - augenfällig wäre, erforderte die nachträgliche Zulassung doch eine im Berichtigungsverfahren unzulässige Wertung.[539]

Fraglich kann daher lediglich sein, ob eine nachträgliche Rechtsmittelzulassung im Wege der Urteilsergänzung *analog* § 321 ZPO nachgeholt werden kann. Diese Frage wird von der ganz h. M. verneint.[540]

3. *Zusammenfassung*

Insgesamt kommt eine Berichtigung des Ausspruchs zur Rechtsmittelzulassung daher in keinem praktisch bedeutsamen Fall in Betracht. Sie scheitert daran, daß sie entweder mit einer möglichen Veränderung der getroffenen Entscheidung verbunden oder aber überflüssig und daher mangels Rechtsschutzbedürfnis unzulässig wäre.

V. Berichtigung des festgesetzten Wertes der Beschwer

Eng mit vorstehendem Problem hängt die letzte hier zu erörternde Frage zusammen, ob nämlich eine Berichtigung des im Urteil festgesetzten Wertes der Beschwer durch Urteilsberichtigung erfolgen kann. Denn neben der ausdrücklichen Zulassung ist alternative Zulässigkeitsvoraussetzung der Revision im Zivilprozeß eine Beschwer des Revisionsführers von mehr als z. Zt. 60.000 DM,

---

Berichtigung vorgenommen wurde. Es ging daher lediglich um die Frage, ob der BGH nun selbst über die Annahme der Revision zu entscheiden hat; siehe dazu PROSKE, NJW 1997, 352 [359], m. w. Nwen. Berichtigungsbeschlüsse lagen hingegen den Entscheidungen BAG 2 AZR 523/54 v. 07.03.1955, BAGE 3, 21; RAG 7/30 v. 21.06.1930, JW 1931, 1291, mit *abl.* Anm. JONAS, a. a. O., zugrunde.

537 So auch WIESEMANN, S. 164 f.

538 Das gilt auch, wenn sich das Gericht mit einer Entscheidung eines Obergerichts auseinandersetzt und von ihr abweicht; *offen* gelassen von GRUNSKY in Stein/Jonas, § 546, Rn. 20; *zustimmend* (für den Fall der nachträglichen Zulassung der weiteren Beschwerde gem. § 14 III 2 KostO durch Berichtigungsbeschluß): OLG Celle 8 W 546/84 v. 07.09.1984, JurBüro 1985, 1537; OLG Düsseldorf 10 W 74/93 v. 7.06.1993, OLG-Rp Düsseldorf 1993, 348.

539 So i. E. auch die in Fn. 536 zitierte Rspr. von RAG und BAG sowie MUSIELAK in MüKo-ZPO, § 319, Rn. 9; *a. A.* POHLE, AP Nr. 1 zu § 319 ZPO.

540 BGH IVb ZB 552/80 v. 04.03.1981, NJW 1981, 2755 [2755 f.]; ANKERMANN in AK-ZPO, § 546, Rn. 18; ALBERS in B/L/A/H, § 546, Rn. 19 a. E., jew. m. w. Nwen; *a. A.* E. SCHUMANN, AP Nr. 14 zu § 319 ZPO.

§ 546 I 1 ZPO. Den Wert der Beschwer hat das OLG gem. § 546 II 1 ZPO festzusetzen und das Revisionsgericht ist gem. § 546 II 2 ZPO an die Wertfestsetzung gebunden, soweit sie die Erwachsenheitssumme übersteigt. Gerade angesichts der restriktiven Rechtsprechung, die eine Korrektur der unterbliebenen Rechtsmittelzulassung durch Berichtigungsbeschluß oder Urteilsergänzung ablehnt, erscheint die Möglichkeit, durch nachträgliche Heraufsetzung des Wertes der Beschwer das Rechtsmittel zu ermöglichen, verlockend.

Unberücksichtigt bleibt die Berufung im Zivilprozeß, da sie - bis auf den Sonderfall der Mietstreitigkeiten, § 511a II ZPO - *nur* bei Überschreiten der Rechtsmittelsumme von z. Zt. 1.500 DM zulässig ist, § 511a I ZPO. Den hierfür erforderlichen Wert der Beschwer setzt jedoch das Berufungsgericht selbst und unabhängig von der erstinstanzlichen Entscheidung fest.[541]

Eine diesbezügliche Berichtigungsbefugnis ist für die praktisch bedeutsamen Fälle jedoch abzulehnen. Gegeben wäre sie nach den hier entwickelten Grundsätzen nur, wenn die Unrichtigkeit der Wertfestsetzung offenbar ist. Das könnte etwa der Fall sein, wenn das OLG den Beklagten ausschließlich zur Zahlung von 10.000 DM verurteilte, seine Beschwer jedoch auf 100.000 DM festsetzte. Hier ist kein Zweifel möglich, der Fehler also berichtigungsfähig.

Im umgekehrten Fall (Verurteilung zur Zahlung von 100.000 DM, Festsetzung der Beschwer auf 10.000 DM) bestünde für eine Berichtigung indes kein Rechtsschutzbedürfnis, da das Revisionsgericht, wie sich im Umkehrschluß aus § 546 II 2 ZPO ergibt, an die fehlerhaft *zu niedrige* Wertfestsetzung nicht gebunden ist.[542]

In den übrigen Fällen, etwa wenn das OLG einen Auskunftsanspruch unrichtig bewertet hat,[543] beruht die fehlerhafte Wertfestsetzung auf einem echten Entscheidungsfehler. Gleiches gilt, wenn der (potentielle) Rechtsmittelführer aufgrund neuen Vortrags eine Heraufsetzung des Wertes der Beschwer erstrebt.[544] Auch hier war die ursprüngliche Entscheidung - wegen fehlerhafter Tatsachengrundlage - zwar unrichtig. Da diese Umstände aber kaum überindividuell einheitlich feststellbar sind, sondern Wertungen erfordern, scheidet eine Berichtigung aus.[545]

---

541 BGH IVb ZB 124/87 v. 16.12.1987, NJW-RR 1988, 836 [837]; GUMMER in Zöller, ZPO, § 511a, Rn. 11.

542 BGH III ZR 87/83 v. 10.10.1983, NJW 1984, 371; GRUNSKY in Stein/Jonas, § 546, Rn. 43, m. w. Nwen.

543 Vgl. hierzu BGH GSZ 1/94 v. 24.11.1994, NJW 1995, 664.

544 So in BAG 4 AZR 103/58 v. 19.05.1960, BAGE 9, 222.

545 BAG, a. a. O., mit *abl.* Anm. BAUMGÄRTEL, AP Nr. 11 zu § 319 ZPO.

§ 7 - Die Berichtigung der Parteibezeichnung

Neben der Berichtigung des Tenors ist die Berichtigung der Parteibezeichnung der zweite große Anwendungsbereich der Urteilsberichtigung. Ihre Bedeutung folgt aus der bereits dargelegt beschränkten Kognitionspflicht und -möglichkeit der Organe der Zwangsvollstreckung. Deshalb ist die Zwangsvollstreckung gegen eine im Urteil unrichtig bezeichnete Person häufig auch dann nicht möglich, wenn aus dem Zusammenhang von Urteil und weiteren Erkenntnisquellen Zweifel an der vom Urteil betroffenen Person ausräumbar wären.

Gerade die Möglichkeit, Zweifel an der Identität der im Urteil unrichtig bezeichneten Person ausräumen zu können, sowie die - vermeintliche - Sorge, einen bereits entschieden geglaubten Rechtsstreit noch einmal ausfechten zu müssen, (ver-)führt aber dazu, die erforderliche Korrektur der Parteibezeichnung auch in den Fällen durch eine Urteilsberichtigung vorzunehmen, in denen das Erfordernis der „offenbaren" Unrichtigkeit kaum erfüllt ist. Die oben entwickelten Kriterien zur Bestimmung einer offenbaren Unrichtigkeit sind daher auch in dieser subjektiven Hinsicht auszufüllen. Bevor das für die verschiedenen Konstellationen möglicher Parteiberichtigungen erfolgt, empfiehlt es sich, gemeinsame Probleme aller Fallgruppen zu lösen.

Zur Parteiberichtigung in einem weiteren Sinne gehören auch die Fälle, in denen Parteien im Rubrum vergessen[546] oder in einer unrichtigen Rollenbezeichnung aufgeführt[547] wurden. Insoweit ergeben sich jedoch keine Besonderheiten, so daß hierauf im folgenden nicht eingegangen wird. Die Unrichtigkeiten dürften in aller Regel offenbar und daher berichtigungsfähig sein.[548]

I. Problemstellung

Zunächst ist die soeben vorgenommene Begrenzung der *Partei*berichtigung auf die Berichtigung der Partei*bezeichnung* erklärungsbedürftig. Gem. § 253 II Nr. 1 ZPO muß die Klage die Bezeichnung der Parteien enthalten. D. h. der Kläger muß außer sich selbst auch den angeben, gegen den er sein Rechtsschutzgesuch erhebt, den Beklagten. Und auch das Urteil enthält nach § 313 I Nr. 1 ZPO die Bezeichnung der Parteien. Dabei können ganz verschiedene Fehler auftreten, deren Berichtigung - unbefangen betrachtet - möglich erscheinen mag.

---

546 BGH VI ZB 8/95 v. 27.06.1995, VersR 1996, 214: Zweitbeklagter nicht erwähnt; RG VI ZR 121/98 v. 10.10.1898, JW 1898, 661 Nr.15: Einer von vier Beklagten im Rubrum des erstinstanzlichen Urteils vergessen.

547 BGH VI ZB 4/55 v. 23.04.1955, BGHZ 17, 149: Im Urteil wurden Erst- und Zweitbeklagter durchgängig verwechselt.

548 Beachte jedoch OLG Frankfurt 20 W 56/79 v. 13.03.1979, OLGZ 1979, 390, wo eine Berichtigung zurecht für den Fall abgelehnt wurde, daß im FGG-Verfahren ein Beteiligter fehlerhaft als Beschwerdeführer angesehen wurde.

Zum einen kann das Gericht bei Formulierung des Urteils die Angaben des Klägers unrichtig übernommen haben. Das sind die in der Praxis wohl nicht seltenen aber völlig unproblematischen Fälle. Diese Unrichtigkeit erschließt sich aus einem Vergleich von Klage und Urteil. Sie ist auch offenbar, weil kein Zweifel möglich ist, daß das Gericht zwischen den vom Kläger bezeichneten Parteien entschieden hat. Eine Berichtigung ist daher nach allgemeiner Ansicht zulässig.[549]

Illustrativ ist folgender Fall:[550] Ohne Wissen des Klägers holte das LG bei einer Klage gegen eine GmbH eine Handelsregisterauskunft ein, die jedoch versehentlich über eine andere, der vom Kläger benannten zum verwechseln ähnlich lautende Gesellschaft erstellt wurde. „Eigenmächtig" änderte - verschlimmbesserte - das Gericht daraufhin die Bezeichnung des Beklagten. Nachdem sich die unrichtig bezeichnete Gesellschaft meldete, berichtigte das Gericht das Urteil in die vom Kläger ursprünglich gewählte Bezeichnung. Zurecht, denn auch hier wollte das Gericht ersichtlich nicht eine andere Partei in das Verfahren hineinziehen, sondern den - vermeintlichen - Bezeichnungsfehler des Klägers korrigieren.

Zum anderen kann eine unrichtige Benennung der Parteien aber auch vom Kläger herrühren.[551] Dabei sind drei Fälle zu unterscheiden. Zunächst kann es sich um einen schlichten Fehler in der Bezeichnung der Personen handeln, wie etwa wenn der „F. Maier" versehentlich als „E. Meyer" bezeichnet wird. Zwar kann hinsichtlich der Eigenbezeichnung i. d. R. davon ausgegangen werden, daß sie eindeutig und zutreffend erfolgt.[552] Soweit der Kläger jedoch den Beklagten bezeichnet, sind Unrichtigkeiten schon mangels vollständiger Information nicht auszuschließen. Daher kann die vom Kläger gewählte Bezeichnung des Beklagten durchaus von dessen richtiger Benennung abweichen. Diese *versehentliche* Differenz kann während des Prozesses[553] oder erst in der Zwangsvollstreckung ersichtlich werden.

Darüber hinaus kann der Kläger *während des Prozesses* aber auch erkennen, daß der von ihm zunächst benannte Beklagte gar nicht der nach materiellem Recht verpflichtete ist, seine ursprüngliche Behauptung also falsch war. In diesem Fall droht ihm die Niederlage im Rechtsstreit. Sein Interesse, Klage und laufendes Verfahren auf einen anderen, nunmehr möglichst den tatsächlich Verpflichteten umzudirigieren, ist evident.

---

549 Vgl. BGH VII ZB 13/90 v. 17.01.1991, BGHZ 113, 228.

550 OLG Koblenz 5 W 429/96 v. 23.09.1996, NJW-RR 1997, 1352.

551 *Gegen* eine Berichtigungsbefugnis in diesen Fällen etwa SCHNEIDER, MDR 1966, 811 [812]; zurecht *a. A.* jedoch die ganz h. M., siehe oben, § 5 IV. , S. 82.

552 Zu einer Ausnahmen: LG Frankfurt 2/9 T 383/91 v. 13.05.1991, NJW-RR 1991, 1470, und dazu unten, in und bei Fn. 563, S. 134.

553 Beispiel in OLG München 25 W 679/81 v. 26.01.1981, OLGZ 1981, 89, wo versehentlich die Angestellte einer OHG verklagt wurde.

Denkbar wäre es zwar auch, die Parteistellung nach dem streitigen materiellen Recht zu bestimmen. Kläger und Beklagter wären dann die durch das materielle Recht Berechtigten und Verpflichteten (materieller Parteibegriff). Das geltende deutsche Zivilprozeßrecht steht hingegen auf einem anderen Standpunkt: Parteien sind die, die *vom Kläger* als berechtigt und verpflichtet *behauptet* werden (formeller Parteibegriff). Die Frage der materiellen Berechtigung und Verpflichtung ist für die *Parteistellung* unerheblich, wenngleich - wie diese Konstellation zeigt - für den *Prozeßausgang* entscheidend.[554]

Schließlich ist es möglich, daß der im Prozeß siegreiche Kläger *hinterher*, bei der Durchsetzung seines im Urteil festgestellten Anspruchs erkennt, daß er trotzdem nicht zu „seinem" Recht kommt. Das kann zum einen passieren, wenn der Kläger eine gar nicht existente Person verklagt hat.[555] Zwar wird dieser Fehler i. d. R. im Prozeß aufgedeckt, doch ist es im Versäumnisverfahren,[556] das etwa deshalb durchgeführt wurde, weil die Zustellung von Klage und Terminbestimmung aus irgendwelchen Gründen als bewirkt erschien (§ 335 I Nr. 2 ZPO), durchaus möglich, daß der Fehler unerkannt bleibt. Häufiger ist indes, daß die Verwirklichung des Anspruchs daran scheitert, daß der im Urteil Bezeichnete zur Leistung nicht imstande ist. Das mag etwa sein, wenn die herauszugebende Sache sich mittlerweile nicht mehr im Besitz des Beklagten befindet, oder wenn der Beklagte bei Verurteilung zur Geldzahlung schlicht zahlungsunfähig ist. In all diesen Fällen besteht ein naheliegendes Interesse des Klägers, seinen mühsam errungenen Titel auf eine andere, potentere oder zumindest existente Person „umzulenken".[557]

Mag auch in allen drei Fällen die ursprüngliche Parteibezeichnung - aus der Perspektive des Klägers - unrichtig, und der Wunsch, sie zu „berichtigen", verständlich erscheinen, unterscheiden sich die Fälle vom Boden des geltenden Prozeßrechts doch fundamental. Während im ersten Fall lediglich die *Bezeichnung* einer bestimmten Person fehlerhaft ist, besteht der Fehler in den anderen beiden Fällen in der *Wahl* der falschen Person. Soweit dem Kläger die Unrichtigkeit der beklagten Partei während des laufenden Verfahrens auffällt (zweiter Fall), ist eine Korrektur als subjektive *Klageänderung* grundsätzlich möglich.[558] Das ist indes -

---

554 Statt aller: ROSENBERG/SCHWAB/GOTTWALD, ZPR, § 40 I 1, S. 200, m. w. Nwen.

555 Das ist etwa bei einer bloß erdichteten oder bereits gestorbenen natürlichen Person der Fall, vgl. ROSENBERG/SCHWAB/GOTTWALD, ZPR, § 41 V, S. 209 f.

556 Vor allem aber beim Vollstreckungsbescheid, der ohne richterliche Plausibilitätsprüfung ergeht, § 699 I ZPO.

557 Vgl. OLG Düsseldorf 10 U 5/90 v. 31.05.1990, MDR 1990, 930 mit Anm. VOLLKOMMER, MDR 1992, 642.

558 Siehe hierzu ausführlich HEINRICH, Der gewillkürte Parteiwechsel, S. 12 ff; und zu den Besonderheiten in der Berufungsinstanz BGH VII ZR 58/86 v. 26.02.1987, NJW 1987, 1946 [1947], m. w. Nwen.

trotz gelegentlich anders lautender Stellungnahmen[559] - kein Problem der *Urteils*berichtigung, da sich dieses Institut nach Wortlaut und systematischer Stellung lediglich auf das Urteil, also die Zeit nach Abschluß des Verfahrens bezieht.

Diesen Unterschied verkennt auch ZIEHENSACK in seiner i. ü. interessanten Darstellung des § 235 V ÖZPO.[560] Diese Vorschrift stellt für den österreichischen Zivilprozeß klar, daß die Parteibezeichnung auszulegen ist und sich daraus ergebende Änderungen keine Klageänderung bedeuten.

Gegenstand der Urteilsberichtigung *können* daher nur der erste und der letzte Fall sein. Doch scheidet nach einhelliger Ansicht auch die Ersetzung der im Urteil bezeichneten durch eine andere Person aus.[561] Daher beschränkt sich die Berichtigungsmöglichkeit nach § 319 ZPO hinsichtlich der Fehler in Parteiangaben auf die Korrektur von *Bezeichnungsfehlern*.

II. Grundsätze zulässiger Parteiberichtigung

Mit der Beschränkung der Urteilsberichtigung auf Fehler der Partei*bezeichnung* sind die Grenzen der Berichtigungsbefugnis jedoch immer noch zu weit gesteckt. Denn ähnlich wie bei Unrichtigkeiten im Tenor kann auch bei einer unrichtigen Parteibezeichnung fraglich sein, ob tatsächlich nur eine äußere Unrichtigkeit vorliegt und was statt dessen „richtig" wäre. Die Berichtigungsbefugnis ist daher genauer zu beschreiben.

Zweifellos *un*zulässig sind die Berichtigungen, durch die eine Person bewußt *ausgewechselt* werden *soll*. Das gilt auch dann, wenn materiell-rechtlich betrachtet, die neue Person „richtiger" wäre. So war es etwa in folgendem Fall: Die Klage gegen „E. H. in X" war erfolgreich. Nach Zustellung des Urteils beantragt der Kläger, das Rubrum dahin zu berichtigen, daß „M. H. in Y" Beklagte sei. M. H. habe nämlich ohne Wissen der E. H., ihrer Schwiegermutter, den streitigen Mietvertrag unter deren Namen geschlossen.[562] Gleiches gilt, wenn von zwei Klägern, einer bereits vor Rechtshängigkeit der Klage verstorben war und das Rubrum nun auf dessen Erben berichtigt werden soll.[563]

---

559 OLG Jena 3 U 600/96 v. 04.03.1997, MDR 1997, 1030; OLG Frankfurt 11 U 72/89 v. 26.06.1990, MDR 1990, 930 [931].

560 ZIEHENSACK, ÖJZ 1996, 721 [724].

561 OLG Düsseldorf 10 U 5/90 v. 31.05.1990, MDR 1990, 930, mit Anm. VOLLKOMMER, MDR 1992, 642; OLG Koblenz 6 U 916/79 v. 31.01.1980, WRP 1980, 576 [577]; OLG Düsseldorf 4 W 14/76 v. 05.07.1976, MDR 1977, 144; LAG Nürnberg 2 (3) Ta 89/97 v. 20.01.1998, RPfleger 1998, 296; LG Stuttgart 10 T 567/95 v. 23.09.1995, RPfleger 1996, 166, zum VB; LEIPOLD in Stein/Jonas, ZPO, § 319, Rn. 9; MUSIELAK in MüKo-ZPO, § 319, Rn. 8, jew. m. w. Nwen.

562 OLG Düsseldorf 10 U 5/90 v. 31.05.1990, MDR 1990, 930 mit Anm. VOLLKOMMER, MDR 1992, 642.

563 So - i. E. - auch LG Frankfurt 2/9 T 383/91 v. 13.05.1991, NJW-RR 1991, 1470, mit der allerdings unzutreffenden Überlegung, daß die Berichtigung *deshalb* unzulässig sei, weil der Anspruch auf eine andere Anspruchsgrundlage gestützt werden müßte. Maßgeblich

Weniger offensichtlich, aber dennoch eindeutig liegt eine Abänderung des Urteils vor, wenn ein gegen den (Gemein[564]-)Schuldner ergangenes Urteil auf den Insolvenzverwalter „berichtigt" wird.[565] Während der Titel gegen den Schuldner nur zu einer bruchteiligen (§ 195 I InsO) Befriedigung aus der Insolvenzmasse berechtigt (§ 38 InsO), drückt ein gegen den Insolvenzverwalter lautender Titel das Bestehen einer Masseverbindlichkeit (§ 55 InsO) aus, die vorrangig (§ 53 InsO) und u. U. auch vom Insolvenzverwalter persönlich (§ 61 InsO) zu erfüllen ist.

1. *Prüfungsmaßstab*

Allgemein - und wie obige Ausführungen zeigen zurecht - wird als Kriterium zulässiger Parteiberichtigung die *Identitätswahrung* angesehen.[566] Jedoch ist dieser Grundsatz zur Bestimmung der konkreten Berichtigungsbefugnis unzureichend, da er nichts darüber aussagt, *wie* dieses Ziel im Rahmen der Urteilsberichtigung gewährleistet werden kann.[567] Benannte der Kläger etwa „E. Meyer" als Beklagten, ist sicher richtig, daß diese Bezeichnung nur dann in „F. Maier" berichtigt werden darf, wenn dabei die Identität gewahrt bleibt. Offen bleibt jedoch, wie die Identität mit der für das Berichtigungsverfahren erforderlichen Sicherheit festgestellt werden kann.

Auf diese Frage gibt auch das Konzept der *Vermögenszuständigkeit* keine Antwort. Nach dieser Ansicht soll in vermögensrechtlichen Streitigkeiten die Identität dann nicht mehr gewahrt sein, wenn „der geltend gemachte Anspruch aus dem Vermögen einer anderen Person als der bisher nach dem Ergebnis der Auslegung als Beklagter bezeichneten befriedigt werden muß".[568] Daß bei verschiedenen Personen keine Identität vorliegt erscheint jedoch so richtig wie wenig hilfreich für die Frage, wann das *im Einzelfall* gegeben ist.[569]

Aus dem gleichen Grunde führt auch der Versuch, ausgehend vom formellen Parteibegriff eine „logische Grenze" der Berichtigungsbefugnis zu bestimmen,[570]

---

für die Unzulässigkeit ist allein, daß die Person ausgewechselt werden sollte. So bereits FREYTAG, S. 27 f.

564 Die Bezeichnung „Gemeinschuldner" der alten Konkursordnung (vg. § 1 I KO) wird in der neuen Insolvenzordnung v. 5.10.1994 (BGBl I, S. 2866) nicht mehr aufrecht erhalten. Er heißt dort nur noch „Schuldner" (vgl. § 1 InsO).

565 BGH IX ZR 193/93 v. 14.07.1994, BGHZ 127, 74 [75], zum alten Recht (dazu ausführlich unten, bei Fn. 768, S. 177).

566 Siehe die Nwe. in Fn. 561.

567 Kritisch auch LAG München 8 Ta 252/83 v. 10.02.1984, MDR 1985, 170 [171]; WIESEMANN, S. 133; BAUMGÄRTEL, FS v. Carolsfeld, S. 31.

568 ROSENBERG/SCHWAB/GOTTWALD, ZPR, § 41 III, S. 208; ähnlich de BOOR, Parteiwechsel, S. 89.

569 Zurückhaltend auch BGH IX ZR 193/93 v. 14.07.1994, BGHZ 127, 74 [81].

570 de BOOR, Parteiwechsel, S. 27.

nicht weiter. Denn der für den formellen Parteibegriff grundsätzlich maßgebliche Wille des Klägers[571] kann gerade in den problematischen Fällen erst durch Auslegung ermittelt werden. Welche Kriterien und Restriktionen bei der Auslegung im Berichtigungsverfahren zu beachten sind, wird dabei jedoch nicht deutlich.[572]

Ein aussagekräftiger Prüfungsmaßstab ergibt sich hingegen aus der hier entwickelten Funktion der Urteilsberichtigung. Diese besteht darin, die anhand objektiver Kriterien feststellbare Entscheidung des Gerichts um offenbare Unrichtigkeiten in Ausdruck oder Entscheidungsgrundlagen zu bereinigen.[573] Eine Entscheidung hat aber notwendig neben der objektiven eine subjektive Komponente, denn ein Urteil ohne Parteien, zwischen denen es wirkt, ist nicht denkbar. Gerade die Frage, *welchen* Personen Rechte zugesprochen und Pflichten auferlegt werden, ist Kernstück richterlicher Entscheidungstätigkeit. Daher sind auch die subjektiven Grenzen der materiellen Rechtskraft nicht weniger vor nachträglicher Veränderung zu schützen als die objektiven.

Daraus folgt, daß die Berichtigungsbefugnis auch hinsichtlich der Parteibezeichnung so zu bestimmen, daß die Parteiidentität nicht nur als aufgrund richterlichen Machtspruchs gewahrt *gilt*, sondern ohne jeden vernünftigen Zweifel gewahrt *bleibt*. Die Parteiberichtigung ist also nur soweit zulässig, wie in überindividuell gleicher Wahrnehmung die ursprüngliche und die berichtigte Bezeichnung dieselbe Person beschreiben. Ist eine solche Feststellung nicht möglich, ist die „richtige" Parteibezeichnung mittels Feststellungsklage zu klären.[574]

Darauf hinzuweisen ist, daß so wie bei zweifelhafter materieller Rechtskraft und nicht eindeutiger Kostenentscheidung auch hinsichtlich der Parteibezeichnung Unrichtigkeiten möglich sind, die selbst in einem nachfolgenden Erkenntnisverfahren nicht ausgeräumt werden können. Beispiele dürften bei Versäumnisurteilen, die ohne (aktive) Beteiligung des Beklagten zustande gekommen sind, häufiger zu finden sein. Auch bei dieser subjektiven Unbestimmtheit des Titels bleibt dann kein anderer Weg, als der einer erneuten Klage. Das alte Urteil steht ihr mangels (feststellbarer) Rechtskraft nicht entgegen.[575]

---

571 BGH X ARZ 255/95 v. 28.03.1995, NJW-RR 1995, 764 [764 f.]; BGH VIII ZR 34/82 v. 16.05.1983, NJW 1983, 2448 [2448 f.]; BGH VIII ZB 34/77 v. 09.11.1977, MDR 1978, 307; KISCH, Parteiänderung, S. 525 ff.

572 Insoweit bereits für *Erkenntnis*verfahren kritisch BAUMGÄRTEL, FS v. Carolsfeld, S. 24 f.

573 Siehe oben, § 5 I., S. 65. Aus diesem Grund erscheint auch der Streit, ob die Parteibezeichnung vom „Willen des Gerichts" umfaßt sei (so BULL, RPfleger 1959, 281 gegen OLG Hamm 15 W 42/59 v. 29.04.1959, RPfleger 1959, 280), müßig. Denn Zweck der Urteilsberichtigung ist gerade nicht, einen - vermeintlichen - „Willen des Gerichts" besser zur Geltung zu bringen; dazu oben, § 5 II., S. 69.

574 Vgl. ROSENBERG/SCHWAB/GOTTWALD, ZPR, § 41 III, S. 208; BULL, DRiZ 1956, 180, der jedoch jede Parteiberichtigung ausschließt.

575 LEIPOLD in Stein/Jonas, ZPO, § 313, Rn. 11; für den Vollstreckungsbescheid auch WIESEMANN, S. 134 (in Fn. 3).

Zur genaueren Bestimmung der Berichtigungsbefugnis können die oben[576] für die Falschbezeichnung des streitbefangenen Gegenstandes entwickelten Kriterien herangezogen werden. So, wie es für die Bezeichnung eines Grundstücks unerheblich ist, wenn eine falsche Flurstücknummer angegeben wurde, sich das Grundstück aber anhand anderer Merkmale eindeutig identifizieren läßt, ist es auch für die Parteibezeichnung unerheblich, wenn beispielsweise trotz falscher Schreibweise eines Namens, aufgrund anderer Merkmale kein Zweifel an der Identität möglich ist.

Diese Identitätsprüfung kann nur anhand mehrerer Merkmale erfolgen. Im schon mehrfach bemühten Beispiel des als „E. Meyer" bezeichneten, so aber nicht existenten Beklagten ist zunächst völlig offen, welche Person damit benannt werden sollte. Dementsprechend kann nur anhand dieser Bezeichnung auch nicht festgestellt werden, ob es sich dabei um „F. Maier" handelt. Wurde der Beklagte jedoch weiterhin als „Rechtsanwalt" bezeichnet, und ist „F. Maier" ein solcher, spricht schon einiges für die Identität - zweifelsfrei ist sie aber nicht, denn es ist keineswegs auszuschließen, daß auch bei der Berufsbezeichnung ein Fehler unterlief. Wenn hingegen außerdem die angegebene Anschrift des Beklagten mit der des „F. Maier" übereinstimmt, *können* die identischen Merkmale ein derartiges Übergewicht gegenüber den divergierenden gewinnen, daß in überindividueller Wahrnehmung Identität vorliegt.

Auch hinsichtlich der zulässigen *Erkenntnisquellen* zur Gewinnung dieser Merkmale kann auf die Berichtigung der Falschbezeichnung des streitbefangenen Gegenstandes verwiesen werden. Daher ist neben Schriftsätzen aus dem Verfahren grundsätzlich auch die Benutzung anderer, urteilsexterner Erkenntnisquellen zulässig.[577] Erforderlich ist jedoch, daß es sich um „sichere", d. h. überindividuell gleiche Wahrnehmung ermöglichende Quellen handelt, und daß durch die Benutzung der Quellen keine im Berichtigungsverfahren unzulässige Beweisaufnahme ersetzt wird. Weiterhin kann zur Bestimmung einer offenbaren Unrichtigkeit auch neuer Parteivortrag insoweit herangezogen werden, wie er Indiz für Vorliegen und Inhalt einer allgemeinkundigen Tatsache liefert.[578]

Die zweifelsfreie Identitätsfeststellung erscheint daher in erster Linie als eine *Frage der Anzahl* übereinstimmender im Verhältnis zu abweichenden Merkmalen. Darüber hinaus werden die Merkmale aber auch nach ihrer *Kennzeichnungskraft*, also qualitativ zu gewichten sein.[579] So ist bei einer natürlichen Person die Anrede als „Herr" oder „Frau" für die Individualisierung von nur untergeordneter Be-

---

576 § 6 I. 2.a), S. 86.

577 Vgl. LG Stuttgart 10 T 567/95 v. 23.09.1995, RPfleger 1996, 166: Einwohnermelderegister; LAG München 8 Ta 252/83 v. 10.02.1984, MDR 1985, 170 [171]: Handelsregister; WIESEMANN, S. 134, Fn. 2.

578 Dazu oben, § 6 I. 2.a), S. 91.

579 Darauf stellt insbesondere WIESEMANN, S. 133, ab.

deutung.[580] Hingegen hat der Nachname häufig eine hohe Kennzeichnungskraft. Daß dies jedoch keineswegs immer der Fall ist, zeigt gerade das Beispiel des „Maiers". Daher wird sich kaum eine allgemeingültige Gewichtung der verschiedenen Kriterien erstellen lassen. Allenfalls für Fallgruppen können Anhaltspunkte gegeben werden.

2. *Berichtigungsbefugnis und Beteiligung*

Fraglich mag erscheinen, ob die vorstehend eng begrenzte Berichtigungsbefugnis in den Fällen eine Erweiterung erfahren kann, in denen die - angeblich - falsch bezeichnete Person am dem Urteil vorausgehenden Verfahren *tatsächlich* beteiligt war. Ein Beispiel: Die gegen „E. Meyer" erhobene Klage wurde einer Person zugestellt, die als „F. Maier" die Zustellungsurkunde unterzeichnete. Auch eine Klageerwiderung ging von einem „F. Maier" ein. In der mündlichen Verhandlung erging gem. § 331 ZPO ein Versäumnisurteil, da für den Beklagten niemand erschien. Im Rubrum dieses Urteils wird aber weiterhin „E. Meyer" als Beklagter bezeichnet. Ist nun eine Berichtigung in „F. Maier" zulässig, wenn sich in der Zwangsvollstreckung herausstellt, daß unter der benannten Adresse kein „E. Meyer" wohl aber ein „F. Maier" wohnhaft ist?

Dies *allein* wegen der Beteiligung des „F. Maier" am Prozeß zu bejahen,[581] erscheint mir zweifelhaft. Es ist nämlich keineswegs auszuschließen, daß sich mit „F. Maier" ein Dritter, etwa der Vater des richtig „*E.* Maier" heißenden Beklagten, in den Prozeß eingemischt hat. Andererseits wird man die Berichtigung der Bezeichnung des Beklagten in „F. Maier" aber auch nicht schon deshalb ausschließen können, weil „F. Maier" im Berichtigungsverfahren behauptet, er habe nur als Vater für seinen Sohn gehandelt. Denn diese Behauptung kann offensichtlich unrichtig sein, und steht dann einer Berichtigung nicht entgegen.

Entscheidend für das Vorliegen einer offenbar unrichtigen und daher berichtigungsfähigen Parteibezeichnung sind daher auch in diesen Fällen nur die oben genannten objektiven Faktoren: Ist zweifelsfrei feststellbar, daß unter der im Urteil genannten Adresse nur ein „F. Maier" wohnhaft ist, und hat die Adresse in diesem Fall eine höhere Kennzeichnungskraft als die Namensangabe, darf berichtigt werden. Eines Abstellens auf die vorangegangene Beteiligung bedarf es hierzu nicht.

---

580 So auch LG Stuttgart 10 T 567/95 v. 23.09.1995, RPfleger 1996, 166; LG Köln 10 T 7/87 v. 16.03.1987, MDR 1988, 150.

581 So - *wohl* - WIESEMANN, S. 134.

Die Berichtigungsbefugnis nach der Beteiligung im Verfahren zu bestimmen,[582] erscheint daher in zweifacher Hinsicht unrichtig. Einerseits zieht sie die Grenzen zu weit, da fraglich und mit letzter Gewißheit nicht immer feststellbar ist, wer am Verfahren beteiligt war.[583] Eine bestehende und nicht zweifelsfrei ausräumbare Unsicherheit im *Berichtigungs*verfahren zu beheben, widerspricht dessen Beschränkung auf die Korrektur *offenbarer* Unrichtigkeiten; dazu ist ein neues *Erkenntnis*verfahren erforderlich.

Daher erscheint auch die Ansicht von HESS,[584] wonach die Berichtigung immer zulässig sei, wenn die falsch bezeichnete Partei *persönlich* verhandelte, unrichtig. Denn die Feststellung der Identität kann hier zwar durch Gegenüberstellung erfolgen, daß wäre jedoch nicht nur Informationssammlung zur Ermöglichung objektiver Erkenntnis, sondern eine „echte" Beweisaufnahme in Form des Augenscheins, bei der es auf die Erinnerung der bei der vorherigen Verhandlung anwesenden Personen ankäme.[585]

Andererseits schränkt das Kriterium der Beteiligung die Berichtigungsbefugnis aber auch zu stark ein. Ist mit der Angabe „E. Meyer" tatsächlich, d. h. zweifelsfrei erkennbar, „F. Maier" bezeichnet, wirkt das Urteil ihm gegenüber. Hatte er aus irgendwelchen Gründen nicht die vorgeschriebenen Beteiligungsmöglichkeiten, stellt dies ohne Frage einen klaren Verstoß gegen den Grundsatz des rechtlichen Gehörs, Art. 103 GG, dar.[586] Doch rechtfertigt dieser Verfahrensfehler nach geltendem Prozeßrecht allenfalls die Wiederaufnahme gem. § 579 I Nr. 4 ZPO.[587] Bis sie erfolgt, bleibt das Urteil mit seinen Wirkungen aber bestehen.[588] Da Funktion der Urteilsberichtigung ist, die - auch fehlerhaft - getroffene Entscheidung so,

---

582 BAUMGÄRTEL, FS v. Carolsfeld, S. 31 f.; so schon HESS, S. 31 f.; zustimmend auch MUSIELAK in MüKo-ZPO, § 319, Rn. 8, m. w. Nwen.

583 Man nehme nur den Fall der *mittelbaren* Beteiligung über Vertreter; siehe etwa BGH II ZR 312/88 v. 12.03.1990, NJW-RR 1990, 867, zur Vertretung in der Klage nicht benannter Gesellschafter einer GbR durch den geschäftsführenden Gesellschafter; insoweit kritisch auch WIESEMANN, S. 131.

584 HESS, S. 31 f.

585 Zur Abgrenzung oben, § 5 IV., S. 82 f., und § 6 I. 2.a), S. 91.

586 So das Argument BAUMGÄRTELS, FS v. Carolsfeld, S. 30 f.; ähnlich schon de BOOR, Parteiwechsel, S. 135ff, 138; siehe ferner zum Zusammenhang von Urteilswirkung und Beteiligungsmöglichkeit GRUNSKY, Grundlagen, S. 226 ff.

587 So OLG Hamm 19 U 198/77 v. 09.03.1979, MDR 1979, 766; BAG 7 ABR 25/92 v. 21.07.1993, MDR 1994, 1044; S. PAWLOWSKI, Rechtsschutz, S. 175 f., m. w. Nwen; so auch BGH V ZR 1/87 v. 25.03.1988, BGHZ 104, 109 [111 f.], zum vergleichbaren Fall der Zustellung an einen Prozeßunfähigen, *dagegen* LINDACHER, JZ 1989, 377 [378]; grundsätzlich *a. A.* auch SEETZEN, NJW 1982, 2337 [2341]; HARTMANN in B/L/A/H, § 579, Rn. 13, m. w. Nwen.

588 Vgl. KG 18 U 6829/86 v. 27.05.1987, NJW-RR 1987, 1215 [1215 f.]; W. Henckel, ZZP 77 (1964), 321 [322]; differenzierend JAUERNIG, ZZP 101 (1988), 361 [370 ff.], m. w. Nwen.

wie sie getroffen wurde, nach außen treten zu lassen, hat im Falle des offenkundigen Bezeichnungsfehlers eine Berichtigung zu erfolgen. Sie wegen mangelhafter Beteiligungsmöglichkeit abzulehnen, heißt auch hier nichts anderes, als die „richtige" anstelle der getroffenen Entscheidung zu setzen.

3. *Nachträgliche Namensänderung*

Bevor diese abstrakte Beschreibung an Fällen aus der Praxis angewandt und ihre Tauglichkeit bestätigt werden kann, ist noch auf den maßgebliche Zeitpunkt für das *Vorliegen* einer i. S. v. § 319 ZPO unrichtigen Parteibezeichnung einzugehen. Es wird nämlich behauptet, daß auch ein Urteil, daß erst infolge *nach* seines Erlasses eingetretener Umstände (offenbar) unrichtig wurde, berichtigungsfähig sei.[589] Das erscheint indes falsch.[590] Die im Urteil getroffene Entscheidung ist notwendig zeitbedingt.[591] Sowenig wie das Urteil hinsichtlich des objektiven Gehalts seiner materiellen Rechtskraft dadurch unrichtig wird, daß der in ihm zugesprochene Anspruch nachträglich erfüllt wurde, kann eine nachträgliche Veränderung in der Person der aus dem Urteil Berechtigten und Verpflichteten oder gar nur eine Veränderung ihrer Bezeichnung zu dessen Unrichtigkeit führen. In allen Fällen wird nur die Vollstreckbarkeit des Urteils berührt.

Soweit diese wegen nachträglichen Wegfalls des Anspruchs unzulässig wird, ist dem Urteil die Vollstreckbarkeit mit der Vollstreckungsgegenklage, § 767 ZPO, zu nehmen.[592] Soweit auf Seiten der Parteien eine Rechtsnachfolge eingetreten ist und das Urteil gegen den Rechtsnachfolger wirkt, §§ 323 ff. ZPO, ist das Urteil für oder gegen die neuen Personen durch eine übertragene Klausel vollstreckbar zu erklären, §§ 727 ff. ZPO.[593] Nichts anderes gilt, wenn sich die Bezeichnung der identischen Partei, etwa durch Heirat,[594] Umzug[595] oder Umfir-

---

589 BAG 3 AZR 99/77 v. 24.08.1977, AP Nr. 18 zu § 319 ZPO; unklar LAG Düsseldorf 7 Ta 172/96 v. 13.08.1996, RPfleger 1997, 119; LG Landau 6 T 64/81 v. 28.07.1981, DA-Vorm 1981, 896 (*Berichtigung* oder Umschreibung des Titels).

590 So ausdrücklich auch WIECZOREK, ZPO, § 319, B III a 1; LG Berlin 81 T 507/72 v. 12.10.1972, RPfleger 1973, 31.

591 Vgl. GRUNSKY, Grundlagen, S. 524 ff.; ROSENBERG/SCHWAB/GOTTWALD, ZPR, § 155 I, S. 931 f.

592 Vgl. BGH XI ZR 133/96 v. 03.06.1997, NJW 1997, 2320 [2321]; BGH IX ZR 244/92 v. 18.11.1993, BGHZ 124, 164 [169]; kritisch zur h. M.: GILLES, ZZP 83 (1970), 61; WINDEL, ZZP 102 (1989), 175 [182 ff.].

593 Ausführlich JURKSCH, MDR 1996, 987; zum Zusammentreffen beider Veränderungen: BGH VIII ZR 218/91 v. 09.12.1992, BGHZ 120, 387.

594 LG Bielefeld 3 T 1010/86 v. 16.12.1986, JurBüro 1987, 930; AG Krefeld 7 C 212/77 v. 19.04.1977, MDR 1977, 762.

595 AG Wedding 36 M 8016/91 v. 24.04.1991, DGVZ 1992, 123.

mierung,[596] ändert.[597] Auch hier ist die Frage der Identität ausschließlich im Vollstreckungsverfahren zu klären.[598]

Eine andere, hier aber nicht zu erörternde Frage ist, ob in diesen Fällen zur Klarstellung ein Nachtrag zur Vollstreckungsklausel in entsprechender Anwendung des § 727 ZPO erforderlich ist,[599] oder ob es bei der einfachen Klausel nach § 725 ZPO bleibt und die Identitätsprüfung durch die jeweiligen Vollstreckungsorgane erfolgt.[600] Der Unterschied dieser Ansichten besteht in den verschiedenen Zuständigkeiten und Nachweiserfordernissen im Klauselerteilungsverfahren sowie in der evtl.[601] gem. § 750 II ZPO erforderlichen erneuten Zustellung.

Nicht ausgeschlossen wird die Urteilsberichtigung hingegen, wenn die bereits bei Urteilserlaß unrichtige Parteibezeichnung erst zu einem späteren Zeitpunkt, etwa im Vollstreckungsverfahren, als unrichtig *erkannt* wird.[602] Soweit sie schon früher bemerkt wird, wird sich i. d. R. ein Berichtigungsverfahren erübrigen, da Parteien und Gericht (§ 139 I ZPO[603]) auf den Erlaß eines Urteils mit richtigen Parteibezeichnungen hinwirken werden. Die Korrektur nachträglich erkannter offenbarer Unrichtigkeiten ist gerade Sinn und Zweck des Berichtigungsverfahrens.

4. Verhältnis der Parteiberichtigung zur Parteibestimmung im Vollstreckungsverfahren

Aber nicht nur im soeben besprochenen zeitlichen Rahmen ist das Verhältnis der Parteiberichtigung zur Parteibestimmung im Vollstreckungsverfahren fraglich. Denn nach § 750 I ZPO darf die Zwangsvollstreckung „nur beginnen, wenn die Personen, für und gegen die sie stattfinden soll, in dem Urteil oder in der ihm beigefügten Vollstreckungsklausel namentlich bezeichnet sind". Daher kommt den Vollstreckungsorganen eine Prüfungspflicht hinsichtlich der Identität von im Titel bezeichneten Parteien und den Personen, für und gegen die die Zwangsvollstre-

---

596 AG Kiel 21 M 5947/80 v. 09.02.1981, DGVZ 1981, 173.

597 Siehe zum Sonderfall des (nachträglichen) Wechsels in der Person des Konkursverwalters LG Essen 11 T 201/91 v. 03.04.1991, NJW-RR 1992, 576 (keine Rechtsnachfolge i. S. d. § 727 ZPO), sowie ausführlich PETERMANN, DGVZ 1976, 84.

598 Vgl. die vorstehenden Nwe. sowie STÖBER in Zöller, ZPO, § 750, Rn. 9.

599 So AG Kiel 21 M 5947/80 v. 09.02.1981; AG Krefeld 7 C 212/77 v. 19.04.1977 jew. a. a. O.; LG Mannheim 1 T 13/57 v. 04.03.1957, RPfleger 1958, 277 [278].

600 So LG Saarbrücken 5 T 282/87 v. 03.04.1987, DAVorm 1987, 538 [539]; STÖBER in Zöller, ZPO, § 727, Rn. 33.

601 Vgl. hierzu SCHÜLER, DGVZ 1981, 65 [74].

602 *A. A.* OLG Celle 20 W 13/97 v. 28.10.1997, NdsRpfl 1998, 87.

603 PETERMANN, RPfleger 1959, 357; *a. A.* LG Mönchengladbach 6 T 17/59 v. 27.05.1959, RPfleger 1959, 357 [358].

ckung stattfinden soll zu.[604] Und diese Identitätsprüfung darf keineswegs von „formalistischer Engherzigkeit“[605] bestimmt sein, sondern erfordert ebenso wie die Parteiberichtigung die Auslegung der Parteibezeichnung des Titels.[606]

So ist die unrichtige Angabe des Vornamens des Schuldners im Titel unschädlich, wenn nach leicht feststellbaren Umständen und Auskünften der Beteiligten keine ernsthaften Zweifel an der Identität bestehen.[607] Gleiches gilt, wenn bei einem mittels EDV erstellten Titel erst Nachname und dann der Vorname des Schuldners ohne Trennung durch Komma angegeben werden, die Identifizierung des Schuldners aber aus anderen Umständen möglich ist,[608] oder die Schuldner*in* im Titel versehentlich als „Herr“ bezeichnet wurde.[609]

Daher überrascht es auch nicht, daß sich vielfach die Kriterien der Parteiberichtigung mit denen der Identitätsfeststellung im Vollstreckungsverfahren decken und eine Urteilsberichtigung entbehrlich ist, weil der Titelgläubiger trotz unrichtiger Bezeichnung aus dem Titel vollstrecken kann. Darüber hinaus kann die Vollstreckung aber auch Personen betreffen, die weder im Urteil genannt sind, noch in die das Urteil zulässiger Weise berichtigt werden dürfte. Das ist zum einen der Fall bei der Vollstreckung aus einer übertragenden Klausel (§§ 727 ff. ZPO).[610] Zum anderen kann die Vollstreckung u. U. gegen (oder auch für) Personen erfolgen, bei denen zwar eine ausreichende, aufgrund Wertung gewonnene Sicherheit besteht, daß sie vom Vollstreckungsprogramm erfaßt sein sollen, deren Identität mit den im Urteil genannten aber nicht zweifelsfrei im hier verwandten strengen Sinn feststeht. Als Beispiel mag die Vollstreckung eines Titels gegen anonyme Hausbesetzer dienen.[611] Weitere Fälle, bei denen die unrichtige Parteibezeichnung

---

604 Stöber in Zöller, ZPO, § 750, Rn. 3; Petermann, DGVZ 1976, 84.

605 So ausdrücklich LG Berlin 81 T 293/77 v. 12.07.1977, DAVorm 1977, 685 [686].

606 Vgl. LG Gießen 2 T 56/95 v. 08.03.1995, DGVZ 1995, 88; LG Bielefeld 3 T 272/83 v. 14.04.1983, JurBüro 1983, 1411; AG Bonn 24 M 2318/93 v. 21.10.1993, DGVZ 1994, 95; Schüler, DGVZ 1982, 65 [66 ff.]; siehe zur Vollstreckung eines verwaltungsgerichtlichen Urteils VGH Baden-Württemberg 5 S 2453/97 v. 23.03.1998, NJW 1998, 3291.

607 AG Bonn 24 M 2318/93 v. 21.10.1993, DGVZ 1994, 95.

608 LG Hannover 11 T 202/91 v. 06.08.1991, JurBüro 1992, 57.

609 LG Bielefeld 3 T 272/83 v. 14.04.1983, JurBüro 1983, 1411.

610 Vgl. LG Oldenburg 5 T 309/79 v. 26.10.1979, RPfleger 1980, 27 [27 f.]: KG hatte sich in GbR umgewandelt, daher Umschreibung des gegen die KG ergangenen Titels auf die GbR - unter Beschränkung der Haftung auf das Gesellschaftsvermögen.

611 Vgl. LG Kassel 2 T 81/90 v. 09.07.1990, NJW-RR 1991, 381 [382], mit Anm. Gerland, DGVZ 1991, 182.

durch grobe Verstöße gegen Treu und Glauben entstanden ist, und bei denen dem Gläubiger nicht zuzumuten ist, einen neuen Titel zu erwirken, sind denkbar.[612]

III. Fallgruppen der Parteiberichtigung

Fazit der grundsätzlichen Überlegungen zur Berichtigung der Parteibezeichnung war, daß es *keine allgemeingültigen Regeln* gibt, anhand derer die Identität der ursprünglich bezeichneten Person mit der, in die berichtigt werden soll, festgestellt werden kann. Allerdings stellen sich je nach Art der im Urteil bezeichneten Person typische Probleme, zu denen im folgenden einige Hinweise gegeben werden sollen. So sind - in der Praxis - die bei einer als einzelne Privatperson benannten Partei vorkommenden Unrichtigkeiten durchaus typisch und unterschiedlich zu denen, die auftreten, wenn ein einzelner Gewerbetreibender oder ein Personenverband als Partei benannt wurde. An diese durch das reale Urteil vorgegebene Einteilung knüpft auch die folgende Darstellung der Berichtigungsmöglichkeiten an.

1. Berichtigung bei benannter Privatperson

Keine Besonderheiten gegenüber dem hier entwickelten allgemeinen Maßstab der Berichtigungsbefugnis gibt es, wenn im Urteil eine *einzelne Privatperson* als Partei benannt wurde. Einzige Voraussetzung der Berichtigung ist, daß trotz der fehlerhaften Teile der Personenbezeichnung eine Person zweifelsfrei individualisiert werden kann. Zu beachten ist dabei die oben hervorgehobene *Relativität der* verschiedenen, eine Person individualisierenden *Merkmale*. Aus ihr folgt, daß eine pauschale Aussage, daß etwa der Nachnahme, der Wohnort etc. im Zweifel maßgeblich sei, nicht möglich ist. Allenfalls in negativer Hinsicht läßt sich sagen, daß es Angaben gibt, denen *grundsätzlich* nur geringe Aussagekraft zukommt. Das gilt neben der bereits oben angesprochenen Anrede etwa auch für eine im Rubrum enthaltene Stockwerksbezeichnung.[613] Doch kann gerade das letztgenannte Kriterium entscheidend für die Individualisierung sein, wenn im selben Haus zwei Personen gleichen Namens wohnen.

Auch das folgende Beispiel zeigt, daß der grundsätzlich kennzeichnungskräftige Name nicht immer eine sichere Identifizierung erlaubt: Der Antragsteller hatte einen Vollstreckungsbescheid gegen „S. F., Arbeiter" erwirkt. Bei der Vollstreckung stellte sich heraus,

---

612 So hat beispielsweise das OLG Hamburg 6 U 102/86 v. 26.06.1986, RIW 1987, 873, ein englisches Urteile, das gegen die X.-GmbH ergangen war, für gegen die X.-GmbH & Co KG vollstreckbar erklärt; den Einwand der Personenverschiedenheit wies es als rechtsmißbräuchlich zurück. Siehe zum Verhältnis von Urteilsberichtigung und Auslegung im Vollstreckungsverfahren weiterhin unten, § 12 IV. 3.b), S. 238 f.

613 LG Bonn 6 T 202/90 v. 11.09.1990, JurBüro 1991, 125: 6. statt 1. Stock.

daß unter der selben Adresse Vater und Sohn gleichen Namens und „Standes" leben. Zu recht hielt das Gericht eine Berichtigung in „S. F. junior" für unzulässig.[614]

Trotz dieser Vorbehalte wird man davon ausgehen können, daß der mit unrichtigem Vor- *oder* Nachnamen bezeichnete Beklagte anhand der übrigen Angaben i. d. R.[615] eindeutig identifizierbar sein wird.[616] Das gilt insbesondere, wenn sich aus einem im Berichtigungsverfahren vorgelegten Auszug aus dem Einwohnermelderegister ergibt, das zwar kein „*Hans* C." unter der angegebenen Adresse wohnhaft ist, wohl aber ein „*Paul* C.", in den das Rubrum antragsgemäß berichtigt werden soll. Zwar ist mit dem Einwohnermelderegister kein Beweis möglich, daß nur letzt- aber nicht erstgenannter existiert (schließlich gibt viele nicht gemeldete Personen). Doch kommt es darauf schon deshalb nicht an, weil eine Beweiserhebung im Berichtigungsverfahren in jedem Fall unzulässig wäre. Maßgeblich ist der Registerauszug nur insoweit, wie er ein weiteres Indiz für die zweifelsfreie Identitätsfeststellung bietet.

Andererseits wird eine Berichtigung in der Regel ausgeschlossen sein, wenn der Name *vollständig* falsch geschrieben wurde. Auch wenn laut Einwohnermelderegister unter der angegebenen Adresse kein „Emil Meyer" aber ein „Felix Maier" gemeldet ist, läßt das allein noch keine *zweifelsfreie* Identifizierung zu. Allenfalls unter Hinzuziehung weiterer Merkmale erscheint ein wertungsfreier, überindividuell gleicher Schluß möglich. Das könnte etwa sein, wenn der Beklagte in der Klage als Halter eines PKW mit amtl. Kennzeichen „MA - XY 123" angegeben ist und dieses Fahrzeug laut Auskunft des KBA auf einen „Felix Maier", dort wohnhaft, zugelassen wurde. Oder es handelt sich um eine Klage wegen Schadensersatz aus Anwaltsvertrag und „Felix Maier" ist als Rechtsanwalt zugelassen, ein Rechtsanwalt „Emil Meyer" hingegen unbekannt.

Von der unrichtigen Namensnennung ist der Fall abzugrenzen, daß der Beklagte unter seinem *Künstlernamen* verklagt wurde. Denn gerade ein Künstlername kann eine wesentlich höhere Kennzeichnungskraft habe, als ein bürgerlicher Name. Daher steht einer Berichtigung grundsätzlich nichts im Wege, erforderlich ist jedoch auch hier die zweifelsfreie Identifizierung.[617]

---

614 LG Düsseldorf 15 T 281/59 v. 28.07.1959, MDR 1960, 406.

615 Ein Gegenbeispiel findet sich in OLG Koblenz 5 W 669/96 v. 14.05.1997, JurBüro 1998, 312, wo das LG den Titel gegen „Perica J." unzulässig in „Pero J." berichtigt hatte.

616 So in LG Hamburg 2 T 240/56 v. 05.10.1956, MDR 1957, 620: „*Hans* C." statt „*Paul* C."; LG Hamburg 2 T 152/57 v. 12.07.1957, MDR 1957, 621: „Henry *He*..." statt „Henry *Ha*..."; AG Bonn 24 M 2318/93 v. 21.10.1993, DGVZ 1994, 95: „*Herbert* K." statt „*Hubert* K.".

617 So auch FREYTAG, S. 27 f., mit Nwen zur älteren Lit. und (abw.) Rspr.

Unzulässig sind schließlich Berichtigungen, durch die die ursprünglich weder benannte noch durch andere Merkmale eindeutig identifizierbare Partei nachträglich bestimmt werden soll. Daher kann ein Titel, der gegen (fünfzig) „nicht bekannte Personen" erlassen ist, nicht berichtigt werden, wenn der Antragsteller nachträglich Namen von (zwölf) Personen nennt, welche Antragsgegner seien.[618] Es ist hier allein eine Frage des Vollstreckungsverfahrens, ob aus diesem Titel überhaupt und gegen die nun benannten Personen vollstreckt werden darf.[619]

2. Berichtigung bei benanntem Einzelgewerbetreibenden

Besondere Aspekte ergeben sich, wenn nicht die Bezeichnung einer Privatperson, sondern eines (hier zunächst *einzelnen*) Gewerbetreibenden berichtigt werden soll. Eine Besonderheit ist, daß diese Personen häufig auch im Geschäftsverkehr unter Kurzbezeichnungen, die vom richtigen und vollständigen Namen abweichen, auftreten. Daher mag es unter dem Aspekt des Vertrauensschutzes naheliegen, die Berichtigungsbefugnis auszudehnen. Jedoch ist die Gewährleistung von Vertrauensschutz *keine* Aufgabe der Urteilsberichtigung. Sie dient vielmehr der Schaffung von Rechtssicherheit, indem sie offenbare Unrichtigkeiten bereinigt. Sofern Unrichtigkeiten den oben gestellten Anforderungen an ihre Erkennbarkeit nicht genügen, rechtfertigt daher auch ein vorangegangenes Fehlverhalten des Beklagten keine Erweiterung der Berichtigungsbefugnis.

Es sei nochmals darauf hingewiesen, daß durch die Ablehnung der Berichtigungsbefugnis keineswegs der Titel unbrauchbar werden muß. Es bleibt immer noch die Möglichkeit, die Identität der Person durch Feststellungsklage zu klären. Sofern auch das im Einzelfall nicht möglich sein sollte, bleibt zwar nur ein neues Verfahren, doch hat dann der ursprüngliche Titel keine dem entgegenstehende Rechtskraft.[620] Auch hinsichtlich der in diesen Verfahren entstehenden Kosten widerspricht das hier gefundene Ergebnis keineswegs Geboten der Gerechtigkeit. Wenn nämlich der Beklagte durch ungenaue oder gar unrichtige Angaben im Geschäftsverkehr einen *unvermeidbaren* Irrtum des Klägers erregte, sind ihm im Feststellungsverfahren die Kosten aufzuerlegen. Und wenn ein neuer Titel geschaffen werden muß, kann der Kläger die Kosten des früheren Verfahrens als Schadensersatz geltend machen. Soweit indes der Kläger aus Nachlässigkeit den Beklagten falsch bezeichnete, ist kein Grund ersichtlich, ihm auf Kosten der Rechtssicherheit das - im übrigen kostenlose - Berichtigungsverfahren zu ermöglichen.[621]

---

618 OLG Düsseldorf 9 W 111/82 v. 28.01.1983, OLGZ 1983, 351, zur einstweiligen Verfügung.

619 Siehe oben, § 7 II. 4, S. 142.

620 Siehe etwa BGH II ZR 256/78 v. 26.11.1979, NJW 1980, 784 [784 f.], zur Klage gegen die „Gesellschafter" einer nie eingetragenen KG.

621 So auch WIESEMANN, S. 134 in Fn. 3.

a) Nichteingetragene Gewerbetreibende

Wenig Besonderheiten gibt es, wenn ein nicht in das Handelsregister eingetragener Gewerbetreibender als Partei bezeichnet wurde. Die Berichtigung seiner Bezeichnung richtet sich nach den oben für Privatpersonen aufgestellten Regeln. Nach diesen ist auch zu beurteilen, wie evtl. in den Titel aufgenommene Zusatzangaben zu bewerten sind. Ist der Beklagte im Titel beispielsweise als „Alfons Bayer, EDV-Beratung, Schulstr. 9, 12345 Irgendwo" bezeichnet, ist eine Berichtigung, die den Zusatz „EDV-Beratung" streicht oder durch die Angabe „Unternehmensberatung" ersetzt, grundsätzlich zulässig. Diesem an sich überflüssigen Zusatz kann aber in Einzelfällen durchaus Kennzeichnungskraft zukommen, so daß eine Berichtigung ausscheidet.

b) Etablissementbezeichnung

Von den Zusatzangaben, die bei einem nichteingetragenen Gewerbetreibenden auf seine Tätigkeit hinweisen und *neben* den Individualisierungsmerkmalen dieser Privatperson angegeben wurden, ist die ausschließliche Bezeichnung einer Partei durch eine Etablissementbezeichnung abzugrenzen. Wurde beispielsweise der „Gasthof ‚Drei Hasen', Grünholz" verklagt,[622] ist dadurch unmittelbar keine Person bezeichnet. Aber auch die zweifelsfreie Identifizierung der davon betroffenen Person scheidet aus. Zwar wird mit dieser Bezeichnung der Inhaber des Gasthofs „gemeint" sein, doch ist ohne juristische Bewertung nicht feststellbar, wer das zu welcher Zeit ist bzw. war. Die Berichtigung in eine Person kommt daher nicht in Betracht. Hier wäre die Partei im Wege der Feststellungsklage zu ermitteln.

Anders ist aber zu entscheiden, wenn die Etablissementbezeichnung eindeutig auf einen existenten und parteifähigen *Personenverband* verweist. Besteht etwa eine „Gasthof ‚Drei Hasen' GmbH" mit Sitz in Grünholz, bestehen keine Zweifel, daß sie von der unrichtigen Bezeichnung betroffen ist. Das Rubrum kann daher berichtigt werden.[623]

c) Der eingetragene Kaufmann

Von der Etablissementbezeichnung ist die *Firma* eines eingetragenen Kaufmanns zu unterscheiden. Nach § 17 I HGB ist die Firma der Name, unter dem der Kaufmann seine Geschäfte betreibt. Er darf nach § 17 II HGB auch unter dieser

---

622 Eine solche Parteibezeichnung entspräche zweifellos nicht den Erfordernissen des § 253 II Nr. 1 ZPO, so daß die Klage unzulässig wäre, vgl. THOMAS/PUTZO, ZPO, § 253, Rn. 20; gleiches gilt für den Vollstreckungsbescheid, §§ 699 I, 690 I Nr. 1 ZPO, ein entsprechender Antrag wäre zurückzuweisen, § 691 I, Nr. 1 ZPO. Doch ist ein Fehler des Gerichts nicht auszuschließen, vgl. die Nwe bei SCHÜLER, DGVZ 1981, 65 [71 ff.].

623 Siehe dazu noch unten, 3., S. 148; zur Unerheblichkeit etwaiger Beteiligungsmängel siehe oben, II. 2, S. 138.

Bezeichnung klagen und verklagt werden. Zwar ist es üblich, die kaufmännische Partei nicht nur mit ihrer Firma, sondern auch mit ihrem bürgerlichen Namen zu bezeichnen. Unterbleibt das jedoch, ist das Urteil nicht unrichtig, denn § 17 II HGB gestattet gerade diese Parteibezeichnung.[624] Eine Berichtigung zwecks Ergänzung des bürgerlichen Namens kommt daher nicht in Betracht.[625] Es ist vielmehr Sache des Vollstreckungsverfahrens, die hinter der Firma stehende natürliche Person zu identifizieren.[626]

Grundsätzlich zulässig ist dagegen die Berichtigung einer unrichtig angegebenen Firma. Maßgeblich ist dafür, ob sich trotz der fehlerhaften Angabe zweifelsfrei auf eine bestimmte Firma und damit Person schließen läßt. Daher erfolgte die Berichtigung von „Firma H. K., Papierhandlung" in „Buchhandlung H. K." zurecht,[627] wenn am bezeichneten Ort mit dieser Namensangabe nur eine Buch- aber keine Papierhandlung bestand.[628] Auch in diesem Fall kommt es entscheidend auf die konkrete Kennzeichnungskraft der einzelnen Angaben an.

Problematisch ist der Fall, daß im Urteil sowohl die Firma als auch der bürgerliche Name des Inhabers genannt sind, beide Angaben jedoch differieren. Hat das Gericht beispielsweise einen Titel gegen die „Firma Bernhard H., Sägewerk, Inh. *Bernhard* H." erlassen und stellt sich später heraus, daß Inhaber tatsächlich „*Elisabeth* H." ist, erscheint eine Berichtigung zunächst unzulässig.[629] Denn die im Titel gewählte Bezeichnung des Beklagten ist perplex, da sie auf zwei verschiedene Personen hinweist. Ergibt sich jedoch aus dem Titel selbst oder anderen zulässigen Erkenntnisquellen *zweifelsfrei*, daß der im Titel festgestellte Anspruch aus dem Gewerbebetrieb des Beklagten folgte, löst sich die ursprüngliche Widersprüchlichkeit der Bezeichnung auf. Betroffen vom Titel ist dann der unter der Firma handelnde, so daß der Titel entsprechend berichtigt werden darf.[630] Im ge-

---

624 SCHÜLER, DGVZ 1981, 65 [66]; zurecht weist schon KG XVI ZS v. 12.12.1912, OLG Rspr. 27, 85 [86], darauf hin, daß dann aber im Rubrum klargestellt werden muß, daß die Bezeichnung sich auf die Fa. richtet.

625 *A. A.* FREYTAG, S. 27 f.

626 Ausführlich SCHÜLER, DGVZ 1981, 65 [67 ff.], sowie oben, II. 4, S. 142.

627 So OLG Hamm 15 W 42/59 v. 29.04.1959, RPfleger 1959, 280 [281]; *a. A.* BULL, RPfleger 1959, 281.

628 Vgl. STEINBERG, S. 21.

629 So LG Koblenz 4 T 349/72 v. 29.08.1972, RPfleger 1972, 458.

630 So auch KG XVI ZS v. 12.12.1912, OLG Rspr. 27, 85 [86]; die Entscheidung des LG Koblenz, a. a. O., erscheint *hinsichtlich der Unzulässigkeit der Berichtigung* (i. ü. § 9 II. 2.b)(1), bei Fn. 803, S. 184) trotzdem richtig, da der berichtigte Titel ein Vollstreckungsbescheid war. Bei ihm fehlen die sicheren Erkenntnisquellen, um das Entschiedene zweifelsfrei festzustellen; vgl. oben, § 5 III. 2, S. 78.

nannten Beispiel wäre das etwa der Fall, wenn der Anspruch als Kaufpreis für eine Fuhre Holz festgestellt war.

Zur Klarstellung: Diese Berichtigung hat nichts mit dem Grundsatz zu tun, daß bei unternehmensbezogenen Geschäften der jeweilige Inhaber berechtigt und verpflichtet wird.[631] Ein solcher Schluß wäre ebenso wie die zu seiner Anwendung erforderlichen Tatsachenfeststellungen richterlich-wertend und daher im Berichtigungsverfahren unzulässig. Er ist aber dann nicht mehr erforderlich, wenn er ausweislich der Angaben in den Urteilsgründen bereits eindeutig vom Gericht gezogen wurde. Ist das hingegen - wie beim Vollstreckungsbescheid - nicht der Fall, verbleiben also Zweifel, ob es sich um ein unternehmensbezogenes Geschäft handelt, ist eine Berichtigung unzulässig.

Schließlich bleibt die Konstellation zu erörtern, in der der Beklagte im Urteil mit der Firma eines Einzelkaufmanns bezeichnet ist, damit aber zweifelsfrei ein Gewerbebetrieb, der tatsächlich in einer anderen Rechtsform betrieben wird, gemeint ist. Man nehme etwa an, daß im vorigen Fall das Sägewerk in der Rechtsform der GmbH betrieben wird und dessen Firma „Bernhard H. Sägewerk GmbH" lautet. Soll hier eine Berichtigung des auf „Firma Bernhard H., Sägewerk, Inh. Bernhard H." lautenden Titels prinzipiell ausscheiden?[632] Ich halte das für unrichtig, soweit durch die Falschbezeichnung der Rechtsform keine Zweifel an der Identität des Gewerbebetriebs entstehen und der Titel zweifelsfrei gegen den unrichtig Benannten *als Rechtsträger* (Inhaber) des Gewerbebetrieb erlassen wurde. In diesem Fall besteht nämlich kein Zweifel an der Identität des mit der unrichtigen Bezeichnung Gemeinten. Allein das ist aber für das Bestehen einer offenbaren Unrichtigkeit maßgeblich.[633]

3. *Berichtigung bei benanntem Personenverband*

Weitere Besonderheiten ergeben sich, wenn als Partei ein *Personenverband* benannt wurde, dieser *so wie angegeben* aber nicht existiert. Dabei sind zwei Konstellationen zu unterscheiden:

a) Der nicht parteifähiger Personenverband

Zum einen kann ein *nicht parteifähiger* Personenverband wie die GbR oder die Wohnungseigentümergemeinschaft (WEG) als Partei angegeben sein. Das Urteil ist dann unrichtig und es fragt sich, ob eine Berichtigung in die Einzelpersonen des Verbandes, etwa die Gesellschafter oder die Wohnungseigentümer, zulässig

---

631 BGH II ZR 167/72 v. 18.03.1974, BGHZ 62, 216 [220]; BGH II ZR 238/82 v. 12.12.1983, NJW 1984, 1347 [1348].

632 So STEINBERG, S. 21, für die Berichtigung von „Dt. Bekleidungshaus" in „Dt. Bekleidungs-GmbH".

633 So auch OLG Koblenz 6 U 916/79 v. 31.01.1980, WRP 1980, 576 [577]; OLG Köln 10 W 64/64 v. 24.09.1964, NJW 1964, 2424.

ist.[634] Das ist jedoch zu verneinen.[635] Bei einer GbR ist bereits kaum zweifelsfrei feststellbar, wer von der Verbandsbezeichnung umfaßt wird. Und selbst wenn die personale Zusammensetzung im Einzelfall offenbar sein sollte, wie etwa bei der WEG aufgrund des Grundbuchs, stünde damit nicht fest, in welchem Verhältnis diese Personen haften oder berechtigt sind.[636]

b) Der parteifähige Personenverband

Zum anderen kann ein *parteifähiger* Personenverband unrichtig angegeben worden sein. Das wirft für die Berichtigung keine besonderen Probleme auf, wenn die Unrichtigkeit lediglich in der fehlerhaften Angabe der *Organisationsform* besteht, über Existenz, Betroffenheit und Parteifähigkeit des Personenverbandes jedoch keine Zweifel bestehen. Hierauf ist bei den Personenhandelsgesellschaften und den juristischen Personen einzugehen. Anders liegt der Fall jedoch, wenn unrichtig als Partei ein parteifähiger Personenverband bezeichnet wurde, ein solcher tatsächlich - auch in anderer Rechtsform - aber nicht existiert. Als Beispiel sei die Parteibezeichnung „Günholzer Vermögensverwaltungsgesellschaft mbH" genannt. Existiert eine solche GmbH nicht und haben unter diesem Namen *mehrere* Personen gehandelt, scheidet eine Berichtigung in die Namen der handelnden Personen aus. Anderes gilt nur, wenn zweifelsfrei feststellbar wäre, daß nur eine *einzelne* Person unter dieser Falschbezeichnung handelte. Dann sind die oben aufgestellten Grundsätze für die Berichtigung einer Etablissementbezeichnung anwendbar, die Ersetzung der fehlerhaften Angabe durch den Namen der unter ihr handelnden Person ist also möglich.[637]

---

634 Nach den dargestellten allgemeinen Kriterien beurteilt sich, ob ein fehlerhaft als GbR bezeichneter Verband *mit* eigener Rechtspersönlichkeit in seinen richtigen Namen berichtigt werden darf (etwa „Müller & Meier *GbR*" in Müller & Meier *OHG*"). Das wird in aller Regel zu bejahen sein, da sich die Unrichtigkeit zweifelsfrei aufklären lassen wird.

635 So auch LG Düsseldorf 15 T 151/57 v. 03.06.1957, MDR 1957, 621, für die Berichtigung von „A-Versicherungsgruppe", die nur ein nichtrechtsfähiger Zusammenschluß ist, in „A-Versicherungsgesellschaft", eines der Verbandsmitglieder.

636 Eine ganz andere Frage ist, ob und für oder gegen wen aus so einem Titel vollstreckt werden kann. Dies ist für GbR (*dagegen* LG Kaiserslautern 1 T 156/89 v. 17.07.1989, DGVZ 1990, 91, m. w. Nwen; *großzügiger* HARTMANN in B/L/A/H, § 736, Rn. 1) und WEG (*dafür* etwa AG Frankfurt 83 M 1770/94 v. 14.04.1994, DGVZ 1994, 79; STÖBER in Zöller, ZPO, § 750, Rn. 4, m. w. Nwen; *dagegen*: LG Frankfurt 2/9 T 294/86 v. 12.05.1986, MDR 1986, 766) strittig.

637 *A. A.* LG Hamburg 9 T 124/56 v. 28.06.1956, NJW 1956, 1761: Keine Berichtigung von „K.-GmbH" in „K.-GmbH, Inh. Chr. K.".

(1) Die Personen(handels)gesellschaften

Unter den parteifähigen Personenverbänden sind zunächst die Personenhandelsgesellschaften zu nennen (§ 124 HGB).[638] Unrichtigkeiten ihrer Bezeichnung können einmal darin bestehen, daß lediglich ihre Rechtsform fehlerhaft angegeben wurde. Das ist jedoch unschädlich, solange die Identität der betroffenen Rechtspersönlichkeit zweifelsfrei ist. Daher ist die Berichtigung einer fehlerhaft als OHG bezeichneten Gesellschaft in KG zulässig, wenn trotz dieser Unrichtigkeit keine Zweifel möglich sind, daß nur die einzig existente KG gemeint ist.[639]

Der Fall war darüber hinaus durch die Besonderheit geprägt, daß die KG früher tatsächlich in der Rechtsform der OHG bestand und - lange vor Klageerhebung - in eine GmbH & Co KG mit identischem Gesellschafterkreis umgewandelt wurde. Auf diese Besonderheiten stützte das Gericht sich maßgeblich in der Begründung, da hierdurch sowohl die letztliche Vermögenszuständigkeit als auch die Beteiligungsrechte gewahrt blieben. Beide Aspekte sind für die Bestimmung der konkreten Berichtigungsbefugnis jedoch unerheblich, da sie die tatsächlich getroffene mit der „richtigen" Entscheidung verwechseln.

Aus dem Grundsatz der Berichtigung bei zweifelsfreier Identitätswahrung folgt auch, daß es zulässig ist, das Passivrubrum eines gegen die „Firma N. & Co, KG" ergangenen Versäumnisurteils in „Kaufmann Otto N." zu berichtigen, wenn eine KG solchen Namens nicht existent, Gegenstand der Klage aber zweifelsfrei ein Anspruch ist, der gegen das von „Otto N." *allein* betriebene Geschäft gerichtet ist.[640] Unzulässig ist hingegen eine Berichtigung, die statt der nicht existenten Personenhandelsgesellschaft ihre „Gesellschafter" in das Rubrum aufnimmt.[641]

Weiterhin ist darauf zu achten, daß auch nicht die *Möglichkeit* einer Auswechselung der vom Titel betroffenen Person gegeben ist. Soweit nämlich eine Personenhandelsgesellschaft angegebenen oder auch nur möglicherweise verwechselbar ähnlichen Namens existiert, kann nicht zweifelsfrei festgestellt werden, daß die natürliche Person und nicht die Gesellschaft bezeichnet werden sollte. In diesen

---

638 Diese Ausführungen gelten entsprechend für die Partnerschaftsgesellschaft, vgl. § 7 II PartGG.

639 OLG Düsseldorf 4 W 14/76 v. 05.07.1976, MDR 1977, 144.

640 OLG Köln 10 W 64/64 v. 24.09.1964, NJW 1964, 2424; so schon RG I 59/20 v. 10.07.1920, RGZ 99, 270 [271], zur OHG; *a. A.* HARTMANN in B/L/A/H, § 319, Rn. 18.

641 So auch OLG Nürnberg 5 W 41/79 v. 13.07.1979, JurBüro 1980, 144 [145]; LG Düsseldorf 16 P 27/57 v. 23.07.1957, MDR 1957, 749.

Scharf zu unterscheiden ist hiervon die „Klarstellung" der Parteibezeichnung im laufenden Erkenntnisverfahren. Dabei ist allein die Abgrenzung zur Parteiauswechslung zu beachten; eine Frage der Berichtigungsbefugnis ist das nicht (siehe bereits oben in und bei Fn. 561, S. 134). Daher kann die Veränderung auch sehr viel weiter gehen, als sie im Berichtigungsverfahren zulässig wäre; vgl. OLG Hamm 4 U 17/74 v. 01.10.1974, WM 1975, 46 [47]: Ersetzung der Beklagtenbezeichnung als KG durch die Namen der „Gesellschafter", die in der Klage als Geschäftsführer bezeichnet wurden.

Fällen besteht die Gefahr, daß durch eine Urteilsberichtigung tatsächlich eine andere Person den Urteilswirkungen ausgesetzt wird. Und das wäre auch im Verhältnis von Gesellschafter zu Gesellschaft unzulässig, da die Inanspruchnahme des Gesellschafters aus § 128 HGB einen gegen ihn gerichteten Titel erfordert, § 129 IV HGB. Eine Berichtigung ist daher unzulässig.[642]

Das erscheint in folgendem Fall nicht beachtet:[643] Für den Antragsteller des Berichtigungsverfahrens war ein Vollstreckungsbescheid gegen die „Firma Peter M. OHG..." erlassen worden. Tatsächlich war die OHG aber schon seit zwei Jahren gelöscht. Er beantragte nun, den Antragsgegner in „Firma Peter M., Inh. Reiner M." zu berichtigen. Das wäre aber nur dann zulässig, wenn der im Titel festgestellte Anspruch zweifellos erst nach Löschung der OHG entstanden ist. Anderenfalls wäre der im Titel festgestellte Anspruch - zumindest möglicherweise - gegen die von „Reiner M." verschiedene OHG gerichtet, was der beantragten Berichtigung entgegen stünde. Da die Entscheidung hierzu keine Ausführungen enthält, muß davon ausgegangen werden, daß dieser wesentliche Gesichtspunkt übersehen wurde.

(2) Juristische Personen

Die Unterscheidung zwischen der im Urteil (fehlerhaft) benannten Partei und mit ihr zwar rechtlich verbundenen aber doch von ihr verschiedenen Personen, gewinnt besondere Bedeutung bei Titeln, die gegen eine als juristische Person bezeichnete Partei ergangen sind. Allein aufgrund der Vielzahl der Fälle, aber auch wegen der besonderen rechtlichen Konstellation tritt dabei die GmbH in Gründung hervor. Bevor auf sie eingegangen wird, sollen einige für alle juristischen Personen geltenden Grundsätze erläutert werden.

(a) Grundsätze

Wurde im Urteil eine juristische Person als Partei benannt, ist zunächst zu prüfen, ob sie zweifelsfrei identifiziert werden kann. Merkmale hierfür sind Name und Sitz sowie ein evtl. angegebenes Registergericht und die Nummer des Registereintrags. Fehler in diesen Merkmalen können berichtigt werden, solange die richtig angegebenen Merkmale eine eindeutig überwiegende Kennzeichnungskraft haben. Das kann bei einem einzigartigen Namen beispielsweise auch vorliegen, wenn nur er, und weder Sitz noch Registergericht angegeben sind.[644]

Verläuft diese Prüfung positiv im Sinne einer bestehenden Identität, kommt eine Berichtigung der Parteibezeichnung in etwas anderes als die korrekte und vollständige Bezeichnung der juristischen Person nicht in Betracht. Insbesondere ist es ausgeschlossen, den Titel auf die Personen von Gesellschafter, Geschäftsführer, Vorständen etc. zu „berichtigen".

---

642 So i. E. auch OLG Nürnberg 5 W 41/79 v. 13.07.1979, OLG Nürnberg, JurBüro 1980, 144 [145]; HÖRLE, ZZP 44 (1914), 65 [72].

643 AG Hagen 92-2671756-06-N v. 08.11.1994, NJW-RR 1995, 486.

644 *A. A.* LG Hamburg 9 T 62/58 v. 16.05.1958, RPfleger 1958, 276 [277].

Differenziert ist die Lage zu beurteilen, wenn die Identitätsprüfung negativ verlief: Soweit aufgrund der angegebenen Merkmale zweifelsfrei auf eine parteifähige Person geschlossen werden kann, ist eine Berichtigung in diese zulässig. Daher kann eine als „Alfons Meier GmbH“ bezeichnete, so aber nicht existente Partei grundsätzlich in „Alfons Meier KG“ aber auch in „Alfons Meier“ berichtigt werden. Verbirgt sich hinter der unrichtigen Bezeichnung jedoch eine nicht parteifähige Personenmehrheit, wie die GbR, scheidet eine Berichtigung schon allein deshalb aus. Und auch eine Berichtigung in die einzelnen Personen ist unzulässig, da weder der Personenbestand noch das Beteiligungsverhältnis zweifelsfrei zu ermitteln ist.

(b) Besonderheiten bei der GmbH in Gründung

Bei einer in Gründung befindlichen oder über das Gründungsstadium nie hinaus gekommenen „GmbH“ ist die Lage schwieriger. Die Bestimmung der Berichtigungsbefugnisse erfordert zunächst die Betrachtung des Verlaufs der GmbH-Gründung: Am Anfang besteht mit der grundsätzlich formfreien[645] Vereinbarung der zukünftigen Gesellschafter, eine GmbH gründen zu wollen, eine *Vorgründungsgesellschaft*. Diese weist gesellschaftsrechtlich keine Besonderheiten auf. Sie ist je nach Gegenstand und Umfang des Geschäftsbetriebs eine GbR oder eine OHG.[646] Mit notarieller Beurkundung des Vertrages, § 2 I 1 GmbHG, entsteht die *Vor-GmbH*. Diese ist zwar noch keine (juristische) Person; wegen der im Vergleich zur Vorgründungsgesellschaft erheblich stärkeren organisatorischen Verfestigung ist sie einer juristischen Person aber schon so ähnlich, daß sie teilrechtsfähig ist.[647] Schließlich entsteht mit der Eintragung der Gesellschaft in das Handelsregister, § 11 I GmbHG, die *GmbH* als juristische Person, § 13 I, II GmbHG.

Aus dem Blickwinkel der Parteiberichtigung fragt sich zum einen, ob der gegen die Vorgründungsgesellschaft oder die Vor-GmbH ergangene Titel auf eine der Nachfolgeorganisationen berichtigte werden darf. Das ist bezüglich der *Vorgründungsgesellschaft* zu verneinen, da zwischen ihr und der Vor-GmbH (und erst recht der GmbH) keine Identität besteht.[648] Anderes gilt hingegen für das Verhältnis von *Vor-GmbH* zur (später) eingetragenen GmbH. Zwischen diesen ist

645 BGH II ZR 311/83 v. 24.09.1984, WM 1984, 1507; es sei denn, die zukünftigen Gesellschafter verpflichten sich zur Gründung der GmbH, BGH II ZR 16/87 v. 21.09.1987, NJW-RR 1988, 288.

646 Näher K. SCHMIDT, GmbHR, 1998, 613 ff.

647 BGH II ZR 225/78 v. 29.05.1980, WM 1980, 955 [956]; siehe zu den Einzelheiten LUTTER/HOMMELHOFF, GmbHG, § 11, Rn. 3 ff.

648 BGH II ZR 276/83 v. 07.05.1984, BGHZ 91, 148 [150 f.]; BGH II ZR 366/96 v. 09.03.1998, GmbHR 1998, 633 [634]; K. SCHMIDT, GmbHR, 1998, 613.

nach nunmehr allgemeiner Ansicht Identität gegeben.[649] Daher ist auch die Berichtigung eines gegen die Vor-GmbH ergangenen Titels auf die GmbH zulässig.

Zum anderen fragt sich, ob ein gegen eine der Gesellschaften gerichteter Titel auf die Gesellschafter berichtigt werden darf. Das ist eindeutig auszuschließen im Verhältnis von eingetragener GmbH zu ihren Gesellschaftern, § 13 I, II GmbHG. Aber auch im Verhältnis von *Vor-GmbH* zu ihren Gründungsgesellschaftern liegt keine Identität vor, da schon die Vor-GmbH ein selbständiger Rechtsträger ist.[650] Daran ändert auch die teilweise[651] bejahte Außenhaftung der Gründungsgesellschafter für Verbindlichkeiten der Vor-GmbH nichts. Denn selbst wenn man im Einzelfall[652] eine Außenhaftung bejaht, wäre das nicht die Verbindlichkeit der Vor-GmbH, sondern eine hiervon verschiedene.

Fraglich bleibt somit lediglich, ob ein gegen die *Vorgründungsgesellschaft* gerichteten Titel auf die dahinter stehenden Personen berichtigt werden darf. Doch ist das in den Fällen, in denen die Vorgründungsgesellschaft ein selbständiger Rechtsträger ist, wie bei der OHG, bereits wegen fehlender Identität abzulehnen.[653] Aber auch wenn es sich bei der Vorgründungsgesellschaft um eine GbR handelt, scheidet eine Berichtigung aus doppeltem Grund aus. Zunächst erfordert die Bewertung, ob im Einzelfall eine OHG oder nur eine GbR vorliegt, eine im Berichtigungsverfahren unzulässige Wertung.[654] Denn es wäre zu entscheiden, ob überhaupt ein Gewerbe vorliegt, und ob dies einen kaufmännischen Geschäftsbetrieb erfordert, § 1 HGB. Darüber hinaus wären bei einer GbR Gesellschafter und Beteiligungsverhältnis zu bestimmen, was - wie dargelegt - nicht zweifelsfrei möglich ist.

---

649 BGH II ZR 54/80 v. 09.03.1981, BGHZ 80, 129 [133 ff.]; LUTTER/HOMMELHOFF, GmbHG, § 11, Rn. 3, m. w. Nwen.

650 LAG Nürnberg 2 (3) Ta 89/97 v. 20.01.1998, RPfleger 1998, 296.

651 K. SCHMIDT, ZIP 1997, 671 [672]; *ähnlich* BAG 9 AZR 483/96 v. 27.05.1997, NJW 1998, 628 [629]; *a. A.* BGH II ZR 123/94 v. 27.01.1997, BGHZ 134, 333 [338 ff.]; ULMER, ZIP 1996, 733.

652 Siehe dazu insbesondere die Kriterien in BAG, a. a. O.

653 *A. A.* OLG Frankfurt 5 W 28/89 v. 19.01.1990, NJW-RR 1990, § 767 ZPO, das sich zu unrecht auf BGH II ZR 282/55 v. 29.11.1956, BGHZ 22, 240, stützt. Der BGH differenzierte nämlich sehr wohl zwischen der Haftung der OHG und der ihrer Gesellschafter und hob daher insoweit das auf gesamtschuldnerische Haftung lautende Berufungsurteil auf [a. a. O., 246].

654 Die OHG wird in diesen Fällen nicht eingetragen, so daß das Handelsregister als Erkenntnisquelle ausscheidet.

IV. Zusammenfassung

Unter das Stichwort „Parteiberichtigung“ lassen sich bei unbefangener Betrachtung ganz unterschiedliche Korrekturen der Parteibenennung eines Urteils fassen. Der Berichtigung nach § 319 ZPO unterfallen jedoch nur solche Veränderungen, bei denen eindeutig und zweifelsfrei identifizierbare Personen oder Personenverbände unrichtig bezeichnet wurden. Ausgeschlossen von der Berichtigungsmöglichkeit des § 319 ZPO bleiben hingegen alle Veränderungen der Parteibezeichnung, die - auch nur möglicherweise - eine andere als die ursprünglich betroffene Person den Urteilswirkungen aussetzt. Dies gilt selbst dann, wenn die andere Person materiellrechtlich als der „richtigere“ Beteiligte erscheint.

Der somit maßgebliche Gesichtspunkt für die Bestimmung der Berichtigungsbefugnis ist die Identitätswahrung. Diese läßt sich weder anhand der Vermögenszuständigkeit oder der gewährten Beteiligung im Verfahren noch aus dem formellen Parteibegriff konkretisieren, da all‘ diese Konzepte nur Anhaltspunkte für die richtige, nicht aber für die tatsächlich vom Gericht getroffene Entscheidung geben. Der einzig mögliche Anknüpfungspunkt ist daher der objektive Erklärungswert des Urteils samt zu seiner Auslegung erforderlicher und zulässiger externer Erkenntnisquellen. Wie bei der fehlerhaften Bezeichnung des Urteilsgegenstandes ist auch bei der unrichtigen Parteibezeichnung eine Berichtigung nur zulässig, wenn in überindividuell gleicher Wahrnehmung die ursprüngliche und die berichtigte Bezeichnung dieselbe Person beschreiben.

Dieser „Identitätstest“ läßt sich nur anhand der verschiedenen, eine Person oder Personengruppe beschreibenden Merkmale durchführen. Dabei ist in erster Linie das numerische Verhältnis der übereinstimmenden zu den abweichenden Merkmalen entscheidend. Eine Berichtigung wird i. d. R. unzulässig sein, wenn die ursprüngliche und die Bezeichnung, in die berichtigt werden soll, mehr unterschiedliche als gemeinsame Merkmale haben. Aber auch eine qualitative Gewichtung ist möglich, da je nach Personenart, zu der die fehlerhaft bezeichnete Partei gehört, die verschiedenen Merkmale eine unterschiedliche Kennzeichnungskraft haben. Dies machte es erforderlich, auf die verschiedenen, häufig vorkommenden Fallgruppen fehlerhafter Parteibezeichnung einzugehen.

§ 8 - Zur Berichtigung anderer Urteilselemente

Neben Tenor und Parteibezeichnung sind auch andere Bestandteile eines Urteils berichtigungsfähig. Das ist unstreitig[655] und folgt bereits aus dem Wortlaut des § 319 I ZPO, der von Unrichtigkeiten, die „in dem Urteil vorkommen“, spricht. Fraglich und umstritten ist hingegen, ob *alle* vom Gericht in einem Urteil

655 Vgl. MUSIELAK in MüKo-ZPO, § 319, Rn. 8, 10, m. w. Nwen.

gemachten Angaben der Berichtigung nach § 319 ZPO zugänglich sind. Einigkeit besteht jedoch darin, daß zumindest die Angaben, die im Urteil gesetzlich vorgeschrieben sind, nach § 319 ZPO berichtigungsfähig sind, wenn dem nicht im Einzelfall andere Berichtigungsverfahren vorgehen.[656]

Der notwendige Urteilsinhalt ergibt sich grundsätzlich aus §§ 313 I, 315 I ZPO, wobei gem. §§ 313a f. ZPO Vereinfachungen in Sonderfällen möglich sind. Bei weiteren, entbehrlichen Angaben besteht eine Berichtigungsbefugnis nur, wenn ein rechtlich schützenswertes Interesse einer Partei an dieser Angabe besteht. Handelt es sich hingegen um - zumindest rechtlich - irrelevante Ausführungen des Gerichts, ist die Berichtigungsfähigkeit zu verneinen. Die Urteilsberichtigung dient als zwar einfaches, aber dennoch förmliches Verfahren nicht der Korrektur reiner „Schönheitsfehler".

I. Berichtigung des übrigen Rubrums und der Unterschriften

Neben der Bezeichnung der Parteien hat das Rubrum eines Urteils nach § 313 I Nr. 1-3 ZPO weitere Angaben zu den Parteien und dem erkennenden Gericht sowie die Angabe des Schlusses der mündlichen Verhandlung zu enthalten. Darüber hinaus ist das Urteil gem. § 315 I 1 ZPO von den Richtern, die bei der Entscheidung mitgewirkt haben, zu unterschreiben. Da diese Angaben notwendige Urteilsbestandteile sind,[657] ist ihre grundsätzliche Berichtigungsmöglichkeit gegeben.

Fraglich und vorrangig klärungsbedürftig ist indes, welcher Maßstab für das Vorliegen einer offenbaren Unrichtigkeit gilt. Denn teilweise wird behauptet, daß in Bezug auf diese Angaben eine weitergehende Berichtigungsbefugnis bestehe, da Veränderungen hier keinen Einfluß auf die im Urteil enthaltene Entscheidung haben könnten.[658]

1. Maßstab der Berichtigungsbefugnis

Die oben gefundene Definition, nach der eine Unrichtigkeit nur dann offenbar i. S. v. § 319 I ZPO ist, wenn sowohl die Tatsache der Unrichtigkeit als auch das statt dessen Gemeinte jedem unbefangenen, verständigen und mit der gegebenenfalls erforderlichen Terminologie Vertrauten im Zeitpunkt der Entscheidung ersichtlich ist,[659] beruhte auf dem nur so gewährleisteten Schutz der vom Gericht

---

656 Vgl. BGH III ZR 265/54 v. 08.03.1956, BGHZ 20, 188 [190 f.] .

657 Ihr Fehlen macht das Urteil jedoch nicht zu einem - rechtlich bedeutungslosen - „Nichturteil", vgl. LEIPOLD in Stein/Jonas, ZPO, § 313, Rn. 2; G. LÜKE/ZAWAR, JuS 1970, 205 [212 f.].

658 BÖTTCHER, S. 38 f.; FISCHER, LM § 319 ZPO Nr.3, sowie ein Teil der Literatur zum gleichlautenden § 107 FGO (vgl. die Nwe bei WIESEMANN, S. 93).

659 Siehe § 5 V. , S. 83.

getroffenen Entscheidung und bezweckte die Effektivierung der Innenbindung aus § 318 ZPO sowie - sofern bereits eingetreten - den Schutz der materiellen Rechtskraft.

Diese Begründung würde jedoch bei der Berichtigung von Urteilselementen, die keinen Einfluß auf die getroffene Sachentscheidung haben und auch keine sonstige, schützenswerte Entscheidung des Gerichts beinhalten,[660] versagen. Fraglich erscheint aber, ob es - zumindest unter den gesetzlich vorgeschriebenen - derart „entscheidungslose" Angaben überhaupt gibt. Sicher nicht hierzu gehören Tatbestand und Entscheidungsgründe (§ 313 I Nr. 5, 6 ZPO), die erst mit dem Tenor (Nr. 4) zusammen die Entscheidung enthalten.[661] Aber auch die anderen nach § 313 I ZPO notwendigen Angaben drücken getroffene Entscheidungen aus.

Deutlich wird das an der nach § 313 I Nr. 2 ZPO erforderlichen Bezeichnung des erkennenden Gerichts und der mitwirkenden Richter. Zwar hat diese Angabe auf den ersten Blick eine lediglich neutral-protokollierende Funktion, doch gibt sie tatsächlich die zur Zuständigkeit des erkennenden Gerichts und Spruchkörpers in seiner konkreten Zusammensetzung führende Entscheidung wieder.[662] Genau betrachtet hat daher auch diese Angabe keine geringere Bedeutung als Tenor, Tatbestand und Entscheidungsgründe.

Und auch die nach § 313 I Nr. 1 ZPO erforderliche Bezeichnung des Prozeßbevollmächtigten, wird sich zwar in aller Regel auf eine ausschließlich protokollierende Wiedergabe der Angaben des Bevollmächtigten und der Partei beschränken. Wurde hingegen im Verfahren die Vollmacht des Vertreters gerügt, § 88 ZPO, oder fand ein Wechsel des Bevollmächtigten statt, vgl. § 87 ZPO, steht hinter der Benennung eines Prozeßbevollmächtigten im Urteil durchaus eine Entscheidung des Gerichts. Da aber der Bezeichnung im Rubrum dieses mögliche „Vorspiel" nicht anzusehen ist,[663] besteht bei jeder Benennung die Möglichkeit, daß in ihr eine Entscheidung enthalten ist. Daher ist diese Angabe hinsichtlich ihrer Entscheidungsqualität nicht anders zu bewerten, als die Parteibezeichnung. Denn auch bei ihr beschränkt sich die Tätigkeit des Gerichts i. d. R. auf die Wiedergabe des Parteivortrags, ist aber im Einzelfall durchaus Ausdruck einer bewußt getroffenen gerichtlichen Entscheidung. Nichts anderes gilt für die übrigen nach § 313 I ZPO erforderlichen Angaben. Auch sie bezeichnen vom Gericht - *möglicherweise* - getroffene Entscheidungen.

---

660 Zu letzterem gehören unstreitig die Entscheidung über vorläufige Vollstreckbarkeit und Rechtsmittelzulassung.

661 Dazu oben, § 2 I. 1, S. 34 ff.

662 Zu der großen Bedeutung dieser Angaben sogleich unter 2c), S. 159.

663 Nur der Ausschluß eines vollmachtlosen Vertreters erfolgt durch gesonderten Beschluß, vgl. HARTMANN in B/L/A/H, § 88, Rn. 13.

Damit sind in Bezug auf die Angaben nach § 313 I Nr. 1-3 ZPO die gleichen Voraussetzungen gegeben, die bezüglich der Sachentscheidung zu der restriktiven Begrenzung der Berichtigungsbefugnis geführt haben: Auch bei einer Berichtigung dieser Angaben muß gewährleistet werden, daß durch eine Veränderung des sprachlichen Ausdrucks nicht tatsächlich eine Veränderung der Entscheidung bewirkt wird. Daher besteht auch bezüglich dieser Angaben die Berichtigungsbefugnis nur, wenn die behauptete Unrichtigkeit offenbar i. S. der überindividuell gleichen Wahrnehmbarkeit ist.

Für eine derart enge Berichtigungsbefugnis spricht zudem, daß diese Angaben sich auf Umstände beziehen, die für das ordnungsgemäße Zustandekommen des Urteils wesentlich sind, und bei deren Nichtbeachtung, wie etwa bei mangelhafter Vertretung, ein Rechtsmittel[664] oder nach formeller Rechtskraft die Wiederaufnahme begründet ist. Zwar ist für das Vorliegen eines formellen Fehlers der Entscheidung nicht die Bezeichnung dieses Umstands im Rubrum maßgeblich. Ob der gerügte Verfahrensverstoß tatsächlich vorliegt, hat vielmehr das zur Entscheidung hierüber berufene Gericht selbst festzustellen. Im Wiederaufnahmeverfahren ist dies zunächst der alleinige Verfahrensgegenstand, § 590 ZPO;[665] in der Rechtsmittelinstanz ist ein geltend gemachter Verfahrensfehler im Wege des Freibeweises zu klären.[666] Doch gibt die Angabe im Rubrum mindestens ein *Indiz*, wenn nicht sogar einen - freilich widerleglichen - *Beweis*[667] dafür, daß das Verfahren so, wie im Rubrum angegeben, auch stattgefunden hat. Daher besteht gerade bei diesen Urteilselementen die Gefahr, daß das Gericht fehlerhaftes Vorgehen durch einen Berichtigungsbeschluß zu verdecken sucht.[668]

2. *Berichtigung der nach §§ 313 I Nr. 1-3, 315 I ZPO erforderlichen Angaben*

Im einzelnen hat das Rubrum eines Urteils außer der bereits behandelten Parteibezeichnung noch folgende Angaben:

---

664 In der Berufung gem. § 539 ZPO (siehe dazu jedoch OLG München 1 U 1574/53 v. 23.12.1954, MDR 1955, 426: Keine Zurückverweisung, wenn Urteil „im Ergebnis durchaus zu billigen ist"; ebenso OLG Brandenburg 1 U 19/96 v. 18.12.1996, OLG-NL 1997, 58 [59]), in der Revision gem. § 551 ZPO.

665 Vgl. BRAUN in MüKo-ZPO, § 590, Rn. 1.

666 BGH V ZR 140/55 v. 11.04.1958, NJW 1958, 1779: Einholung einer amtlichen Auskunft zwecks Nachprüfung der Revisionsrüge, das Berufungsgericht sei nicht vorschriftsmäßig besetzt gewesen; BFH V R 25/95 v. 18.04.1996, NJW 1997, 416: „Das Revisionsgericht kann und muß die Tatsachenfeststellungen treffen, die zur Beurteilung erforderlich sind, ob ein Verfahrensmangel vorliegt"; vgl. auch BGH XII ZR 206/94 v. 31.05.1995, VersR 1995, 1467 [1468]: Nachweis der rechtzeitigen Berufungseinlegung bei Beschwerde gegen Verwerfung der Berufung.

667 So RG II 50/04 v. 06.05.1904, RGZ 58, 118 [120 f.].

668 Siehe hierzu die Beispiele unten in und bei Fn. 710, S. 165, und Fn. 719, S. 166.

a) Bezeichnung der gesetzlichen Vertreter

Gem. § 313 I Nr. 1 ZPO ist die Bezeichnung der gesetzlichen Vertreter der Parteien erforderlich. Das gilt jedoch nur dann, wenn die Partei selbst prozeßunfähig ist, und daher nur durch ihren gesetzlichen Vertreter handeln kann,[669] vgl. § 51 ZPO, und ist insbesondere bei Geschäftsunfähigen wie den juristischen Personen und Kindern unter 7 Jahren der Fall.[670] Die Bedeutung dieser Angabe folgt aus dem Umstand, daß jede von einem Prozeßunfähigen vorgenommene oder ihm gegenüber bewirkte Handlung unwirksam ist.[671] Ein Urteil, das trotz dieses Mangels erging, ist daher mit Rechtsmitteln[672] angreifbar und nach formeller Rechtskraft im Wiederaufnahmeverfahren aufzuheben.[673]

Ob eine offenbare und damit berichtigungsfähige Unrichtigkeit oder möglicherweise ein Fehler in der Vertretung vorliegt, ist nach den oben für die Parteibezeichnung entwickelten Kriterien zu beurteilen.[674] Daher kann beispielsweise die unrichtige Schreibweise des gesetzlichen Vertreters einer juristischen Person berichtigt werden, wenn sich die Unrichtigkeit zweifelsfrei aus dem Handelsregister ergibt.[675] Bestehen hingegen Zweifel, daß die im Urteil bezeichnete Person mit der identisch ist, in die berichtigt werden soll, ist eine Berichtigung unzulässig. Zweifel sind im Rechtsmittel- oder Wiederaufnahmeverfahren auszuräumen. Erst recht unzulässig ist eine Berichtigung, wenn nachträglich erkannt wird, daß eine falsche Person als gesetzlicher Vertreter angesehen wurde. Das wäre etwa der Fall, wenn aufgrund veralteter Registerauskunft ein bereits bei Klageerhebung abberufener und im Handelsregister gelöschter Geschäftsführer als gesetzlicher Vertreter einer GmbH genannt wäre.

b) Bezeichnung der Prozeßbevollmächtigten

Die gleichen Berichtigungskriterien gelten für Unrichtigkeiten in der nach § 313 I Nr. 1 ZPO erforderlichen Bezeichnung der Prozeßbevollmächtigten. Auch diese Angaben erhalten ihre Bedeutung nicht dadurch, daß ausschließlich durch die Bezeichnung eine tatsächlich so nicht bestehende Vertretung bewiesen wä-

---

669 MUSIELAK in MüKo-ZPO, § 313, Rn. 7.

670 Siehe im einzelnen BORK in Stein/Jonas, ZPO, § 51, Rn. 11 ff.

671 BGH IVb ZR 707/80 v. 05.05.1982, BGHZ 84, 24 [28 f.]; näher BORK in Stein/Jonas, ZPO, § 51, Rn. 8 ff., m. w. Nwen und hier nicht interessierenden Einschränkungen.

672 Die fehlerhafte Vertretung ist ein absoluter Revisionsgrund, § 551 Nr. 5 ZPO.

673 Durch Nichtigkeitsklage gem. § 579 I Nr. 4 ZPO, BGH IVb ZR 707/80 v. 05.05.1982, BGHZ 84, 24 [27]; kritisch LINDACHER, JZ 1989, 377.

674 Siehe oben, § 7 II. , S. 134.

675 LAG München 8 Ta 252/83 v. 10.02.1984, MDR 1985, 170 [171].

re.[676] Doch besteht ein Rechtsschutzbedürfnis für die Berichtigung, da der Rechtsanwalt gem. § 19 BRAGO die Vergütung für seine Tätigkeit gerichtlich festsetzen lassen kann,[677] und die falsche Bezeichnung für dieses Verfahren einen unrichtigen *Anschein* von Berechtigung setzt.[678] Die Berichtigungsbefugnis ist daher grundsätzlich zu bejahen;[679] der Maßstab auch hier auf offenbare Unrichtigkeiten zu beschränken.[680]

Ist im unberichtigten Urteil etwa Rechtsanwalt „X" als Prozeßbevollmächtigter angegeben, ergibt sich aus den Schriftsätzen und dem Protokoll der mündlichen Verhandlung jedoch, daß am gesamten Verfahren nur Rechtsanwalt „Y" beteiligt war, ist kein Grund ersichtlich, warum das Gericht *entschieden* haben sollte, jenen als Prozeßbevollmächtigten anzusehen. Eine Berichtigung wäre daher zulässig. Anders ist es hingegen zu beurteilen, wenn in obigem Fall ausweislich des Protokolls Rechtsanwalt „X" als Unterbevollmächtigter des Rechtsanwalt „Y" in der mündlichen Verhandlung aufgetreten wäre. Dann ist nicht auszuschließen, daß das Gericht annahm, daß nunmehr „X" der Prozeßbevollmächtigte ist. Eine Berichtigung wäre daher *un*zulässig. Zweifel sind im Kostenfestsetzungs- bzw. in Rechtsbehelfsverfahren gegen die Entscheidung zu klären.

c) Bezeichnung des Gerichts

Von großer und aktueller Bedeutung ist die Berichtigung der Bezeichnung des Gerichts, § 313 I Nr. 2 ZPO. Sie ist so genau vorzunehmen, daß eine zweifelsfreie Zuordnung des Urteils möglich ist.[681] Daher ist neben der Benennung der Behörde (z. B. „Amtsgericht Mannheim") die konkret erkennende Abteilung (z. B. „Richterin am Amtsgericht S.") anzugeben. Unrichtigkeiten in diesen Angaben dürften immer offenbar und damit berichtigungsfähig sein.

Anderes gilt für den weiteren Zusatz, daß es sich bei dem erkennenden Gericht um das Amtsgericht *als Familiengericht* (§ 23b GVG) handelt. Diese Bezeich-

---

676 Vgl. LEIPOLD in Stein/Jonas, ZPO, § 313, Rn. 13; zur Unerheblichkeit der falschen Bezeichnung für die Frage, ob wirksam zugestellt wurde siehe ROTH in Stein/Jonas, ZPO, § 176, Rn. 15.

677 Nach § 126 ZPO hat der *beigeordnete* Rechtsanwalt sogar ein eigenes Beitreibungsrecht gegenüber der unterlegenen Partei. Für den in diesen Fällen auf seinen Namen lautenden KFB gilt hinsichtlich der Identität nichts anderes.

678 Letztlich ist auch hier eine falsche Bezeichnung nicht entscheidend. Vielmehr hat der gem. § 19 II BRAGO i. V. m. § 21 I Nr. 2 RpflG zuständige Rechtspfleger die Berechtigung bei Zweifeln selbständig zu prüfen.

679 So auch WIESEMANN, S. 136 f.; vgl. schon RG VI 167/96 v. 19.10.1896, RGZ 38, 389 [391].

680 Eine Besonderheit ergibt sich in dieser Konstellation für die Antragsberechtigung, siehe unten, § 14 II. 2.b), S. 251.

681 MUSIELAK in MüKo-ZPO, § 313, Rn. 8.

nung gewinnt ihre besondere Bedeutung durch die sogenannte *formelle Anknüpfung* der Rechtsmittelzuständigkeit. Nach §§ 72, 119 I Nr. 1 GVG ist für die Entscheidung über die Berufung gegen Urteile der Familiengerichte das OLG zuständig, während gegen andere amtsgerichtliche Urteile das Landgericht anzurufen ist. Dabei ist es unerheblich, ob es sich bei der vom Familiengericht entschiedenen Sache auch materiell um eine Familiensache i. S. d. § 23b I 2 GVG handelt; entscheidend ist aus Gründen der Rechtsmittelklarheit lediglich, welches Gericht entschieden hat.[682]

Diese Frage ist - wie folgender Fall zeigt - nicht immer eindeutig zu beurteilen:[683] Der Kläger erhob wegen einer *Nicht*familiensache beim Amtsgericht - Familiengericht - Klage. Für sie war laut Geschäftsverteilungsplan ein Richter zuständig, der zugleich in Familiensachen und allgemeinen Zivilsachen tätig ist. Das Verfahren wurde mit einem C-Aktenzeichen für allgemeine Zivilsachen eingetragen. In der Folge wurde es jedoch mehrfach sowohl von den Parteien als auch vom Gericht als bei dem „Familiengericht" anhängig und als „Familiensache" bezeichnet. Auch im Rubrum des Urteils wurde das Gericht als „Familiengericht" bezeichnet, daß „in der Familiensache..." entschieden habe. Nachdem das OLG die Berufung hiergegen verworfen hatte, berichtigte das Amtsgericht das Rubrum dahin, daß es statt „Amtsgericht - *Familiengericht* -" nunmehr „Amtsgericht - *Zivilabteilung* -" hieß.

Der BGH hielt diese Berichtigung für fehlerhaft.[684] Zutreffend meinte er, daß das einzige formell auf eine Entscheidung in einer *Nicht*familiensache hinweisende Merkmal des Urteils, das C-Aktenzeichen, keine ausschlaggebende Kennzeichnungskraft habe. In der Tat wird in diesen Fällen eine Berichtigung nur in Frage kommen, wenn die überwiegende Zahl der Merkmale darauf hinweist, daß die Bezeichnung „Familiengericht" offensichtlich unrichtig ist. Nur dann ist die Unrichtigkeit der Bezeichnung offenbar.

Diese Beschränkung der Berichtigungsbefugnis ist indes keine Besonderheit *dieser* Fälle, sondern die konsequente Anwendung der oben entwickelten Definition der offenbaren Unrichtigkeit i. S. v. § 319 ZPO. Daher erscheint es auch falsch, wenn der BGH bei einem ähnlichen Fall ausführt, daß „die Annahme einer offenbaren Unrichtigkeit im Sinne von § 319 ZPO in Fällen, in denen nach dem Prinzip der formellen Anknüpfung der Instanzenzug betroffen ist, *im Interesse der*

---

682 BGH XII ZR 29/93 v. 19.05.1993, FamRZ 1994, 27; M. WOLF in MüKo-ZPO, § 119 GVG, Rn. 5, m. w. Nwen.

683 BGH XII ZB 114/92 v. 09.12.1992, NJW 1993, 1399.

684 BGH, a. a. O., S. 1400; vgl. auch BGH XII ARZ 19/94 v. 29.06.1994, FamRZ 1994, 1520.

Rechtssicherheit für die Parteien grundsätzlich nicht gerechtfertigt"[685] sei. Denn die Rechtssicherheit ist in jedem Fall für die Bestimmung der Berichtigungsbefugnis maßgeblich.[686] Daß der BGH hier besonderen Wert auf sie legt, ist nur Zeichen dafür, daß er sie in anderen Fällen zu großzügig handhabt.[687]

Der Entscheidung[688] lag folgender Fall zugrunde: Die Abänderungsklage des nichtehelichen Vater wurde beim Amtsgericht mit einem C-Aktenzeichen für allgemeine Zivilsachen eingetragen. Der mit der Sache befaßte Richter war laut Geschäftsverteilungsplan für Familiensachen und zugleich für allgemeine Zivilsachen zuständig, soweit es sich hierbei um andere Unterhaltssachen, insbesondere den Unterhalt nichtehelicher Kinder, handelt. In der Folge wurde die Sache vom Gericht unter Verwendung entsprechender Formulare zum Teil als allgemeine Zivilsache, zum Teil jedoch als Familiensache bezeichnet. Im Verkündungsprotokoll war von der Sitzung „des Amtsgerichts" sowie der Verkündung „in Sachen" die Rede. Im Rubrum des schriftlich abgesetzten Urteils hieß es dann aber „In der Familiensache" habe „das Amtsgericht - Familiengericht -" entschieden. Das Amtsgericht berichtigte sodann das Rubrum dahin, daß das Gericht als „Amtsgericht" und die Sache als „Rechtsstreit" bezeichnet wurde.

Die Unzulässigkeit dieses Berichtigungsbeschlusses ergibt sich indes nicht erst aus irgendwelchen *besonderen* Kriterien. Die Berichtigung scheitert bereits an dem grundsätzlichen Erfordernis der zweifelsfreien weil überindividuell gleichen Wahrnehmung. Zwar könnte danach eine offenbare Unrichtigkeit noch angenommen werden, wenn man, wie es der BGH in ständiger Rechtsprechung zu machen *behauptet,*[689] *ausschließlich* auf den Zusammenhang des Urteils selbst und auf die Vorgängen bei seinem Erlaß oder seiner Verkündung abstellt. Doch ist eine derartige Begrenzung der Erkenntnisobjekte, wie gerade dieser Fall zeigt, willkürlich und falsch. Maßgeblich sind richtiger Ansicht nach vielmehr alle Erkenntnisquellen, die überindividuell gleiche Wahrnehmung ermöglichen.[690] Dies zugrunde gelegt, ergibt sich aber kein eindeutiges Bild, ob das Amtsgericht nun als „Familiengericht" oder als normale „Zivilabteilung" entschieden hatte. Eine Berichtigung war daher nach allgemeinen Kriterien unzulässig.

Soweit nach den hier vertretenen Grundsätzen, die - allerdings nur i. E. - der Rechtsprechung des BGH entsprechen, eine Berichtigung wegen Zweifeln daran, welches Gericht entschieden hat, ausscheidet, kann die Berufung nach dem Grundsatz der Meistbegünstigung wahlweise bei dem Landgericht oder dem OLG eingelegt werden. Das angegangene Gericht hat dann zu entscheiden, von wel-

---

685 BGH XII ZB 121/94 v. 02.11.1994, NJW-RR 1995, 379 (*Hervorhebung* vom Verf.).

686 Siehe oben, § 3 IV. 1, S. 53.

687 Vgl. etwa BGH III ZR 95/82 v. 12.01.1984, NJW 1985, 742 (dazu oben, bei Fn. 404, S. 94); BGH I ZB 14/89 v. 22.03.1990, NJW-RR 1990, 893 (dazu oben, bei Fn. 342, S. 80).

688 BGH XII ZB 121/94 v. 02.11.1994, a. a. O.

689 Vgl. BGH VI ZR 176/78 v. 08.07.1980, BGHZ 78, 22 [23]; BGH III ZR 95/82 v. 12.01.1984, NJW 1985, 742; tatsächlich ist er teilweise jedoch wesentlich „großzügiger", siehe die Nwe. in Fn. 687.

690 Siehe oben, § 5 III. 2, S. 78.

chem Gericht die Entscheidung stammt und gegebenenfalls an das zuständige andere Gericht analog § 281 ZPO zu verweisen.[691]

d) Bezeichnung und Unterschrift der Richter

Zur vollständigen Bezeichnung des erkennenden Gerichts gehört gem. § 313 I Nr. 2 ZPO auch die Angabe der Richter, die an der Entscheidung mitgewirkt haben. Befugt hierzu sind nach § 309 ZPO nur die, die der dem Urteil zugrunde liegenden Verhandlung beigewohnt haben. Diese Bestimmung ist i. V. m. den §§ 192 - 197 GVG, die die Besetzung des Gerichts festlegen, eine Konkretisierung des Verfassungsgebots des gesetzlichen Richters, Art. 101 I 2 GG.[692] Ein Verstoß hiergegen ist ein absoluter Revisions- und Wiederaufnahmegrund, §§ 551 Nr. 1, 579 I Nr. 1 ZPO, woraus sich die große Bedeutung evtl. Fehler ergibt.

Weiterhin ist das Urteil nach § 315 I ZPO von den Richtern, die an der Entscheidung mitgewirkt haben, zu unterschreiben.[693] Fraglich erscheint, welche Folgen ein Fehler hierbei hat. Entgegen anders lautender Behauptung[694] entspricht es ganz h. M., daß allein eine fehlende Unterschrift die *Wirksamkeit* des Urteils als richterliche Entscheidung nicht in Frage stellt.[695] Diese hängt - mit Ausnahme der Anerkenntnis- und Versäumnisurteile nach § 307 II, 331 III ZPO[696] - *ausschließlich* von der Wirksamkeit der Verkündung gem. § 310 I ZPO ab.[697]

---

691 BGH XII ZB 121/94 v. 02.11.1994, NJW-RR 1995, 379 [380]; M. Wolf in MüKo-ZPO, § 119 GVG, Rn. 6.

692 Leipold in Stein/Jonas, ZPO, § 309, Rn. 1, m. w. Nwen.

693 Unberücksichtigt bleibt hier die Frage des Verhinderungsvermerks gem. § 315 I 2 ZPO (siehe dazu Musielak in MüKo-ZPO, § 315, Rn. 5 f.; sowie zum Sonderfall des an der Unterzeichnung gehinderten Einzelrichters OLG Koblenz 10 U 969/79 v. 18.04.1980, VersR 1981, 688: keine Ersetzung der Unterschrift) da sich dabei keine Besonderheiten für die Berichtigung ergeben.

694 Musielak in MüKo-ZPO, § 315, Rn. 12.

695 BGH VI ZB 27/88 v. 06.12.1988, NJW 1989, 1156 [1157]; BGH VIII ZR 108/95 v. 17.04.1996, JZ 1996, 978, mit Anm. Braun, JZ 1996, 979; BGH VIII ZR 322/96 v. 26.11.1997, NJW-RR 1998, 1065; OLG Koblenz 10 U 969/79 v. 18.04.1980, VersR 1981, 688; Musielak in MüKo-ZPO, § 315, Rn. 12; *a. A.* jedoch Wiesemann, S. 143; BVerfG 2 BvR 1760/91 und 1761/91 v. 19.12.1991, unveröffentlicht (Juris), zum inhaltsgleichen § 117 I 2 VwGO, die indes beide nicht zwischen Unwirksamkeit des Urteils als Entscheidung einerseits und als Urkunde andererseits unterscheiden.

696 In diesen Fällen wird die Verkündung gem. § 310 III ZPO durch die Zustellung des Urteils ersetzt wird; daher können Fehler in der Unterschrift hier sehr wohl zur Unwirksamkeit des Urteils führen, vgl. BGH VIII ZB 3/64 v. 14.07.1964, BGHZ 42, 94 [96]; Leipold in Stein/Jonas, ZPO, § 310, Rn. 24.

697 Zu den Mängeln des Verkündungsvorgangs, die die Verkündung unwirksam machen: BGH GSZ 3/54 v. 14.06.1954, BGHZ 14, 39 [44 ff.]; Jauernig, Urteil, S. 42 ff.

Die Folge einer fehlenden Unterschrift ergibt sich vielmehr aus dem Zweck des Unterschriftserfordernisses. Er besteht darin, daß der Richter die Übereinstimmung des vollständigen schriftlichen Urteils mit dem verkündeten Tenor und des im Urteil festgestellten Tatbestandes und der Entscheidungsgründe mit dem Beratungsergebnis zu bezeugen hat.[698] Daher ist der nicht unterschriebene Urteilstext (nur) in Bezug auf die Verpflichtung des Gerichts, ein vollständiges Urteil anzufertigen (§§ 313, 315 II ZPO), erst ein Entwurf.[699] Mangels Unterschrift ist eine Zurechenbarkeit dieses Textes zum erkennenden Gericht noch nicht möglich.

Daraus folgt, daß die Rechtsmittelfristen, die an die Zustellung der vollständigen Entscheidung anknüpfen (vgl. §§ 516, 552 ZPO) im Falle fehlender Unterschrift unter den Urteilstext nicht zu laufen beginnen.[700]

Diese in der Sache unbestrittene Wirkung der fehlenden Unterschrift hat eine für die Urteilsberichtigung bislang kaum beachtete Wirkung. Da sich die Urteilsberichtigung ausschließlich auf eine rechtlich existente Urteils*urkunde* bezieht, ist eine Berichtigung des mangels der erforderlichen Unterschriften nur einen Entwurf darstellenden Textes ausgeschlossen. Vorrangig zu jeglicher Berichtigung, auch soweit es die Angaben im Rubrum nach § 313 I Nr. 2 ZPO über die mitwirkenden Richter betrifft, ist daher die Nachholung bislang fehlender Unterschriften. Eine Frage der Berichtigung nach § 319 ZPO ist diese Nachholung indes nicht.[701]

Für die Nachholung fehlender Unterschriften gibt es keine zeitliche Grenze; sie kann insbesondere auch noch erfolgen, wenn gegen das Urteil bereits ein Rechtsmittel eingelegt wurde.[702] Wurde die Unterschrift jedoch bis zum Ende des Verfahrens in der Rechtsmittelinstanz nicht nachgeholt ist das Urteil allein deshalb aufzuheben.[703]

Erst wenn der Urteilstext die letzte Unterschrift des am Zustandekommen der Entscheidung beteiligten Richters trägt, ist er rechtlich erheblich und damit tauglicher Gegenstand der Urteilsberichtigung. Nun erst stellt sich die Frage, ob fehlerhafte Angaben im Rubrum und eine möglicherweise überzählige Unterschrift im

---

698 LEIPOLD in Stein/Jonas, ZPO, § 315, Rn. 1.

699 OLG Koblenz 10 U 969/79 v. 18.04.1980, VersR 1981, 688; ebenso - wenngleich mißverständlich ausgedrückt - BGH IX ZR 147/72 v. 27.01.1977, NJW 1977, 765; BGH VIII ZR 196/79 v. 21.05.1980, NJW 1980, 1849 [1850]; JAUERNIG, ZPR, § 58 II 6, S. 209.

700 Vgl. BGH, a. a. O. (Fn. 695, 699); BSG B 5/4 RA 68/97 v. 22.10.1998, FAZ Nr. 18 v. 22.1.1999, S. 23; LEIPOLD in Stein/Jonas, ZPO, § 315, Rn. 17; MUSIELAK in MüKo-ZPO, § 315, Rn. 12, m. w. Nwen.

701 So auch MUSIELAK in MüKo-ZPO, § 319, Rn. 10; WIESEMANN, S. 143; *a. A.* die h. M., vgl. BGH II ZR 310/53 v. 27.10.1955, BGHZ 18, 350 [354 ff.]; HARTMANN in B/L/A/H, § 319, Rn. 20.

702 BGH II ZR 310/53 v. 27.10.1955, BGHZ 18, 350 [354 ff.]; OLG Frankfurt 4 UF 83/83 v. 09.06.1983, NJW 1983, 2395 [2396].

703 In der Berufung nach § 539 ZPO, in der Revision nach § 551 Nr. 7 ZPO; vgl. MUSIELAK in MüKo-ZPO, § 315, Rn. 13, m. w. Nwen.

Wege der Urteilsberichtigung nach § 319 ZPO korrigiert werden können. Aus eingangs dargelegten Gründen[704] und wegen der hohen Bedeutung des Verfassungsgebots des gesetzlichen Richters für die Legitimation der Entscheidung[705] ist auch bezüglich dieser Unrichtigkeiten auf die allgemeine Grenze der Berichtigungsbefugnis abzustellen. Danach sind Unrichtigkeiten nur dann berichtigungsfähig, wenn sowohl ihr Bestehen als auch das statt dessen Richtige zweifelsfrei, d. h. überindividuell gleich und ohne Wertung wahrgenommen werden kann. Diese Voraussetzungen werden indes nur selten vorliegen.

Zweifelsfrei kann die Unrichtigkeit sein, wenn lediglich im Rubrum ein Richter aufgeführt wurde, er aber weder das Urteil - sei es auch nur zunächst und „irrtümlich" - unterschrieben hat, noch - ausweislich des Protokolls und anderer während des Verfahrens angefertigter Schriftstücke - im übrigen Verfahren in Erscheinung getreten ist. Hier handelt es sich offensichtlich um ein Versehen beim Diktat oder im Schreibdienst.[706] Anders ist es hingegen, wenn der zunächst im Rubrum benannte Richter das Urteil auch unterzeichnet hat. Zwar besteht auch hier die Möglichkeit, daß es sich um ein Versehen bloß bei der Formulierung des Rubrums handelt. Doch spricht bereits die Unterschrift des angeblich nur fehlerhaft benannten Richters dagegen. Denn mit der Unterschrift macht sich der Richter das Urteil zu eigen und die Annahme, daß dies blind, d. h. ohne Kontrolle dessen, was unterschrieben wird, erfolge, mag zwar in Einzelfällen der Routine des Alltags entsprechen; als rechtlicher Maßstab läuft sie hingegen dem Zweck des § 315 I ZPO zuwider und ist daher ungeeignet.

Darüber hinaus ist die bloße *Möglichkeit* eines nur äußeren Fehlers für die Bejahung der Berichtigungsbefugnis unzureichend. Erforderlich ist, daß ein Fehler in der Sache *ausgeschlossen* werden kann. Das ist aber in dieser Konstellation eines Doppelfehlers in Unterschrift und Rubrum nicht gewährleistet. Es besteht nämlich die nicht nur theoretische Möglichkeit, daß entgegen der Bestimmung des § 309 ZPO ein Richter an der Entscheidung beteiligt war, der nicht der letzten

---

704 Oben 1., S. 155 f.

705 Dazu PROSKE, NJW 1997, 352 [355], m. w. Nwen.

706 So die Konstellation in RG III 10/17 v. 24.04.1917, RGZ 90, 173 [174]. Weitergehend kann sogar mit BGH IV ZR 11/76 v. 22.12.1976, BGHZ 68, 43 (insoweit nicht abgedruckt, zitiert nach Juris) davon ausgegangen werden, daß Unterschriften die zusätzliche Namensangabe im Kopf des Urteils dann ersetzen, wenn *kein Zweifel* bestehen kann, daß die unterzeichneten Richter diejenigen sind, die bei der Entscheidung mitgewirkt haben. Dann kann von einer stillschweigenden Verweisung des Urteils auf die Unterschriften ausgegangen werden, so daß eine Berichtigung möglich ist; so auch LEIPOLD in Stein/Jonas, ZPO, § 313, Rn. 15.

mündlichen Verhandlung beigewohnt hat.[707] So war es auch in der BGH-Entscheidung,[708] die grundlegend für die heute h. M.[709] wurde, daß solche Fehler berichtigte werden dürfen: Das unberichtigte Urteil des OLG führte im Rubrum einen Richter „G“, der das Urteil auch unterschrieben hatte, an der vorausgegangenen mündlichen Verhandlung ausweislich des Sitzungsprotokolls jedoch nicht beteiligt war. Benennung und Unterschrift des tatsächlich beteiligten Richters „H“ fehlte hingegen. Nach entsprechender Rüge in der Revision erließ das OLG einen Berichtigungsbeschluß, wonach das Rubrum „berichtigt“, die Unterschrift des „G“ gestrichen und neben die Unterschrift des Vorsitzenden Richters der Vermerk „zugleich für den ausgeschiedenen H“ gesetzt wurde.[710]

Die Zulässigkeit der Berichtigung stützte der BGH auf ältere Entscheidungen des RG, die jedoch weder die ihnen unterstellte Rechtsansicht, noch den weiteren Schluß des BGH tragen.[711] Im Ausgangspunkt zurecht geht der BGH davon aus, daß eine fehlende Unterschrift nachgeholt werden könne.[712] Bereits die weitere Behauptung, daß auch die fehlerhafte Unterschrift gestrichen werden könne, findet sich in der genannten Entscheidung des RG nicht. Erheblicher ist indes, daß die Ansicht, auch eine unrichtige Angabe im Rubrum könne berichtigt werden, in den herangezogenen Entscheidungen des RG nicht[713] bzw. nur in einen gänzlich

---

707 So etwa in OLG München 1 U 1574/53 v. 23.12.1954, MDR 1955, 426; vgl. weiterhin BAG 1 AZR 477/57 v. 31.01.1958, BAGE 5, 170 [171ff]: zeitweilige Abwesenheit eines der beisitzenden Richter in der Verhandlung vor der Urteilsfindung; OLG Köln 19 U 226/75 v. 13.02.1976, NJW 1977, 1159: Entscheidung durch Einzelrichter, ohne daß *vor ihm* eine mündliche Verhandlung stattgefunden hat. Siehe im übrigen noch den Fall unten in Fn. 719, S. 166.

708 BGH II ZR 310/53 v. 27.10.1955, BGHZ 18, 350, mit *zust.* Anm. FISCHER, LM § 319 ZPO Nr.3, und *abl.* Anm. GEISSLER, NJW 1956, 344.

709 OLG Düsseldorf 10 U 122/93 v. 24.02.1994, NJW-RR 1995, 636 [637]; BVerfG 2 BvR 1760/91 und 1761/91 v. 19.12.1991, unveröffentlicht (Juris); LEIPOLD in Stein/Jonas, ZPO, § 319, Rn. 9; MUSIELAK in MüKo-ZPO, § 319, Rn. 10, m. w. Nwen.

710 BGH II ZR 310/53 v. 27.10.1955, BGHZ 18, 350 [353].

711 Hingegen blieb die einschlägige Entscheidung RG II 331/32 v. 17.03.1933, LZ 1933, 1027, unerwähnt. In ihr hatte das Gericht die Frage der Zulässigkeit wegen der - angeblichen - Bindungswirkung des Berichtigungsbeschlusses offengelassen. Diese Begründung ist jedoch bereits deshalb falsch, weil nach RG II 50/04 v. 06.05.1904, RGZ 58, 118 [120 f.] die Angaben im Rubrum widerleglich sind und das erst recht für die durch einen Berichtigungsbeschluß geänderten Angaben gelten muß.

712 BGH, a. a. O., S. 354, unter zutreffendem Bezug auf RG VII 150/35 v. 31.01.1936, RGZ 150, 148.

713 So in RG III 10/17 v. 24.04.1917, RGZ 90, 173 [174], dort wurde die erfolgte Urteilsberichtigung lediglich berichtet, das Urteil beschäftigte sich indes ausschließlich mit der Frage, ob eine wirksame Zustellung erfolgt sei. Hierzu führt der BGH, a. a. O., S. 353 f., selbst aus, daß diese Fragen „völlig unabhängig“ voneinander seien.

unvergleichbaren Sonderfall[714] vertreten wurde. Der Sonderfall bestand darin, daß das unrichtige Urteil am Schluß der Sitzung verkündet wurde und somit die Identität von der Verhandlung beiwohnenden und entscheidenden Richtern sichergestellt war.

An der Sitzung hatte ausweislich des Protokolls u. a. der Richter „W" teilgenommen, während das Urteil nicht ihn, sondern „R" nennt, der an der Sitzung jedoch nicht beteiligt war, das Urteil aber auch unterschrieben hatte.[715] Hier konnte in der Tat ausgeschlossen werden, daß „R" statt „W" an der Entscheidung mitgewirkt hatte, die Unrichtigkeit war daher offenbar.

Hingegen wurde das der BGH-Entscheidung zugrunde liegende Urteil allem Anschein nach nicht am Schluß der mündlichen Verhandlung, sondern in einem späteren Termin verkündet. Es bestand daher keine Gewähr, daß tatsächlich nur die Richter bei der Entscheidung mitgewirkt hatten, die auch der letzten mündlichen Verhandlung beiwohnten. Insbesondere der Umstand, daß der angeblich an der Entscheidung beteiligte Richter „H" zwischenzeitlich ausgeschieden war, legt es sogar nahe, daß tatsächlich der erst nach der mündlichen Verhandlung hinzugekommene Richter „G" erkennender Richter war. Bestand somit zumindest die reale Möglichkeit eines Verstoßes gegen § 309 ZPO, war auch die Unrichtigkeit nicht offenbar.[716]

Dieser Mangel an zweifelsfreier Erkennbarkeit der Unrichtigkeit kann auch nicht „durch bona fides" in die Richtigkeit des oberlandesgerichtlichen Verfahrens ersetzt werden.[717] Denn damit würde neben der Rechtssicherheit auch das Vertrauen der Parteien untergraben.[718]

Daß ein solches Vertrauen nicht immer gerechtfertigt wäre, zeigt folgender, einer unveröffentlichten BGH-Entscheidung zugrunde liegender Fall:[719] An der mündlichen Verhandlung vom 8.3.1988 vor dem OLG nahm u. a. der Richter „P" teil. Am Ende der Verhandlung wurde ein Termin zur Verkündung einer Entscheidung bestimmt. In diesem Termin, dem 14.6.1988, verkündete das Gericht einen u. a. von Richter „S" statt des inzwischen versetzten Richters „P" erlassenen Beschluß, demzufolge der Verkündungstermin verschoben wurde. Das schließlich am 22.9.1988 verkündete Urteil führte im Rubrum u. a. - zutreffend - den Richter „S" auf, gab aber sodann - unzutreffend - an, daß das Urteil aufgrund der mündlichen Verhandlung vom 14.6.1988 gefällt worden sei.

---

714 RG II 50/04 v. 06.05.1904, RGZ 58, 118.

715 RG, a. a. O., S. 119.

716 So auch WIESEMANN, S. 140 f.; GEISSLER, NJW 1956, 344. Das gibt auch FISCHER, LM § 319 ZPO Nr.3, zu, der seine Zustimmung zum BGH damit begründet, daß „in *Grenzen* auch die Berichtigung des Gewollten zulässig sein" müsse (*Hervorhebung* vom Verf.). Dem kann indes aus eingehend dargelegten Gründen nicht gefolgt werden.

717 So zutreffend GEISSLER, NJW 1956, 344.

718 GEISSLER, a. a. O., S. 345.

719 BGH IX ZR 227/88 v. 11.01.1990, unveröffentlicht (Juris).

Offensichtlich hatte das Gericht „keine Lust“ die mündliche Verhandlung, wie es § 309 ZPO vorschreibt, zu wiederholen. Zutreffend hob der BGH die Entscheidung nach § 551 Nr. 1 ZPO auf. Auch wenn in diesem Fall das verfahrenswidrige Vorgehen nicht über die Berichtigung des Rubrums kaschiert wurde, ist doch keineswegs auszuschließen, daß in ähnlichen Konstellationen (Richterwechsel) ein Gericht zu diesem Mittel greift, um eine seiner Ansicht nach überflüssige Neuverhandlung des doch „klaren“ Falls zu umgehen. Das ist zu verhindern.

Werden damit fehlerhafter Angaben über die mitwirkenden Richter nach § 313 I Nr. 2 ZPO nur in Ausnahmefällen berichtigungsfähig sein, heißt das doch nicht, daß deshalb ein Urteil allein wegen dieser Falsch*bezeichnung* aufgehoben werden müßte.[720] Denn weder § 551 Nr. 1 ZPO für die Revision noch § 579 Nr. 1 ZPO für die Wiederaufnahme sprechen davon, daß eine Entscheidung wegen falscher *Angaben* über die Besetzung des Gerichts aufzuheben sei. Maßgeblich ist allein, ob das Gericht *tatsächlich* bei der Entscheidung dem Gesetz entsprechend besetzt war.[721] Dieses hat das zur Entscheidung über den angeblichen Mangel berufene Gericht selbst festzustellen.[722]

e) Angabe des Schlusses der mündlichen Verhandlung

Schließlich ist im Urteil gem. § 313 I Nr. 3 ZPO der Schluß der mündlichen Verhandlung anzugeben. Ihm steht bei im schriftlichen Verfahren erlassenen Urteilen (§ 128 II, III ZPO) das Ende der Frist zur Einreichung von Schriftsätzen und bei Entscheidungen nach Aktenlage (§§ 251a, 331a ZPO) der versäumte Termin gleich.[723] Ihre Bedeutung erhält diese Angabe dadurch, daß die Präklusionswirkungen (§§ 323 II, 296a, 767 II ZPO) an dieses Datum anknüpfen.

Falschbezeichnungen in diesem Teil des Rubrums lassen sich *regelmäßig* unschwer und zweifelsfrei anhand der Verfahrensakten ermitteln; sie sind daher berichtigungsfähig.[724] Fanden hingegen nach Schluß der mündlichen Verhandlung noch weitere Termine statt, beispielsweise verschobene Verkündungstermine,[725] wird sich nicht zweifelsfrei feststellen lassen, ob diese nicht doch Termine nach wiedereröffneter Verhandlung (§ 157 ZPO) waren. Zwar erfolgt die Wiedereröff-

---

720 So aber anscheinend BGH II ZR 310/53 v. 27.10.1955, BGHZ 18, 350 [356 f.], der den Ausschluß der Berichtigung deshalb als „leeren Formalismus“ bezeichnet; gegen dieses Schlagwort bereits treffend GEISSLER, NJW 1956, 344 [345].

721 So bereits RG II 50/04 v. 06.05.1904, RGZ 58, 118 [120 f.]: Die Angaben gem. § 313 I Nr. 2 ZPO besitzen nur eingeschränkte Beweiskraft; der Nachweis der Unrichtigkeit ist zulässig.

722 Vgl. die Nwe in Fn. 666, S. 157.

723 MUSIELAK in MüKo-ZPO, § 313, Rn. 8.

724 BGH IVb ZB 502/80 v. 23.04.1980, VersR 1980, 744; MUSIELAK in MüKo-ZPO, § 319, Rn. 8.

725 Siehe das vorherige Beispiel bei Fn. 719.

nung i. d. R. durch Beschluß, doch kann sie auch konkludent durch Bestimmung eines neuen Verhandlungstermins geschehen.[726] Die Frage, ob es sich bei den weiteren Terminen um Verkündungs- oder Verhandlungstermine gehandelt hat, wird sich zwar i. E. unschwer klären lassen, doch nur aufgrund spezifisch juristischer Wertung. Diese ist im Berichtigungsverfahren unzulässig; eine Urteilsberichtigung hat daher zu unterbleiben.

f) Nicht berichtigungsfähige Unrichtigkeiten

Die hier vertretene Beschränkung der Berichtigungsbefugnis bedeutet, daß Unrichtigkeiten (auch) des Rubrums in vielen Fällen unkorrigiert bleiben. Das gilt zum einen bei unanfechtbaren Entscheidungen und zum anderen bei Entscheidungen, die - etwa weil die durch das fehlerhafte Rubrum indizierte unrichtige Besetzung tatsächlich nicht vorlag - erfolglos angefochten wurden.[727] In diesen Fällen leidet die Urteilsurkunde auch an mehr als nur einem „Schönheitsfehler", da durch die unrichtige Angabe der Schein einer fehlerhaften Entscheidung gesetzt wird. Doch rechtfertigt auch das nicht eine weitergehende, d. h. über zweifelsfrei erkennbare Unrichtigkeiten hinausgehende Berichtigungsbefugnis. Denn zum einen erscheint es auch hier nicht angängig, das einheitliche Institut der Urteilsberichtigung je nach Anwendungsfall unterschiedlich zu handhaben,[728] und zum anderen wiegt dieser Fehler nicht schwerer als andere Unrichtigkeiten im Urteil, die ebenfalls mangels Offenkundigkeit nicht berichtigt bzw. mangels eines (weiteren) Rechtsmittels nicht korrigiert werden können.

3. Berichtigung weiterer Angaben

Neben den nach § 313 I ZPO erforderlichen Bestandteilen enthält ein Urteil regelmäßig weitere Angaben. So ergeht das Urteil gem. § 311 I ZPO „im Namen des Volkes", was als Überschrift vermerkt wird. Ist sie vergessen, beeinträchtigt dieser Fehler weder die Wirksamkeit des Urteils noch rechtfertigt er ein Rechtsmittel.[729] Und auch für eine Berichtigung ist kein Rechtsschutzbedürfnis erkennbar.

Weiterhin *soll* der Urteilstext die Art der erlassenen Entscheidung („Urteil", „Vorbehaltsurteil", „Teilurteil") bezeichnen.[730] Unterblieb diese Angabe, wird

---

726 Peters in MüKo-ZPO, § 157, Rn. 14.

727 Unabhängig von der Frage, ob das Rechtsmittelgericht *überhaupt* zur Berichtigung des vorinstanzlichen Urteils berechtigt ist (dazu unten, § 14 I. 2, S. 246 ff.), kann auch eine bestehende Berichtigungsbefugnis nicht weiter reichen, als die des Ausgangsgerichts.

728 Siehe zur Unzulässigkeit, die Berichtigungsbefugnis vor und nach Rechtskraft des zu berichtigenden Urteils unterschiedlich zu bestimmen, oben, § 3 IV. 1, S. 57.

729 Leipold in Stein/Jonas, ZPO, § 311, Rn. 1.

730 Leipold in Stein/Jonas, ZPO, § 313, Rn. 7.

dadurch die Wirksamkeit nicht gehindert, kein Rechtsmittel begründet und ist auch ein Rechtsschutzbedürfnis für die Ergänzung über § 319 ZPO nicht ersichtlich.

Nichts anderes gilt i. E. für die Sonderfälle, in denen durch Versäumnis-, Anerkenntnis- oder Verzichtsurteil erkannt wurde. Hier *ist* das Urteil zwar als solches zu bezeichnen, § 313b I 2 ZPO, doch führt ein Verstoß nicht zu unmittelbaren Rechtsfolgen.[731] Deshalb ist bereits fraglich, ob ein Rechtsschutzbedürfnis für die Berichtigung besteht. Aber auch wenn man das bejahte, wäre dieser Fehler nicht über § 319 ZPO korrigibel, da die Art des Urteils sich erst aus einer juristischen Bewertung ergibt.[732]

II. Tatbestandsberichtigung nach § 319 ZPO

Auf Rubrum und Tenor folgt im vollständigen[733] Urteil der Tatbestand, § 313 I Nr. 5 ZPO. Dieser enthält gem. § 313 II 1 ZPO die Anträge der Parteien, sowie die vorgebrachten Angriffs- und Verteidigungsmittel. Seine große Bedeutung erhält der Tatbestand zum einen durch § 314 ZPO, demzufolge er Beweis für das Parteivorbringen liefert, der nur durch das Protokoll zu entkräftenden ist, und zum anderen durch § 561 ZPO, nach dem das Revisionsgericht auf den sich aus Tatbestand und Protokoll ergebenden Parteivortrag beschränkt ist.[734] Schließlich ist der Tatbestand eines Urteils unerläßlich, um die Grenzen der materiellen Rechtskraft festzustellen.

Die grundsätzliche Berichtigungsfähigkeit des Tatbestandes nach § 319 ZPO folgt aus dem Wortlaut des § 320 I ZPO, wonach nur solche Unrichtigkeiten dem Verfahren der Tatbestandsberichtigung unterliegen, die nicht schon im Wege der (allgemeinen) Urteilsberichtigung berichtigt werden können. Die Berichtigungsbefugnis ist daher allgemein anerkannt.[735] Fraglich können nur die Grenzen sein. Auch sie ergeben sich jedoch aus dem Wortlaut des § 320 I ZPO.

---

731 LEIPOLD in Stein/Jonas, ZPO, § 313b, Rn. 11. Erwägenswert ist jedoch auch in diesen Fällen, wenn die gegen das Urteil gegebenen Rechtsbehelfe für die Parteien nicht erkennbar waren, Wiedereinsetzung zu gewähren oder ein unstatthaftes Rechtsmittel zuzulassen; so LEIPOLD, a. a. O.; MUSIELAK in MüKo-ZPO, § 313b, Rn. 7, m. w. Nwen.

732 So auch LAG Frankfurt 15 Ta 124/89 v. 12.05.1989, LS 3, unveröffentlicht (Juris).

733 Gem. § 313a I 1 ZPO kann der Tatbestand bei Urteilen, gegen die ein Rechtsmittel unzweifelhaft unzulässig ist, entfallen. Eine Ausnahme bilden die Sonderfälle gem. Abs. 2. Weiterhin ist bei Urteilen im vereinfachten Verfahren gem. § 495a II 1 ZPO der Tatbestand entbehrlich.

734 Siehe dazu bereits oben, Einleitung I. 4.c), S. 22.

735 BGH IVa ZR 155/86 v. 09.12.1987, NJW-RR 1988, 407 [408]; LEIPOLD in Stein/Jonas, ZPO, § 319, Rn. 2; WIESEMANN, S. 166 f., mit Nwen zur älteren Literatur.

Danach unterliegen der Tatbestandsberichtigung Unrichtigkeiten, Auslassungen, Dunkelheiten und Widersprüche. Nur hinsichtlich der Unrichtigkeiten wird aber auf die Alternative und den Vorrang der Urteilsberichtigung nach § 319 ZPO verwiesen. Daher sind Auslassungen, Dunkelheiten und Widersprüche, die ebenfalls Fehler des Urteils darstellen, in keinem Fall nach § 319 ZPO berichtigungsfähig. Für dieses wörtliche Verständnis spricht auch die oben gefundene Definition der offenbaren Unrichtigkeit als eine, die zweifelsfrei weil überindividuell gleich wahrgenommen wird.

Daher kann *übersehener* Parteivortrag, wie etwa ein unberücksichtigter Schriftsatz, nicht im Wege der Urteilsberichtigung nachgetragen werden.[736] Hierbei handelt es sich um einen Verstoß gegen § 286 ZPO, wonach das Urteil aufgrund des gesamten Vortrags zu erlassen ist.[737] Es ist also ein Verfahrens- und damit echter Entscheidungsfehler, der nicht über § 319 ZPO korrigiert werden darf. Genauso wenig ist die Ergänzung des Urteils um ausweislich des Protokolls gestellte Anträge möglich, da es sich dabei um *Auslassungen* im Tatbestand handelt.[738] Neben dem Wortlaut des § 320 I ZPO spricht gegen eine Berichtigung, daß auch hier das Rechtsschutzbedürfnis fehlt. Denn das Revisionsgericht, von dem ein Verstoß gegen § 308 ZPO zu prüfen ist, hat außer dem Tatbestand auch das Protokoll zu berücksichtigen, § 561 I 1 ZPO. Wenn weiterhin im Urteil, wie es dem Regelfall entspricht, das Vorbringen der Parteien in Bezug genommen wird, muß das Revisionsgericht auch diesen Vortrag in seine Entscheidung einbeziehen.[739] Auslassungen, die sich auf dieser Grundlage vom Revisionsgericht im Erkenntnisverfahren nicht beseitigen lassen, sind einer Berichtigung nach § 319 ZPO aber schon mangels Eindeutigkeit nicht zugänglich.

Soweit der Wortlaut des § 320 I ZPO einer Korrektur von Dunkelheiten und Widersprüchen im Wege der Urteilsberichtigung entgegensteht, findet auch dieser Ausschluß seine innere Rechtfertigung darin, daß sich diese Unrichtigkeiten nie zweifelsfrei aufklären lassen werden. Daher beschränkt sich die Berichtigungsbefugnis nach § 319 ZPO hinsichtlich des Tatbestandes auf *offenkundig falsch* wiedergegebenen Tatsachenvortrag.[740] Darunter fällt in erster Linie die offenbaren Falschbezeichnungen eines Gegenstandes, um den der Rechtsstreit geführt

---

736 BRAUN, NJW 1981, 425 [427]; HARTMANN in B/L/A/H, § 319, Rn. 21.

737 Siehe nur ROSENBERG/SCHWAB/GOTTWALD, ZPR, § 133 III 1, S. 790.

738 *A. A.* WIESEMANN, S. 167 f.

739 BGH IVa ZR 39/81 v. 03.11.1982, BGH, NJW 1983, 885 [886]; weitergehend BGH XI ZR 166/91 v. 16.06.1992, NJW 1992, 2148: der gesamte, bis zum Termin angefallene Akteninhalt, mit *abl.* Anm. C.-D. SCHUMANN, NJW 1993, 2786.

740 FISCHER, Bezugnahmen, S. 91; KLEINSCHMIDT, S. 148 f.

wird.[741] Aber auch die offenbar fehlerhafte Übernahme anderer Daten aus dem Parteivortrag ist grundsätzlich berichtigungsfähig.

Es ist aber in jedem Einzelfall zu prüfen, ob in der angeblich falschen Übernahme nicht bereits ein Wertungsakt enthalten war, der durch die Berichtigung nach § 319 ZPO nicht verändert werden darf. Weiterhin ist stets zu fragen, ob für die beantragte Berichtigung ein Rechtsschutzbedürfnis besteht. Beide Gründe stehen einer Berichtigung des Tatbestandes entgegen, wenn das Gericht im Urteil das Wort „leben" statt der von der Partei gebrauchten Bezeichnung „sich aufhalten", bezogen auf das Verweilen im streitbefangenen Raum, verwendet hat.[742]

Auf einen Sonderfall offensichtlich unzulässiger Berichtigung des Tatbestandes nach § 319 ZPO sei abschließend hingewiesen: Das Berufungsgericht hatte durch Tatbestandsberichtigung nach § 320 ZPO - zulässig - streitiges Vorbringen in unstreitiges geändert. Anschließend machte es durch einen Berichtigungsbeschluß nach § 319 ZPO diese Änderung wieder rückgängig, mit der Begründung, daß sich die offenbare Unrichtigkeit der Tatbestandsberichtigung aus dem *ursprünglichen* Urteil ergebe. Zutreffend führte der BGH aus, daß eine Berichtigung des bereits nach § 320 ZPO berichtigten Tatbestandes nur nach und unter den Voraussetzungen des § 319 ZPO möglich ist. Genauso richtig ist die weitere Aussage, daß dessen Voraussetzungen nicht vorlagen.[743]

III. Berichtigung der Entscheidungsgründe

Schließlich hat das Urteil nach § 313 I Nr. 6 ZPO Entscheidungsgründe zu enthalten, die gem. § 313 III ZPO eine kurze Zusammenfassung der Erwägungen sind, auf denen die Entscheidung in tatsächlicher und rechtlicher Hinsicht beruht. Von ihrer Formulierung kann abgesehen werden, wenn die Parteien hierauf verzichten (§ 313a I 2 ZPO), oder wenn im vereinfachten Verfahren ihr wesentlicher Inhalt in das Protokoll aufgenommen wurde (§ 495a II 2 ZPO).

Eine Berichtigung der Entscheidungsgründe kann aus verschiedenen Gründen erforderlich oder wünschenswert erscheinen. Zum einen kann das Urteil in Tenor und Gründen *offenbar* unrichtig sein. Das ist etwa der Fall, wenn ein Betrag in den Gründen als Summand aufgeführt wurde, der zweifelsfrei abgezogen werden sollte,[744] oder wenn das Gericht von einem falschen Preisindex für die Lebens-

---

741 Dazu oben, § 6 I. 2.a), S. 86 ff.

742 AG Hattingen 6 C 347/89 v. 10.04.1990, MDR 1990, 729.

743 BGH IVa ZR 155/86 v. 09.12.1987, NJW-RR 1988, 407 [408].

744 So in BGH XII ZR 184/93 v. 09.11.1994, NJW 1995, 1033, dazu oben § 6 I. 2.b)(1), bei Fn. 402, S. 93.

haltungskosten ausgegangen ist.[745] In diesen Fällen sind zusammen mit dem Ausspruch im Tenor auch die Entscheidungsgründe zu berichtigen.[746]

Doch werden solche Unrichtigkeiten in der Praxis die *Ausnahme* darstellen. Wesentlich häufiger wird das Gericht nach dem Absetzen des Urteils erkennen, daß die tatsächliche oder rechtliche Würdigung falsch oder unvollständig ist, und daher um Korrektur bemüht sein. Diese Konstellation kann insbesondere eintreten, wenn infolge einer Tatbestandsberichtigung offenbar wird, daß in der Entscheidung erheblicher Parteivortrag unberücksichtigt geblieben ist. Doch ist eine Berichtigung der Gründe nach § 319 ZPO in diesem Fall bereits durch § 320 V ZPO verboten.[747] Und auch beim Übersehen einer zur Aufrechnung gestellten Gegenforderung handelt es sich um einen Fehler der Entscheidung, der nicht über die Urteilsberichtigung beseitigt werden kann.[748]

Neben dem seltenen Fall der offenbaren Unrichtigkeit von Tenor *und* Entscheidungsgründen wird die Berichtigungsvoraussetzung der zweifelsfreien Erkennbarkeit ferner vorliegen, wenn in den Gründen Bezeichnungsfehler vorkommen. Auch dabei gewinnt die oben getroffene Bestimmung des für die Erkennbarkeit der Unrichtigkeit maßgeblichen Personenkreises Bedeutung.[749] Denn insbesondere die unrichtige Benutzung von juristischen Fachbegriffen kann für den mit der Terminologie Vertrauten offensichtlich sein. Wenn sie dies ohne Wertung ist, ist die Unrichtigkeit offenbar und damit berichtigungsfähig. So ist es beispielsweise, wenn im Urteil der Erst- und Zweitbeklagter durchgängig verwechselt werden.[750]

IV. Berichtigung des Leitsatzes

Mit den vorgenannten Bestandteilen entspricht das Urteil den (formellen) Anforderungen der ZPO und enthält alles, was zum Eintritt der Urteilswirkungen, insbesondere für den Eintritt der Bindungswirkungen, erforderlich ist: Mit dem Tenor ist (im Regelfall) das Vollstreckungsprogramm festgelegt, Tenor, Tatbestand und Gründe beschreiben die objektiven Grenzen der materiellen Rechtskraft, durch die Parteibezeichnung wird festgelegt, zwischen wem die getroffene Entscheidung gilt und aus dem übrigen Rubrum ist ersichtlich, daß es sich um ein Urteil handelt, dem die genannten Wirkungen kraft Gesetz zukommen.

---

745 So in OLG Düsseldorf 2 UF 203/93 v. 23.06.1997, FamRZ 1997, 1407, dazu oben § 6 I. 2.b)(2), bei Fn. 419, S. 98.

746 Dazu oben § 6 I. 2, S. 86 ff.

747 RG IV 266/28 v. 29.11.1928, RGZ 122, 332 [334].

748 OLG Frankfurt 22 W 51/88 v. 14.12.1988, NJW-RR 1989, 640.

749 Siehe § 5 III. 1.d), S. 75 ff.

750 BGH VI ZB 4/55 v. 23.04.1955, BGHZ 17, 149.

Ausgehend vom Zweck des Urteilsverfahrens, streitige Rechte festzustellen und ihre Durchsetzung zu ermöglichen,[751] erscheinen alle weiteren Angaben überflüssig. Dennoch ist es insbesondere bei Entscheidungen der Obergerichte üblich, den für besonders wichtig erachteten Urteilen Leitsätze voranzustellen. Sie zeichnen sich dadurch aus, daß sie die Rechtsansichten des Gerichts losgelöst vom entschiedenen Fall thesenhaft formulieren. Pointiert kann man daher sagen, daß sie mit dem Urteil nur insoweit etwas zu tun haben, als das Gericht zu der - häufig neuen, gelegentlich von früher geäußerten Ansichten abweichenden und manchmal für alle überraschenden - Rechtserkenntnis erst anläßlich der Entscheidung des Einzelfalls gekommen sind.

Daran ist sicherlich wenig auszusetzen, kommt den Obergerichten, insbesondere dem BGH doch fraglos *auch* die Aufgabe der Rechtsvereinheitlichung und -fortbildung zu.[752] Nur muß man erkennen, daß diese Aufgabe von der der individuellen Streitentscheidung verschieden, wenngleich mit ihr verwoben ist. Dieser Doppeltatbestand von Trennung und Mischung gilt auch für die Mittel, mit denen das Ziel der Fernwirkung erreicht werden soll. Zum einen ist es das Urteil, das im Rahmen der Subsumtion die Rechtsansichten und damit auch das über den konkreten Fall hinaus Bedeutsame enthält. Zum anderen sind es die Leitsätze, die mit der konkreten Streitentscheidung formal nichts zu tun haben. Sie sind prozeßrechtlich unerheblich, nichts anderes als die inzwischen ebenfalls üblich gewordenen Pressemitteilungen der Gerichte zu von ihnen getroffenen Entscheidungen.

Mit dieser Differenzierung beantwortet sich auch die Frage, ob ein Leitsatz nach § 319 ZPO berichtigt werden kann. Die Antwort ist nein, da § 319 I ZPO ausschließlich von Unrichtigkeiten im *Urteil* spricht, der Leitsatz dazu aber gerade nicht gehört.[753] Und auch eine analoge Anwendung scheidet aus, da hierfür nicht das geringste Bedürfnis besteht.[754] Sofern das Gericht sich bei der Formulierung des Leitsatzes vertan hat, ist dieser Fehler schlicht und unförmlich bei der Veröffentlichung der Entscheidung zu korrigieren; eines förmlichen Beschlusses bedarf es nicht.[755]

---

751 Dazu oben, § 3 IV. 1, S. 53, und § 3 IV. 2.b), S. 59.

752 BVerfG 2 BvR 831/76 v. 09.08.1978, BVerfGE 49, 148 [159 ff.]; siehe zum Spannungsverhältnis dieses allgemeinnützigen zu parteinützigen Revisionszwecken PROSKE, NJW 1997, 352, m. w. Nwen.

753 Anders indes die Rspr., vgl. BVerfG 1 BvR 1087/91 v. 16.05.1995, NJW 1995, 2477 (Kruzifix) sowie den BGH, der mit „Berichtigungsbeschluß" vom 05.01.1994, KTS 1994, 188, den Leitsatz seiner Entscheidung VIII ZR 241/91 v. 02.12.1992, NJW 1993, 533, dahin berichtigt hat, daß die Übersicherungsgrenze nicht bei einer Sicherheit i. H. v. 20%, sondern von 120% der zu sichernden Forderung liegt.

754 *A. A.* FLUME, NJW 1995, 2904 [2905].

755 So auch STRICKER, NJW 1996, 440 [441].

V. Zusammenfassung

Neben Tenor und Parteibezeichnung sind auch die anderen Bestandteile eines Urteils, die zum notwendigen Urteilsinhalt gem. §§ 313 I, 315 I ZPO gehören, grundsätzlich berichtigungsfähig. Auch insoweit darf jedoch nur eine *offensichtliche* Unrichtigkeit nach § 319 ZPO korrigiert werden. Einer „großzügigeren" Anwendung des Berichtigungsverfahrens steht entgegen, daß auch diese Angaben rechtserhebliche Entscheidungen ausdrücken und daher der Grundsatz der Rechtssicherheit ebenso wie bei der Berichtigung des Hauptsacheausspruchs Beachtung fordert.

Mangels Rechtsschutzbedürfnis kommt eine Berichtigung sonstiger, weder notwendiger noch rechtserheblicher Angaben im Urteil nicht in Betracht. Daher darf die fehlerhafte Bezeichnung eines Urteils so wenig gem. § 319 ZPO berichtigt werden, wie ein unrichtiger Leitsatz. Im letzten Fall ist dieser schlicht und formlos zu korrigieren.

Dritter Teil: Die Bindungswirkung der Urteilsberichtigung

Im ersten Teil dieser Arbeit konnte gezeigt werden, daß die Urteilsberichtigung eine lediglich deklaratorische Funktion hat. Sie dient ausschließlich dazu, überindividuell und deshalb zweifelsfrei gleich wahrnehmbare Unrichtigkeiten im Ausdruck der gerichtlichen Entscheidung zu korrigieren. Nur eine scheinbare Ausnahme von diesem Grundsatz stellt die ebenfalls im Berichtigungsverfahren zulässige Korrektur der fehlerhaften Übernahme allgemeinkundiger Tatsachen dar. Kennzeichen auch dieser Berichtigung ist nämlich, daß das Gericht im Berichtigungsverfahren keine (neue) richterliche Entscheidung trifft, sondern eine jenseits richterlicher Gestaltungsmacht liegende „Wahrheit" zutreffend zur Grundlage seiner Entscheidung macht.

In konsequenter Anwendung dieser Funktionsbestimmung wurden sodann im zweiten Teil eine Reihe von bisher kontrovers diskutierten Einzelfragen zur Berichtigungsbefugnis beantwortet. Nun fragt sich, ob die hier gefundene Beschreibung der Funktion des Berichtigungsverfahrens auch für die weitere heftig umstrittene Frage nach der Bindungswirkung des Berichtigungsbeschlusses fruchtbar gemacht werden kann. Der Zusammenhang liegt auf der Hand: Das herrschende Modell der Berichtigungsbefugnis, demzufolge die Urteilsberichtigung nicht nur deklaratorische Bedeutung hat, sondern ähnlich einem Rechtsmittel und im Konflikt zur Innenbindung eine Abänderung der Entscheidung bewirkt,[756] ist zwingend auf eine Bindung an die erfolgte Berichtigung angewiesen. Anderenfalls wäre nicht nur die Berichtigung, sondern mit ihr auch die berichtigte Entscheidung selbst zur Disposition gestellt. Die Frage ist daher, ob auch der Umkehrschluß gilt, ob also aus dem „nichtentscheidenden" Charakter des Berichtigungsbeschlusses auch das Fehlen von Bindungswirkungen folgt.

Bevor hier der Versuch unternommen wird, die Bindungsmöglichkeiten der Urteilsberichtigung systematisch zu ergründen, sollen zunächst die Ansätze in Rechtsprechung und Literatur dargestellt werden.

§ 9 - Bindungswirkung in der Rechtsprechung

In der Einleitung wurde darauf hingewiesen, daß der Rechtsprechung folgend der Berichtigungsbeschluß *grundsätzlich* in materielle Rechtskraft erwächst. Dieser „Grundsatz" sowie die mit ihm implizierten Ausnahmen sind zum Verständnis des Problems der Bindungswirkung zunächst zu erläutern.

---

756 Dazu oben, § 1, S. 29 ff.

I. Grundsatz der Bindung

Ohne Übertreibung wird man den Grundsatz der Bindungswirkung der Urteilsberichtigung als so alt wie die Vorschrift selbst bezeichnen können. Zwar erfolgte - soweit ersichtlich - die erste reichsgerichtliche Entscheidung hierzu erst 1917,[757] doch zeigt ein Blick in die damalige Kommentarliteratur, daß mit Selbstverständlichkeit von der Verbindlichkeit einer erfolgten Urteilsberichtigung ausgegangen wurde.[758] Und auch die soeben erwähnte Entscheidung des RG befaßte sich noch nicht eigentlich mit der Frage der Verbindlichkeit einer Berichtigung, sondern setzte sie vielmehr voraus. In der Entscheidung hieß es nämlich lediglich: „...auf den so *[durch Berichtigungsbeschluß]* festgestellten wahren Inhalt des Urteils erstreckt sich denn auch die Rechtskraft *[des Urteils]*...".[759]

Im dem Fall ging es um einen Schadensersatzanspruch nach § 839 BGB gegen einen Richter, der die Kostenentscheidung im Vorprozeß „gem. § 319 ZPO" korrigiert hatte; der jetzige Kläger machte die ihm durch den Berichtigungsbeschluß auferlegten (Mehr-)Kosten als Schaden geltend. Fraglich war nun, ob die Berichtigung eine Tätigkeit „bei dem Urteil in einer Rechtssache" ist, ob also das richterliche Haftungsprivileg aus § 839 II BGB eingreift.[760]

Tatsächlich entscheidungserheblich war die Frage der Verbindlichkeit der Urteilsberichtigung erst in einer Entscheidung aus dem Jahre 1925.[761] Hier war für den Rechtsmittelführer durch Berichtigung des Tenors nach Rechtsmitteleinlegung die Beschwer entzogen worden. Da dieser Berichtigungsbeschluß mangels Rechtsmittel - die sofortige Beschwerde gegen Beschlüsse des OLG war seit der ZPO-Novelle von 1905 ausgeschlossen, § 567 IV ZPO[762] - unanfechtbar war, stellte sich die Frage, ob er damit auch inhaltlich band. Dies bejahte das RG unter Hinweis auf die formelle Rechtskraft des Berichtigungsbeschlusses.[763]

Sowohl hinsichtlich des Sachverhalts als auch bezüglich der Begründung vergleichbar ist eine weitere Entscheidung des RG, in der es sich mit der Verbindlichkeit einer Urteilsberichtigung befassen mußte. Ergänzend wurde hier darauf hingewiesen, daß trotz des Ausschlusses eines Rechtsmittels gegen einen Berichtigungsbeschluß des OLG dieser verbindlich sei.[764] Erwähnt seien schließlich noch

---

757 RG III 65/17 v. 15.05.1917, RGZ 90, 228.

758 Vgl. die Kommentierung bei SEUFFERT, ZPO[10] (1910), § 319, Anm. 3 b, S. 515 f.

759 RG III 65/17 v. 15.05.1917, RGZ 90, 228 [231].

760 Dazu bereits oben, Einleitung II. , S. 28.

761 RG VI 489/24 v. 05.05.1925, RGZ 110, 428.

762 Der Ausschluß der sofortigen Beschwerde wurde durch die Novelle in § 567 III ZPO geregelt; die Änderung in Abs. 4 erfolgte durch das Rechtspflege-Vereinfachungsgesetz vom 17.12.1990 (BGBl. I, S. 2847).

763 A. a. O., S. 429 f.

764 RG VII ZR 396/27 v. 09.12.1927, JW 1928, 709 [710].

zwei weitere ältere Entscheidungen, die die Bindungswirkung der Berichtigung bejahten. Im einen Fall ging es um die Berichtigung der Bezeichnung des am oberlandesgerichtlichen Urteils beteiligten Richters;[765] im anderen Fall hielt das RAG die erst durch Berichtigungsbeschluß ermöglichte Berufung wegen der Verbindlichkeit der Urteilsberichtigung für zulässig.[766]

In der Folgezeit, also der Anfangszeit der bundesrepublikanischen Rechtsprechung, mehrten sich zunächst die Entscheidungen, die eine Bindung an die Urteilsberichtigung *jeweils im Einzelfall* ablehnten. Deren Darstellung erfolgt weiter unten. Jedoch bedeutet dies keineswegs, daß damit die alte Rechtsprechung von RG und RAG vollständig aufgegeben worden wäre. Dies wird im jüngsten Urteil des BGH zur Frage der Verbindlichkeit eines Berichtigungsbeschlusses deutlich.[767]

Das LG hatte auf eine Klage gegen den späteren Gemeinschuldner, über die vor Eröffnung des Konkursverfahrens mündlich verhandelt wurde, in Verkennung des § 249 III ZPO ein Urteil *gegen den Konkursverwalter* erlassen. Dies berichtigte es anschließend dahin, daß der Gemeinschuldner Beklagter geblieben sei. Zur Begründung führte es aus, daß die im ursprünglichen Urteil geäußerte Ansicht, die Eröffnung des Konkursverfahrens habe zu einem Parteiwechsel kraft Gesetzes geführt, offensichtlich fehlerhaft sei. Dieser rein „verfahrensrechtliche" Fehler sei einer Berichtigung zugänglich.[768]

Die vom Konkursverwalter gegen die unberichtigte Entscheidung eingelegte Berufung wurde vom OLG verworfen, da der Konkursverwalter auch durch diese nicht beschwert sei. Es sei nämlich das Urteil des LG dahin auszulegen, daß trotz der ursprünglich fehlerhaften Fassung des Rubrum, keine Masseschuld im Sinne des § 59 KO, sondern eine schlichte Konkursforderung Gegenstand des Rechtsstreits gewesen sei. Dieser Ansicht widersprach der BGH. In Abgrenzung zu seiner früheren Rechtsprechung[769] meinte er, daß eine solche Auslegung in diesem Fall nicht möglich gewesen sei.[770] Erst durch die Berichtigung des Urteils sei die Beschwer des Konkursverwalters entfallen, so daß es auf die bindende Wirkung des landgerichtlichen Berichtigungsbeschlusses ankam.

Der BGH führte hierzu unter umfangreichen Hinweisen insbesondere auf die alte Rechtsprechung des RG aus:

> *„Gerichtliche Beschlüsse, die im Rahmen eines Zivilverfahrens ergehen, äußern die ihnen prozessual zugeordneten Wirkungen in*

---

765 RG II 331/32 v. 17.03.1933, LZ 1933, 1027.

766 RAG B 17/40 v. 05.06.1940, ArbRSlg 39, 193 [195].

767 BGH IX ZR 193/93 v. 14.07.1994, BGHZ 127, 74 mit Anm. HEINRICH, LM § 319 ZPO Nr. 19; PFEIFFER, EWiR 1994, 1149.

768 Zitiert nach BGH, a. a. O., S. 75.

769 BGH II ZR 137/60 v. 30.11.1961, BB 1962, 196, und insbesondere BGH VIII ZR 28/94 v. 29.06.1994, NJW-RR 1994, 1251.

770 Diese Ausführungen sind in BGHZ 127, 74 ff., nicht veröffentlicht; vgl. insoweit NJW 1994, 2832 f.

aller Regel auch dann, wenn sie fehlerhaft zustande gekommen, aber nicht aufgrund eines zulässigen Rechtsbehelfs beseitigt worden sind. Sie sind - wie Urteile - nur ausnahmsweise nichtig. Von dieser Möglichkeit abgesehen, können sie nur im Rahmen der dagegen vorgesehenen Rechtsbehelfe, nicht aber in jeder Lage eines Verfahrens darauf überprüft werden, ob die gesetzlichen Voraussetzungen für ihren Erlaß erfüllt sind.

Das gilt grundsätzlich auch für den Berichtigungsbeschluß gemäß § 319 ZPO [Nwe.]. Ist er - wie hier - im Hinblick auf § 319 Abs. 3, 2. Halbs. ZPO formell rechtskräftig geworden, so ist er regelmäßig nicht in anderem Zusammenhang darauf zu überprüfen, ob er die Grenzen des § 319 ZPO einhält [Nwe.]. "[771]

Im weiteren Verlauf der Entscheidung werden dann die Konstellationen erörtert, bei denen eine Bindung des Berichtigungsbeschlusses von der Rechtsprechung verneint wurde, um zu dem Ergebnis zu gelangen, daß solche Gründe hier nicht vorlägen. Denn:

„*Gerichtliche Entscheidungen sind, wie sich im Umkehrschluß aus §§ 579, 580 ZPO ergibt, trotz Fehlerhaftigkeit nur in seltenen Ausnahmefällen unwirksam. Vorauszusetzen ist dafür ein besonders schwerer Mangel, der zudem aus Gründen der Rechtsklarheit regelmäßig offenkundig sein muß [Nwe.].* "[772]

II. Nichtbindung mangels wirksamer Berichtigung

Gerade in Anbetracht der Begründung der letztgenannten Entscheidung überrascht es, daß sich parallel dazu eine völlig konträre Rechtsprechungslinie entwickelt hat, die immer neue Varianten unverbindlicher Urteilsberichtigungen feststellte.

1. Ausgangspunkte

Als ihr Ausgangspunkt kann wohl eine Entscheidung des RG aus dem Jahre 1928[773] gelten, in der es ebenfalls um das Problem der Bindung der Revisionsinstanz an eine Berichtigung des oberlandesgerichtlichen Urteils ging.

Das OLG schied die Ehe der Parteien wegen beiderseitigem Verschulden und ging nicht darauf ein, daß nach dem Vortrag der Frau der Mann ihr die ihr vom OLG vorgeworfene Eheverfehlung verziehen habe. Nach Erlaß des Urteils beantragten beide Parteien Tatbestandsberichtigung; daneben beantragte der Mann eine Urteilsergänzung dahin, daß

---

771 BGH IX ZR 193/93 v. 14.07.1994, BGHZ 127, 74 [76].

772 A. a. O., S. 79.

773 RG IV 266/28 v. 29.11.1928, RGZ 122, 332.

in den Entscheidungsgründen ausgeführt werde, daß der Verzeihungseinwand nicht habe durchgreifen können. Das OLG berichtigte den Tatbestand gem. § 320 ZPO und ergänzte die Urteilsgründe „nach § 319 ZPO" um eine ausführliche Erörterung der Verzeihung. Die Revision der Frau meint, daß diese Ergänzung unbeachtlich sei, so daß das Urteil in ursprünglicher Fassung Gegenstand der Revision sei.

Entgegen den in der oben erwähnten Entscheidung des RG aus dem Vorjahr[774] aufgestellten Grundsätzen, hielt das Gericht diesen Berichtigungsbeschluß für unbeachtlich, sich selbst also für nicht gebunden. Die Besonderheit dieses Falles läge darin, daß das Berufungsgericht nicht nur die Grenzen zulässiger Berichtigung überschritten, sondern sich damit gleichzeitig über die ausdrückliche Regelung des § 320 V ZPO hinweggesetzt habe, derzufolge die Tatbestandsberichtigung gerade keine Änderung des übrigen Urteilsinhalts erlaube. Dies sei ein so erheblicher Fehler, daß abweichend von der grundsätzlichen Bindung auch an eine unzulässige Berichtigung dieser Berichtigungsbeschluß unbeachtlich sei.[775]

Über diese Begründung ging das RG bereits in einer kurz danach erlassenen Entscheidung[776] in zweifacher Hinsicht weit hinaus:

Die Klägerin verlangte von der Beklagten die Löschung einer Hypothek. Die Klägerin war selbst ursprünglich nachrangige Hypothekengläubigerin und hatte das belastete Grundstück in der Zwangsversteigerung erworben. Vorher war die vorrangige Hypothek der Beklagten wegen Betragsumstellung gelöscht worden. Der Zuschlag an die Klägerin erfolgte unter dem Vorbehalt der Neueintragung der Hypothek der Beklagten. Im Zuschlagsbeschluß war diese Eintragung an die Aufwertung der alten Hypothek gebunden. Im Protokoll zur Zwangsversteigerung wurde vermerkt, daß mündlich darauf hingewiesen worden sei, daß die Eintragung der Hypothek der Beklagten außerdem unter Vorbehalt des Ranges steht. Eine entsprechende Angabe fehlte jedoch im Zuschlagsbeschluß. Dieser Hinweis erfolgte vielmehr durch einen späteren „Ergänzungsbeschluß", gegen den die Beklagte erfolglos sofortige Beschwerde einlegte. LG und OLG gaben der Klage statt; das RG hob das Urteil auf und verwies die Sache zurück.

Zunächst führte das Gericht nämlich aus, daß die Berichtigung „auf objektiver Grundlage" nachprüfbar sein müsse.[777] Vergleicht man dies mit den Voraussetzungen anderer grundsätzlich verbindlicher Entscheidungen, springt die Besonderheit dieser Forderung ins Auge. Daneben stellte das RG fest, daß ein nach diesem Prüfungsmaßstab zu unrecht ergangener Berichtigungsbeschluß trotz evtl. eingetretener formelle Rechtskraft nicht binde. Anderenfalls käme man zu einem unlösbaren Konflikt zwischen den beiden Entscheidungen. Auch wenn sich das RG hierbei auf das oben besprochene Urteil aus 1928[778] berief, ist der Bruch zwi-

---

774 RG VII ZR 396/27 v. 09.12.1927, JW 1928, 709 Nr. 7.

775 RG IV 266/28 v. 29.11.1928, RGZ 122, 332 [334].

776 RG V 58/29 v. 28.05.1930, RGZ 129, 155.

777 A. a. O., S. 162.

778 RG IV 266/28 v. 29.11.1928, RGZ 122, 332.

schen diesen Entscheidungen doch unverkennbar. Während dort die Unwirksamkeit des unrichtigen Berichtigungsbeschlusses noch als besonders zu begründende Ausnahme erschien, wird diese Folge nunmehr zur Regel erklärt. Bemerkenswert ist schließlich noch die Konsequenz, daß mit dieser Maßgabe Beschlüsse kaum wirksam berichtigt werden können; ermangeln sie doch häufig einer Begründung, der die „objektive Grundlage" der offensichtlichen Unrichtigkeit des ursprünglichen Tenors zu entnehmen ist. Auch dies wurde vom RG gesehen, aber - wie das Gericht ausführte - aus Gründen der Rechtssicherheit in Kauf genommen.

2. *Hauptfälle abgelehnter Bindungswirkung*

Auf dieser Grundlage entstand in der Folgezeit eine umfangreiche Kasuistik unwirksamer Berichtigungsbeschlüsse. Zusammenfassend lassen sich zwei Hauptgruppen bilden: Zum einen die Unwirksamkeit der nachträglichen Rechtsmittelzulassung und zum anderen die Unbeachtlichkeit einer durch Berichtigungsbeschluß vorgenommenen Parteiänderung.

a) Unwirksamkeit der nachträglichen Rechtsmittelzulassung

Besonders ausgeprägt und frühzeitig findet sich Rechtsprechung zur Unwirksamkeit von Berichtigungsbeschlüssen bei der nachträglichen Zulassung von Rechtsmitteln. So entschied das RAG bereits 1930, daß ein Berichtigungsbeschluß, der tatsächlich nicht Klarstellung, sondern „Nachholung eines im vollen Bewußtsein unterlassenen Ausspruchs *[ist]* ... in Wahrheit kein Berichtigungsbeschluß" und daher unwirksam sei.[779] Und auch das RG versagte einer Berichtigung die Anerkennung, bei der sich „mit Sicherheit" aus den Akten ergebe, daß der Entschluß zur Revisionszulassung erst aufgrund einer Vorstellung des klägerischen Rechtsanwalts erfolgte.[780]

Allerdings findet sich aus dieser Zeit auch eine abweichende Entscheidung. So fand das RAG 1940 wieder zur alten Linie zurück, derzufolge die Voraussetzungen der Berichtigung auch bei erst hierdurch zugelassenem Rechtsmittel in der Rechtsmittelinstanz nicht mehr überprüft werden dürfen.[781]

(1) Die Rechtsprechung des BAG

Diese restriktive Rechtsprechung wurde nach 1945 insbesondere vom BAG aufgenommen und fortgeführt. Bereits in seiner ersten Entscheidung hierzu führte das BAG aus, daß der fragliche Berichtigungsbeschluß, durch den die Revision nachträglich zugelassen wurde, mangels einer offenbaren Unrichtigkeit überhaupt

---

779 RAG 7/30 v. 21.06.1930, JW 1931, 1291 [1292], mit *abl.* Anm. JONAS, JW 1931, 1291 f.

780 RG IVa 288/35 v. 28.10.1935, JW 1936, 102, mit *abl.* Anm. JONAS, JW 1936, 103.

781 RAG B 17/40 v. 05.06.1940, ArbRSlg 39, 193.

kein bindungsfähiger Beschluß sei.[782] Erforderlich sei hierfür - also für die Wirksamkeit und nicht nur für die Zulässigkeit des Berichtigungsbeschlusses - nämlich, daß sich die berichtigte offenbare Unrichtigkeit aus den verkündeten Urteilsteilen[783] oder zumindest aus den Umständen bei der Verkündung ergebe. Diese Formulierung durchzog auch die nachfolgende Rechtsprechung des BAG mit der Konsequenz, daß die aufgrund einer Zulassung durch Berichtigungsbeschluß eingelegten Rechtsmittel durch die Bank verworfen wurden.[784]

Eine gewisse Ausnahme hiervon hat das BAG in einem Fall gemacht, in dem es um die Zulässigkeit einer - damals noch gegebenen[785] - Streitwertrevision ging.[786] Das ArbG hatte erst nach Erlaß des Berufungsurteils den Streitwert auf einen Betrag oberhalb der Revisionssumme berichtigt. Dieser Fehler sei - so daß BAG - offensichtlich gewesen.

Entgegengesetzt entschied das Gericht jedoch in einem ähnlichen, etwas älteren Fall.[787] Dort ging es um die Zulässigkeit der Berufung. Die hierfür erforderliche Rechtsmittelsumme wurde erst durch eine Berichtigung der Streitwertfestsetzung des Berufungsgerichts erreicht. Dessen Wirksamkeit verneinte das BAG, da die Unrichtigkeit weder aus dem Zusammenhang des Urteils selbst noch aus den Vorgängen bei Erlaß oder Verkündung des Urteils ohne weiteres erkennbar gewesen sei.

In dieser Tradition bleibt auch die jüngste - durch das BVerfG erzwungene - Entscheidung des BAG zur Frage der Rechtsmittelzulassung.[788] Das Gericht ließ keinen Zweifel, daß es Berichtigungsbeschlüssen, die den früher aufgestellten Voraussetzungen nicht entsprechen, auch zukünftig die Wirksamkeit absprechen werde. Allenfalls für eine Übergangszeit sei eine Ausnahme denkbar. Doch hatte das BAG in diesem Fall hierüber nicht zu entscheiden.[789]

---

782 BAG 2 AZR 523/54 v. 07.03.1955, BAGE 3, 21 [22], mit *abl.* Anm. POHLE, AP Nr. 1 zu § 319 ZPO.

783 Gem. § 60 II 1 ArbGG ist grundsätzlich auch der wesentliche Inhalt der Entscheidungsgründe zu verkünden. Hierauf kann - was in der Praxis die Regel ist - gem. S. 2 verzichtet werden, wenn keine der Parteien beim Verkündungstermin anwesend ist.

784 Vgl. außer der vorgenannten die grundlegenden Entscheidungen BAG 2 AZR 7/55 v. 22.12.1955, AP Nr. 2 zu § 319 ZPO, mit *abl.* Anm. POHLE; BAG 1 AZR 192/55 v. 13.04.1956, BAGE 2, 358, mit grds. *zust.* Anm. WALTER, SAE 1957, 103, und *abl.* Anm. POHLE, AP Nr. 3 zu § 319 ZPO, sowie aus jüngerer Zeit BAG 4 AZB 15/86 v. 19.08.1986, BAGE 52, 375.

785 Die Revision im Arbeitsgerichtsprozeß wurde durch Gesetz vom 21.5.1979 (BGBl I, 545) in eine reine Zulassungsrevision umgestaltet.

786 BAG 3 AZR 237/66 v. 23.02.1967, AP Nr. 45 zu § 256 ZPO.

787 BAG 4 AZR 103/58 v. 19.05.1960, BAGE 9, 222, mit *abl.* Anm. BAUMGÄRTEL, AP Nr. 11 zu § 319 ZPO.

788 BAG 4 AZR 528/92 v. 23.11.1994, NJW 1996, 674 [674 ff.], hierzu ausführlich oben, § 6 IV. 1, S. 123 ff.

789 BAG, a. a. O., S. 676.

(2) Die Rechtsprechung des BGH

Nach den gleichen Grundsätzen beurteilte auch der BGH die Wirksamkeit einer erst durch Berichtigungsbeschluß herbeigeführten Rechtsmittelzulassung. Insgesamt sind - soweit ersichtlich - allerdings nur drei Entscheidungen des BGH hierzu veröffentlicht. Dabei wurde in zwei Fällen[790] der Berichtigung mit der vom BAG bekannten Begründung die Bindungswirkung versagt; hingegen war in einem Fall[791] die im Berichtigungsbeschluß ausgesprochene Revisionszulassung wirksam. Bei letzterer Entscheidung unterblieb in einem von mehreren gleichzeitig entschiedenen und verkündeten Parallelprozessen des Berufungsgerichts ein Ausspruch über die Revisionszulassung. Da sich nach Ansicht des BGH die nur versehentliche, offenbar unrichtige Unterlassung der Revisionszulassung somit aus den Vorgängen bei der Verkündung ergeben habe, hielt er diesen Berichtigungsbeschluß für inhaltlich richtig[792] und *damit* auch bindend.

Eine neue Variante innerhalb dieser Fallgruppe wurde durch zwei jüngere Beschlüsse des BGH eröffnet. Das Gericht hatte darüber zu entscheiden, ob die vom Amtsgericht in Form eines Berichtigungsbeschlusses vorgenommen Streichung des Zusatzes „Familiengericht“ für die Bestimmung des weiteren Rechtswegs bindend sei (vgl. § 119 I Nr. 1 und 2 GVG vs. § 72 GVG).[793] In der ersten der beiden Entscheidungen führte der BGH zwar zunächst aus, daß grundsätzlich „...mit Erlaß eines Berichtigungsbeschlusses gemäß § 319 ZPO ... an die Stelle der bisherigen Urteilsfassung die berichtigte Fassung [tritt].“[794] Doch schränkte er diesen (einen Bindung begründenden) Grundsatz sogleich dadurch ein, daß er feststellte, daß dies nur für eine *wirksame* Berichtigung gelte. Eine solche läge hier aber nicht vor, da die behauptete Unrichtigkeit zumindest nicht offensichtlich sei. In der zweiten Entscheidung verzichtete das Gericht gleich auf die Erwähnung einer grundsätzlichen Bindungswirkung des Berichtigungsbeschlusses, sondern stellte nur fest, daß eine offenbare Unrichtigkeit nicht vorläge. Weitergehend befand der BGH sogar, daß in den Fällen, in denen die Berichtigung zu einer Veränderung des Instanzenzuges führt, sie nur *ausnahmsweise* zulässig und wirksam sein könne.

---

790 BGH III ZR 265/54 v. 08.03.1956, BGHZ 20, 188, sowie BGH VII ZR 104/57 v. 25.09.1958, NJW 1958, 1917.

791 BGH VI ZR 176/78 v. 08.07.1980, BGHZ 78, 22.

792 Siehe hierzu oben, § 6 IV. 2.a), bei Fn. 531, S. 127.

793 BGH XII ZB 114/92 v. 09.12.1992, NJW 1993, 1399, sowie BGH XII ARZ 19/94 v. 29.06.1994, FamRZ 1994, 1520; siehe zur Zulässigkeit einer solchen Berichtigung bereits oben, § 8 I. 2.c), S. 159 f.

794 BGH XII ZB 114/92, a. a. O., S. 1400.

Im Grundsatz ähnlich ist eine weitere Entscheidung des BGH, in der er die Berichtigung eines Verweisungsbeschlusses für unwirksam hielt.[795] Das Amtsgericht D. hatte den Rechtsstreit zunächst an das Amtsgericht E. verwiesen. Dieses reichte jedoch das Verfahren zurück, da es sich ebenfalls für unzuständig hielt. Daraufhin berichtigte das Amtsgericht D. den ursprünglichen Verweisungsbeschluß wegen einer „offenbaren Unrichtigkeit nach § 319 ZPO" dahin, daß nicht das Amtsgericht E., sondern das Amtsgericht F. zuständig sei. Von dort gelangten die Akten zum BGH, der nach § 36 Nr. 6 ZPO das zuständige Gericht zu bestimmen hatte. Dies sei, so der BGH, das Amtsgericht E., da der ursprüngliche Verweisungsbeschluß binde. Dessen spätere Berichtigung sei nicht wegen einer offenbaren Unrichtigkeit, sondern aufgrund weiterer Schriftsätze und einer dadurch veränderten Erkenntnis erfolgt. Er sei daher unwirksam und binde nicht.

b) Unbeachtlichkeit einer durch Berichtigungsbeschluß vorgenommenen Parteiänderung.

Noch eine weitere Gruppe wirkungsloser Berichtigungsbeschlüsse konstituierte sich in der Frühzeit der bundesrepublikanischen Rechtsprechung. Es handelte sich hier um Urteilsberichtigungen, mit denen das Gericht des Erkenntnisverfahrens eine zur Vollstreckung untaugliche Parteibezeichnung berichtigte.

(1) Beispiele

Ein erstes Beispiel stammt vom LG Düsseldorf, das über die Zulässigkeit der Zwangsvollstreckung aus einem berichtigten Vollstreckungsbescheid zu entscheiden hatte. Der Vollstreckungsbescheid war antragsgemäß gegen die „A-Versicherungs*gruppe*" ergangen. Nachdem der Kläger erfahren hatte, daß sich hinter dieser Bezeichnung nur ein nicht-rechtsfähiger Zusammenschluß mehrerer Versicherungsunternehmen verbirgt, beantragte er beim Ausgangsgericht die Berichtigung dahin, daß die „A-Versicherungs*gesellschaft*" Antragsgegnerin sei. Der Berichtigungsbeschluß erging und der Kläger leitete nun die Zwangsvollstreckung gegen die „A-Versicherungs*gesellschaft*" ein. Wie bereits das AG lehnte das LG die Vollstreckung ab. Die Berichtigung sei „offensichtlich ohne jede Rücksicht auf die Grenzen § 319 ZPO ... ergangen" und binde daher nicht.[796]

In einem ganz ähnlichen Fall hatte das LG Hamburg bereits ein Jahr zuvor ebenfalls eine Bindung verneint.[797] Zur Begründung führte das Gericht aus, daß zwar auch ein falscher Berichtigungsbeschluß grundsätzlich binde. Jedoch gelte dies nicht ausnahmslos, da dann „ein offensichtlich unzulässiger Berichtigungsbeschluß, der das Urteil sachlich ändert, nur mit einer kürzeren Anfechtungsfrist und unter geringeren Verfahrensgarantien angefochten werden kann, als ein Urteil

795 BGH XII ARZ 2/93 v. 17.02.1993, NJW-RR 1993, 700 f.

796 LG Düsseldorf 15 T 151/57 v. 03.06.1957, MDR 1957, 621.

797 LG Hamburg 9 T 124/56 v. 28.06.1956, NJW 1956, 1761 (Fall „K.-GmbH, Inh. Chr. K.", dazu bereits oben, § 7 III. 3, bei Fn. 637, S. 149).

dieses Inhalts."[798] Daher kann eine Bindung, so fährt das Gericht unter Berufung auf die oben besprochene Entscheidung des BGH zur nachträglichen Zulassung der Revision[799] fort, „nur dann gegeben sein, wenn an dem Beschluß erkennbar ist, daß er einen der vereinfachten Wege gegangen ist und die Voraussetzungen eines von ihnen behauptet."[800]

Für diese Rechtsprechung gibt es auch in der Folgezeit eine Reihe von Belegen. So stellte wiederum das LG Hamburg einer kurze Zeit später verkündeten Entscheidung in einem Vollstreckungsverfahren folgenden Leitsatz voran:

> *„Es ist sehr zweifelhaft, ob ein Beschluß, der ohne jegliche Begründung eine Berichtigung ausspricht, vom Vollstreckungsgericht anerkannt werden muß."*[801]

Und ganz entsprechend lehnte das LG Düsseldorf einen Antrag auf Vollstreckung gegen den im Berichtigungsbeschluß bezeichneten Beklagten ab.[802] Der wirkliche Schuldner sollte nämlich nach Ansicht des Gerichts durch den Berichtigungsbeschluß erst individualisiert werden, nachdem sich vorher die Untauglichkeit des ursprünglichen Titels gezeigt hatte. Dies gehe aber über die Berichtigungsmöglichkeit nach § 319 ZPO hinaus, da eine neue Person einbezogen werde. Ohne weitere Erörterung der Frage einer grundsätzlichen Bindung an fehlerhafte Entscheidungen, folgerte das LG hieraus die Unbeachtlichkeit des Berichtigungsbeschlusses.

Abschließend sei aus diesem Kreis noch eine Entscheidung des LG Koblenz[803] erwähnt, in der ebenfalls eine unzulässige Berichtigung für unwirksam erklärt wurde. Die Unwirksamkeit der fehlerhaften Berichtigung begründete das Gericht wie folgt:

> *„Ein sogenannter Berichtigungsbeschluß, der nicht eine unrichtige Schuldnerbezeichnung klarstellt, sondern eine andere Person als Schuldner benennt, ist wirkungslos; er bindet das Vollstreckungsorgan auch nach Rechtskraft nicht."*[804]

---

798 LG Hamburg, a. a. O.

799 BGH III ZR 265/54 v. 08.03.1956, BGHZ 20, 188.

800 LG Hamburg, a. a. O., S. 1762.

801 LG Hamburg 9 T 62/58 v. 16.05.1958, RPfleger 1958, 276.

802 LG Düsseldorf 15 T 281/59 v. 28.07.1959, MDR 1960, 406 (Fall „S. F., Arbeiter", dazu bereits oben, § 7 III. 1, bei Fn. 614, S. 144).

803 LG Koblenz 4 T 349/72 v. 29.08.1972, RPfleger 1972, 458 (Fall „Fa. Bernard H., Sägewerk, Inh. *Bernhard* H.", dazu bereits oben, § 7 III. 2.c), bei Fn. 629, S. 147).

804 LG Koblenz, a. a. O., LS 3; zust. PETERMANN, RPfleger 1972, 458.

(2) Verallgemeinerungsfähigkeit der Beispiele?

Mit diesen Beispielen soll keineswegs behauptet werden, daß die Unwirksamkeit einer zweifelhaften Parteiberichtigung die Regel darstellt. Zunächst gibt es auch Gegenbeispiele. So hielt das OLG Hamm die bereits behandelte Berichtigung eines Vollstreckungsbescheides gegen „Fa. H. K., Papierhandlung, K." in „Buchhandlung. H. K." für wirksam.[805]

Aus dem ursprünglichen Vollstreckungsbescheid hatte der Gläubiger die Eintragung einer Sicherungshypothek beantragt. Das Grundbuchamt beanstandete, daß Eigentümer des Grundstücks die „Buchhandlung. H. K." sei. Daraufhin erwirkte der Gläubiger einen entsprechenden Berichtigungsbeschluß. Die erneut beantragte Eintragung wurde vom Grundbuchamt wegen Unzulässigkeit und Unwirksamkeit der Berichtigung abgelehnt; die Beschwerde hiergegen wurde vom LG zurückgewiesen. Erst die weitere Beschwerde war erfolgreich.

Allerdings begründete das OLG die Wirksamkeit der Berichtigung mit ihrer Zulässigkeit, so daß der Widerspruch zu der zuvor dargestellten Rechtsprechung mehr in der Frage der Grenzen der Berichtigung nach § 319 ZPO als in der Frage der Behandlung einer unzulässigen Berichtigung liegt.

Diese Einschränkung gilt hingegen nicht für eine jüngere Entscheidung des OLG Düsseldorf.[806] In ihr hatte es einen unzweifelhaft unzulässigen Parteiwechsel durch Berichtigungsbeschluß des LG als bindend hingenommen.

Der Fall hat die weitere Besonderheit, daß bei Zustellung des Berichtigungsbeschlusses die Berufungsfrist, auch die Fünfmonatsfrist gem. § 516 2. HS, bereits abgelaufen war, so daß nunmehr die Rechtskraft des „berichtigten" Urteils drohte. Das OLG hat diese Konsequenz dadurch vermieden, daß es die Rechtsmittelfrist des § 516 ZPO erst mit Zustellung des Berichtigungsbeschlusses beginnen ließ.[807]

Der Grund für die geäußerte Zurückhaltung bezüglich einer Verallgemeinerung der angeführten „Unwirksamkeitsrechtsprechung" liegt vor allem darin, daß insgesamt nur wenige Entscheidungen hierzu veröffentlicht wurden. Und die Vermutung erscheint nicht abwegig, daß gerade die Entscheidungen veröffentlicht sind, in denen von der Unwirksamkeit einer Berichtigung ausgegangen wurde. Zumindest spricht hierfür der nach wie vor anerkannte Grundsatz der Bindungswirkung einer Berichtigung, dessen Durchbrechung als Ausnahme und damit begründungsbedürftig erscheint.

---

805 OLG Hamm 15 W 42/59 v. 29.04.1959, RPfleger 1959, 280 (dazu bereits oben, § 7 III. 2.c), bei Fn. 627, S. 147).

806 OLG Düsseldorf 10 U 5/90 v. 31.05.1990, MDR 1990, 930, mit *abl.* Anm. VOLLKOMMER, MDR 1992, 642 (Fall „E. H. in X", dazu bereits oben, § 7 II. , bei Fn. 562, S. 134).

807 Dazu unten, § 16 I. , S. 272 ff.

Insgesamt sollte man daher in den Fällen der Berichtigung der Parteibezeichnung wohl eher von einer vielfältigen Durchbrechung der Bindungswirkung denn von ihrer grundsätzlichen Aufgabe sprechen.

3. Sonstige Fälle der Unwirksamkeit

Aber nicht nur in diesen thematisch noch eingrenzbaren Fallgruppen (Zuständigkeit, Parteibezeichnung) wurde von der Rechtsprechung die Unwirksamkeit eines - mutmaßlich - unrichtigen Berichtigungsbeschlusses angenommen. Beispiele finden sich hinsichtlich fast aller Fehler, die einem Urteil anhaften können:

So hielt der BGH die Berichtigung einer Tatbestandsberichtigung wegen offenkundiger Unrichtigkeit, also nach § 319 ZPO, zwar für grundsätzlich zulässig, versagte dem tatsächlich ergangenen Berichtigungsbeschluß aber dennoch eine Bindungswirkung, da die offenbare Unrichtigkeit nicht erkennbar sei.[808] Das OLG Köln bescheinigte einem Berichtigungsbeschluß, der eine nach § 318 ZPO verbotenen Änderung der Entscheidung beabsichtigt habe, daß er „auch bei formalem Fortbestand keinerlei materielle Wirkung" erzeuge.[809] Und auf die angenommen unwirksame Berichtigung der Urteilsgründe wurde schon hingewiesen.[810]

III. Fazit

Versucht man die Rechtsprechung zur Bindungswirkung der Urteilsberichtigung zusammenzufassen, gerät man in ein Dilemma. Einerseits wird nämlich der alte[811] Grundsatz der Verbindlichkeit eines Berichtigungsbeschlusses gerade in der jüngsten Entscheidung des BGH[812] zur Urteilsberichtigung wieder in den Vordergrund gerückt. Andererseits hat der BGH nahezu gleichzeitig[813] mit seiner Rechtsprechung zur Unwirksamkeit der Berichtigung der Gerichtsbezeichnung eine neue Variante unwirksamer Berichtigungsbeschlüsse geschaffen. Und auch das BAG verneint in seiner jüngsten Rechtsprechung zur Revisionszulassung eine Bindung an fehlerhafte Berichtigungsbeschlüsse.[814]

Diese Hin- und Hergerissenheit zeigt sich nicht nur im Vergleich der verschiedenen Entscheidungen, sondern wird mitunter auch innerhalb eines Urteils deutlich. Ein gutes Beispiel hierfür bietet eine Entscheidung des BGH aus dem Jahre

808 BGH IVa ZR 155/86 v. 09.12.1987, NJW-RR 1988, 407 [408].

809 OLG Köln 4 U 154/59 v. 20.11.1959, NJW 1960, 1471 [1472].

810 RG IV 266/28 v. 29.11.1928, RGZ 122, 332, dazu oben, II. 1, S. 178.

811 Vgl. die oben unter I., S. 176 angeführte Rechtsprechung des RG.

812 BGH IX ZR 193/93 v. 14.07.1994, BGHZ 127, 74; dazu oben, I., bei Fn. 767, S. 177 f.

813 BGH XII ZB 114/92 v. 09.12.1992, NJW 1993, 1399 sowie BGH XII ARZ 19/94 v. 29.06.1994, FamRZ 1994, 1520; siehe hierzu oben, II. 2 a) (2), S. 182 f.

814 BAG 4 AZR 528/92 v. 23.11.1994, NJW 1996, 674 [676].

1984, in der es um die Verbindlichkeit einer Urteilsberichtigung sowohl für das Gericht, das den Berichtigungsbeschluß erlassen hat, als auch um die Frage der Nachprüfbarkeit dieses Beschlusses in der Revisionsinstanz ging.[815]

Zunächst hob der BGH hervor, daß ein Berichtigungsbeschluß grundsätzlich auf den Zeitpunkt der Verkündung des Urteils zurückwirke und die Neufassung als die ursprüngliche Fassung gelte. Daher sei für den Umfang der Rechtskraft des berichtigten Urteils auch die berichtigte Fassung maßgebend und somit im vorliegenden Fall das Berufungsgericht an sein berichtigtes Zwischenurteil gebunden. Sodann führt das Gericht jedoch unter Hinweis auf die oben dargestellten vielfältigen Durchbrechungen dieses Grundsatzes aus, daß dies allerdings in den Fällen unzulässiger Berichtigung nicht gelte, und erörtert, ob ein solcher Fall hier vorliege. Der argumentative Zirkel schließt sich am Ende der Begründung, wo der BGH feststellt, daß die Rechtskraft des Berichtigungsbeschlusses eine Nachprüfung der Zulässigkeit der Berichtigung ausschließe.[816] Doch wäre danach die kurz vorher vorgenommene Prüfung unzulässig; die Voraussetzungen der Durchbrechung der Bindungswirkung der Berichtigung könnten mithin gar nicht geprüft werden.

Ist demnach eine einheitliche Position der Rechtsprechung zur Verbindlichkeit einer Urteilsberichtigung nicht auffindbar, läßt sich doch zumindest eine Tendenz feststellen. Und diese geht - unbeschadet gegenläufiger Einzelentscheidungen und abweichender grundsätzlicher Beteuerungen - dahin, daß nur ein zulässiger Berichtigungsbeschluß bindet.

§ 10 - Stellungnahmen in der Literatur

Ein ähnlich uneinheitliches Bild wie die Rechtsprechung bietet auch die Literatur. So wie dort finden sich auch hier Vertreter beider Positionen. Aus den Stellungnahmen ragen zunächst die Beiträge heraus, die sich mit den zwei Hauptfeldern der laut Rechtsprechung unwirksamen Urteilsberichtigung befassen. Dies allerdings nicht so sehr wegen der besonderen Überzeugungskraft der jeweils gegebenen Begründungen, sondern vielmehr wegen der Selbstverständlichkeit mit der diese zwei Bereiche losgelöst von einander betrachtet wurden. Sie seien daher auch zunächst dargestellt, bevor auf die grundsätzlicheren Ausführungen in der Literatur eingegangen wird.

---

815 BGH III ZR 95/82 v. 12.01.1984, NJW 1985, 742 (Teilurteil), dazu oben, § 6 I. 2.b)(1), bei Fn. 404, S. 94.

816 A. a. O., S. 743.

I. Die Auseinandersetzung mit der Rechtsprechung zur Zulassung der Revision durch Berichtigungsbeschluß

Besonders deutlich wird das uneinheitliche Bild in der heftigen literarischen Opposition gegen die - insbesondere vom BAG angenommene[817] - Unwirksamkeit der nachträglichen Rechtsmittelzulassung durch Berichtigungsbeschluß. Vor allem POHLE wies in seinen Anmerkungen darauf hin, daß die vom BAG postulierte schlichte Unbeachtlichkeit eines unzulässigen Berichtigungsbeschlusses gegen die Grundsätze der Behandlung fehlerhafter Entscheidungen verstoße.[818] Und weitere Autoren folgten ihm.[819]

Differenzierter näherte sich BAUMGÄRTEL dem Gegenstand.[820] Auch sein Ausgangspunkt ist, daß der Berichtigungsbeschluß gem. § 319 III ZPO formelle Rechtskraft erlange, und daher auch das Revisionsgericht grundsätzlich binde. Diese Bindung werde nur bei besonders schweren Mängeln aufgehoben. Im Anschluß an JAUERNIG[821] sei dies aber nur bei einem Verstoß gegen die *Innenbindung* aus § 318 ZPO gegeben. Ein solcher Fall läge unabhängig davon, ob vorher nicht oder anders darüber entschieden wurde, vor, wenn über die Rechtsmittelzulassung erst nach Erlaß des Urteils beschlossen werde.[822] Sei dagegen die Rechtsmittelzulassung unterblieben, weil das Berufungsgericht das Rechtsmittel schon allein wegen des Streitwerts für revisibel hielt, oder sei nur die Verkündung unterblieben, läge ein solcher Verstoß nicht vor, so daß der die Zulassung aussprechende Berichtigungsbeschluß binde.

Ebenso trat LÄSSIG für die grundsätzliche Verbindlichkeit der erst durch den Berichtigungsbeschluß ausgesprochenen Revisionszulassung ein. Abweichend von BAUMGÄRTEL sah er den Grund für eine ausnahmsweise Unwirksamkeit jedoch nicht in einem Verstoß gegen die Innenbindung, sondern in der möglichen Verletzung der *formellen Rechtskraft* des Berufungsurteils. Daher sei die durch Urteilsberichtigung ausgesprochene Rechtsmittelzulassung nur dann unwirksam, wenn

---

817 Vgl. die Nwe oben, § 9 II. 2.a)(1), S. 180 ff.

818 POHLE, AP Nr. 1 zu § 319 ZPO; AP Nr. 2 zu § 319 ZPO; er konnte sich hierbei schon auf FRIEDRICHS, JW 1928, 2130 [2131], stützen.

819 Vgl. E. SCHUMANN, AP Nr. 14 zu § 319 ZPO, und GRUNSKY, AP Nr. 15 zu § 319 ZPO. Ähnlich auch OTTO, SAE 1974, 58, der die Unwirksamkeit nur im Falle einer „greifbaren Gesetzeswidrigkeit" akzeptiert.

820 BAUMGÄRTEL, SAE 1960, 171; SAE 1969, 204.

821 JAUERNIG, Urteil, S.152, 154 f.

822 BAUMGÄRTEL, SAE 1960, 171 [172]; im ersten Fall sei aber evtl. eine nachträgliche Revisionszulassung über § 321 ZPO möglich.

sie erst nach Ablauf der Rechtsmittelfrist also nach Eintritt der formellen Rechtskraft erfolge.[823]

Andererseits hat die Rechtsprechung des BAG auch Zustimmung gefunden. So z. B. von WALTER, der sich in einer Urteilsanmerkung gleichwohl gegen die konkrete Entscheidung wandte.[824] Ebenso von ANKERMANN,[825] der sich zur Bekräftigung seiner Auffassung allerdings auf eine Entscheidung des BGH beruft, die nicht die Revisionszulassung durch Berichtigungsbeschluß, sondern durch Ergänzungsurteil nach § 321 ZPO betraf.[826]

II. Die Unwirksamkeit der fehlerhaften Parteiberichtigung

Demgegenüber fanden die Entscheidungen der Instanzgerichte zur Unbeachtlichkeit einer zweifelhaften Parteiberichtigung in der Zwangsvollstreckung eine überwiegend positive Aufnahme. Als schärfster Verfechter der Unwirksamkeit solcher Beschlüsse kann wohl BULL gelten, der in seinen Urteilsanmerkungen gegen das „Berichtigungsunwesen“ zu Felde zog.[827] Dabei ging er gar nicht auf das aus der Diskussion um die Bindungswirkung der nachträglichen Rechtsmittelzulassung bekannte Argument der formelle Rechtskraft dieser Beschlüsse ein. Und auch die anderen literarischen Vertreter dieser Linie maßen diesem Gesichtspunkt *hier* offensichtlich keine besondere Bedeutung bei. So kam beispielsweise BERNER zwar nicht umhin, die formelle Rechtskraft des vom OLG[828] ignorierten Berichtigungsbeschlusses zu konzedieren, doch reichte ihm in der zustimmenden Anmerkung der Hinweis auf andere Urteile, die ebenfalls Berichtigungsbeschlüsse unbeachtet ließen, als Begründung.[829] Ebenso stellten die übrigen Autoren in diesem Zusammenhang eher apodiktisch die Unwirksamkeit einer Urteilsberichti-

---

823 LÄSSIG, Rechtsmittelzulassung, S. 113 f.; weiterhin sei auch die nachträgliche Zulassung bei einer grundsätzlich zulassungsunfähige Entscheidung unwirksam. Dies ist allerdings keine Spezifikum des Berichtigungsbeschlusses, sondern gilt nach LÄSSIG, a. a. O., auch für die im Urteil selbst ausgesprochene Zulassung. So auch BGH IVb ZR 5/86 v. 24.06.1987, NJW 1988, 49 [50]; GRUNSKY in Stein/Jonas, § 546, Rn. 22.

824 WALTER, SAE 1957, 103.

825 ANKERMANN in AK-ZPO, § 546, Rn.18.

826 Ähnlich WEBER, LM Nr. 10 zu § 319 ZPO, der zu unrecht behauptet, daß „nach allgemeiner Ansicht“ nur ein „gesetzmäßig zustande gekommener“ Berichtigungsbeschluß das Revisionsgericht binde.

827 BULL, RPfleger 1957, 401; RPfleger 1959, 281; RPfleger 1958, 279.

828 OLG Hamm 15 W 463/59 v. 07.03.1960, RPfleger 1960, 298; siehe hierzu oben, § 6 I. 2.a), bei Fn. 397, S. 92.

829 BERNER, RPfleger 1960, 299.

gung, die tatsächlich zu einer Parteiänderung führt, fest, als daß sie sie begründeten.[830]

III. Grundsätzliche Stellungnahmen

Die Gegensätzlichkeit dieser Stellungnahmen - Ablehnung der Rechtsprechung zur Rechtsmittelzulassung, Zustimmung zur Unwirksamkeit der Parteiberichtigung - überrascht nur auf den ersten Blick. Unabhängig von der Frage, ob es für diese unterschiedliche Beurteilung auch eine tragfähige Grundlage gibt, liefert diese fallbezogene Problembehandlung nämlich ein treffliches Beispiel für die These, daß juristische Argumentation ergebnisbezogen ist, also für eine prima facie gefundene Lösung im nachhinein ein Begründung gesucht wird.[831] Und in der Tat leuchtet sowohl die Ablehnung der vom BAG behaupteten Unwirksamkeit der nachträglichen Rechtsmittelzulassung[832] als auch die Zustimmung zur Weigerung der Vollstreckungsgerichte, nachträgliche andere Personen der Urteilswirkung auszusetzen, *auf den ersten Blick* ein. Eine tragfähige Begründung ist damit jedoch nicht gegeben. Es fragt sich daher, ob die grundsätzlichen Untersuchungen zur Urteilsberichtigung diese Probleme fallbezogener Argumentation vermeiden.

1. Die Verbindlichkeit der Urteilsberichtigung

Sowohl in den einschlägigen Monographien als auch in der Kommentarliteratur überwiegen die Stellungnahmen, die von der Verbindlichkeit der Urteilsberichtigung ausgehen und die von der Rechtsprechung praktizierten Durchbrechungen ablehnen. Die erste Berührung dieser Fragen findet sich in der 1930 erschienenen Monographie STEINBERGS.[833] Von dem wohl unstrittigen Ausgangspunkt, daß die *zulässige* Berichtigung den „wahren Inhalt" des Urteils deutlich mache, kommt er - allerdings unvermittelt - zu der Feststellung, daß der Berichtigungsbeschluß der materielle Rechtskraft fähig sei. Diese beziehe sich nicht nur auf die Sperrwirkung

---

830 Vgl. SCHNEIDER, MDR 1966, 811, ähnlich in MDR 1980, 762; PETERMANN, Anm. zu LG Koblenz 4 T 349/72 v. 29.8.1972, RPfleger 1972, 458; VOLLKOMMER, MDR 1992, 642.

831 So besonders deutlich ISAY, Entscheidung, S. 177; vgl. hierzu die instruktive (und ablehnende) Darstellung bei E. SCHUMANN, Fehlurteil, S. 297 ff.

832 Vgl. die scharfe Kritik OTTOS in Anm. zu BAG 4 AZR 364/72 v. 23.5.1973, SAE 1974, 58: Das Urteil sei ein Beispiel, „wie man Verfahrensregeln als Verfahrensformalismus in Mißkredit bringen kann". Zurückhaltender LEIPOLD in Stein/Jonas, ZPO, § 319, Rn. 16 der von einer „Sonderrechtssprechung" innerhalb des § 319 ZPO spricht. Das ist jedoch, wie die Beispiele zur Parteiberichtigung (§ 9 II. 2.b), S. 183 ff.) und zur Berichtigung der Spruchkörperbezeichnung (oben, § 9 II. 2.a)(2), S. 182) zeigen, nicht zutreffend.

833 STEINBERG, S. 25. Die vorhergehende Untersuchung von HESS aus dem Jahre 1916 widmete sich diesem Thema noch gar nicht.

bezüglich eines erneuten Berichtigungsantrages, sondern auch auf den materiellrechtlichen Inhalt der Berichtigung. Doch bleibt hierbei offen, ob dies nur für die zulässige oder auch für die unzulässige, das Urteil inhaltlich verändernde Berichtigung gelten soll.

Diesen Vorwurf mangelnder Klarheit kann man der kurze Zeit später erschienen Arbeit FREYTAGs nicht machen. In ihr setzt sich FREYTAG mit der Ansicht WAHLEs auseinander, der zufolge eine Berichtigung, die das Urteil inhaltlich ändert, das „Musterbeispiel eines unwirksamen Staatsaktes" sei.[834] Dem hält er entgegen, daß es gerade Kennzeichen des Staatsaktes sei, daß er trotz Fehlerhaftigkeit solange wirksam bleibe, bis er erfolgreich angefochten werde.[835] Hieran ändere auch nichts, daß gegen Berichtigungsbeschlüsse z. T. - schon immer gegen die des RG, seit der ZPO-Novelle von 1905 auch gegen die der OLGe - keine Anfechtungsmöglichkeit gegeben sei.

Auf der gleichen Linie bewegt sich auch die jüngere Untersuchung WIESEMANNs. Nach seiner Ansicht sind Berichtigungsbeschlüsse „bindende, rechtskräftige richterliche Entscheidungen", so daß sich die Frage ihrer Wirksamkeit nach allgemeinen Grundsätzen richte.[836] Allgemeinen Grundsätzen entspreche es nun, daß solche Entscheidungen ob ihrer Natur als „Staatshoheitsakt" auch im Falle der Fehlerhaftigkeit verbindlich seien.[837] Darüber hinaus ergebe sich die Verbindlichkeit auch der fehlerhaften Berichtigung aus der materielle Rechtskraft des Berichtigungsbeschlusses.[838] Letztlich führt WIESEMANN die Regelung des § 319 III ZPO als Grund für die Verbindlichkeit der Urteilsberichtigung an.[839] Danach kann die eine Berichtigung aussprechende Entscheidung mit der sofortigen Beschwerde angefochten werden. Warum aber - so fragt er - diese Regelung, wenn die Berichtigung auch unabhängig von ihrer Anfechtung unverbindlich sein sollte? Ausnahmen von der Bindungswirkung seien in Anwendung der allgemeinen Grundsätze zur Unwirksamkeit richterlicher Entscheidungen zwar möglich, doch erfüllten die der Rechtsprechung zugrunde liegenden Fälle diese Voraussetzungen überwiegend nicht.[840]

---

834 WAHLE, Anm. zu RG VII ZR 396/27 v. 9.12.1927, JW 1928, 1222; dagegen schon JONAS, JW 1931, 1291.

835 FREYTAG, S. 48, so schon KLEINSCHMIDT, S. 136.

836 WIESEMANN, S. 232.

837 A. a. O., S. 235.

838 A. a. O.

839 A. a. O.

840 WIESEMANN, S. 233; ebenso MUSIELAK in MüKo-ZPO, § 319, Rn. 18; LEIPOLD in Stein/Jonas, ZPO, § 319, Rn. 15.

Zum gleichen Ergebnis kommt schließlich auch FRAGA NOVELLE in einer Untersuchung der Wirkungen von Beschlüssen.[841] Die hierfür gegebene Begründung ist jedoch äußerst dürftig und basiert auf der Behauptung, daß durch den Berichtigungsbeschluß „eine Urteilsentscheidung ergänzt bzw. korrigiert werden soll". Dieses ist jedoch - wie gezeigt[842] - bereits im Ansatz falsch.

2. *Die Unwirksamkeit fehlerhafter Berichtigungsbeschlüsse*

Doch ist diese Ansicht selbst in der Literatur nicht unbestritten.[843] Neben den bereits oben erwähnten zustimmenden Stellungnahmen zur Rechtsprechung der Vollstreckungsgerichte, finden sich auch Stimmen, die *grundsätzlich* einer unzulässigen Berichtigung die Bindungswirkung absprechen. Danach sei auch ein formell rechtskräftiger Berichtigungsbeschluß unbeachtlich, wenn „eine offenbare Unrichtigkeit weder aus der berichtigten Entscheidung noch aus den Vorgängen bei ihrer Verkündung erkennbar ist".[844] Gründe hierfür werden allerdings nicht genannt.

§ 11 - Eine Zwischenbilanz

Bereits in der vorstehenden Darstellung der verschiedenen in Rechtsprechung und Literatur vertretenen Ansichten wurde darauf hingewiesen, daß die Auseinandersetzung um die Bindungswirkung von Berichtigungsbeschlüssen von einem bemerkenswerten nebeneinander einander widersprechender Argumentationsmuster geprägt ist. Neben - vermeintlichen - praktischen Erfordernissen, die der Rechtsprechung die Feder geführt haben dürften, liegt die Ursache hierfür in den Scheinargumenten, mit denen die bisherige Diskussion z. T. geführt wurde.

I. Scheinargumente verdunkeln die Diskussion

Dieser Vorwurf geht zunächst an die in der Rechtsprechung verbreitete aber auch in der Literatur vertretene Behauptung, nur der richtige, zulässige Berichtigungsbeschluß binde. Durch diese These wird das Wesen jeglicher Bindungswirkung auf den Kopf gestellt; sie widerspricht allen Grundsätzen des Prozeßrechts. Ganz im Gegenteil ist es gerade die Bindung auch an *fehlerhafte* Entscheidungen,

---

841 FRAGA NOVELLE, S. 82.

842 Siehe oben, § 3 , S. 47 ff.

843 So meint auch HEINRICH in LM § 319 ZPO Nr.19, daß die Frage einer Bindungswirkung von Berichtigungsbeschlüssen noch nicht endgültig geklärt sei. Er selbst spricht sich aber dafür aus.

844 HARTMANN in B/L/A/H, § 319, Rn. 32; ROSENBERG/SCHWAB/GOTTWALD, § 61 I 3 a, S. 333, § 62 IV 2 d, S. 344.

die das Wesen der Bindung an richterliche Erkenntnisse ausmacht.[845] Und es erscheint auch evident, daß eine Bindung nur an „richtige“ Entscheidungen einen Widerspruch in sich darstellt. Schließlich erfolgt die Beurteilung, ob eine Vorentscheidung richtig oder falsch ist, von dem Gericht, daß gerade gebunden sein soll. Die zentrale und gegenüber etwaigen Bindungs*grenzen* vorrangige Frage, ob einem Berichtigungsbeschluß überhaupt Bindungswirkung zukommt, wird durch dieses Scheinargument verdunkelt.

Aber auch aus der Vielzahl der oben dargestellten Begründungsansätze *für* die Verbindlichkeit der Urteilsberichtigung lassen sich einige als petitio principii ausscheiden. Dies gilt zunächst für die Behauptung, daß sich die Verbindlichkeit auch der fehlerhaften Berichtigung aus der materiellen Rechtskraft des Berichtigungsbeschlusses ergebe.[846] Denn hiermit wird das gesuchte Ergebnis als Begründung verwandt. Zwar bewirkt nach ganz h. M. die materielle Rechtskraft die Verbindlichkeit einer Entscheidung in einem späteren Verfahren.[847] Ob jedoch einem Berichtigungsbeschluß diese Wirkung zukommt, ist gerade fraglich. Zumindest fehlt es an einer gesetzlichen Anordnung, wie sie § 322 ZPO für Urteile zugrunde liegt.

Der gleiche Einwand trifft auch das „Argument“, daß aus den Regeln über die Wiederaufnahme gem. §§ 578 ff. ZPO folge, daß gerichtliche Entscheidungen nur in Ausnahmefällen wirkungslos seien.[848] Dabei wird nämlich übersehen, daß die Wiederaufnahme *unmittelbar* nur Urteile betrifft.[849] Sie stellt den Ausgleich zu der *diesen* Entscheidungen unzweifelhaft zukommenden Rechtskraft dar. Da aber bereits die Rechtskraft des Berichtigungsbeschlusses keineswegs selbstverständlich ist, erscheint auch die Tragweite eines Umkehrschlusses aus §§ 578 ff. ZPO überaus fraglich. Zumindest sollte diese Überlegung solange zurück gestellt werden, bis die Frage der grundsätzlichen Verbindlichkeit des Berichtigungsbeschlusses im Sinne seiner materielle Rechtskraft geklärt ist.

II. Die verbleibenden Argumente für eine Verbindlichkeit der Urteilsberichtigung

So bereinigt lassen sich die Argumente für die Bindungswirkung des Berichtigungsbeschlusses auf drei Grundlinien zurückführen. Im Vordergrund stehen zwei

---

845 So bereits JONAS, JW 1931, 1291; vgl. aus neuerer Zeit nur ROSENBERG/SCHWAB/-GOTTWALD, § 151 I, S. 915, m. w. Nwen.

846 So z.B. BGH IX ZR 193/93 v. 14.07.1994, BGHZ 127, 74 [76 ff.]; WIESEMANN, S. 235.

847 Siehe dazu genauer unten, § 12 I. 1, S. 210 ff.

848 BGH IX ZR 193/93 v. 14.07.1994, BGHZ 127, 74 [79]; WIESEMANN, S.235; HEINRICH, LM § 319 ZPO Nr.19.

849 Allg. A., vgl. BRAUN in MüKo-ZPO, § 578, Rn. 19; KIRBERGER, RPfleger 1978, 424 [425]; jew. m. w. Nwen.

eher dogmatische Überlegungen, nämlich zum einen der Hinweis auf das hoheitliche „Wesen" des Berichtigungsbeschlusses und zum anderen die Folgerungen aus der gegen die Berichtigung eingeräumten sofortigen Beschwerde. Daneben wird vor - allem von der Rechtsprechung - der Aspekt der Rechtssicherheit für die Verbindlichkeit einer Urteilsberichtigung bemüht. Alle drei Ansätze sollen im Folgenden untersucht werden.

1. Das Argument der „hoheitlichen" Entscheidung.

Die erste und älteste Begründung für die Bindungswirkung einer Urteilsberichtigung rekurriert auf den Charakter des Berichtigungsbeschlusses als „Staatsakt"[850] oder gar „Staatshoheitsakt"[851] und folgert bereits daraus eine umfassende Bindungswirkung. Doch greift dieser Ansatz in doppelter Hinsicht zu kurz. Zunächst gibt es im modernen Staatsverständnis keine a priori Bindung „obrigkeitlicher" Anordnungen. Dieser Gedanke wurzelt in einer vordemokratischen, vorrechtsstaatlichen Auffassung, die einen über dem Gesetz stehenden Herrscher bedingt. Bereits zu Zeiten FREYTAGs widersprach eine solche Konzeption dem Stand der Staatsrechtslehre[852] sowie der Verwaltungsrechtssprechung[853] und -wissenschaft[854]. Um so weniger vermag der schlichte Hinweis auf eine angebliche „Natur" des Berichtigungsbeschlusses unter der Geltung des Grundgesetzes, das die Bindung der Rechtsprechung an Recht und Gesetz explizit vorschreibt (Art. 20 III GG), eine Bindungswirkung zu erzeugen.

Etwas anderes gilt auch nicht deshalb, weil es sich bei Berichtigungsbeschlüssen nicht nur um (schlichte) Staatsakte, sondern (sogar) um „richterliche Entscheidungen" handelt.[855] Auch dadurch ergibt sich nämlich keineswegs eine a priori Bindung. Dies wird allein schon durch die Vielzahl der abänderbaren und somit - zumindest für das erkennende Gericht - unverbindlichen Entscheidungen belegt.[856] Der Grund für die Bindungswirkung einer richterlichen Entscheidung liegt vielmehr ausschließlich in der gesetzlichen Anordnung.[857] Die Frage, ob und gegebenenfalls in welchem Umfang eine richterliche Entscheidung - und damit

850 FREYTAG, S. 48.

851 WIESEMANN, S. 235, m. w. Nwen.

852 Vgl. JELLINEK, Staatsakt, S. 57 ff.

853 Siehe näher JESERICH, Verwaltungsgeschichte, S. 641 ff.

854 Siehe den Überblick bei STOLLEIS, Geschichte, S. 211 f.

855 So etwa WIESEMANN, S. 232; E. SCHUMANN, AP Nr. 14 zu § 319 ZPO.

856 Vgl. die Nwe. bei HARTMANN in B/L/A/H, § 329, Rn. 16, sowie grundlegend WERNER, Rechtskraft, S. 59 ff.

857 So bereits BÖTTICHER, Beiträge, S. 44, gegen MERKL, Rechtskraft, S. 244.

auch ein Berichtigungsbeschluß - Bindungswirkung entfaltet, beantwortet sich daher ausschließlich nach den zivilprozessualen Vorschriften.[858]

Damit ist aber zugleich der zweite Mangel des Erklärungsversuchs „Staatsakt" angedeutet. Diese Begründung berücksichtigt nämlich auch nicht, daß es verschiedene prozessuale Bindungswirkungen gibt, die keineswegs alle jedem Richterspruch zukommen. So ist bereits die Frage, wann eine Entscheidung vor Änderungen durch das *erlassende* Gericht geschützt ist, sehr unterschiedlich geregelt: Während gem. § 318 ZPO eine grundsätzliche Bindung an End- und Zwischen*urteile* besteht, kommt Beschlüssen diese *Innenbindung* allenfalls dann zu, wenn sie der sofortigen Beschwerde unterliegen (§§ 571, 577 III ZPO).[859] Und auch die Frage, inwieweit einem *anderen* Gericht innerhalb des laufenden Verfahrens eine Änderungsbefugnis zusteht, bzw. wann andersherum die *formelle Rechtskraft* der Entscheidung eintritt, wird von der ZPO höchst unterschiedlich beantwortet. Sie reicht vom Ausschluß einer Änderungsbefugnis, wenn kein oder kein weiteres Rechtsmittel zur Verfügung steht, über die teilweise Bindung in einem Rechtsmittelverfahren (vgl. § 561 I S.1 ZPO für die Bindung an den Tatbestand in der Revision) bis zur vollständigen Abänderbarkeit, also dem Fehlen jeglicher Bindung (so dem Grundsatz nach § 525 ZPO für die Berufung). Soweit schließlich die Bindung in einem neuen Verfahren, also die *materielle Rechtskraft* in Frage steht, ist die Beurteilung noch schwieriger. Zunächst ist nämlich festzustellen, daß eine explizite gesetzliche Regelung hierzu fehlt. Statt dessen beschränkt sich die ZPO darauf, in den §§ 322-324 die Grenzen dieser Bindung zu bezeichnen.[860] Und auch das geschieht ausdrücklich nur für Urteile. Ob und vor allem welche *Beschlüsse* diese Bindungswirkung entfalten, wird weder hier noch sonstwo geregelt - und ist daher auch umstritten.[861]

Vergegenwärtigt man sich diese Vielschichtigkeit der Bindungsmöglichkeiten einer gerichtlichen Entscheidung, entpuppt sich die bereits oben zitierte Standardformulierung:

> *„Gerichtliche Beschlüsse, die im Rahmen eines Zivilverfahrens ergehen, äußern die ihnen prozessual zugeordneten Wirkungen in aller Regel auch dann, wenn sie fehlerhaft zustande gekommen, a-*

---

858 GRUNSKY in STEIN/JONAS, vor § 578, Rn. 22; GÜNDNER, Beschlüsse, S. 20 f.

859 Dazu ausführlich unten, § 12 III. 1, 219 f.

860 GÜNDNER, Beschlüsse, S. 20 f.

861 Dazu ausführlich unten, § 12 III. 1, 219 f.

> *ber nicht aufgrund eines zulässigen Rechtsbehelfs beseitigt worden sind"*[862]

als Leerfloskel. Denn was die einem Berichtigungsbeschluß *prozessual zugeordnete Wirkung* ist, ob überhaupt, und wenn ja welche *Bindungs*wirkung diese umfaßt, wird hierdurch nicht begründet.

2. *Das Argument des § 319 III ZPO*

Mit dieser notwendigen Differenzierung ist auch die Schwachstelle des zweiten zur Begründung einer Bindungswirkung der Urteilsberichtigung angeführten Arguments angesprochen. Das Argument lautet, daß aus der gem. § 319 III ZPO gegen den Berichtigungsbeschluß gegebenen *sofortigen* Beschwerde auch seine Verbindlichkeit folgen *müsse.*[863] Doch folgt aus dieser Bestimmung (i. V. m. § 577 I ZPO) lediglich, daß der Berichtigungsbeschluß erstens nur befristet angefochten, § 577 II ZPO, und zweitens durch das Gericht, das ihn erlassen hat, nicht geändert werden darf, § 577 III ZPO. Die *gesetzliche* Anordnung weiterer Bindungswirkungen, insbesondere der materiellen Rechtskraft, fehlt hingegen. Sie kann sich allenfalls im Wege der Gesetzesauslegung ergeben.[864] Die behauptete *Zwangsläufigkeit* besteht hingegen nicht.

a) Die begrenzte Funktion der systematischen Auslegung

Die allein zwingende Wirkung einer unmittelbaren gesetzlichen Anordnung kann auch nicht durch das Ergebnis einer *nur* systematischen Auslegung ersetzt werden. Es ist zwar in der Tat *möglich,* aus der nach §§ 319 III i. V. m. 577 ZPO beschränkten Anfechtbarkeit des Berichtigungsbeschlusses zu folgern, daß der unanfechtbar gewordene Berichtigungsbeschluß auch Bindungswirkung entfaltet. Doch ist dies eben nur das Ergebnis der Anwendung *einer* Auslegungsmethode. Und es kann nicht behauptet werden, daß die systematische Auslegung *allein* zu einer bindenden Festlegung des Norminhalts führt; diese Begrenzungsfunktion steht einzig dem Wortlaut des Gesetzes zu[865] - und der sagt zur Frage der Bindungswirkung der Urteilsberichtigung nun einmal nichts eindeutiges aus.

---

862 BGH IX ZR 193/93 v. 14.07.1994, BGHZ 127, 74 [76]; i. E. ebenso LEIPOLD in Stein/Jonas, ZPO, § 319, Rn.15; HEINRICH, LM § 319 ZPO Nr.19, Bl. 5; MUSIELAK in MüKo-ZPO, § 319, Rn.18.

863 So beispielsweise OSTERLOH, S. 95; BAUMGÄRTEL, SAE 1969, 204; GRUNSKY, AP Nr. 15 zu § 319 ZPO.

864 Dazu unten, § 12 III. 2, S. 222 ff.

865 BVerfG 1 BvR 84/74 v. 11.10.1978, BVerfGE 49, 304 [318]; F. MÜLLER, Methodik, S. 183 ff.; LARENZ/CANARIS, Methodenlehre, S. 144, 163 f.; *einschränkend* zur Begrenzungsfunktion des Wortlauts bei der Auslegung der ZPO: SCHUMANN in Stein/Jonas, ZPO[20], Einleitung, Rn. 52 ff.; ROSENBERG/SCHWAB/GOTTWALD, ZPR, § 7 II 1, S. 32.

Allerdings ist dem systematischen Argument zuzugeben, daß der Regelungszusammenhang, in dem eine Norm steht, häufig sowohl für das vom historischen Gesetzgeber gewollte (subjektives Telos) als auch für das aktuell Sinnvolle (objektives Telos) ein starkes Indiz bildet. Mit dieser Indizfunktion ist aber zugleich klargestellt, daß es für die Auslegung - innerhalb der Wortlautgrenze - letztlich darauf ankommt, den normativen Sinn einer Vorschrift bzw. eines Vorschriftenzusammenhangs zu erfassen.[866] Die zur Beantwortung der Frage nach der Bindungswirkung einer Urteilsberichtigung erforderliche Auslegung des § 319 ZPO kann sich daher nicht in der Verweisung auf den ebenfalls nicht eindeutigen § 577 III ZPO beschränken.[867] Es erscheint vielmehr geboten, den historisch gewollten und den aktuell möglichen Sinn zu erfassen.

b) Die subjektiv teleologische Auslegung

Die Gesetzesmaterialien zur Urteilsberichtigung sind äußerst knapp. Insbesondere zur Frage ihrer Bindungswirkung finden sich keine Ausführungen. Lediglich der letztendlich negativ entschiedene Streit um die zusätzliche Einführung eines „Urteilserläuterungsverfahrens" wurde ausführlicher behandelt; hierauf ist später einzugehen.[868] Der wesentliche Grund hierfür liegt sicher darin, daß die Väter der CPO das Berichtigungsverfahren als althergebrachtes Institut der gemeinrechtlichen Prozeßordnungen kannten und übernehmen wollten.[869]

Es bleibt somit nur das bereits genannte und für allein nicht ausreichend erkannte Argument, daß der Gesetzgeber durch die Einräumung der *sofortigen* Beschwerde möglicherweise auch die *endgültige* Klärung des Urteilsinhalts und damit die Verbindlichkeit der Urteilsberichtigung wollte.[870]

c) Die objektiv teleologische Auslegung

Aber selbst wenn man eine solche Absicht des historischen Gesetzgebers annehmen könnte, ist der heutige Gesetzesanwender hieran nicht unbedingt gebun-

---

866 F. MÜLLER, Methodik, S. 253 ff.; LARENZ/CANARIS, Methodenlehre, S. 148 f., 164.

867 Vgl. nur den Beschluß über die einstweilige Anordnung im Vollstreckungsverfahren gem. § 769 ZPO, der ebenfalls nach § 793 I ZPO der sofortige Beschwerde unterliegt, aber dennoch keine Innenbindung entfaltet, vgl. HARTMANN in B/L/A/H, § 769, Rn. 15; OLG Köln 2 W 101/89 v. 02.06.1989, MDR 1989, 919 [920], m. w. Nwen, und bereits deshalb nach h. M. (siehe hier nur HARTMANN in B/L/A/H, § 329, Rn. 21, und im übrigen die Nwe. in Fn. 973, S. 220) auch keine materielle Rechtskraft erlangen kann.

868 Siehe unten, 3., S. 206.

869 So auch RG III 19/89 v. 26.03.1889, RGZ 23, 399 [411 f.]. Zur Urteilsberichtigung im gemeinen Recht: HEINZERLING, AcP 52 (1869), 499 ff.; FREYTAG, S. 7 ff., mit dem interessanten Detail, daß dort gegen die unzulässige Urteilsberichtigung die *Nichtigkeits*beschwerde gegeben war. Zu dieser wiederum BRAUN, Restitution II, S. 77 ff.

870 So BGH IX ZR 193/93 v. 14.07.1994, BGHZ 127, 74 [80].

den. Es bliebe vielmehr auch dann zu prüfen, ob die der damaligen Regelungsabsicht zugrunde liegenden Vorstellungen auch heute noch unter einem gewandelten Bezugsrahmen Gültigkeit beanspruchen können.[871]

Dabei kann dahinstehen, inwieweit eine Gesetzesauslegung contra legem *im allgemeinen* zulässig ist. Zunächst kann man von *contra legem* nur dann sprechen, wenn man gegen eine *eindeutige* gesetzliche Anordnung verstößt[872] - eine solche besteht zur Frage der Bindungswirkung der Urteilsberichtigung jedoch nicht. Vor allem aber ist bei der Auslegung von Prozeßrecht zu berücksichtigen, daß es zu einem *nicht unerheblich*en Teil *Zweckmäßigkeitsrecht* ist.[873] Wo aber das Ziel einer normativen Anordnung nicht primär in der Festlegung von Gerechtigkeitswerten, sondern hauptsächlich in der Schaffung einer Zweckmäßigkeitsordnung besteht, ist auch die Bindung der Rechtsanwendung an das positive Recht anders zu beurteilen.[874] Ein Hauptgrund für die Gesetzesbindung besteht nämlich in der Gewaltenteilung und der daraus folgenden Wertungsprärogative des Gesetzgebers.[875] Liegt aber der gesetzlichen Regelung keine originäre Wertung zugrunde, besteht auch der tragende Grund für die Gesetzesbindung nur eingeschränkt. Selbstverständlich ist der Rechtsanwender auch in diesen Fällen nicht jeder Bindung ledig. Ihr weiterer und vom Respekt vor *gesetzgeberischer* Wertung nicht berührter Grund besteht schließlich auch in der durch das positive Recht geschaffenen Rechtssicherheit.[876] Doch darf dieser Aspekt nicht überschätzt werden, wie der angelsächsische Rechtskreis zeigt, in dem auch durch Richterrecht Rechtssicherheit erreicht wird.[877]

---

871 ROSENBERG/SCHWAB/GOTTWALD, ZPR, § 7 II, S. 32 f.; HARTMANN in B/L/A/H, Einl III, Rn. 39, m. w. Nwen. Siehe grundsätzlich zur Rolle des historischen Arguments in der Auslegung: LARENZ/CANARIS, Methodenlehre, S. 165; BGH KZR 5/65 v. 30.06.1966, BGHZ 46, 74 [76], jew. m. w. Nwen.

872 Vgl. LARENZ/CANARIS, Methodenlehre, S. 245 f.; *a. A.* NEUNER, Rechtsfindung, S. 132, der es bereits als contra legem ansieht, wenn die *Regelungsabsicht* des historischen Gesetzgebers mißachtet wird. Diesen „konsequenten Subjektivismus" (a. a. O., S. 134) hebt NEUNER jedoch selbst auf, indem er ein weites Feld des „Fehlens oder Wegfalls der Legitimationsvoraussetzungen richterlicher Gesetzesbindung" (a. a. O., S. 139 ff.) postuliert. Hier dürfte aus NEUNERS Kanon die „Veränderung des gesetzesimmanenten Systems" (a. a. O., S. 151 f.) einschlägig sein.

873 Vgl. BGH XI ZR 5/88 v. 20.09.1988, BGHZ 105, 197 [201]; HARTMANN in B/L/A/H, Einl III, Rn. 37, m. w. Nwen. Damit soll die Ansicht, daß Prozeßrecht in erheblichen Teilen *auch* Gerechtigkeitswerte verkörpert, vgl. etwa PAWLOWSKI, ZZP 80 (1967), 368 f.; G. LÜKE in MüKo-ZPO, Einl., Rn. 26, nicht bestritten werden. Im Gegenteil ist darauf unten, § 12 III. 2.b), S. 224, noch einzugehen.

874 So auch ROSENBERG/SCHWAB/GOTTWALD, ZPR, § 7 II, S. 33.

875 BVerfG 1 BvR 84/74 v. 11.10.1978, BVerfGE 49, 304 [318]; BVerfG 1 BvR 1186/89 v. 03.04.1990, BVerfGE 82, 6 [11 f.]; BGH KZR 5/65 v. 30.06.1966, BGHZ 46, 74 [76]; LARENZ/CANARIS, Methodenlehre, S. 197.

876 BVerfG 1 BvR 84/74 v. 11.10.1978, BVerfGE 49, 304 [318]; BVerfG 1 BvR 1186/89 v. 03.04.1990, BVerfGE 82, 6 [12].

877 Vgl. FIKENTSCHER, Methoden II, S. 69 ff., der darstellt, das die mit dem englischen Fallrecht verbundene *stare decisis* Doktrin sogar zu einer wesentlich größeren Rechtssicherheit führt, als das kontinentale Rechtssystem. Daher auch zweifelhaft NEUNER,

Versucht man, vorstehende Überlegungen auf die Frage anzuwenden, ob der heutige Gesetzesanwender die Bindungswirkung der Urteilsberichtigung anders beurteilen darf, als man es dem historischen Gesetzgeber unterstellt, ist zunächst zu entscheiden, ob die Bindungswirkung der Urteilsberichtigung mehr zum „materiellen", gesetzgeberische Wertvorstellungen verkörpernden oder mehr zum funktionalen, wertfreien Teil des Prozeßrechts gehört. Diese Unterscheidung ist jedoch schwierig, da die materielle Rechtskraft als stärkster Ausdruck einer Bindung beide Elemente beinhaltet: Einerseits ist sie funktional, da sie ein mit dem Prozeßzweck notwendig verknüpftes Institut ist.[878] Andererseits ist sie aber auch massiv wertend, da die materielle Rechtskraft einen Kompromiß zwischen den Zielen der Entscheidungsrichtigkeit und der Rechtssicherheit bedeutet.[879] Und wie dieser Kompromiß auszugestalten ist, wie also Voraussetzungen und Grenzen der Rechtskraft zu bestimmen sind, ist notwendig ein Wertungsakt, der ausgehend vom Grundsatz der Gewaltenteilung primär dem Gesetzgeber obliegt.[880]

Der letztgenannte Gedanke scheint es nahezulegen, sofern man entgegen der hier vertretenen Ansicht der ZPO einen klaren Willen des historischen Gesetzgebers entnimmt, die Urteilsberichtigung mit umfassender Bindungswirkung auszustatten, diesen Willen auch heute noch für verbindlich zu halten. Doch übersähe man dabei, daß sich die Väter der CPO über viele Aspekte der materiellen Rechtskraft durchaus im unklaren waren und daher ganz bewußt viele Frage zur Bindungswirkung gerichtlicher Entscheidungen offen gelassen und der Rechtswissenschaft zur weiteren Diskussion überantwortet haben.[881] Soweit mit der durch diese Übertragung gerechtfertigten Fortentwicklung auch vom Gesetzgeber selbst getroffenen Wertungen der Boden entzogen ist, erscheint auch die Bindung des Rechtsanwenders und noch mehr der Rechtsdogmatik an durch die Entwicklung „anachronistisch" gewordene Einzelwertungen gelockert.

(1) Bindungswirkung der Urteilsberichtigung und absolute Rechtskraft

Ein entscheidender Wandel des rechtlichen Bezugsrahmens ist durch das veränderte Verständnis von Funktion und Wirkung der materiellen Rechtskraft eingetreten. Ging der historische Gesetzgeber noch davon aus, daß das Institut der Rechtskraft *privatnützig* sei,[882] ist mittlerweile weithin anerkannt, daß die Rechts-

---

Rechtsfindung, S. 85 ff., 111, der den Hauptgrund in der von ihm verfochtenen strikten Gesetzesbindung in der nur so zu erreichenden Rechtssicherheit sieht.

878 BVerfG 1 BvL 23/51 v. 01.07.1953, BVerfGE 2, 380 [403 f.]; BVerfG 1 BvL 28/62 v. 14.03.1963, BVerfGE 15, 313 [319]; BGH III ZR 187/86 v. 24.09.1987, BGHZ 101, 380 [383 f.]; GOTTWALD in MüKo-ZPO, § 322, Rn. 2.

879 So schon SAVIGNY, System VI, S. 259 ff.

880 BVerfG 1 BvL 106/53 v. 18.12.1953, BVerfGE 3, 225 [237 f.]; BVerfG 1 BvR 1262/92 v. 08.10.1992, NJW 1993, 1125; BGH III ZR 187/86 v. 24.09.1987, BGHZ 101, 380 [383].

881 Vgl. KERAMEUS, AcP 167 (1967), 241 [266 f.]; *a. A.* BROX, JuS 1962, 121 [122 ff., 123], der meint, daß sich die objektiven Grenzen der materiellen Rechtskraft „eindeutig aus den Motiven" der ZPO ergäben.

882 Vgl. die ausführliche Darstellung bei GAUL, FS Flume, 482 ff., 498 ff., insbesondere S. 500 ff.

kraft dem (zumindest auch[883]) *gemeinnützigen* Gut der Rechtssicherheit dient.[884] Diesem Paradigmenwechsel entspricht ein gewandeltes Verständnis der Wirkung der materiellen Rechtskraft. Meinte der historische Gesetzgeber noch, die Rechtskraft sei nur auf Einrede hin zu berücksichtigen,[885] ist es heute Allgemeingut, daß sie von Amts wegen zu beachten ist.[886]

Noch stärker zeigt sich der Wandel beim Konflikt zweier Entscheidungen über den gleichen Streitgegenstand. Getreu der damaligen Vorstellung von der ausschließlich materiellen Natur der Rechtskraft, hat der Gesetzgeber der CPO das Auffinden eines vorhergehenden Urteils, dessen Rechtskraftwirkung die zweite Entscheidung hätte beeinflussen können, dem Auffinden einer anderen Urkunde gleichgestellt und zu einem bloßen Wiederaufnahmegrund gemacht (§ 580 Nr. 7a ZPO).[887] Demgegenüber - und in diesem Fall sogar eindeutig contra legem - hält die heute zwar nicht unbestrittene,[888] aber vor allem in der Rechtsprechung h. M. das unter Verstoß gegen die Rechtskraft zustande gekommene Zweiturteil für *unwirksam*.[889]

---

883 Teilweise wird die Gemeinnützigkeit nur als *Reflex* der Parteiinteressen gesehen (so LEIPOLD in Stein/Jonas, ZPO, § 322, Rn. 32, der a. a. O., Rn. 39, trotzdem in der Rechtskraft ein Prozeßhindernis sieht). Doch verkennt diese Deutung, daß bestenfalls *eine* Partei ein Interesse an der Endgültigkeit des Richterspruchs hat.

884 Vgl. BVerfG 1 BvL 23/51 v. 01.07.1953, BVerfGE 2, 380 [395f, 403 f.]; BVerfG 1 BvL 28/62 v. 14.03.1963, BVerfGE 15, 313 [319]; ausführlich GAUL, AcP 168 (1968), 27, 47 ff., m. w. Nwen.

885 HAHN, Materialien-ZPO, S. 265.

886 Vgl. BGH V ZR 283/86 v. 06.10.1989, WM 1989, 1897 [1899]; BGH IV ZR 156/61 v. 14.02.1962, BGHZ 36, 365 [367]; BGH V ZR 141/56 v. 26.02.1958, NJW 1958, 790; THOMAS/PUTZO, ZPO, § 322, Rn. 13; BRAUN in MüKo-ZPO, § 580, Rn. 41, m. w. Nwen

887 Dem auch die ältere Rechtsprechung, vgl. RG I 130/02 v. 01.10.1902, RGZ 52, 216 [218], (anders allerdings schon RG VI 205/11 v. 29.02.1912, RGZ 78, 389 [394]) und Literatur, vgl. SCHWARTZ, Rechtskraft, S. 318, gefolgt sind.

888 *Ablehnend* BRAUN, Restitution II, S. 390 ff.; BRUNS, FamRZ 1957, 201 [203]; LEIPOLD in Stein/Jonas, ZPO, § 322, Rn. 226; FENGE in AK-ZPO, § 322, Rn. 13. Unklar MÄDRICH, MDR 1982, 456, der den Vorrang des älteren Urteils nur bei einem *Verstoß (?)* des neueren Urteils gegen dessen Rechtskraft annimmt. Siehe zu dieser Frage unten, (3), S. 205 f.

889 BGH V ZR 115/80 v. 13.03.1981, NJW 1981, 1517 [1518]; BAG 2 AZR 324/84 v. 12.09.1985, NZA 1986, 424 [425]; SAUER, Prozeßrechtslehre, S. 465, 477 ff.; GAUL, Wiederaufnahme, S. 95; *ders.*, FS Weber, S. 155 [158 f.]; HARTMANN in B/L/A/H, Einf. §§ 322 - 327, Rn. 19; ROSENBERG/SCHWAB/GOTTWALD, § 100 III 1 d, S. 570.

Diese Ansicht entspricht übrigens einer bereits vor in Kraft treten der CPO im gemeinen Recht vielfach vertretenen Auffassung, die sich auf die römische *exceptio rei iudicatae* berief. Vgl. hierzu WETZELL, System, S. 651 ff., sowie die Nwe. bei BÖTTICHER, Kritische Beiträge, S. 49, der *diese* Begründung wegen des relativen Charakters der Rechtskraft im römischen Recht verwirft (a. a. O., S. 53 in Fn. 14).

Der entscheidende Wandel liegt nicht in der veränderten Beantwortung der Frage, ob das Urteil die materielle Rechtslage *verändert* (so die materiell-rechtliche Rechtskraftdeutung[890]) oder ein Recht nur - evtl. auch fehlerhaft - *feststellt* (so die prozeßrechtliche Rechtskraftdeutung[891]). Nach beiden Ansichten kann nämlich die Bindungswirkung der materiellen Rechtskraft durch das Verbot lediglich *abweichender* Entscheidung erreicht werden; ein Weg, den die frühen Prozessualisten HELLWIG[892] und STEIN[893] gegangen sind, und der auch heute noch Anhänger hat.[894] Besteht damit aber die Entscheidungskompetenz des Gerichts grundsätzlich fort, ist auch die Unwirksamkeit der gegen die Rechtskraft verstoßenen Entscheidung kaum zu begründen.

Anders liegt die Sache erst dann, wenn die Prozeßordnung nicht nur eine abweichende, sondern *jede* erneute, also auch die bestätigende Entscheidung über das bereits rechtskräftig Entschiedene verhindert.[895] Erst mit dieser - heute wohl herrschenden[896] - ne-bis-in-idem - Lehre[897] läßt sich das Fehlen der Entscheidungskompetenz des Gerichts über bereits rechtskräftig Entschiedenes und damit die Unwirksamkeit einer dagegen verstoßenen Entscheidung *überhaupt* begründen.[898]

Dieser Auffassungswandel kann nicht ohne Konsequenz für die Frage bleiben, ob aus den §§ 319 III, 577 III ZPO auch heute noch ohne weiteres eine umfassende Bindungswirkung des Berichtigungsbeschlusses zu folgern ist. Denn der *unzulässige*, die Entscheidung inhaltlich verändernden Berichtigungsbeschluß, der *nach* Rechtskraft der zu berichtigenden Entscheidung ergeht, stellt eine erhebliche

---

890 Etwa bei RG VI 205/11 v. 29.02.1912, RGZ 78, 389 [395]; PAGENSTECHER, Rechtskraft, S. 305.

891 Heute ganz h. M., vgl. nur BGH IVb ZR 76/83 v. 06.03.1985, NJW 1985, 2535 [2535 f.]; ROSENBERG/SCHWAB/GOTTWALD, § 151 II 3, S. 916 f., m. w. Nwen.

892 HELLWIG, System I, S. 777.

893 STEIN/JONAS, ZPO[14], § 322, Anm. 8.

894 Etwa in GRUNSKY, Grundlagen, S. 495 f., m. w. Nwen; ähnlich aber schon SAVIGNY, System VI, S. 271 ff.

895 Auf diesen entscheidenden Aspekt wies wohl erstmals BÖTTICHER in seiner grundlegenden Schrift „Kritische Beiträge zur Lehre von der materiellen Rechtskraft im Zivilprozeß" (1930), S. 103 f., 128 ff., 143 f., hin. Vgl. aus neuerer Zeit: GAUL, FS Flume, S. 443 [522 f.].

896 St. Rspr. seit BGH III ZR 16/60 v. 27.02.1961, BGHZ 34, 337 [339], vgl. BGH IVb ZR 76/83 v. 06.03.1985, NJW 1985, 2535; BGH V ZR 233/83 v. 18.01.1985, BGHZ 93, 287 [288 ff.], und verbreitete Literaturmeinung, vgl. GAUL, FS Weber, S. 15 f.; JAUERNIG, ZPR, § 62 III 1, S. 219; ROSENBERG/SCHWAB/GOTTWALD, § 151 III 1, S. 917; THOMAS-/PUTZO, ZPO, § 322, Rn. 7; LEIPOLD in Stein/Jonas, ZPO, § 322, Rn. 39; GOTTWALD in MüKo-ZPO, § 322, Rn. 9, 36, jew. m. w. Nwen.

897 Grundlegend SCHWARTZ, Rechtskraft, S. 332ff, 337; BÖTTICHER, Beiträge, S. 128 ff.

898 Zwingend ist dieser Schluß jedoch nicht, wie die Ausführungen BÖTTICHERS zeigen, der sich als Begründer der ne-bis-in-idem-Lehre dennoch *gegen* die Unwirksamkeit des Zweiturteils aussprach (Kritische Beiträge, S. 52 ff., 218 ff.); vgl. hierzu unten, (3), S. 205.

Bedrohung der materiellen Rechtskraft dar. Und daß solche Beschlüsse Bestandteil der prozessualen Wirklichkeit sind, zeigen die obigen Beispiele.

Genauer betrachtet stellt der mit Bindungswirkung ausgestattete Berichtigungsbeschluß sogar eine erheblich stärkere Bedrohung für die als verstärkt schützenswert erkannte materielle Rechtskraft dar, als ein Zweiturteil. Denn sein Erlaß erfordert keinen Antrag und sein Verfahren ist wesentlich einfacher und zudem ohne Kostenrisiko.[899] Daher ist die Versuchung groß, auf dem Wege der Urteilsberichtigung eine bindende Abänderung der Entscheidung zu erreichen, die als Urteil ausgesprochen nach neuerer Auffassung unwirksam wäre. Das über §§ 319 III, 577 III ZPO zu ermöglichen, erscheint nicht sinnvoll.

(2) Bindungswirkung der Urteilsberichtigung und Innenbindung

Die gesteigerte Bedeutung, die die neuere Prozeßrechtslehre und Praxis dem Geltungserhalt einer einmal getroffenen Entscheidung zumißt, zeigt sich auch bei den Folgen, die an einen Verstoß gegen die *Innenbindung* geknüpft werden. Während die ältere Lehre ein Zweiturteil, das gegen die Innenbindung verstößt, für wirksam und lediglich - in entsprechender Anwendung des § 580 Nr. 7a ZPO mit der Wiederaufnahme - anfechtbar hielt,[900] hat im Anschluß an die grundlegende Untersuchung JAUERNIGS[901] die Ansicht Raum gewonnen, daß ein solches *Urteil* wirkungslos sei.[902]

Belege für den Eingang dieser Auffassung in die Rechtsprechung zu finden, ist schwierig. Doch kann daraus keine Ablehnung geschlossen werden, da ein gegen § 318 ZPO verstoßenes Urteil in jedem Fall fehlerhaft ist, und deshalb auf ein Rechtsmittel hin aufgehoben werden muß. In den aufhebenden Entscheidungen ist nun sowohl die Rede davon, daß das Instanzgericht seine ursprüngliche Entscheidung nicht ändern *durfte*,[903] als auch, daß das Gericht aufgrund der Innenbindung nicht abweichend entscheiden *konnte*.[904] Nur in letzterem Fall wäre aber das entgegen § 318 ZPO getroffene Zweiturteil wirkungslos. Denn ein Gericht *kann* zweifellos mehr als es *darf*, und nur die Entscheidungen, die es mangels Entscheidungskompetenz nicht treffen *kann*, sind wirkungslos. Da nun in den vorgenannten Fällen die Urteile bereits wegen ihrer Fehlerhaftigkeit aufzuheben waren,

---

899 Zu den Kosten des Berichtigungsverfahrens unten, § 14 VI. , S. 260.

900 HEIN, Identität, S. 342.

901 JAUERNIG, Urteil, S. 152, 154 f.

902 BAUMGÄRTEL, SAE 1960, 171 [171 f.]; SAE 1969, 204; ZEISS, SAE 1970, 75.

903 So beispielsweise BGH IX ZR 149/86 v. 14.04.1987, NJW-RR 1987, 1196 [LS], mit Anm. FIALSKI, WuB VII A § 318 ZPO 1.87; OLG Hamm 26 U 141/92 v. 18.12.1992, NJW-RR 1993, 693.

904 So beispielsweise BSG 2 RU 23/77 v. 14.12.1978, MDR 1979, 524 [525]; vgl. auch OVG Hamburg Bf II 381/53 v. 24.04.1957, JZ 1958, 67 [68]: Mit dem Urteil hat der Richter „... das Recht gesprochen und damit ‚die Sache' aus seiner Hand entlassen. Er hat die Sachherrschaft und damit die *Möglichkeit* einer Abänderung seines Urteils verloren." (*Hervorhebung* v. Verf.)

Bestand aus Sicht des Rechtsmittelgerichts auch keine Veranlassung, das heikle Thema der Unwirksamkeit aufzugreifen. Dies um so weniger, als nach ganz h. M. auch ein unwirksames Urteil die Instanz beendet und mit Rechtsmittel angefochten werden kann.[905]

Ob dieser Ansicht für *Urteile* zu folgen ist, kann hier offen bleiben. Im vorliegenden Zusammenhang der möglichen Bindungswirkung eines Berichtigungs*beschlusses* bedeutender ist die vor allem[906] in der Rechtsprechung vertretene Ansicht, daß zumindest ein *Beschluß*, der eine der Innenbindung unterliegende Entscheidung gesetzwidrig abändert, nichtig ist.

In einem Fall hatte das OLG die Berufung des Klägers zunächst wegen (nur vermeintlicher) Versäumung der Berufungsfrist gem. § 519b II ZPO als unzulässig verworfen. Nachdem das Berufungsgericht seinen Fehler bemerkte, hob es den Verwerfungsbeschluß auf. Der Kläger legte dennoch „zur Sicherheit" gegen den Verwerfungsbeschluß sofortige Beschwerde ein, über die nun der BGH zu entscheiden hatte.[907] Zutreffend führte der BGH aus, daß das Rechtsschutzbedürfnis für die Beschwerde nur dann fortbestehe, wenn der Aufhebungsbeschluß des OLG nicht zu einer verfahrensrechtlichen Überholung geführt habe. Diese hätte aber nur eintreten können, wenn der Beschluß des OLG tatsächlich geeignet war, den Verwerfungsbeschluß aufzuheben. Und eine solche Eignung verneinte der BGH.[908] In einer prozessual ganz ähnlichen Situation erkannte auch das BayObLG einen Beschluß, der unter Verstoß gegen die Innenbindung eine Entscheidung abänderte, für nichtig.[909]

Überträgt man diesen Grundsatz auf die Urteilsberichtigung, folgt daraus, daß ein die zugrunde liegende Entscheidung abändernder Berichtigungsbeschluß nichtig wäre; eine Konsequenz, die - wie bereits erwähnt - BAUMGÄRTEL[910] explizit gezogen hat und die implizit auch der Rechtsprechung[911] zugrunde liegt, die einer fehlerhaften Urteilsberichtigung die Bindungswirkung versagt. Doch begegnet dieser Ansicht insoweit Bedenken, als sie vorgibt, nur die *ausnahmsweise* Unwirksamkeit eines fehlerhaften Berichtigungsbeschlusses zu begründen. Verge-

---

905 Vgl. JAUERNIG, Urteil, S. 141; HARTMANN in B/L/A/H, Übers § 300, Rn. 18, m. w. Nwen.

906 Zustimmend aber auch ZEISS, SAE 1970, 75.

907 BGH IV ZB 22/94 v. 18.01.1995, NJW-RR 1995, 765.

908 A. a. O.; so bereits BGH IV ZR 42/72 v. 18.04.1973, NJW 1973, 1197; sowie in der Sache auch BGH XI ZB 6/91 v. 08.10.1991, NJW 1992, 243: Keine Aufhebung eines die Gegenvorstellung gegen die Verwerfung der Berufung zurückweisenden Beschlusses zusammen mit der Aufhebung des Verwerfungsbeschlusses, da die Berichtigung unwirksam sei. *Entgegengesetzt* jedoch BAG 1 AZB 16/69 v. 04.08.1969, BAGE 22, 119 mit *abl.* Anm. von ZEISS, SAE 1970, 75.

909 BayObLG BReg 1 Z 39/78 v. 19.05.1978, BayObLGZ 1978, 128 [129]: Unwirksamkeit einer gegen § 29 III FGG verstoßenden Abhilfeentscheidung.

910 BAUMGÄRTEL, SAE 1960, 171; ebenso SAE 1969, 204.

911 Vgl. insbesondere OLG Köln 4 U 154/59 v. 20.11.1959, NJW 1960, 1471 [1472], sowie die weiteren Nwe. oben, § 9 II., S. 178 ff.

genwärtigt man sich nämlich nochmals das Kriterium zur Abgrenzung der zulässigen von der unzulässigen Berichtigung, wird der Widerspruch deutlich: Hierfür ist doch gerade ausschlaggebend, ob die Berichtigung nur zu einer *Klarstellung* des bereits Entschiedenen oder aber zu einer inhaltlichen *Änderung* des ursprünglichen Urteilsinhalts führt. Konsequent weitergedacht läuft die Ansicht BAUMGÄRTELs daher darauf hinaus, daß die richtige Berichtigung wirksam, die unrichtige hingegen wirkungslos ist - die Unhaltbarkeit dieses Ergebnisses wurde bereits eingangs dargelegt.[912] Doch spricht dies keineswegs gegen den *Ansatz* als solchen. Der dahinter stehende Gedanke, das Regelungsziel des § 318 ZPO sicherer zu gewährleisten, erscheint nämlich als so richtig wie auch im Einklang mit den vorgenannten Tendenzen in Literatur und Rechtsprechung.

Darüber hinaus gewinnt die Bestrebung, die Innenbindung des Gerichts zu stärken, gerade für die Frage nach der Bindungswirkung der Urteilsberichtigung besondere Bedeutung. Wie nämlich M. WOLF in seiner Anmerkung zu einer zweifelhaften Urteilsberichtigung des BGH[913] betonte, steht das Gericht nach Erlaß des Urteils - mindestens so sehr wie im eigentlichen Verfahren - unter dem Druck der unterlegenen Partei, die mit allen Mitteln versuchen wird, die ihr ungünstige Entscheidung zu korrigieren. Und ein probates Mittel hierzu ist das Berichtigungsverfahren, wenn es - über die Bindungswirkung des Berichtigungsbeschlusses - geeignet ist, die getroffene Entscheidung - wiederum verbindlich! - abzuändern. Daher stellt die Urteilsberichtigung im herrschenden Verständnis geradezu eine Einladung an die Parteien dar, unter neuem Vortrag eine Abänderung der Entscheidung zu betreiben. Gerade vor dieser Beeinflussung soll die gesetzliche Bindung des Gerichts an seine Entscheidung nach § 318 ZPO aber schützen.

Die Konsequenz aus dieser besonderen Gefährdungssituation darf nun nicht nur die - tatsächlich undurchführbare - Infragestellung der Bindungswirkung *unzulässiger* Berichtigungsbeschlüsse sein. Vielmehr muß die grundlegende Frage gestellt werden, ob sich die behauptete Bindungswirkung des Berichtigungsbeschlusses überhaupt mit der Innenbindung des Gerichts an die von ihm erlassene Entscheidung verträgt. Und hier hilft der häufig zu hörende Hinweis, daß ein zwangsläufiger Konflikt zwischen Urteilsberichtigung und Innenbindung bestünde, nicht weiter. Denn ganz abgesehen davon, daß eine solche Zwangsläufigkeit oben widerlegt werden konnte, beinhaltet die bloße Benennung des angeblichen Konflikts noch keine Aussage zu dessen systemgerechter Auflösung. Hier nun über eine Bindungswirkung des Berichtigungsbeschlusses den Konflikt einseitig zu Lasten der Innenbindung aufzulösen, erscheint unter Berücksichtigung der

---

912 Siehe oben, I. ., S. 192.

913 Anm. zu BGH II ZR 188/89 v. 16.5.1991, AG 1991, 315.

zunehmend anerkannten Bedeutung der Innenbindung und ihrer besonderen Gefährdung durch die Urteilsberichtigung äußerst fragwürdig. Zumindest - und allein darauf kommt es im vorliegenden Zusammenhang an - kann man nicht so selbstverständlich von einer Bindungswirkung des Berichtigungsbeschlusses ausgehen, wie es die h. M. bislang macht.

(3) Vom Einzelfall zur grundsätzlichen Erwägung

Die vorstehenden Argumente werden auch nicht durch den Einwand entkräftet, daß die in ihnen angenommene Unwirksamkeit einer gegen Rechtskraft oder Innenbindung verstoßenden Entscheidung einen Herd der Rechts*un*sicherheit bedeute und sich daher erst recht eine Verallgemeinerung verböte. Hierdurch würde nämlich der *grundlegender Unterschied* zwischen der Annahme von Unwirksamkeit im *Einzelfall* und der Frage, ob einer ganzen Entscheidungs*kategorie von vornherein* die Bindungswirkung abzusprechen ist, verkannt: Soweit im Einzelfall eine Ausnahme von der grundsätzlichen Bindungswirkung der Entscheidungskategorie gemacht wird, stellt diese Ausnahme wegen der zwangsläufigen Abgrenzungsschwierigkeiten in der Tat eine Bedrohung der Rechtssicherheit dar. Vergegenwärtigt man sich weiterhin, daß Grund für die Unwirksamkeit gerade der Schutz der mit Rechtskraft und Innenbindung bezweckten Rechtssicherheit sein soll, erscheint das Ganze als Versuch, den Teufel (= tatsächlicher Verstoß gegen Rechtskraft oder Innenbindung) mit dem Beelzebub (= Verdacht, daß ein solcher Verstoß vorliegt) auszutreiben.

Neben dieser grundsätzlichen Erwägung spricht insbesondere gegen die Unwirksamkeit des gegen bestehende Rechtskraft verstoßenden Zweiturteils, daß der Gesetzgeber - wenngleich unter heute nicht mehr gültigen Prämissen - in § 580 Nr. 7a ZPO *ausdrücklich* entgegengesetzt entschieden hat. Und dieser Wertung ist auch durch den grundsätzlich richtigen Wandel in der Anschauung der Rechtskraft keineswegs der Boden entzogen. Denn gegenüber der „Radikalkur" Unwirksamkeit bietet das gesetzliche Wiederaufnahmeverfahren einen wesentlich sichereren Umgang mit dieser Konstellation fehlerhafter Urteile.[914] Und soweit dieses Verfahren Grenzen zeigt, besteht die Möglichkeit, es immanent weiterzuentwickeln.[915]

Doch ist der Einwand der Unsicherheit nicht begründet, wenn es um die Frage der *grundsätzlichen* Bindungswirkung einer Entscheidungs*kategorie*, wie der der Berichtigungsbeschlüsse, geht. Denn die Abgrenzungsschwierigkeiten, die bei einer Unwirksamkeit im Einzelfall zur Rechts*un*sicherheit führen, können dort nicht auftreten. Daher gewinnt bei dieser Fragestellung der zutreffende *Ansatz* der h. M. Bedeutung, der dem Geltungserhalt einer einmal getroffenen Entscheidung einen größeren Stellenwert einräumt, als es der historische Gesetzgeber insbesondere mit der relativen (i. S. einer einredeweise geltend zu machenden) Ausgestal-

---

914 So BRAUN, Restitution II, S. 390 f.; ähnlich BRUNS, FamRZ 1957, 201 [203].

915 Dazu im einzelnen: BRAUN, Restitution II, S. 437 ff.

tung der Rechtskraft tat. Diesem Grundanliegen wird durch die behauptete materielle Rechtskraft des Berichtigungsbeschlusses, der zu einem Eingriff in die Rechtskraft des Urteils führen kann, nicht entsprochen.

d) Ergebnis

Zusammenfassend kann man festhalten, daß das systematische Argument der §§ 319 III, 577 ZPO zwar ein Indiz für die materielle Rechtskraft des Berichtigungsbeschlusses gibt, jedoch eine Reihe teleologischer Erwägungen die Richtigkeit dieses Schlusses in Frage stellen. Nachdem somit weder die Qualifikation des Berichtigungsbeschlusses als „Staats(hoheits)akt" noch dessen Einordnung im geltenden Zivilprozeßrecht seine Verbindlichkeit hinreichend belegen konnten, bleibt zu untersuchen, ob zumindest die dritte von der h. M. gegebene Begründung zu überzeugen vermag.

3. Das Argument der Rechtssicherheit

Ein die materielle Rechtskraft begründender Wirkungsbereich der Urteilsberichtigung scheint mit dem letzten, vor allem von der Rechtsprechung angeführten Argument gefunden zu sein. Danach dient nämlich die Urteilsberichtigung dem Erfordernis der schnellen und vor allem *endgültigen* Klärung des Urteilsinhalts - mithin der Rechtssicherheit -, welchem der Gesetzgeber durch die Einräumung der *sofortigen* Beschwerde eine hohe Bedeutung beigemessen habe.[916]

Doch führt auch dieses Argument zu einem doppelten Dilemma. Zunächst ist denknotwendige Voraussetzung des so definierten Wirkungsbereiches ein unberichtigtes Urteil, das noch *keinen* klaren, eindeutigen Inhalt hat. Wie soll sich aber in diesem Fall die *offenbare* Unrichtigkeit und vor allem das offenbar Richtige ergeben? Ein *bestimmter* Inhalt des unberichtigten Urteils, der Maßstab für die Erkenntnis der Unrichtigkeit sein könnte, liegt in diesen Fällen noch gar nicht vor; er würde vielmehr durch die Urteilsberichtigung erst geschaffen. Tatsächlich handelt es sich in diesen Fällen der angeblichen „Urteilsberichtigung" daher um eine - als Institut des Prozeßrechts ebenfalls bekannte - *Urteilserläuterung*.[917] Während jedoch in den verschiedenen Prozeßordnungen des gemeinen Rechts dieses Institut enthalten war, entschieden sich die Väter der CPO eindeutig dagegen.[918] Der

---

916 So BGH IX ZR 193/93 v. 14.07.1994, BGHZ 127, 74 [80].

917 Dieses Institut ist in anderen Rechtsordnungen auch heute noch gebräuchlich. Siehe die Darstellung bei DEGENHARDT, S. 25 ff. zum Verfahren vor dem Gerichtshofs der Europäischen Gemeinschaften mit Hinweisen auch auf nationale Prozeßordnungen.

918 Ein Antrag des Abg. BÄHR, den heutigen § 319 ZPO um einen Absatz 4 zu ergänzen, der die Absätze 1-3 auch auf die Urteilserläuterung für anwendbar erklären sollte, wurde im Laufe der Diskussion von ihm selbst zurückgezogen, vgl. HAHN, Materialien-ZPO, S. 606 f.

Grund war, daß nach den gemachten Erfahrungen das Erläuterungsverfahren „zu großen Schwierigkeiten und leicht zu Mißbräuchen führe."[919]

Die bindende Wirkung einer tatsächlich erläuternden Urteilsberichtigung führt dieses explizit abgelehnte Verfahren durch die „Hintertür" wieder ein. Darüber hinaus amputiert sie das Original auch noch hinsichtlich der notwendigen Verfahrensbestimmungen. So galten in den Prozeßordnungen, die das Erläuterungsverfahren kannten, enge Fristen für die Einleitung des Verfahrens, es bestand der Zwang zur mündlichen Verhandlung und das Verfahren konnte nur auf Antrag eröffnet werden. Und schließlich gab es gegen die Erläuterungsentscheidung die gleichen Rechtsmittel, wie gegen das Ausgangsurteil.[920] Gerade weil diese Voraussetzung nicht erfüllt war, wurde eine Ausdehnung des Berichtigungsinstituts um die Urteilserläuterung im Gesetzgebungsverfahren abgelehnt. Es würde dann nämlich „das Rechtsmittel der Beschwerde *[gegen den Berichtigungs-/Erläuterungsbeschluß]* nicht ausreichen, weil die höhere Instanz nur auf Grund vollständiger Sachverhaltsdarstellung und nochmaliger Verhandlung entscheiden könne."[921]

Die andere Konstellation, in der die behauptete Bindungswirkung eines Berichtigungsbeschlusses einen eigenständigen Wirkungsbereich hat, liegt vor, wenn das Gericht einen (inhaltlichen) Fehler in seinem Urteil bemerkt, und diesen im Wege der Urteilsberichtigung korrigieren will. So war es auch in der schon mehrfach zitierten BGH-Entscheidung vom 14.7.1994. In bemerkenswerter Offenheit führt der BGH dort aus:

> *„Die Möglichkeit der bestandskräftigen Berichtigung ist in den Fällen besonders bedeutsam, in denen die Ausgangsentscheidung gerade wegen ihrer Fehlerhaftigkeit ... mit der Verfassungsbeschwerde (§ 90 BVerfGG) oder einem außerordentlichen Rechtsbehelf wegen sogenannter greifbarer Gesetzwidrigkeit angefochten werden könnte. Sehen alle Beteiligten das ein und nehmen sie deshalb die Berichtigung gemäß § 319 ZPO schon in der Ausgangsinstanz hin, so erübrigt sich der Rechtsbehelf."*[922]

Das heißt aber nichts anderes, als daß die Bindungswirkung der Urteilsberichtigung dazu dienen soll, das gesetzliche - oder im Falle der außerordentlichen

---

919 So der Direktor im Reichskanzleramt, von AMSBERG, vgl. HAHN, Materialien-ZPO, S. 607.

920 Siehe WETZELL, System, S. 656; HEINZERLING, AcP 52 (1869), 499 [501 f.], und die dortigen Nwe.

921 von AMSBERG, HAHN, Materialien-ZPO, S. 607; vgl. auch DEGENHARDT, S. 108 ff., zu den Verfahrensgarantien vor dem Gerichtshofs der Europäischen Gemeinschaften.

922 BGH IX ZR 193/93 v. 14.07.1994, BGHZ 127, 74 [80].

Beschwerde das zumindest *gesetzesimmanent* erweiterte - Rechtsmittelsystem zu unterlaufen! Auch dies widerspricht eindeutig der hinter dem Institut der Berichtigung stehenden gesetzgeberischen Konzeption und wird auch hinsichtlich der Verfahrensanforderungen, die an eine Sachentscheidung zu stellen sind, rechtsstaatlichen Bedingungen nicht gerecht.[923] Daher ist gar nicht entschieden genug den Versuchen, das Berichtigungsverfahren als „einfaches" Rechtsmittel zu mißbrauchen, entgegenzutreten. Die Gefahr dieser Fehlentwicklung wird jedoch durch die Möglichkeit einer *bindenden* Urteilsberichtigung erst geschaffen.

Weiterhin fragt sich, ob die Bestandskraft des Berichtigungsbeschlusses tatsächlich von der „Einsicht" der Beteiligten abhängen kann. Diese Frage ist klar zu verneinen; die Rechtskraft hängt nicht von der Akzeptanz der Entscheidung durch die Parteien ab, sie steht nicht zu ihrer Disposition.[924] Sähe man das auch nur für die Urteilsberichtigung anders, wäre die Bindungswirkung von bereits mit Erlaß unanfechtbaren Berichtigungsbeschlüssen - so denen des BGH und nach h. M. denen des OLG - nicht zu begründen. Denn mangels (verzichtbarem) Rechtsmittel gäbe es gar keinen Indikator für die in obiger Entscheidung vom BGH behauptete Akzeptanz.

Im Übrigen besteht auch keine Veranlassung, das geltende Rechtsmittelsystem zur Korrektur allseits anerkannter Fehler umzustoßen.[925] Im Gegensatz zur *Verfügung über die Rechtskraft* steht den Parteien nämlich die *Verfügung über den Anspruch* aus dem Urteil durchaus zu.[926] Sind sich die Parteien einig, daß das Urteil an einem offensichtlichen Entscheidungsfehler leidet, sind sie daher nicht gehindert, einen Vertrag zu schließen, demgemäß die irrtümlich begünstigte Partei (insoweit) auf ihre Rechte aus dem Urteil verzichtet,[927] oder schlicht entsprechend ihrer „besseren" Einsicht zu handeln.

Diese beiden Konstellationen von Berichtigungsbeschlüssen - Klärung zweifelhaften Urteilsinhalts und Berichtigung inhaltlicher Fehler -, die nach Ansicht der Rechtsprechung die behauptete Bindungswirkung der Urteilsberichtigung begründen sollen, sprechen daher tatsächlich gegen eine solche Annahme. In beiden Fällen handelt es sich nämlich um zumindest nach ganz überwiegender Auffassung *unzulässige* Berichtigungsbeschlüsse - und die materielle Rechtskraft dazu zu benutzen, den Bestand von Fehlentscheidungen zu sichern, erscheint als ein nicht vertretbarer Mißbrauch dieses Instituts.

---

923 Siehe dazu unten, § 12 III. 2.b), S. 224.

924 BGH IVb ZR 76/83 v. 06.03.1985, NJW 1985, 2535 [2536]; *a. A.* SCHLOSSER, Parteihandeln, S. 12 ff.

925 Das verkennt auch E. SCHNEIDER, JurBüro 1969, 457, der sich zwar *grundsätzlich* gegen eine Ausdehnung der Berichtigung auf Entscheidungsfehler ausspricht, mit der entgegengesetzten Praxis aber wegen ihrer Einfachheit sympathisiert.

926 Vgl. etwa OLG Köln 6 W 9/88 v. 02.08.1991, OLGZ 1992, 448 [449 f.], zum Verzicht auf den Anspruch aus einer einstweiligen Verfügung; so auch ROSENBERG/SCHWAB/-GOTTWALD, ZPR, § 151 III 4, S. 918.

927 So selbst BGH, a. a. O. (Fn. 922), S. 80, der diesen Weg jedoch als unpraktisch verwarf.

III. Zusammenfassung und Ausblick

Vorstehende Überlegungen haben an der bisher mehr behaupteten denn begründeten These von der umfassenden Bindungswirkung des Berichtigungsbeschlusses erhebliche Zweifel geweckt. Weder sein Charakter als „hoheitliche" Entscheidung, noch die Bestimmung des § 319 III ZPO oder das vermeintliche Argument der Rechtssicherheit konnten die dem Berichtigungsbeschluß zugemessene Bindungswirkung begründen.

Die Bedenken gründen nur zum einen in der oben ausführlich dargelegten Mißbrauchsgefahr des Berichtigungsverfahrens sowie den Konflikten zwischen materieller Rechtskraft und Innenbindung des unberichtigten Urteils und des Berichtigungsbeschlusses. Darüber hinaus ist BRAUN zuzustimmen, der darauf hingewiesen hat, daß jede Ausdehnung der Rechtskraft zu einer gleichzeitigen Ausdehnung der Rechtskraft*durchbrechung* und damit insgesamt zu einer Schwächung dieses Instituts führt.[928] Gerade diese Gefahr wird durch die h. M. zur Urteilsberichtigung eindrucksvoll bestätigt. Um nämlich die schlimmsten Konsequenzen, die sich aus einem (vermeintlich) rechtskräftigen Berichtigungsbeschluß und dessen unterstellten Wirkungen ergeben, aufzufangen, wird weitgehend - in der Rechtsprechung unisono, in der Literatur doch häufig - die behauptete Rechtskraft sogleich vielfältigen Durchbrechungen ausgesetzt.

Dieses Ergebnis erscheint - unvoreingenommen betrachtet - nicht sonderlich überraschend: Bestimmt doch § 319 I ZPO, daß nur *offenbare* Unrichtigkeiten berichtigt werden dürfen. Ist aber etwas offenbar, kann daran kein Zweifel bestehen. Besteht weiterhin kein Zweifel an der Richtigkeit der (Berichtigungs-) Entscheidung, erübrigt es sich auch, ihren Bestand prozessual zu sichern. Eine offenkundig richtige Entscheidung hat einen *normativen* Schutz nicht nötig; sie sichert sich selbst durch ihre *tatsächliche* Unbestreitbarkeit.[929]

Die Frage ist nun, ob sich die damit angedeutete Gegenthese *fehlender* Bindungswirkung der Urteilsberichtigung als überzeugender erweist. Ihr ist im folgenden nachzugehen.

§ 12 - Umfang und Grenzen der Bindungswirkungen

Der Mangel der bisher geführten Diskussion über die Bindungswirkung der Urteilsberichtigung liegt zum einen darin, daß mit Schlagworten wie „Rechtssicherheit" oder „Hoheitsakt" der Notwendigkeit einer inhaltlichen Begründung ausgewichen wurde. Darauf wurde vorstehend hingewiesen. Eine weitere Unzulänglichkeit der bislang geführten Auseinandersetzung besteht jedoch in ihrer Pauschalität. Entweder wurde dem Berichtigungsbeschluß jegliche Bindungswirkung

928 BRAUN, JuS 1986, 364 [368].

929 Dazu bereits oben, § 5 I., S. 65 ff.

abgesprochen, oder ihm wurde unter dem Stichwort der materiellen Rechtskraft eine umfassende Bindung zugemessen.

Dieser Mangel ist um so überraschender, als die ZPO ein sehr feingliedriges System der Bindungswirkungen hat, das sowohl danach differenziert, was Gegenstand der Bindung als auch wer ihr Adressat ist. Dieses System ist zunächst und in Anknüpfung an obige[930] Ausführungen darzustellen. Teilweise sind auch die erforderlichen Differenzierungen genauer herauszuarbeiten, als dies bislang erfolgt ist. Erst dann kann untersucht werden, welche der Bindungswirkungen von einem Berichtigungsbeschluß ausgehen. Dabei wird sich nicht nur zeigen, daß die bisherigen Untersuchungen methodisch mangelhaft sind, sondern auch, daß eine differenzierte Diskussion zu wesentlich befriedigenderen Ergebnissen führt als das Entweder-Oder der bislang herrschenden Meinung.

I. Zur Abgrenzung der verschiedenen Bindungswirkungen

1. Die Abgrenzung zwischen Innenbindung sowie formeller und materieller Rechtskraft

Die Bindungswirkungen, die einer richterlichen Entscheidung zukommen können, werden gemeinhin in drei Kategorien unterteilt. Zunächst kann eine Entscheidung *Innenbindung* entfalten. Dies bedeutet zum einen, daß das erkennende Gericht selbst seine Entscheidung nicht aufheben oder abändern darf (sogenannte negative Bindungswirkung) und zum anderen, daß das erkennende Gericht innerhalb des selben Verfahrens die getroffene Entscheidung weiteren Entscheidungen zugrunde legen muß (sogenannte positive Bindungswirkung).[931] Während die negative Bindungswirkung bei allen Arten gerichtlicher Entscheidung relevant werden kann, besteht für die positive Bindungswirkung nur dann ein Anwendungsbereich, wenn das erkennende Gericht auch tatsächlich innerhalb des laufenden Verfahrens erneut mit den entschiedenen Fragen befaßt ist. Diese Konstellation begegnet einem vor allem, wenn das Gericht über den Grund des Anspruchs vorab durch Zwischenurteil entschieden hat, § 304 ZPO. Aber auch bei der Zurückverweisung durch das Rechtsmittelgericht bewirkt der positive Aspekt der Innenbindung eine Bindung an die nicht aufgehobenen Entscheidungsteile.[932]

---

930 Siehe § 11 II. 1, S. 195.

931 Allg. A., statt aller BGH XII ZR 244/91 v. 07.04.1993, FamRZ 1993, 1191; MUSIELAK in MüKo-ZPO, § 318, Rn. 4 f., m. w. Nwen.

932 Dies beachten GÖTZ, Urteilsmängel, S. 12 und H. SCHMIDT, RPfleger 1974, 177 [179] nicht, die deshalb die Bedeutung der Innenbindung für Endurteile auch nicht erkennen können; vgl. FENGE in AK-ZPO, § 318, Rn. 6; FIALSKI, WuB VII A § 318 ZPO 1.87.

Die zweite Kategorie von Bindungswirkungen ist die Unanfechtbarkeit einer Entscheidung. Sie bedeutet, daß die Entscheidung nicht (mehr) mit ordentlichen Rechtsmitteln angefochten werden kann, ihr Bestand also gegen die Aufhebung im Instanzenzug gesichert ist.[933] Diese *formelle* Rechtskraft ist Voraussetzung für den Eintritt der *materiellen* Rechtskraft, der dritten Bindungswirkung.[934] Letztere bewirkt die Maßgeblichkeit der Entscheidung in späteren Verfahren und besitzt wiederum eine positive und eine negative Komponente: Negativ entfaltet sie nach der heute herrschenden ne-bis-in-idem-Lehre eine Sperrwirkung, derzufolge kein Gericht den bereits entschiedenen Streitgegenstand erneut entscheiden darf.[935] Dabei ist unerheblich, ob der gestellte Antrag mit dem vormals beschiedenen identisch ist, oder ob nun über das spiegelbildlich Entgegengesetzte, das sogenannte kontradiktorische Gegenteil, zu entscheiden wäre.[936]

Wesentlich komplizierter ist die Beschreibung der positiven Bindungswirkung der materiellen Rechtskraft. Sie *kann* immer dann eintreten, wenn Fragen des Erstprozesses in einem späteren Verfahren erneut Bedeutung erlangen. Der Umfang dieser Bindung ist jedoch streitig. Unstrittig ist lediglich, daß zumindest dann, wenn die im Erstprozeß festgestellte Rechtsfolge, der entschiedene Anspruch gem. § 322 I ZPO, im zweiten Prozeß erheblich wird, das Gericht an die frühere Entscheidung gebunden ist. Dies ist etwa der Fall, wenn zunächst über den Herausgabeanspruch gem. § 985 BGB entschieden wurde, und nun in einem neuen Verfahren daraus abgeleitete Ansprüche gem. §§ 987 ff. BGB geltend gemacht werden.[937] Strittig ist hingegen, inwieweit auch den Entscheidungsgründen präjudizielle Wirkung zukommt. Während die Väter der CPO in bewußter Abkehr von den Lehren SAVIGNYs eine solche „Rechtskraft der Urteilselemente" ablehnten,[938] hat heute eine differenziertere Betrachtung Raum gewonnen. Deren

933 Vgl. BGH VI ZB 26/91 v. 17.12.1991, BGHZ 116, 377 [387 f.]; siehe auch H. SCHMIDT, RPfleger 1974, 177 [181], mit einer von der h. M. abweichenden Aufgabenverteilung zwischen Innenbindung und formeller Rechtskraft und w. Nwen.

934 Vgl. WERNER, Rechtskraft, S. 33 f., m. w. Nwen; zum Zeitpunkt GmS - OGB 1/83 v. 24.10.1983, BGHZ 88, 353 [357].

935 Vgl. BGH II ZR 256/78 v. 26.11.1979, NJW 1980, 784, sowie ausführlich bereits oben, § 11 II. 2.c)(1), S. 199 f.

936 Statt aller BGH V ZR 46/93 v. 11.11.1994, NJW 1995, 967 [967 f.], sowie GOTTWALD in MüKo-ZPO, § 322, Rn. 39 ff., m. w. Nwen.

937 BGH V ZR 115/80 v. 13.03.1981, NJW 1981, 1517; vgl. weiterhin BGH V ZR 283/86 v. 06.10.1989, WM 1989, 1897 [1899], sowie BGH III ZR 43/92 v. 24.06.1993, NJW 1993, 3204 [3205], zum „Schaden" aufgrund eines angeblich falsch entschiedenen Vorurteils.

938 Dazu bereits oben, § 2 I. 1, S. 35.

Grundanliegen ist es, materiell-rechtliche Zusammenhänge auch prozessual zu wahren.[939]

Doch ist diese Auseinandersetzung hier nicht zu vertiefen. Entscheidend für die Untersuchung der Bindungswirkungen, die an einen Berichtigungsbeschluß geknüpft sein *können*, ist lediglich, daß nach allgemeiner Ansicht die Bindung an Entscheidungen in zweifacher Hinsicht unterteilt wird: Zum einen ist zwischen dem Bestandsschutz der Entscheidung und ihrem Geltungserhalt zu unterscheiden. Ersterer wird durch die negative Komponente der Innenbindung und die formelle Rechtskraft gewährleistet. Beide Institute zusammen verhindern die aktmäßige Beseitigung einer Entscheidung.[940] Die Beachtung der Entscheidung in der Zukunft, ihr Geltungserhalt, wird durch die positive Komponente der Innenbindung sowie die materielle Rechtskraft erreicht. Gleichen sich die letztgenannten Bindungen somit in ihrer Wirkung[941] unterscheiden sie sich doch in Ihrem Anwendungs- oder Wirkbereich, was die zweite Differenzierung erfordert: Während die Innenbindung innerhalb des selben Verfahrens wirkt, bindet die materielle Rechtskraft erst in einem neuen, späteren Verfahren.[942]

Abgrenzung der Bindungswirkungen nach:		Ziel der Bindung	
		Bestandsschutz	Beachtungspflicht
Wirkbereich	innerhalb des Verfahrens und beim erkennenden Gericht	Negative Komponente der Innenbindung	Positive Komponente der Innenbindung
	in einem neuen Verfahren oder im Instanzenzug	formelle Rechtskraft	materielle Rechtskraft

939 Grundlegend Zeuner, Sinnzusammenhänge, 41, 75, 175 et passim; zustimmend Kerameus, AcP 167 (1967), 241; ähnlich Braun, ZZP 89 (1976), 93 [103 ff.]; Foerste, ZZP 108 (1995), 167; sowie in Ansätzen neuerdings auch die Rechtsprechung, vgl. BGH III ZR 43/92 v. 24.06.1993, BGH, NJW 1993, 3204 [3205], mit Anm. Grunsky, LM ZPO § 322 Nr. 136; *abl.* bspw. Brox, JuS 1962, 121, 123; Batschari/Durst, NJW 1995, 1650 [1652 f.].

940 So bereits Bötticher, Beiträge, S. 71 f.

941 Musielak in MüKo-ZPO, § 318, Rn. 3, m. w. Nwen; so bereits Bötticher, Beiträge, S. 74 f.; *a. A.* Bauer, Gegenvorstellung, S. 58, 61, 65.

942 Vgl. hierzu die Darstellungen bei Werner, Rechtskraft, S. 33 f.; Jauernig, MDR 1982, 286.

2. Die Vollstreckbarkeit als weitere Bindungswirkung

Mit Innenbindung und Rechtskraft sind aber die Bindungswirkungen, die von einer Entscheidung, und damit auch dem Berichtigungsbeschluß, ausgehen *können*, noch nicht vollständig erfaßt. Unberücksichtigt bliebe dabei nämlich die gerade in der praktischen Anwendung der Berichtigungsbeschlüsse so wichtige - und problematische - Wirkung einer Entscheidung in der Zwangsvollstreckung.

Diese Entscheidungswirkung äußert sich in zweierlei Weise: Zum einen als (mögliche) Vollstreckbarkeit der Entscheidung. Sie besagt, daß die Entscheidung zur Zwangsvollstreckung geeignet ist, und ergibt sich für Urteile aus § 704 ZPO und für andere Titel aus §§ 794 ff. ZPO.

Mit der Eröffnung der Vollstreckungsmöglichkeit ist die Wirkung einer vollstreckbaren Entscheidung in der Zwangsvollstreckung jedoch nicht erschöpft. Sie bewirkt vielmehr auch eine Bindung der Vollstreckungsorgane an die Entscheidung. Dies ist, was vielfach mißverständlich als „Funktionsteilung" zwischen erkennendem Gericht und Vollstreckungsorganen bezeichnet wird,[943] nämlich das Verbot an letztere, evtl. Unrichtigkeiten des Titels zu prüfen.

Diese Wirkung des Titels ist in der Sache grundsätzlich unbestritten.[944] Sie ist zum einen notwendige Folge der organisatorischen Trennung des Vollstreckungs- vom Erkenntnisverfahren, wie es der ZPO in Abkehr vom gemeinen Zivilprozeß zugrunde liegt.[945] Während nämlich bei letzterem die gesamte Vollstreckung durch das (eine) erkennende Gericht erfolgte,[946] sind nach der ZPO je nach Art der Vollstreckung mal die Gerichtsvollzieher (vor allem für die Zwangsvollstreckung wegen Geldforderungen in bewegliche Sachen, §§ 808 ff. ZPO, und die Herausgabevollstreckung, §§ 883 ff. ZPO), mal die Vollstreckungsgerichte (vor allem für die Forderungspfändung, §§ 828 ff. ZPO) und mal das Prozeßgericht (für die Handlungs- und Unterlassungsvollstreckung, §§ 887 ff. ZPO) zuständig.[947]

---

943 So etwa GAUL, RPfleger 1971, 90; STÜRNER, ZZP 99 (1986), 291 [315]; STÜRNER/MÜNCH, JZ 1987, 178 [182].

944 Vgl. nur BGH IX ZR 244/92 v. 18.11.1993, BGHZ 124, 164 [170]; OLG Köln 2 Wx 46/90 v. 15.10.1990, RPfleger 1991, 149; STÜRNER, ZZP 99 (1986), 291 [315 f.]. Streitig ist lediglich, ob den Vollstreckungsorganen bei besonders schweren Mängeln nicht doch eine Prüfungskompetenz zukommt; hierzu BGH III ZR 215/88 v. 30.11.1989, BGHZ 109, 275 [278 ff.], m. w. Nwen. Zur abweichenden Ansicht WOLFSTEINERS in MüKo-ZPO, § 724, Rn. 4, bezüglich des *Anknüpfungspunkts* der Bindung sogleich.

945 Dazu der Überblick bei GAUL, RPfleger 1971, 81 ff.

946 Vgl. GAUL, RPfleger 1971, 81.

947 Die Aufzählung ist nicht vollständig, vgl. den Überblick bei ROSENBERG/GAUL-/SCHILKEN, ZwVollR, § 5 II 2, S. 50 f.

Diese Zersplitterung der Zwangsvollstreckung würde jedoch zur Gefahr divergierender Beurteilungen führen, wenn jedes Vollstreckungsorgan die Wirksamkeit oder gar Richtigkeit des Titels selbst prüfen könnte.[948] Damit wäre aber die mit der Trennung von Erkenntnis- und Vollstreckungsverfahren beabsichtigte Effektivierung der im gemeinen Zivilprozeß äußerst schwerfälligen „Exekution" der Entscheidung[949] konterkariert. Die Funktionsteilung *erfordert* daher eine Bindung der Vollstreckungsorgane, sie *ist* sie aber nicht selbst.

Zum anderen erfordert aber auch die nach §§ 794 ff. ZPO mögliche Vollstreckbarkeit nicht urteilsmäßiger Titel die Anerkennung einer besonderen, von Innenbindung und Rechtskraft verschiedenen Bindungswirkung in der Zwangsvollstreckung. Diesen Titeln kann, mit Ausnahme einiger Beschlüsse und des Vollstreckungsbescheids, mangels Entscheidungsqualität keine materielle Rechtskraft zukommen. Daher scheidet *diese* Bindungswirkung zur Erklärung der allgemein anerkannten Bindung der Vollstreckungsorgane auch bei der Vollstreckung dieser Titel aus. Gleiches gilt für die nur vorläufig vollstreckbaren Entscheidungen: Auch diesen fehlt mangels formeller die materielle Rechtskraft; auch bei ihnen kann die Bindung der Vollstreckungsorgane daher nicht mit der materiellen Rechtskraft erklärt werden.

Genauso wenig vermag schließlich die Innenbindung eine Bindung der Vollstreckungsorgane zu erklären. Denn Kennzeichen der Innenbindung ist die Beschränkung ihrer Wirkung auf das erkennende Gericht und das selbe Verfahren. Und selbst wenn das Prozeßgericht für Vollstreckungshandlungen zuständig ist,[950] so handelt es sich dabei doch immer um ein besonderes, nämlich das Vollstreckungsverfahren.

Damit führt an der Anerkennung einer besonderen, von Rechtskraft und Innenbindung verschiedenen Bindungswirkung des Titels in der Zwangsvollstreckung kein Weg vorbei.[951] Sie bewirkt die Bindung der Vollstreckungsorgane an den im Titel festgestellten Anspruch, verhindert also dessen Überprüfung in der Zwangsvollstreckung. Damit entspricht sie inhaltlich dem unstreitigen Kern der

---

948 Zutreffend WOLFSTEINER in MüKo-ZPO, § 724, Rn. 2.

949 Vgl. hierzu die Klagen bei HAHN, Materialien-ZPO, S. 422.

950 So bei der Handlungs- und Unterlassungsvollstreckung gem. §§ 887 ff., ZPO und - als Vollstreckungshandlung im weiteren Sinne - im Klauselerteilungsverfahren, dazu unten § 12 IV. 3.a), S. 233.

951 Für eine klare Trennung bereits BÖTTICHER, Beiträge, S. 9, 15 (Fn. 8), und aus neuerer Zeit BGH IX ZR 244/92 v. 18.11.1993, BGHZ 124, 164 [170], und BROX/WALKER, Zwangsvollstreckungsrecht, Rn. 1318, ohne jedoch diese Wirkung als eigenständige Bindungswirkung zu bezeichnen. Bekannt ist diese Differenzierung schließlich noch im Insolvenzrecht bei der Zweittitulierung gem. §§ 174 I, 179 II InsO, siehe zur inhaltsgleichen Rechtslage unter der KO: JAEGER/WEBER, KO, § 164, Anm. 6, und dazu GAUL, FS Weber, S. 155 ff., 157 ff.

materiellen Rechtskraft und es erscheint zutreffend, von der Vollstreckbarkeit als eigener *Wirkung* eines Titels zu sprechen.

Dem eigenständigen Charakter dieser Bindungswirkung steht auch nicht entgegen, wenn man die Bindung der Vollstreckungsorgane nicht an den Titel, sondern an die Vollstreckungsklausel knüpft.[952] Denn gegen die Erteilung der Klausel ist gem. § 732 I ZPO die unbefristete Beschwerde gegeben, so daß nach allg. Ansicht diese Entscheidung nicht in materielle Rechtskraft wachsen kann.[953] Auch wenn man als Anknüpfungspunkt für die Bindung der Vollstreckungsorgane daher nicht den Titel, sondern die Klausel sähe, käme man um die Anerkennung einer von der materiellen Rechtskraft unabhängigen, spezifisch in der Zwangsvollstreckung wirkenden Bindungswirkung nicht umhin.

Doch erscheint die ganze Ansicht nicht überzeugend. Sie übertreibt ohne Grund die Trennung von Erkenntnis- und Vollstreckungsverfahren und übersieht, daß gem. §§ 704 I, 794 ZPO die Zwangsvollstreckung *aus* Endurteilen und anderen Vollstreckungstiteln erfolgt.[954] Zwar besagt § 724 I ZPO, daß die Zwangsvollstreckung aus einem Urteil erst „auf Grund einer mit der Vollstreckungsklausel versehenen Ausfertigung des Urteils“ erfolgt, und gleiches gilt gem. § 795 ZPO für viele weitere Titel, doch gibt es auch Titel, beispielsweise den Vollstreckungsbescheid (§ 796 ZPO) sowie Arrest und einstweilige Verfügung (§§ 929, 935 ZPO), die ohne Klausel vollstreckbar sind. Andererseits gibt es dem Gesetz nach aber keine Vollstreckung ohne Titel, so daß konsequent nach h. M. eine Vollstreckung ohne (wirksamen) Titel unwirksam ist.[955] An der überragenden Rolle, die der Titel für Begründung und Begrenzung der Vollstreckbarkeit spielt, kann daher kein Zweifel bestehen.[956] In Bezug auf die bereits im Titel festgestellten - auch subjektiven - Vollstreckungsgrenzen und -befugnisse hat die einfache Vollstreckungsklausel nach § 724 ZPO daher keine Bedeutung. *Insoweit* erscheint die mit der Klausel versehene vollstreckbare Ausfertigung nur als „Titel in einem besonderen Gewande.“[957]

Anders ist es hingegen bei den titelergänzenden oder titelübertragenden, den sogenannten qualifizierten Klauseln: Sie haben auch eine konstitutive Bedeutung, da sie die im

---

952 So WOLFSTEINER in MüKo-ZPO, § 724, Rn. 4.

953 Insoweit richtig JASPERSEN, RPfleger 1995, 4 [5].

954 So auch ROSENBERG/GAUL/SCHILKEN, ZwVollR, S. 102.

955 Siehe BGH II ZR 171/74 v. 16.02.1976, BGHZ 66, 79 [81]; BGH III ZR 59/76 v. 09.02.1978, BGHZ 70, 313 [317]; BGH IX ZR 255/93 v. 15.12.1994, NJW 1995, 1162 [1163]; ROSENBERG/GAUL/SCHILKEN, ZwVollR, § 10 II 1, S. 102 f.; WALKER, ZZP 107 (1994), 105 [106]; SCHULTES, JR 1995, 137 [138]; i. E. zustimmend aber auch WOLFSTEINER in MüKo-ZPO, § 724, Rn. 6. Siehe zum Sonderfall des Arrests: BGH IX ZR 211/89 v. 25.10.1990, BGHZ 112, 356 [360 f.], mit *abl.* Anm. STÜRNER, JZ 1991, 406, und BGH IX ZR 226/91 v. 17.12.1992, BGHZ 121, 98 [100 f.], mit *abl.* Anm. u. a. von WALKER, a. a. O.; SCHULTES, a. a. O.

956 So auch ROSENBERG/GAUL/SCHILKEN, ZwVollR, § 10 II 1, S. 101 f.; dies erkennt letztlich aber auch WOLFSTEINER an, indem er einräumt, daß die Klausel „zwangsläufig ihren Inhalt ganz oder zu erheblichen Teilen aus dem Titel bezieht“ (in MüKo-ZPO, § 724, Rn. 4).

957 ROSENBERG/GAUL/SCHILKEN, ZwVollR, § 10 II 2, S. 103; siehe dazu noch unten, § 12 IV. 3.b), S. 238.

Titel festgestellten Vollstreckungsgrenzen und -befugnisse verändern.[958] Doch ist damit der Einwand WOLFSTEINERS, es sei unzulässig, der Vollstreckungsklausel mal den Entscheidungscharakter zuzusprechen und mal nicht,[959] nicht begründet. Tatsächlich hat nämlich jede Klausel einen konstitutiven Charakter. Dieser besteht darin, daß sie für die Vollstreckungsorgane verbindlich feststellt, daß die Voraussetzungen der Vollstreckbarkeit vorliegen.[960] Daß der konstitutive Charakter aber im Fall der Änderung des Vollstreckungsprogramms durch die qualifizierte Klausel weiter reicht als bei der einfachen Vollstreckungsklausel, erscheint nicht überraschend.

3. *Das System der Bindungswirkungen*

Es sind somit zwei grundsätzlich verschiedene Bindungswirkungen, die von einer Entscheidung ausgehen können, zu unterscheiden: Zunächst kann eine Entscheidung als Akt der Rechtsprechung gegen ihre Aufhebung geschützt sein. Dieser Bestandsschutz muß sich, um umfassend zu wirken, nicht nur an das Gericht wenden, das die Entscheidung erlassen hat. Es ist vielmehr auch erforderlich, daß den im Instanzenzug übergeordneten Gerichte eine Aufhebung untersagt ist.

Weiterhin kann eine Entscheidung aber auch (inhaltliche) Beachtungspflichten erzeugen. Diese ergeben sich nach klassischem Verständnis nur aus Innenbindung und materieller Rechtskraft. Davon abweichend konnte vorstehend nachgewiesen werden, daß die allgemein anerkannte Bindungswirkung einer *vollstreckbaren* Entscheidung auf die Vollstreckungsorgane eine weitere, von diesen klassischen Bindungswirkungen verschiedene Wirkung ist. Besonderes Kennzeichen dieser Bindungswirkung ist, daß sie ausschließlich im Vollstreckungsverfahren wirkt. Damit tritt andererseits aber auch der eigentliche Wirkraum von Innenbindung und materieller Rechtskraft zu tage: Es sind die Erkenntnisverfahren, in denen diese Bindungswirkungen ihre originäre Wirkung entfalten.

Dem steht nicht entgegen, daß die materielle Rechtskraft *auch* eine Bindung der Vollstreckungsorgane bewirken mag. Nur hat sie insoweit keine *originäre* Bedeutung, da sie für die Zwangsvollstreckung keine Voraussetzung ist.

Der Unterschied zwischen diesen Verfahrensarten ist von zentraler Bedeutung. Während das Erkenntnisverfahren das Ziel hat, Ansprüche verbindlich festzustellen, und damit eine endgültige Güter*zuordnung* bewirkt, geht es im Vollstreckungsverfahren - insoweit lediglich - darum, die Zuordnung zu vollziehen. Folge davon ist, daß fehlerhafte Vermögens*verschiebungen* im Vollstreckungsverfahren

---

958 GAUL, RPfleger 1971, 90; ROSENBERG/GAUL/SCHILKEN, ZwVollR, § 16 V, S. 253 f.; *a. A.* BETTERMANN, Vollstreckung, S. 53 ff.

959 WOLFSTEINER in MüKo-ZPO, § 724, Rn. 1, ähnlich BETTERMANN, Vollstreckung, S. 57 f.

960 GAUL, RPfleger 1971, 90; *a. A.* wiederum BETTERMANN, Vollstreckung, S. 53 ff., der jedoch nicht zwischen Rechtskraft und Vollstreckbarkeit differenziert.

nachträglich ausgeglichen werden können.[961] Soweit jedoch durch ein unrichtiges Urteil eine fehlerhafte Zuordnung bewirkt wird, ist diese - mit Ausnahme weniger Tatbestände der Rechtskraftdurchbrechung - endgültig.

Dieser fundamentale Unterschied legt aber auch eine differenzierende Betrachtung etwaiger Bindungswirkungen nahe: Folge jeder Bindung ist die Bindung auch an mögliche Fehlentscheidungen und damit die Pflicht, sehenden Auges eine weitere, vermeidbare Fehlentscheidung zu treffen. Diese Pflicht steht in ungleich stärkerem Widerspruch zum Ziel des Zivilprozesses, Recht im Sinne materieller Gerechtigkeit zu verwirklichen,[962] wenn sie eine endgültige Güterzuordnung, als wenn sie nur eine - vorübergehende - Vermögensverschiebung bewirkt.

Daher erscheint es erforderlich, die Beachtungspflichten, die ein Berichtigungsbeschluß erzeugen kann, in der folgenden Untersuchung nicht entsprechend der herkömmlichen Einteilung nach materieller Rechtskraft und Innenbindung, sondern zunächst nach ihrer Wirkung in einem Erkenntnis- vs. einem Vollstreckungsverfahren zu unterscheiden. Erst wenn festgestellt werden könnte, daß der Berichtigungsbeschluß überhaupt in einem Erkenntnisverfahren zu beachten wäre, bekäme die weitere Unterscheidung zwischen den Wirkungen der materiellen Rechtskraft und der Innenbindung einen Sinn.

Mit diesen Überlegungen ist der weitere Gang der Erörterung vorgezeichnet: Zunächst ist der aktmäßige Schutz des Berichtigungsbeschlusses, dann seine Bindungswirkung in einem Erkenntnisverfahren und schließlich seine Wirkung in der Zwangsvollstreckung zu untersuchen.

II. Zum Bestandsschutz der Berichtigungsbeschlüsse

Wie oben dargelegt, bedeutet Bestandsschutz einer Entscheidung, daß sie als solche, als Akt nicht aufgehoben werden kann. Umfassend ist dieser Schutz in der ZPO nur für Urteile geregelt. Sie untersagt gem. § 318 ZPO zunächst dem erkennenden Gericht die Aufhebung oder Abänderung der Entscheidung. Aber auch anderen Gerichten ist nach Ablauf der Rechtsbehelfsfristen, wenn also das Urteil formelle Rechtskraft erlangt hat (§ 705 ZPO), der Eingriff in den Bestand eines Urteils untersagt.

Nur der Genauigkeit halber sei darauf hingewiesen, daß Aufhebung eines Urteils nicht Vernichtung dessen Existenz, sondern Abschneiden des Zurechnungszusammenhangs be-

---

961 Genauer dazu unten, § 17 II. , S. 296 ff.

962 BVerfG 2 BvR 804/75 v. 24.03.1976, BVerfGE 42, 64 [73]; SAX, ZZP 67 (1954), 21 [26 f.]; GAUL, AcP 168 (1968), 27 [53]. Zum Konflikt zwischen materieller Gerechtigkeit und Rechtssicherheit siehe oben, § 3 IV. 1, S. 53.

deutet.[963] Das aufgehobene Urteil gilt daher nicht mehr als staatlicher Machtspruch zu diesem Rechtsstreit, sondern wird zu einem Stück Literatur.

Grundsätzlich anders ist die Lage hingegen bei Beschlüssen. Für sie bestimmt § 571 ZPO die prinzipielle Abänderbarkeit durch das erkennende Gericht.[964] Und auch das im Instanzenzug übergeordnete Gericht darf unbefristet in den Bestand der Entscheidung eingreifen. Davon macht das Gesetz allerdings für die Beschlüsse, die der *sofortigen* Beschwerde unterliegen, in § 577 III ZPO eine Ausnahme. Nach dieser Vorschrift ist das erkennende Gericht, der judex-a-quo, „zu einer Änderung seiner der *[sofortigen]* Beschwerde unterliegenden Entscheidung nicht befugt." Weiterhin bewirkt die Befristung der Anfechtung nach Ablauf der Anfechtungsfrist (2 Wochen gem. § 577 II 1 ZPO) auch ein Verbot an das übergeordnete Gericht, den Beschluß aufzuheben oder abzuändern. Die der sofortigen Beschwerde unterliegenden Beschlüsse genießen daher einen Bestandsschutz wie Urteile.[965]

Der Beschluß, durch den das Gericht eine Berichtigung ausspricht, unterliegt gem. § 319 III ZPO der sofortigen Beschwerde. Er ist als solcher, als Akt daher bereits mit Erlaß gegen Aufhebung und Abänderung durch das erkennende Gericht, und mit Ablauf der Beschwerdefrist des § 577 II 1 ZPO auch gegen Eingriffe in seinen Bestand durch das Rechtsmittelgericht geschützt. Der Berichtigungsbeschluß genießt daher umfassenden Bestandsschutz.

III. Zur Beachtungspflicht des Berichtigungsbeschlusses in Erkenntnisverfahren

Auch die Bindungswirkungen, die von einem Urteil auf Erkenntnisverfahren ausgehen, sind gesetzlich angeordnet. Für die Bindung innerhalb des laufenden Verfahrens folgt sie explizit aus § 318 ZPO. Danach ist das Gericht „an die Entscheidung, die in den von ihm erlassenen End- und Zwischenurteil enthalten ist, gebunden." Diese Bindung bewirkt neben dem soeben behandelten Bestands-

---

963 JAUERNIG, Urteil, S. 99.

964 Allg. A., vgl. nur WERNER, Rechtskraft, S. 59 f.; BETTERMAN, ZZP 88 (1975), 365 [410]. Zu der strittigen Frage, ob die Abänderungsbefugnis des judex-a-quo die vorherige Einlegung der Beschwerde erfordert, siehe einerseits (bejahend) ROSENBERG/SCHWAB/GOTTWALD, § 61 II 2b, S. 337 und andererseits (verneinend) PIEPER, Rechtskraft, S. 55 f.; BETTERMAN, ZZP 88 (1975), 365 [409 ff.]; WERNER, Rechtskraft, S. 59 f.; MUSIELAK in MüKo-ZPO, § 329, Rn. 10.

965 H. M., vgl. BGH XII ZR 244/91 v. 07.04.1993, FamRZ 1993, 1191; BGH VII ZR 366/80 v. 07.05.1981, NJW 1981, 1962 [1963], mit Anm. JAUERNIG, MDR 1982, 286; *a. A.* BAUER, Gegenvorstellung, S. 61, 65 et passim, für verfahrensfehlerhafte Entscheidungen, und E. SCHNEIDER, MDR 1980, 529 [531], für den „von der Beschwerdemöglichkeit nicht abgedeckte Sachverhaltsbereich" der Entscheidung.

schutz (negative Wirkung) auch eine Beachtungspflicht (positive Wirkung).[966] Die Maßgeblichkeit eines Urteils in einem *anderen* Verfahren ist zwar nicht ausdrücklich bestimmt, doch hat der Gesetzgeber, indem er in §§ 322 ff. ZPO die Grenzen der materiellen Rechtskraft für Urteile regelte, die notwendige Existenz dieser Urteilswirkung hinreichend deutlich gemacht.[967]

Die doppelte Bindungswirkung der materiellen Rechtskraft (negativ: ne-bis-in-idem, positiv: Bindung bei Vorgreiflichkeit) wurde bereits oben[968] dargelegt; hier ist noch einmal auf sie einzugehen. Vordergründig könnte es nämlich so scheinen, als ob nur die positive Bindungswirkung der materiellen Rechtskraft eine Beachtungspflicht erzeugt. In der Tat ist es auch besonders einsichtig, daß es sich dann, wenn die Vorentscheidung in einem späteren Verfahren erneut Bedeutung erlangt, um die Frage handelt, ob das nun erkennende Gericht diese Entscheidung beachten muß. Doch auch die negative Komponente der materiellen Rechtskraft, das Gebot des ne-bis-in-idem, ist eine Frage der Beachtungspflicht. Nur besteht die Beachtung hier nicht darin, (nur) die *Folge* der Vorentscheidung, sondern (bereits) die *Tatsache, daß* dieser Streitgegenstand schon entschieden wurde, anzuerkennen. Beides ist aber *inhaltliche* Bindung, Fortwirkung der Entscheidung, die sich vom *äußerlichen* Bestandsschutz, wie er für Urteile bereits durch die formelle Rechtskraft und die negative Komponente der Innenbindung gewährleistet wird, grundsätzlich unterscheidet.[969]

Eine solche gesetzgeberische Anordnung fehlt für Beschlüsse. Weder findet sich irgendwo der ausdrückliche Gesetzesbefehl, daß Beschlüsse im allgemeinen eine Beachtungspflicht erzeugen, noch werden die Urteile betreffenden Bestimmungen für entsprechend anwendbar erklärt. Auch § 329 ZPO, der einige Vorschriften des Urteilsverfahrens auf das Beschlußverfahren ausdehnt, sagt hierzu nichts aus, woraus nach allg. Ansicht aber auch nicht auf das Gegenteil geschlossen werden kann.[970] Es überrascht daher nicht, daß die Frage, ob Beschlüsse Beachtungspflichten erzeugen, höchst strittig ist.

1. Innenbindung und materielle Rechtskraft von Beschlüssen im allgemeinen

Die bisherige Diskussion um die von einem Beschluß ausgehenden Bindungswirkungen unterscheidet nicht nach Bestandsschutz und Beachtungspflichten, sondern verbleibt in der klassischen Einteilung von Innenbindung, formeller und materieller Rechtskraft. Dabei herrscht weitgehende Einigkeit darüber, daß nur

---

966 Siehe dazu oben, I. 3, S. 216.

967 Dazu oben, § 11 II. 1, S. 195.

968 Siehe I. 1, S. 210 f.

969 So bereits BÖTTICHER, Beiträge, S. 73 ff.; vgl. weiterhin BAUER, Gegenvorstellung, S. 56, m. w. Nwen.

970 H. SCHMIDT, RPfleger 1974, 177 [178]; WERNER, Rechtskraft, S. 53; FRAGA NOVELLE, S. 75, jew. m. w. Nwen; siehe ferner BGH IVb ZB 154/82 v. 13.10.1982, NJW 1983, 123, zur Übertragung der Erleichterung des § 313 III ZPO auf Beschlüsse nach § 519b II ZPO.

solchen Beschlüssen Innenbindung und materielle Rechtskraft zukommen kann, die auch formell rechtskräftig werden können.[971] Damit beschränkt sich der Kreis der einer inhaltlichen Bindungswirkung *fähigen* Beschlüsse auf die, die bereits mit Verkündung unanfechtbar sind (z.B. die Wiedereinsetzung, § 238 III ZPO[972]) oder - wie der Berichtigungsbeschluß nach § 319 III ZPO - der sofortigen Beschwerde gem. § 577 III ZPO unterliegen.

Doch kommt nach zutreffender, wenngleich nicht unbestrittener Ansicht keineswegs jedem Beschluß, der formell rechtskräftig werden kann, allein deshalb auch vollständige Innenbindung sowie materielle Rechtskraft zu.[973] Diese Einschränkung ist darin begründet, daß § 577 III ZPO sich zum einen nur an den judex-a-quo richtet und diesem zum anderen nur die „Abänderung" untersagt. Das Abänderungsverbot schützt jedoch lediglich den Bestand der Entscheidung, entspricht also nur dem negativen Teil der Innenbindung.[974] Erst recht hat es mit der Bindung Dritter, wie sie die materielle Rechtskraft bewirkt, nichts zu tun.

Die gelegentlich anzutreffende Gleichsetzung von negativer und positiver Innenbindung wird auch nicht durch die Behauptung richtig, daß jede inhaltliche Abweichung zugleich eine de facto Aufhebung der Vorentscheidung bedeute, und damit diese Differenzierung wertlos sei.[975] Denn diese Kritik verkennt, daß zwischen der inhaltlichen Mißachtung und der formellen Aufhebung ein wesentlicher Unterschied besteht: Nur die *formell* (noch) gültige Entscheidung kann überhaupt Maßstab zur Beurteilung einer eventuellen *materiellen* Abweichung sein. Und selbst wenn sie im Einzelfall mißachtet wird, bleibt sie ohne formelle Aufhebung in anderen Verfahren zu beachten.[976] Dies gilt insbesondere für den hier heraus gearbeiteten Unterschied der Bindungswirkungen in ver-

---

971 Vgl. H. SCHMIDT, FamRZ 76, 654 [654 f.]; WERNER, Rechtskraft, S. 32 f., jew. m. w. Nwen.

972 Vgl. BGH XII ZR 244/91 v. 07.04.1993, FamRZ 1993, 1191.

973 So die ganz h. M., vgl. GÜNDNER, Beschlüsse, S. 26 f.; K. HAUCK, Rechtskraftfähigkeit, S. 74; LENT, NJW 1951, 721; PIEPER, Rechtskraft, S. 53 f.; H. SCHMIDT, RPfleger 1974, 177 [182]; WERNER, Rechtskraft, S. 86 ff., GÄBELEIN, JZ 1955, 260 [261], mit Bsp. aus dem FGG; sowie MUSIELAK in MüKo-ZPO, § 329, Rn. 10; HARTMANN in B/L/A/H, § 329, Rn. 21 mit Nwen auch zur Rspr.

A. A. jedoch wohl OLG Stuttgart 8 W 412/82 v. 23.11.1982, Justiz 1983, 301 [302], das jedoch nicht zwischen Bestandsschutz und Beachtungspflicht unterscheidet; ROSENBERG/SCHWAB/GOTTWALD, § 61 II 1a, S. 336; ZEISS, SAE 1970, 75 [76], sowie grundsätzlich anders RATTE, Gegenvorstellung, S. 115, der die Innenbindung mit dem Devolutiveffekt und dem dadurch erzeugten Wegfall der Entscheidungszuständigkeit erklärt; dagegen zutreffend H. SCHMIDT, FamRZ 76, 654 [654 f.].

974 JAUERNIG, MDR 1982, 286; BAUER, Gegenvorstellung, S. 53 f., m. w. Nwen.

975 So PIEPER, Rechtskraft, S. 66 f.

976 BÖTTICHER, Beiträge, S. 77 f.; den Unterschied zwischen negativer und positiver Bindungswirkung betonen daher zurecht auch JAUERNIG, MDR 1982, 286; WERNER, Rechtskraft, S. 13 (Fn. 49).

schiedenen Verfahrensarten. Denn wie noch im Detail gezeigt wird, erfordert die Beachtungspflicht im Vollstreckungsverfahren zwar keine Bindung im Erkenntnisverfahren, selbstredend aber eine (noch) gültige Entscheidung überhaupt.

Soweit dennoch auf die der sofortigen Beschwerde unterliegenden Beschlüsse die Urteilswirkungen der positiven Innenbindung und der materiellen Rechtskraft angewendet werden, kann dies also nur - wiewohl das selbst von denen, die es der Sache nach akzeptieren, kaum klargestellt wird - analog geschehen.[977] Die Voraussetzungen der Analogie sind aber nach klassischer Methodik Regelungslücke und Ähnlichkeit der Sachverhalte.[978]

Eine *Regelungslücke* wird dann bejaht, wenn Beschlüsse ebenso wie Urteile Vorfragen, die in weiteren Verfahren oder Verfahrensschritten Bedeutung erlangen können, entscheiden. Auch hier gebiete die Rechtssicherheit eine den Urteilswirkungen entsprechende Bindung.[979] Und die *Ähnlichkeit* der zu beurteilenden Sachverhalte wird - sofern überhaupt thematisiert - darin gesehen, daß die Unterscheidung der ZPO zwischen Beschluß- und Urteilsverfahren „rein äußerlich“[980] sei. I. d. R. wird das Vorliegen der Analogievoraussetzungen jedoch überhaupt nicht geprüft, sondern lediglich von „urteilsvertretenden“[981] oder „urteilsähnlichen“[982] Beschlüssen gesprochen - womit aber ersichtlich nur das gewünschte Ergebnis benannt, nicht aber begründet wird.[983]

---

977 BGH XII ZR 244/91 v. 07.04.1993, FamRZ 1993, 1191: *Analoge* Anwendung des § 318 ZPO auf die Gewährung der Wiedereinsetzung durch Beschluß; OLG Düsseldorf 1 W 49/50 v. 05.05.1950, MDR 1950, 491; JAUERNIG, MDR 1982, 286; insoweit richtig auch BAUER, Gegenvorstellung, S. 66.

Allein deshalb kann den oben (in Fn. 973 a. E.) Genannten, die von einem *Automatismus* zwischen formeller Rechtskraft und Innenbindung sowie materieller Rechtskraft ausgehen, nicht gefolgt werden.

978 LARENZ/CANARIS, Methodenlehre, S. 191 ff., 202 ff.

979 So etwa HAUCK, Rechtskraftfähigkeit, S. 74; PIEPER, Rechtskraft, S. 92 ff., der dies als „Wirkungsraum“ bezeichnet; J. BLOMEYER, Erinnerungsbefugnis, S. 134 ff.; WERNER, Rechtskraft, S. 92 ff.; FRAGA NOVELLE, S. 80; so aber auch OLG Frankfurt 3 W 48/51 v. 23.05.1951, NJW 1951, 721, mit Anm. LENT, NJW 1951, 721, zur Begründung der materiellen Rechtskraft einer Entscheidung im Arrestprozeß.

980 PIEPER, Rechtskraft, S. 80 f.

981 BFH VII R 79/78 und 80/78 v. 19.06.1979, BFHE 128, 32 [33]; ZEISS, SAE 1970, 75; so auch BAG 4 AS 24/94 v. 11.01.1995, NJW 1995, 2125, bei der Frage der Anwendbarkeit der Wiederaufnahmeregeln auf den die Nichtzulassungsbeschwerde verwerfenden Beschluß.

982 OLG Hamm 4 U 259/88 v. 12.01.1989, GRUR 1989, 297; OLG Düsseldorf 1 W 49/50 v. 05.05.1950, MDR 1950, 491.

983 *Insoweit* zurecht kritisch HARTMANN in B/L/A/H, § 329, Rn. 18, dem aber hinsichtlich der Folgerung einer deshalb *automatisch* eintretenden Innenbindung nicht gefolgt wer-

Anerkannte Beispiele für Beschlüsse mit Beachtungspflicht sind die ein Rechtsmittel verwerfenden Beschlüsse (§ 519b II ZPO für die Berufung[984] und §§ 554a II, 554b III ZPO für die Revision[985]) sowie der Beschluß über die Gewährung der Wiedereinsetzung.[986] In diesen Fällen kann das Gericht auch durch (Zwischen-)Urteil entscheiden, so daß hier der Begriff des urteils*vertretenden* Beschlusses eine echte Bedeutung erhält. Weiterhin sind zurecht Innenbindung und materielle Rechtskraft der Kostenfestsetzungsbeschlüsse[987] sowie der gem. § 91a ZPO durch Beschluß ergehenden Entscheidung über die Kostentragungspflicht bei beidseitiger Erledigungserklärung[988] anerkannt. Schließlich sind noch die Beschlüsse im Zwangsvollstreckungsverfahren zu erwähnen, bei denen Innenbindung und materielle Rechtskraft jedoch immer noch umstritten sind.[989]

2. *Innenbindung und materielle Rechtskraft des Berichtigungsbeschlusses?*

Wie sich aus vorstehenden Erläuterungen ergibt, kann der Berichtigungsbeschluß als nicht urteilsmäßige Entscheidungsform die nur für Urteile gesetzlich bestimmten Beachtungspflichten der Innenbindung und materiellen Rechtskraft nur dann erzeugen, wenn (a) ansonsten eine Regelungslücke bestünde und (b) der Berichtigungsbeschluß eine ausreichende Ähnlichkeit zum Urteil aufweist.[990]

a) Die Analogievoraussetzung „Regelungslücke"

Eine Regelungslücke durch eine auf den Bestandsschutz[991] beschränkte Bindungswirkung des Berichtigungsbeschlusses wäre nur gegeben, wenn er Feststellungen träfe, die für weitere *Erkenntnis*verfahren von Bedeutung sein können.

---

den kann, siehe dazu im Text. Derselbe will a. a. O., Rn. 22, für die materielle Rechtskraft dann auch durchaus nach diesen Kriterien differenzieren.

984 BGH VII ZR 366/80 v. 07.05.1981, NJW 1981, 1962 [1962 f.]; BGH XI ZB 6/91 v. 08.10.1991, NJW 1992, 243.

985 RG VII 653/28 v. 25.06.1929, RGZ 125, 68 [71].

986 BGH XII ZR 244/91 v. 07.04.1993, FamRZ 1993, 1191, m. w. Nwen.

987 OLG München 11 WF 801/82 v. 13.09.1982, AnwBl 1982, 532 [533]; OLG Hamburg 8 W 280/85 v. 08.11.1985, MDR 1986, 244 [244 f.]; OLG Koblenz 14 W 58/86 v. 20.01.1986, VersR 1987, 164, mit Anm. BAUMERT, AnwBl 1987, 554; mit zweifelhafter Begrenzung der Bindungswirkung: OLG München 11 W 650/87 v. 30.01.1987, MDR 1987, 419.

988 VOLLKOMMER in Zöller, ZPO, § 91a, Rn. 28.

989 Vgl. OLG Stuttgart 8 W 412/82 v. 23.11.1982, Justiz 1983, 301 [301 f.]; ausführlich PIEPER, Rechtskraft, S. 104 ff.; PETERS, ZZP 90 (1977), 145.

990 Weshalb die auf die *Nennung* des § 319 III ZPO *beschränkten* Begründungsversuche für diese Bindungswirkungen von OSTERLOH, S. 95; BAUMGÄRTEL, SAE 1969, 204; GRUNSKY, AP Nr. 15 zu § 319 ZPO, nicht überzeugen können.

991 Die (mögliche) Bindungswirkung in der Zwangsvollstreckung wird hier ausgeklammert, da sie wie gezeigt nicht zu den Bindungswirkungen von Innenbindung und materieller Rechtskraft gehört; der Bestandsschutz wird durch die Verneinung der Beachtungspflicht nicht tangiert.

Das ist nach der oben vorgenommenen Funktionsbestimmung des Berichtigungsverfahrens aber nicht der Fall. Wie gezeigt werden konnte, dient das Berichtigungsverfahren weder dazu, unrichtige Entscheidungen abzuändern, noch unklaren Entscheidungen einen eindeutigen Entscheidungsinhalt beizulegen. Und auch zweifelhafte Unrichtigkeiten sind der Urteilsberichtigung nicht zugänglich. Ihre Funktion besteht vielmehr ausschließlich darin, wie es bereits durch den Wortlaut des § 319 I ZPO nahegelegt wird, *offenbare* Unrichtigkeiten zu korrigieren.

Solche Unrichtigkeiten, sei es ein fehlerhafter Tenor, sei es eine unrichtige Parteibezeichnung oder sonstige berichtigungsfähige Fehler der Urteilsurkunde sind in jedem nachfolgenden *Erkenntnis*verfahren, in dem das zu berichtigende Urteil Bedeutung erlangen kann, auch ohne eine Berichtigung zu berücksichtigen, d. h. das Urteil ist dem neuen Verfahren auch ohne einen Berichtigungsbeschluß „berichtigt" zugrunde zu legen.[992]

Hierdurch ist auch keine Rechtsunsicherheit zu besorgen. Da nämlich der Urteilsberichtigung nur „offenbare" Unrichtigkeiten zugänglich sind, und offenbar nur das ist, was von der individuellen Wahrnehmung und den mit ihr verbundenen Unsicherheiten und Wertungen unabhängig ist,[993] kann eine Unsicherheit über die zu berichtigende Unrichtigkeit des Urteils nicht bestehen. Erst recht kann keine *spezifisch rechtliche* Unsicherheit durch die fehlende Beachtungspflicht des Berichtigungsbeschlusses entstehen, weil das Berichtigungsverfahren weder zur Änderung der in einem Urteil enthaltenen Entscheidung bestimmt ist, noch im Falle zulässiger Berichtigung eine solche Änderung bewirkt.

Bedeutung für weitere Erkenntnisverfahren könnte dem Berichtigungsbeschluß daher nur dann zukommen, wenn er als Instrument zur Abänderung der Entscheidung, wozu auch die „Klarstellung" bei Mehrdeutigkeit gehört, verstanden wird.[994] Diese Auslegung des § 319 ZPO widerspricht jedoch sowohl dem Wortlaut als auch systematischen und teleologischen Erwägungen.[995] Daher besteht eine „Regelungslücke" nur im Falle der *fehlerhaften* Urteilsberichtigung. Dies als Grundlage einer analogen Anwendung der Urteilswirkungen zu nehmen, erscheint jedoch unvertretbar.

---

992 Ständige Rspr., vgl. die Nwe oben, Fn. 256, S. 64, und allg. A. in der Literatur, vgl. LINDACHER, ZZP 88 (1975), 64 [72]; GOTTWALD in MüKo-ZPO, § 322, Rn. 78; VOLLKOMMER in Zöller, ZPO, vor § 322, Rn. 31, jew. m. w. Nwen.

993 Siehe oben, § 2 II. 2, S. 44 f.

994 Konsequent - *falsch* - daher BGH IX ZR 193/93 v. 14.07.1994, BGHZ 127, 74 [80], siehe oben, bei Fn. 922, S. 207.

995 Dazu oben, § 3 , S. 47 ff.

b) Die Analogievoraussetzung „Ähnlichkeit der Verfahrensgarantien“

Darüber hinaus scheitert die analoge Anwendung der Urteilswirkungen aber auch am Fehlen der weiteren Analogievoraussetzung „Ähnlichkeit“. Um dies zu erkennen muß man sich zunächst klar machen, was Ähnlichkeit bei der Übertragung der Urteilswirkungen auf einen Beschluß überhaupt bedeuten kann.

Zum einen könnte man es im Sinne einer notwendigen „Wirkungsähnlichkeit“ verstehen. Danach wäre Analogievoraussetzung, daß der Beschluß in seinen Auswirkungen einem Urteil als Verfahrensabschluß entsprechen muß, um prozessual sinnvoll zu sein.[996] In der Sache wäre damit jedoch kein über das Erfordernis der Regelungslücke hinausgehendes Kriterium gewonnen, da der prozessuale Sinn nur in der Bindung an den Beschlußinhalt in weiteren Verfahren oder Verfahrensschritten bestehen kann und die dies erfordernde Rechtssicherheit bereits für die Annahme einer Regelungslücke konstitutiv ist.

Zum anderen kann man die eine Analogie rechtfertigende Ähnlichkeit aber auch im Sinne eines ähnlichen *Verfahrens* verstehen. Danach wäre die Übertragung der Urteilswirkungen auf den Berichtigungsbeschluß daran geknüpft, daß er mit vergleichbaren Verfahrensgarantien zustande kommt, wie das Urteil.[997]

(1) Die effektive Gewährleistung rechtlichen Gehörs als wesentliche Verfahrensgarantie des Urteilsverfahrens

Die wichtigste prozessuale Verfahrensgarantie ist die des rechtlichen Gehörs. Sie genießt nicht nur Verfassungsrang, Art. 103 I GG, sondern ist ein echtes Grundrecht.[998] Der Grundsatz des rechtlichen Gehörs gebietet, den Parteien Gelegenheit zu geben, sich zu allen wesentlichen Punkten des Rechtsstreits äußern zu können.[999] Das muß zwar - verfassungsrechtlich betrachtet - nicht immer

---

996 So wohl die, die von „urteilsähnlichen“ bzw. „urteilsvertretenden“ Beschlüssen sprechen; vgl. die Nwe. oben, Fn. 981, 982, S. 221.

Wirkungsähnlichkeit dahin zu verstehen, daß der Beschluß in seinen Auswirkungen einem Urteil als Verfahrensabschluß *entspricht*, ist keine Alternative, da das (tatsächliche) Entsprechen nur *Folge* der bejahten Analogie sein kann. Es ist aber logisch sinnlos, die Folge zur Ursache zu machen.

997 So PIEPER, Rechtskraft, S. 97; WERNER, Rechtskraft, S. 75 ff.; ähnlich GAUL, AcP 173 (1973), 323 [327], zur Frage der materiellen Rechtskraft von Beschlüssen im Vollstreckungsverfahren; *kritisch* ARENS, AcP 173 (1973), 250 [260 ff.].

998 BVerfG 1 BvR 535/53 v. 24.07.1957, BVerfGE 7, 95 [98 f.], m. w. Nwen.

999 BVerfG 1 BvR 158/78 v. 08.11.1978, BVerfGE 50, 32 [35 f.], m. w. Nwen; siehe zu den mittlerweile sehr hohen Anforderungen des BVerfG: BVerfG 1 BvR 986/91 v. 19.05.1992, BVerfGE 86, 133 [144 f.]: Pflicht des Gerichts, in den Entscheidungsgründen auf den Tatsachenvortrag der Parteien einzugehen; BVerfG 1 BvR 2174/94 v. 02.05.1995, NJW 1995, 2095 [2095 f.]: „Der Anspruch auf rechtliches Gehör kann ver-

mündlich geschehen,[1000] doch gewährt das mündliche Verfahren eine effektivere Ausübung dieses „Prozeßgrundrechts"[1001] als die bloße Gelegenheit zum schriftlichen Vortrag.[1002] Da weiterhin die Richtigkeit einer Entscheidung *nicht nur* materiell bestimmt werden kann, sondern - zumindest auch[1003] - von der Beachtung der Verfahrensgarantien abhängt,[1004] bietet ein mündliches Verfahren eine höhere Richtigkeitsgewähr als ein schriftliches Verfahren.[1005]

Nur am Rande sei erwähnt, daß dann, wenn man die Legitimation einer Entscheidung nicht am Maßstab ihrer materiellen „Richtigkeit", sondern soziologisch am Maßstab einer zu erreichenden Akzeptanz - inter partes aber auch inter omnes - mißt,[1006] die Notwendigkeit mündlicher Verhandlung geradezu zwingend ist.

Diese - hier nur angerissenen - Überlegungen liegen auch dem geltenden Prozeßrecht zugrunde. Eine Folge ist, daß im Strafprozeß, der eine wesentlich höhere Eingriffsintensität als der Zivilprozeß entfaltet, der Grundsatz der Mündlichkeit weitgehend uneingeschränkt verwirklicht ist.[1007] Aber auch das geltende Zivilprozeßrecht erkennt den Gedanken der höheren Richtigkeitsgewähr einer Entscheidung, die auf ein mündliches Verfahren ergangen ist, an.[1008] Demzufolge bestimmt

---

letzt sein, wenn das Gericht ... sich nicht ausreichend Zeit nimmt, um rechtzeitig eingegangene Schriftsätze zu prüfen".

1000 BVerfG 1 BvR 513/56 v. 13.11.1956, BVerfGE 6, 19 [20].

1001 BVerfG 2 BvR 154/93 v. 22.11.1993, WuM 1994, 187.

1002 WERNER, Rechtskraft, S. 75 ff.; vgl. auch PETERS, ZZP 90 (1977), 145 [149].

1003 Wesentlich weitergehend jedoch PAWLOWSKI, ZZP 80 (1967), 345 [361 f., 368], der im Anschluß an und unter Berufung auf BINDER, Prozeß und Recht, S. 8 ff., 414 f., sich gegen die Existenz eines vorfindlichen materiellen Rechts wehrt und daher meint: „Gerecht ist dagegen das Urteil, das in einem anerkannten Verfahren vor dem zuständigen Richter mit rechtlichem Gehör usw. gefällt worden ist" [a. a. O., S. 369]. Dagegen JAUERNIG, JuS 1971, 329 [330]; W. HENCKEL, Recht, S. 52 ff., sowie in einem weiteren Zusammenhang GEIS, JZ 1995, 324 [327], m. w. Nwen.

1004 VOßKUHLE, Rechtsschutz, S.95 ff.; SAX, ZZP 67 (1954), 21 [36 ff.].

1005 WERNER, Rechtskraft, S. 75 ff.; LEIPOLD, JZ 1967, 737 [740 f.]; vgl. auch BGH III ZR 8/59 v. 20.05.1957, NJW 1957, 1277 [1278]; LG Stuttgart 2 T 625/72 v. 20.12.1972, NJW 1973, 1050, sowie PETERS, ZZP 90 (1977), 145 [149], der bezüglich der Beschlüsse aufgrund summarischen Verfahrens in der Zwangsvollstreckung davor warnt, die „gleiche Qualität der unterschiedlichen Entscheidungen zu *fingieren*" (*Hervorhebung* vom Verf.). Siehe zur *a. A.*: FRAGA NOVELLE, S. 76 f., m. w. Nwen.

1006 Grundlegend LUHMANN, Legitimation, S. 23 ff., 32 ff., (*dagegen* ZIPPELIUS, FS Larenz, S. 293 ff., der jedoch den Unterschied zwischen deduktiv-juristischer und soziologischer Legitimation verkennt, und a. a. O., S. 299 ff., die Grenze seiner Forderung nach einem materiellen Gerechtigkeitskonsens selbst einräumen muß).

1007 Siehe KLEINKNECHT/MEYER-GOßNER, StPO, § 250, Rn. 1.

1008 Vgl. die Nwe oben in Fn. 1002, S. 225. Wie bereits erwähnt (§ 11 II. 2.d), S. 207), ging auch der historische Gesetzgeber davon aus und verzichtete wegen des Fehlens einer

§ 128 I ZPO, daß über einen Rechtsstreit grundsätzlich mündlich zu verhandeln ist. Dieser Grundsatz wird zwar vielfältig durchbrochen, so beispielsweise bei Entscheidungen in Beschlußform (§ 329 ZPO) und bei Streitigkeiten über geringere Streitwerte (§§ 128 III, 495a I 2 ZPO), doch wird damit die Abhängigkeit von Eingriffsintensität und Verfahrensgestaltung nicht in Frage gestellt, sondern geradezu betont.

Das erscheint offensichtlich, soweit bei sogenannten Kleinverfahren auf die mündliche Verhandlung verzichtet wird. Hier ist es gerade deren - unterstellte - geringere Bedeutung, die nach Ansicht des Gesetzgebers den Verzicht auf die aufwendigere mündliche Verhandlung rechtfertigt.[1009] Aber auch der grundsätzliche Verzicht auf das Erfordernis der mündlichen Verhandlung bei Beschlüssen findet seine Begründung darin, daß der Gesetzgeber diesen Entscheidungen nur eine geringere Bedeutung beimaß.[1010]

(2) … und ihr Fehlen im Berichtigungsverfahren

Diese das geltende Zivilprozeßrecht beherrschenden Grundsätze können auch bei der Übertragung der Urteilswirkungen auf Beschlüsse nicht unberücksichtigt bleiben. Einem Beschluß, der geeignet ist, wie ein *Sach*urteil zu wirken, können daher die für ein Sachurteil angeordneten Beachtungspflichten nur dann zukommen, wenn er in einem dem Urteilsverfahren entsprechenden Verfahren zustande kommt.

(a) Die Wirkungsgleichheit eines Sachurteils und eines bindenden Berichtigungsbeschlusses

Der mit Bindungswirkung für nachfolgende Erkenntnisverfahren ausgestattete Berichtigungsbeschluß hätte eine dem Sachurteil gleiche Wirkung. Das wird besonders beim fehlerhaften Berichtigungsbeschluß, d. h. einem, der die ursprüngliche Entscheidung abändert, deutlich. Man nehme beispielsweise den schon mehrfach herangezogenen Fall des OLG Jena.[1011] Hier hatte das Gericht in seiner Entscheidung übersehen, daß die zur Aufrechnung gestellte Forderung erloschen war, und korrigiert diese Entscheidung mittels Berichtigungsbeschluß. Käme die-

notwendigen mündlichen Verhandlung auf die Erweiterung des *Berichtigungs*verfahrens zu einem *Urteilserläuterungs*verfahren.

1009 Siehe zur Gesetzesbegründung BT-Drs 11/8283, S. 44; 11/4155, S. 10 f.; kritisch denn auch KUNZE, NJW 1995, 2750 ff.; ROTTLEUTHNER, NJW 1996, 2473.

1010 Siehe beispielsweise die Regelung des (früheren) Entmündigungsverfahrens, die gerade wegen der höheren Richtigkeitsgewähr dem Zivilprozeß - und nicht dem sachnäheren Verfahren der freiwilligen Gerichtsbarkeit - unterstellt wurde, vgl. HAHN, Materialien-ZPO, S. 407 f., 764 ff., 890 ff.

1011 OLG Jena 2 W 1083/27 v. 23.09.1927, JW 1928, 1317.

sem nun Innenbindung und materielle Rechtskraft zu, entspräche er in der Wirkung exakt einem (neuen) Urteil in der Sache.[1012]

Im übrigen kann der urteilsähnlichen Wirkung eines bindenden Berichtigungsbeschlusses nicht entgegengehalten werden, daß damit die fehlerhafte Entscheidung unzulässig zum Maßstab der Rechtskraft gemacht würde.[1013] Denn das ungewöhnliche am - gesetzestreu und systemgerecht auf die Korrektur *offenbarer* Unrichtigkeiten beschränkten - Berichtigungsbeschluß ist ja gerade, daß er eine eigenständige Bedeutung nur im Falle seiner Fehlerhaftigkeit erhalten *kann*. Die unverrückbare Geltung falscher Entscheidungen, und die damit verbundenen Eingriffe in die Rechtssphäre des durch die falsche Entscheidung Beschwerten, kann sich aber nur aus den Erfordernissen der Rechtswahrung und Rechtsdurchsetzung, mithin aus den Erfordernissen der *richtigen* Entscheidung rechtfertigen.[1014] Nur wenn die Fehlentscheidung atypisch, normwidrig im tatsächlichen Sinne ist, erscheint die ausnahmsweise Bindung an sie auch im Interesse der Wahrung und Durchsetzung des Rechts akzeptabel. Nur unter dieser Prämisse werden die widerstreitenden Maximen der Friedens- und der Rechtswahrung im höheren Gut des *Rechtsfriedens, als Frieden im und durch Recht*, aufgehoben. Diese Voraussetzung ist beim Berichtigungsbeschluß nicht erfüllt.

(b) Unzulängliche Verfahrensgarantien im Berichtigungsverfahren

Der Berichtigungsbeschluß könnte daher in folgenden Erkenntnisverfahren nur dann Beachtung erheischen, wenn das zu ihm führende Verfahren mit ähnlichen Verfahrensgarantien ausgestattet wäre, wie das Urteilsverfahren. Deren wesentliche ist - wie dargelegt - die Beachtung des Grundsatzes der Mündlichkeit des Verfahrens, da hiermit eine höhere Richtigkeitsgewähr der Entscheidung verbunden ist. Und diese Voraussetzung ist beim Berichtigungsbeschluß nicht erfüllt, denn er kann gem. § 319 II 1 ZPO ohne mündliche Verhandlung ergehen.[1015]

Zwar ist es - isoliert betrachtet - auch *denkbar*, aus diesem Ergebnis die umgekehrte Konsequenz zu ziehen und zu fordern, ein Berichtigungsbeschluß müsse dann halt aufgrund mündlicher Verhandlung ergehen.[1016] Doch könnte auch damit

---

1012 Nur der Vollständigkeit halber sei nochmals darauf hingewiesen, daß die Zuerkennung der Urteilswirkungen an den Berichtigungsbeschluß auch zu einem unlösbaren Konflikt mit der Rechtskraft des unberichtigten Urteils führt; dazu ausführlich oben, § 11 II. 2.c)(1), S. 199 ff.

1013 So GAUL, AcP 168 (1968), 27 [58 f.] gegen SAX, ZZP 67 (1954), 21 [27 ff., 29], der „...das unrichtige Sachurteil ... als das Zentralproblem der allgemeinen Prozeßtheorie" ansah. Ähnlich wie SAX und gegen GAUL noch E. SCHUMANN, Fehlurteil, S. 316 ff.

1014 E. SCHUMANN, Fehlurteil, S. 319. Um Mißverständnissen vorzubeugen sei noch darauf hingewiesen, daß „richtige" Entscheidung hier nicht in einem ausschließlich materiellen Sinn gemeint ist; dazu oben, in und bei Fn. 1003, S. 225.

1015 Vgl. hierzu auch die Kritik von M. WOLF, AG 1991, 315 [316].

1016 So im Anschluß an BVerfG 2 BvR 872/71 v. 19.07.1972, BVerfGE 34, 1 [7 f.], etwa LAG Frankfurt 11 Ta 56/82 v. 23.04.1982, unveröffentlicht (Juris); WASSERMANN in AK-ZPO, § 319, Rn. 16.

die analoge Anwendung der Urteilswirkungen nicht gerechtfertigt werden. Denn die Analogievoraussetzungen „Regelungslücke“ und „Ähnlichkeit“ - hier des Verfahrens - müssen kumulativ vorliegen. Bereits oben mußte aber auch das Bestehen einer Regelungslücke verneint werden.

Bei genauerer Betrachtung zeigt aber auch die Begründung, mit der eine mündliche Verhandlung gefordert wird, daß der Umkehrschluß nicht trägt. Im Ausgangsfall des BVerfG hatte das OVG die Kosten des Rechtsstreits zunächst der Beklagten auferlegt, sodann aber ohne vorherige Anhörung der Klägerin und späteren Beschwerdeführerin die Kostenentscheidung dahin berichtigt, daß die Klägerin 2/3 der Kosten tragen müsse.[1017] Es lag daher eine nach weit überwiegender und zutreffender Ansicht *unzulässige* Urteilsberichtigung vor.[1018] Eine mündliche Verhandlung zu verlangen, um einem bereits im Ansatz fehlerhaften Berichtigungsverfahren den Odem der Rechtmäßigkeit einzuhauchen, hieße dann aber doch, die Dinge auf den Kopf zu stellen.[1019]

3. Systematische Kontrolle des Ergebnisses: Der Zusammenhang von Urteilsberichtigung und Klage auf Feststellung des Urteilsinhalts

Vorstehende Überlegungen zeigten, daß der Berichtigungsbeschluß in einem nachfolgenden Erkenntnisverfahren keine Beachtungspflicht erheischt. Dies ergab sich daraus, daß eine *gesetzliche* Anordnung genauso wie die Voraussetzungen für eine *analoge* Anwendung der Urteilswirkungen „Innenbindung“ und „materielle Rechtskraft“ fehlt. Lediglich der Bestandsschutz wird durch § 577 III ZPO umfassend gewährt.

Dieses Ergebnis hält auch einer systematischen Kontrolle stand: Wie bereits das Reichsgericht zutreffend erkannte, bedeutet die Anerkennung einer Bindungswirkung der Berichtigungsbeschlüsse der Sache nach die Festschreibung einer bestimmten Interpretation der berichtigten Entscheidung.[1020] Das hieße aber nicht nur Einführung des in der ZPO ausdrücklich abgelehnten „Urteilerläuterungsverfahrens“ durch die Hintertür,[1021] sondern verwischte auch die Grenze zur Klage auf Feststellung des Urteilsinhalts. Deren Funktion ist es gerade, Unklarheiten und Widersprüche des Erstjudikats, die nicht *zweifelsfrei* ausgeräumt werden können und daher der Urteilsberichtigung nicht zugänglich sind, durch Richter-, d. h. *Macht*spruch zu beseitigen.[1022] Allein dieses Verfahren bietet als

---

1017 BVerfG, a. a. O., S. 2 f.

1018 Zur Berichtigung der Kostenentscheidung oben, § 6 II. 1.b), S. 104 ff.

1019 Zur evtl. Notwendigkeit einer mündlichen Verhandlung siehe unten, § 14 IV. 2, S. 257.

1020 RG V 58/29 v. 28.05.1930, RGZ 129, 155 [161]; vgl. auch RUNGE, BB 1977, 472.

1021 Dazu schon oben, § 11 II. 3, S. 206.

1022 Vgl. oben, Einleitung I. 4.d), S. 25.

Urteilsverfahren auch die erhöhte Richtigkeitsgewähr und damit Legitimation für die mit der Ausräumung von Zweifeln *möglicherweise* verbundene Entscheidung über den Streitgegenstand.

IV. Zur Beachtungspflicht des Berichtigungsbeschlusses in der Zwangsvollstreckung

Nachdem eine Beachtungspflicht hinsichtlich des Berichtigungsbeschlusses in einem *Erkenntnisverfahren* vorstehend abgelehnt wurde fragt sich, ob dem Berichtigungsbeschluß deswegen auch keine Bindungswirkung in der Zwangsvollstreckung zukommt.[1023]

1. Bindungswirkung gem. § 794 I Nr. 3 ZPO

Gegen einen solchen Schluß spricht jedoch bereits die Anordnung des § 794 I Nr. 3 ZPO. Nach dieser Vorschrift sind auch Entscheidungen vollstreckbar, gegen die das Rechtsmittel der Beschwerde stattfindet. Dabei ist es unerheblich, ob gegen den Beschluß in concreto eine Beschwerde statthaft ist. Maßgeblich ist allein, daß der Beschluß *seiner Art nach* der Beschwerde unterliegt; unbeachtlich hingegen, wenn gegen den konkreten Beschluß, etwa weil er vom BGH erlassen wurde oder eine gem. § 567 IV 1 ZPO nicht beschwerdefähige Entscheidung des OLG vorliegt, kein Rechtsmittel möglich ist.[1024]

Gegen den Beschluß, der eine Berichtigung ausspricht, ist gem. § 319 III ZPO die sofortige Beschwerde gegeben. Zwar ist strittig, ob auch gegen einen Berichtigungsbeschluß des OLG die Beschwerde statthaft ist,[1025] doch ist das wie dargelegt für seine Vollstreckbarkeit unerheblich. Der Berichtigungsbeschluß erscheint daher als weiterer Vollstreckungstitel i. S. v. § 794 I Nr. 3 ZPO.

Jedoch ist für die Vollstreckbarkeit weitere Voraussetzung, daß der Titel auch einen vollstreckbaren Inhalt hat.[1026] Dies könnte für den Berichtigungsbeschluß fraglich erscheinen. Wird beispielsweise ein Urteil, dessen Tenor zunächst auf die Zahlung von 1.000 DM lautete, dahin berichtigt, daß eine Verurteilung zur Zahlung von 2.000 DM ausgesprochen wurde, erfolgt die Vollstreckung von 2.000 DM nicht aus dem Berichtigungsbeschluß. Vielmehr ist die Berichtigung auf dem Urteil und den Ausfertigungen zu vermerken (§ 319 II 2 ZPO), und das berichtigte Urteil - genauer: eine vollstreckbare Ausfertigung des berichtigten

---

1023 So die Konsequenz von JONAS, JW 1931, 1291 [1292]; E. SCHNEIDER, MDR 1967, 94.

1024 Allg. A., vgl. ROSENBERG/GAUL/SCHILKEN, ZwVollR, § 13 VI 2, S. 192; HARTMANN in B/L/A/H, § 794, Rn. 15.

1025 Dazu unten, § 15 II. 2.a), S. 265.

1026 ROSENBERG/GAUL/SCHILKEN, ZwVollR, § 13 VI 2, S. 191.

Urteils - bildet den Vollstreckungstitel und ist damit Grundlage der Zwangsvollstreckung.[1027]

Doch verkennt dieser Einwand, daß Vollstreckbarkeit nicht nur im engeren Sinne, sondern auch in einem weiteren Sinne zu verstehen ist.[1028] Im engeren Sinne bedeutet sie, daß der Titel grundsätzlich das Recht zum Vollstreckungs*zwang* gibt.[1029] Das ist bei dem Berichtigungsbeschluß, auch wenn er den Tenor verändert, nicht der Fall. Dagegen gehören zur Vollstreckbarkeit *im weiteren Sinne* die Wirkungen, die zwar auch der Verwirklichung des Titels dienen, aber sich hierzu nicht der charakteristischen Zwangsmittel des Vollstreckungsverfahrens bedienen.[1030] Genau das entspricht der Wirkung eines Berichtigungsbeschlusses, der wie etwa bei der Tenorberichtigung vollstreckungserhebliche Urteilsbestandteile verändert: Indem er Unrichtigkeiten des Urteils, die geeignet sind, die Verwirklichung der Entscheidung zu be- oder gar zu verhindern, ausräumt, dient er der Verwirklichung des Titels.[1031] Er hat in diesen Fällen daher auch einen vollstreckbaren Inhalt und ist somit auch Vollstreckungstitel i. S. v. § 794 I Nr. 3 ZPO.[1032]

Andererseits finden sich natürlich Urteilsberichtigungen, die keinen Einfluß auf die Zwangsvollstreckung haben. Als ein Beispiel sei die Berichtigung der Bezeichnung des Gerichts[1033] genannt. Solche Berichtigungsbeschlüsse sind dann keine Vollstreckungstitel i. S. v. § 794 I Nr. 3 ZPO. Doch steht dies der grundsätzlichen Vollstreckbarkeit des Berichtigungsbeschlusses nicht entgegen. Schließlich gibt es auch viele Urteile, wie beispielsweise die Feststellungsurteile, die keinen vollstreckbaren Inhalt haben.

1027 HARTMANN in B/L/A/H, § 319, Rn. 33; MUSIELAK in MüKo-ZPO, § 319, Rn. 15.

1028 Vgl. ROSENBERG/GAUL/SCHILKEN, ZwVollR, § 10 I 3, S. 100 f.; zu letzterer ausführlich WIESER, ZZP 102 (1989), 261.

1029 MÜNZBERG in Stein/Jonas, vor § 704, Rn. 18, 46 f. Daß die Vollstreckbarkeit i. e. S. von Vollstreckungsorganen *ausgeführt* wird, erscheint entgegen beispielsweise ROSENBERG-/GAUL/SCHILKEN, ZwVollR, § 10 I 3, S. 100, nicht wesentlich, da dies lediglich durch die Zuständigkeitsverteilung der ZPO begründet ist. Diese Meinungsverschiedenheit spielt hier jedoch keine Rolle.

1030 So die h. M., vgl. MÜNZBERG in Stein/Jonas, vor § 704, Rn. 51, m. w. Nwen.

1031 Da diese Wirkung auch nicht von der - nicht bestehenden - Rechtskraft des Berichtigungsbeschlusses abhängt, kann der - zutreffend erscheinende - Einwand von WIESER, ZZP 102 (1989), 261 [267 f.], daß die Wirkungen, die zwar auch der Titelverwirklichung dienen, aber an die Rechtskraft gebunden sind, nicht zur Vollstreckbarkeit im weiteren Sinne gehören, unerörtert bleiben.

1032 Zum umgekehrten Fall der Abwendung der Vollstreckung aus dem unberichtigten Urteil siehe unten, § 17 I. 2, S. 295.

1033 Dazu oben, § 8 I. 2.c), S. 159 ff.

2. Teleologischer Ausschluß der Bindungswirkung?

Grundsätzlich ist Folge der Vollstreckbarkeit eines Beschlusses, daß die Vollstreckungsorgane seinen Inhalt beachten müssen.[1034] Es mag jedoch fraglich erscheinen, ob auch der Berichtigungsbeschluß diese Wirkung erzeugt, oder ob sie im Wege der teleologischen Reduktion auszuschließen ist. Grund für einen Ausschluß könnten nur die Erwägungen sein, die bereits oben zur Ablehnung der analogen Anwendung der Urteilswirkungen „Innenbindung" und „materielle Rechtskraft" führten, d. h. die geringeren Verfahrensgarantien des Berichtigungsverfahrens gegenüber dem Urteilsverfahren.

Dieser Einwand ist indes nicht gerechtfertigt. Wie der Vergleich mit anderen, nicht urteilsmäßigen Vollstreckungstiteln zeigt, ist die Bindungswirkung der Vollstreckbarkeit im System der ZPO nicht an die Beachtung der für das Urteil geltenden Verfahrensanforderungen gebunden.[1035] So findet gem. § 794 I Nr. 4 ZPO die Zwangsvollstreckung aus dem Vollstreckungsbescheid statt und bindet dieser auch die Vollstreckungsorgane, obwohl ihm nur ein Verfahren mit minimalen Beteiligungsmöglichkeiten des Anspruchgegners und Schuldners vorausgeht.[1036] Und Arrest und einstweilige Verfügung können sogar ganz ohne Anhörung des Gegners ergehen (vgl. §§ 921 I, 937 II ZPO), und bilden dennoch vollwertige Vollstreckungstitel (§ 928 ZPO).

Die geringeren Verfahrensanforderungen an eine Bindungswirkung in der Zwangsvollstreckung gegenüber solchen in Erkenntnisverfahren sind auch inhaltlich gerechtfertigt. Wie nämlich bereits oben hervorgehoben wurde, bewirkt die Zwangsvollstreckung nur Vermögens*verschiebungen*, die im Falle, daß sie unrichtig sind, wieder rückgängig gemacht werden können. Dem Schuldner bleibt es unbenommen, seine durch Vollstreckungsmaßnahmen auf fehlerhafter Grundlage verletzten materiellen Ansprüche geltend zu machen.[1037] Daher ist es zwar zutreffend, daß auch die Zwangsvollstreckung einen Eingriff in die Rechte des Schuldners bewirkt.[1038] Doch ist dieser Eingriff lediglich ein erster Zugriff und der

---

1034 Dazu ausführlich oben, I. 2, S. 213 f.

1035 Und auch ein Urteil, das unter einem Verfahrensverstoß zustande gekommen ist, bleibt bis zu seiner Aufhebung wirksam, d. h. auch für die Vollstreckungsorgane bindend, vgl. BGH VIII ZR 165/69 v. 06.10.1971, BGHZ 57, 108 [110]; GAUL, ZZP 80 (1967), 151 [153]; siehe grundlegend zum Verhältnis fehlerhaftes Urteil - Vollstreckungsorgane v. HIPPEL, Staatsakt, S. 107 f.

1036 BAG 4 AZR 471/88 v. 07.12.1988, NJW 1989, 1053 [1054], m. w. Nwen.

1037 BGH V ZR 108/61 v. 13.03.1963, NJW 1963, 1497 (zum ZVG); GAUL, ZZP 85 (1972), 251 [260], m. w. Nwen, dazu näher unten, § 17 II. , S. 296 ff.

1038 Inzwischen allg. A., statt aller ROSENBERG/GAUL/SCHILKEN, ZwVollR, § 3 I, S. 17 ff., m. w. Nwen.

wird durch die geminderten Verfahrensanforderungen, die zur Auslösung der Bindung der Vollstreckungsorgane ausreichen, gerechtfertigt.

3. *Reichweite der Beachtungspflicht*

Ist somit der Berichtigungsbeschluß im Vollstreckungsverfahren - zumindest grundsätzlich - zu beachten, fragt sich als nächstes, wie weit diese Bindung geht. Unstreitig dürfte sein, daß ein Berichtigungsbeschluß, dessen grundsätzliche Beachtungspflicht in der Zwangsvollstreckung anerkannt wird, zumindest die Vollstreckungsorgane Gerichtsvollzieher und Vollstreckungsgericht binden muß. Alles andere höbe den Sinne der mit der Vollstreckbarkeit verbundenen Bindungswirkung auf.[1039]

Daraus folgt weiterhin, daß der Berichtigungsbeschluß das Vollstreckungsgericht auch dann bindet, wenn sein Inhalt im Rahmen einer Vollstreckungserinnerung (§ 766 ZPO) Bedeutung erlangt. Denn auch hier führte eine Prüfungskompetenz zu einer Aufsplitterung des Vollstreckungsverfahrens, welche die ZPO gerade zu vermeiden sucht.[1040]

Weniger eindeutig erscheint hingegen die Antwort auf die Frage, ob auch das Prozeßgericht, soweit es im Vollstreckungsverfahren beteiligt ist, einen Berichtigungsbeschluß zu beachten hat. Denn die befürchtete Gefahr einer Zersplitterung der Zwangsvollstreckung durch divergierende Beurteilungen der Vollstreckungsorgane, die zur Begründung der Bindungswirkung in der Zwangsvollstreckung führte,[1041] kann hier nicht auftreten; es ist nur das eine Prozeßgericht, daß in diesen Fällen entscheidet. Die Frage bedarf der näheren Erörterung.

Weiterhin ist oben[1042] bereits angesprochen worden, daß nach ganz h. M. auch den Vollstreckungsorganen ein Recht wenn nicht sogar die Pflicht zur Auslegung des Vollstreckungstitels zukommt. Damit stellt sich die Frage, in welchem Verhältnis Auslegungsbefugnis einerseits und Bindung an einen Berichtigungsbeschluß andererseits stehen. Schließlich bleibt zu klären, ob auch ein *fehlerhafter* Berichtigungsbeschluß in der Zwangsvollstreckung bindet. Gerade die Nichtbeachtung angeblich fehlerhafter Berichtigungsbeschlüsse durch Vollstreckungsor-

---

1039 Siehe hierzu oben, I. 2, S. 213 ff.

1040 Daher nur grundsätzlich richtig KG 1 W 2199/88 v. 29.07.1988, NJW-RR 1988, 1406: „Nach § 766 ZPO kann geltend gemacht werden, daß ein zur Zwangsvollstreckung geeigneter Titel nicht vorliegt oder daß der Titel einen anderen Inhalt hat, als ihn Gläubiger und Vollstreckungsorgane zugrunde gelegt haben." Soweit der Inhalt durch einen Berichtigungsbeschluß - der hier jedoch nicht vorlag - abweichend von der Auffassung der Vollstreckungsorgane bestimmt wird, ist dies bindend. Siehe hierzu näher unten, b), S. 238.

1041 Dazu oben, I. 2, S. 213 ff.

1042 § 3 IV. 2.b), S. 59 ff.

gane bildete einen Ausgangspunkt für die hier unternommene Untersuchung der Bindungswirkung des Berichtigungsbeschlusses.

a) Bindung des Prozeßgerichts

Das Prozeßgericht hat zwei verschiedene Aufgaben in der Zwangsvollstreckung: Zum einen ist es für die Erteilung der Vollstreckungsklausel (§§ 724 ff. ZPO) sowie für die Entscheidung über Einwendungen gegen ihre Erteilung (§§ 732, 768 ZPO) oder Versagung (§ 576 I ZPO i. V. m. § 11 I 1 RPflG, § 731 ZPO) zuständig. Zum anderen ist es Vollstreckungsorgan für die Handlungs- und Unterlassungsvollstreckung gem. §§ 887 ff. ZPO.

Zur Zwangsvollstreckung wird nach h. M. nur die Ausübung von Vollstreckungszwang durch die dafür vorgesehenen Vollstreckungsorgane gerechnet.[1043] Dazu gehört das Klauselerteilungsverfahren nicht, da es die Zwangsvollstreckung lediglich vorbereitet, selbst aber noch keinen Eingriff bedeutet.[1044] Demgegenüber wird im Folgenden das Klauselerteilungsverfahren zum Vollstreckungsverfahren gezählt. Dadurch soll nicht der von der h. M. zu recht betonte Unterschied der Verfahrensschritte Klauselerteilung und Ausübung von Zwang bestritten werden. Es geht hier lediglich darum, die Zwangsvollstreckung vom Erkenntnisverfahren abzugrenzen. Und bei dieser Unterscheidung gehört auch das Klauselerteilungsverfahren zu Ersteres und nicht zu Letzterem.[1045] Es erscheint daher gerechtfertigt, es zur Zwangsvollstreckung i. w. S. zu zählen. Wenn daher im folgenden auch das für die Klauselerteilung zuständige Gericht als Vollstreckungsorgan bezeichnet wird, geschieht dies nur, um den Unterschied zwischen Erkenntnisverfahren und nachfolgender Zwangsvollstreckung deutlich zu machen. Es ist insoweit Vollstreckungsorgan in einem weiteren Sinne.

Neben funktionsbedingt unterschiedlichen Erwägungen, auf die sogleich einzugehen ist, stellt sich zunächst die bereits angesprochene, übergreifende Frage, ob die Bindungswirkung des Berichtigungsbeschlusses auf das Prozeßgericht etwa deshalb entfällt, weil die Gefahr einer anderenfalls drohenden Zersplitterung nicht besteht. Doch ist diese Gefahr nur *ein* Grund für die Beachtungspflicht, die ein Vollstreckungstitel in der Zwangsvollstreckung erheischt. Daneben steht die mit der Funktionsteilung verbundene Kompetenzverteilung zwischen erkennenden und vollstreckenden Gerichten hinsichtlich des zu vollstreckenden Anspruchs. Seine inhaltliche Bestimmung steht nur den erstgenannten zu,[1046] womit sich eine fehlende Bindung gegenüber dem Prozeßgericht als Vollstreckungsorgan ersichtlich in Widerspruch setzte.

1043 Siehe oben, in und bei Fn. 1029, S. 230.

1044 HARTMANN in B/L/A/H, Grundz § 704, Rn. 51, m. w. Nwen.

1045 Vgl. BGH VIII ZR 290/74 v. 26.04.1976, MDR 1976, 837 [838]: „Das Verfahren zur Erteilung der Vollstreckungsklausel ist ein die Zwangsvollstreckung in formeller Hinsicht vorbereitender Akt und kein Erkenntnisverfahren".

1046 ROSENBERG/GAUL/SCHILKEN, ZwVollR, S. 56 ff., die Trennung betont beispielsweise auch BGH VII ZR 204/90 v. 14.05.1992, BGHZ 118, 229 [233 f.], m. w. Nwen.

Sicher nicht gegen eine Bindungswirkung des Berichtigungsbeschlusses auf das Prozeßgericht, soweit es mit Aufgaben der Zwangsvollstreckung betraut ist, spricht die *mögliche* Identität mit dem erkennendem Gericht, d. h. dem, das den Berichtigungsbeschluß erlassen hat. Denn zum einen ist diese Identität eine rein zufällige: Für das Klauselverfahren sowie die Handlungs- und Unterlassungsvollstreckung ist stets das Gericht des *ersten* Rechtszuges zuständig (vgl. §§ 724 II, 732, 768 i. V. m. § 767 ZPO I ZPO für das Klauselverfahren - mit der hier unbedeutenden Ausnahme, wenn das Verfahren vor einem höheren Gericht (noch) anhängig ist - und § 887 I, 888 I, 890 I ZPO für die Handlungs- und Unterlassungsvollstreckung). Der Berichtigungsbeschluß kann aber auch von einem Gericht *höherer* Instanz erlassen worden sein,[1047] so daß erkennendes und das für die Klauselerteilung zuständige Gericht auseinanderfallen. Und von solchen Zufälligkeiten kann eine Bindungswirkung nicht abhängen. Zum anderen besteht die Bindung des Prozeßgerichts als Organ der Zwangsvollstreckung auch in anderen Fällen, in denen es eine eigene Entscheidung vollstrecken muß.[1048] Und es ist nicht ersichtlich, warum für den Berichtigungsbeschluß eine Ausnahme bestehen sollte.

(1) Beachtungspflicht im Klauselerteilungsverfahren

Voraussetzung der Zwangsvollstreckung ist im Regelfall[1049] eine mit der Vollstreckungsklausel versehene Ausfertigung des Titels, die sogenannte vollstreckbare Ausfertigung, § 724 I ZPO. Sie ist amtliches Zeugnis über das Bestehen eines Titels und seine Vollstreckungsreife.[1050] Damit enthebt sie die (weiteren) Vollstreckungsorgane von der Prüfung dieser Vollstreckungsvoraussetzungen und kann daher als Bindeglied zwischen Erkenntnis- und Vollstreckungsverfahren bezeichnet werden.[1051]

Das Gesetz kennt zwei Klauselarten. Zunächst gibt es die sogenannte einfache Vollstreckungsklausel gem. § 724 II ZPO. Sie ist ausreichend, wenn die Vollstreckung für und gegen die im Titel bezeichneten Personen erfolgen soll und der zu vollstreckende Anspruch nicht von einer Bedingung abhängt; sie wird vom Urkundsbeamten erteilt. Eine konstitutive Bedeutung kommt ihr nach richtiger Auffassung nur insoweit zu, wie sie für die Vollstreckungsorgane verbindlich feststellt, daß ein vollstreckbarer Titel vorliegt und dieser vollstreckbar ist; das Vollstreckungsprogramm selbst, also die subjektiven und objektiven

---

1047 Dazu genauer unten, § 14 I. 2, S. 246 ff., und § 15 I. , S. 261 ff.

1048 Was übrigens auch dann, wenn ein eigenes Urteil vollstreckt wird, keine Folge der Innenbindung gem. § 318 ZPO ist, da Erkenntnis- und Vollstreckungsverfahren unterschiedliche Verfahren sind, vgl. BGH VIII ZR 290/74 v. 26.04.1976, MDR 1976, 837 [838].

1049 Praktisch bedeutsame Ausnahmen sind der Vollstreckungsbescheid sowie Arrest und einstweilige Verfügung, die beide einer Vollstreckungsklausel nur dann bedürfen, wenn sie für oder gegen andere als die im Titel Bezeichneten vollstreckt werden sollen (§§ 796 I bzw. 929 I, 936 ZPO).

1050 ROSENBERG/GAUL/SCHILKEN, ZwVollR, § 16 I 1, S. 246.

1051 ROSENBERG/GAUL/SCHILKEN, ZwVollR, § 5 IV 1, S. 57 f., § 16 I 1, S. 246.

Grenzen der Vollstreckbarkeit, werden hingegen ausschließlich durch den Titel bestimmt.[1052]

Daneben stehen die titelergänzenden oder -übertragenden Klauseln. Sie sind gem. §§ 726 ff. ZPO immer dann erforderlich, wenn der Titelgläubiger bei der Vollstreckung von dem im Titel festgelegten Programm abweichen will - etwa bei der Rechtsnachfolge (§ 727 ZPO) -, oder das Programm notwendig unbestimmt ist - etwa bei einer Vorleistungspflicht des Gläubigers (§ 726 I ZPO). Für ihre Erteilung ist gem. §§ 20 Nr. 12, 26 RPflG der Rechtspfleger zuständig; sie hat hinsichtlich der Abweichung des Vollstreckungsprogramms vom Titel konstitutive Bedeutung.[1053]

Eine Klausel kann jedoch nur erteilt werden, wenn ein vollstreckbarer Titel vorliegt - alles andere wäre gewissermaßen eine Falschbeurkundung. Daher entspricht es allg. Ansicht, daß dem die Klausel erteilenden Gericht hinsichtlich Existenz, Wirksamkeit und Vollstreckungsfähigkeit des Titels eine Prüfungskompetenz zukommt.[1054] Fraglich erscheint nun, ob aus dieser Kompetenz auch eine Prüfungsbefugnis hinsichtlich des Berichtigungsbeschlusses folgt, oder ob das die Klausel erteilende Gericht an die Auslegung des vollstreckungsfähigen Inhalts des Urteils durch einen Berichtigungsbeschluß gebunden ist.

Gegen eine Prüfungskompetenz und damit für eine Bindungswirkung des Berichtigungsbeschlusses spricht, daß die Prüfungsbefugnis im Klauselerteilungsverfahren stark beschränkt ist: Grundsätzlich hat das Gericht nur zu prüfen, ob ein Titel besteht und ob dieser einen vollstreckungsfähigen Inhalt hat.[1055] Und bei der Prüfung des vollstreckungsfähigen Inhalts kommt dem Gericht zwar eine begrenzte Auslegungsbefugnis zu,[1056] doch dient diese nur dazu, evtl. Hindernisse, die sich aus einer mangelnden Bestimmtheit beispielsweise des Tenors ergeben können, zu beseitigen.[1057] Sie ist hingegen keine Kompetenz, die auch *gegen* das

---

1052 Siehe zum Streit um die Bedeutung der Klausel oben, I. 2, S. 215 f.

1053 Dazu bereits oben, I. 2, S. 216.

1054 HARTMANN in B/L/A/H, § 724, Rn. 8, m. w. Nwen.

1055 H. M., vgl. BGH VIII ZR 290/74 v. 26.04.1976, MDR 1976, 837 [838]; ROSENBERG-/GAUL/SCHILKEN, ZwVollR, § 16 IV 2, S. 253; *a. A.* WOLFSTEINER in MüKo-ZPO, § 724, Rn. 40; grundsätzlich gegen eine „übertriebene Formstrenge" der Zwangsvollstreckung: BÖHMER in Sondervotum zu BVerfG 1 BvR 361/78 v. 27.09.1978 , BVerfGE 49, 220 [228 ff.]; dagegen zutreffend ROSENBERG/GAUL/SCHILKEN, ZwVollR, § 3 III 3, S. 24 ff.

Ausgeklammert bleibt hier die Prüfung der Vollstreckungsreife sowie des Eintritts evtl. bestehender besonderer Bedingungen der Vollstreckbarkeit. Insoweit besteht ohne Frage eine umfassende Prüfungskompetenz und -pflicht im Klauselerteilungsverfahren. Doch sind diese Punkte gerade nicht vom Vollstreckungsprogramm des (auch berichtigten) Urteils bestimmt, so daß daraus auch kein Schluß auf den Umfang der Titelprüfung gezogen werden kann.

1056 Vgl. dazu die Nwe oben, § 3 IV. 2.b), Fn. 240, S. 59.

1057 OLG Frankfurt 12 W 107/95 v. 10.08.1995, NJW 1996, 1219 [1220]; WOLFSTEINER in MüKo-ZPO, § 725, Rn. 6 ff.

erkennende Gericht besteht.[1058] Auch das für die Klauselerteilung zuständige Gericht ist daher an die Auslegung des vollstreckungsfähigen Inhalts des Urteils durch einen Berichtigungsbeschluß gebunden.

(2) Beachtungspflicht im Rechtsbehelfsverfahren

(a) Rechtsbehelfsverfahren gegen die Klauselerteilung

Gegen die Erteilung der Vollstreckungsklausel kann sich der Schuldner mit der Erinnerung gem. § 732 ZPO sowie im Falle einer qualifizierten Vollstreckungsklausel auch[1059] mit der Klage gegen die Vollstreckungsklausel aus § 768 ZPO wehren. Und es mag fraglich erscheinen, ob der Schuldner hier mit dem Einwand zu hören ist, daß der Berichtigungsbeschluß dem Urteil einen unrichtigen vollstreckbaren Inhalt gegeben habe.

Jedoch kann mit den Rechtsbehelfen der §§ 732, 768 ZPO - soweit hier relevant - nur überprüft werden, ob überhaupt ein vollstreckbarer Titel vorliegt.[1060] Daran fehlt es etwa, wenn ein protokollierter Vergleich kein Prozeßvergleich im Sinne der § 794 I ZPO,[1061] der Titel inhaltlich unbestimmt[1062] oder nichtig[1063] ist. Wie das Verfahren der Klauselerteilung selbst ist auch das Rechtsbehelfsverfahren auf die Prüfung formeller Kriterien bezogen und beschränkt.[1064] Es gibt keine Kompetenz zur Entscheidung über die „Richtigkeit" des Titels, wozu auch die Kongruenz von vollstreckbarem Anspruch, d. h. dem, was der Titel als zu voll-

---

1058 Vgl. STÜRNER/MÜNCH, JZ 1987, 178 [185 f.], siehe ferner BGH III ZR 215/88 v. 30.11.1989, BGHZ 109, 275 [277 f.]: „Nach der Aufgabenverteilung zwischen Erkenntnis- und Vollstreckungsverfahren obliegt dem Grundsatz nach die materiell-rechtliche Beurteilung des geltend gemachten Anspruchs dem Prozeßgericht, während die Vollstreckungsorgane nur die formellen Voraussetzungen prüfen, von denen die Durchsetzung des vollstreckbaren Anspruchs abhängt."

1059 Vgl. zu dem problematischen - aber hier unerheblichen - Verhältnis beider Institute ROSENBERG/GAUL/SCHILKEN, ZwVollR, § 17 III 1, S. 298 ff.

1060 BGH III ZR 40/89 v. 23.11.1989, NJW-RR 1990, 246 [247]; BGH VII ZR 204/90 v. 14.05.1992, BGHZ 118, 229 [236]; ROSENBERG/GAUL/SCHILKEN, ZwVollR, § 40 IV 2, S. 618 f.

Weiterhin ist im Rechtsbehelfsverfahren natürlich auch die Vollstreckungsreife, sowie der Eintritts evtl. bestehender besonderer Voraussetzungen der Vollstreckbarkeit zu prüfen, doch sind diese hier ohne Belang.

1061 BGH IV ZR 96/54 v. 18.11.1954, BGHZ 15, 190 [191].

1062 BGH V ZR 127/55 v. 24.10.1956, BGHZ 22, 54 [56].

1063 BGH II ZR 119/57 v. 26.01.1959, BGHZ 29, 223 [229 f.].

1064 So die ganz h. M., vgl. neben vorstehend genannter Rechtsprechung: BGH VII ZR 210/86 v. 21.05.1987, NJW-RR 1987, 1149 ; K. SCHMIDT in MüKo-ZPO, § 767, Rn. 8.

streckend ausweist, und materieller Rechtskraft des Titels gehört.[1065] Genau eine solche Inkongruenz wäre aber die Folge einer - nach Ansicht des Rechtsbehelfsgerichts - unrichtigen Urteilsberichtigung: Sie würde den vollstreckbaren Anspruch, aber nicht die materielle Rechtskraft des Urteils verändern. Zu dieser Feststellung und darauf gestützten Folgerungen fehlt den Gerichten im Vollstreckungsverfahren aber die Kompetenz.

Eine ganz andere Frage ist, ob *immer* dann, wenn dem Vollstreckungsschuldner wegen Unwirksamkeit des Titels der Rechtsbehelf aus § 732 ZPO zur Verfügung steht, dieser eine Sperrwirkung gegen die Vollstreckungsgegenklage aus § 767 ZPO entfaltet,[1066] oder ob dem Schuldner diese weitergehende, weil der Rechtskraft fähige, Rechtsschutzmöglichkeit *zumindest in Ausnahmefällen* auch offen steht.[1067] Sie kann hier offen bleiben, da sie ohne Einfluß auf die formale Bedeutung der §§ 732, 768 ZPO ist.

(b) Rechtsbehelfsverfahren gegen die Verweigerung der Klauselerteilung

Wenn dem Gläubiger die Erteilung der einfachen Vollstreckungsklausel verweigert wird, etwa weil der Urkundsbeamte die durch den Berichtigungsbeschluß bewirkte Veränderung des Tenors für unzulässig hält, steht ihm hiergegen die Erinnerung gem. § 576 I ZPO zu. Sie führt zur Entscheidung des Gerichts, dem der Urkundsbeamte angehört.[1068] Für dessen Entscheidung sowie für eine sich daran evtl. anschließende Entscheidung des Beschwerdegerichts (§ 576 II ZPO) gilt jedoch hinsichtlich der Pflicht, den Berichtigungsbeschluß zu beachten, nichts anderes als bei den vorstehend erörterten Rechtsbehelfe des Schuldners.

Genauso bindet der Berichtigungsbeschluß, wenn die Erteilung einer qualifizierten Vollstreckungsklausel (§§ 726 ff. ZPO) versagt wurde, bei der Entscheidung über die Erinnerung gem. § 11 I 1 RPflG sowie über die Klage auf Klauselerteilung gem. § 731 ZPO. Die Besonderheiten des Verfahrens sind hier lediglich darin begründet, daß für die Vollstreckung weitere Umstände vorliegen müssen. An dem Ausgangspunkt, daß der Titel, auch wenn er durch eine Urteils-

---

1065 So zutreffend BGH VII ZR 204/90 v. 14.05.1992, BGHZ 118, 229 [233 f.]; mißverständlich hingegen BGH IX ZR 244/92 v. 18.11.1993, BGHZ 124, 164 [170 a. E.], das die Klauselerinnerung gem. § 732 ZPO *deshalb* als ungeeigneten Rechtsbehelf gegen die Vollstreckung aus einem Titel ohne materielle Rechtskraft ansieht, weil damit keine rechtskräftige Entscheidung herbeigeführt werden kann. Das ist zwar richtig, doch besteht die Untauglichkeit bereits darin, daß das Fehlen der materiellen Rechtskraft des Titels überhaupt nicht zum Prüfungsprogramm der §§ 732, 768 ZPO gehört.

1066 So die frühere st. Rspr., vgl. neben den Nwen oben (Fn. 1061-1063) zuletzt BGH VII ZR 210/86 v. 21.05.1987, NJW-RR 1987, 1149 [1149 f.]; BGH III ZR 40/89 v. 23.11.1989, NJW-RR 1990, 246 [247].

1067 So h. M. seit BGH VII ZR 204/90 v. 14.05.1992, BGHZ 118, 229 [233 f.], vgl. BGH IX ZR 244/92 v. 18.11.1993, BGHZ 124, 164 [170 ff.]; BROX/WALKER, ZwVollR, Rn. 1333, jew. m. w. Nwen.

1068 Vgl. ROSENBERG/GAUL/SCHILKEN, ZwVollR, § 17 II 1, S. 294.

berichtigung verändert wurde, soweit bindet, wie sein Inhalt reicht, ändert sich hingegen nichts.[1069]

(3) Beachtungspflicht bei der Handlungs- und Unterlassungsvollstreckung gem. §§ 887 ff. ZPO

Erst recht kann nicht fraglich sein, daß das Prozeßgericht bei der Handlungs- und Unterlassungsvollstreckung gem. §§ 887 ff. ZPO an den Titel und damit auch dessen Interpretation durch eine Urteilsberichtigung gebunden ist. Zwar erfolgte die Zuweisung dieser Vollstreckungsmaßnahmen an das Prozeßgericht, weil die dabei „zu treffende Entscheidung des Gerichts wesentlich auf einer fortgesetzten Beurteilung des Haupt-Rechtsstreits beruht"[1070], doch war damit bereits historisch keine Entbindung des Prozeßgerichts vom Vollstreckungsprogramm des Titels beabsichtigt.[1071] Dies gilt um so mehr, als mit der Zuweisung an das Prozeßgericht erster Instanz keineswegs notwendig auch dasselbe Gericht oder gar derselbe Spruchkörper verbunden ist, der den Titel geschaffen hat.[1072] Daher verbleibt es auch hier bei der durch die Funktionstrennung von Erkenntnis- und Vollstreckungsverfahren bedingten Bindung des Vollstreckungsorgans „Prozeßgericht".

b) Verhältnis von Auslegungsbefugnis zur Bindungswirkung

Gerade die vorgenannte Konstellation der Handlungs- und Unterlassungsvollstreckung durch das Prozeßgericht macht die Notwendigkeit einer weiteren Abgrenzung deutlich: Bereits oben wurde darauf hingewiesen, daß nach herrschender und zutreffender Ansicht den Vollstreckungsorganen eine Auslegungsbefugnis wenn nicht sogar -pflicht hinsichtlich des zu vollstreckenden Titels zukommt. Und die Auslegung des Titels durch die Vollstreckungsorgane kann sogar erheblich weiter gehen, als die Berichtigungsmöglichkeit des erkennenden Gerichts. Denn während der Titel im Vollstreckungsverfahren durchaus auch *wertend* aufgefüllt werden darf,[1073] ist dies im Berichtigungsverfahren nach § 319 ZPO gerade ausgeschlossen.

1069 Vgl. bez. der grundsätzlichen Bindung bei einer Klage aus § 731 ZPO: ROSENBERG-/GAUL/SCHILKEN, ZwVollR, § 17 II 2, S. 297 f., die allerdings nicht auf die Besonderheit infolge einer Urteilsberichtigung eingehen.

1070 HAHN, Materialien-ZPO, S. 467 f.; so auch BGH VII ZR 272/90 v. 08.10.1992, NJW 1993, 1394 [1395].

1071 HAHN, Materialien-ZPO, S. 467 f.

1072 ROSENBERG/GAUL/SCHILKEN, ZwVollR, § 29 III 2, S. 487.

1073 Vgl. RG I 356/12 v. 16.04.1913, RGZ 82, 161 [164]; BGH IV ZR 59/61 v. 29.09.1961, BGHZ 36, 11 [17]; OLG Saarbrücken 9 W 148/98 v. 08.06.1998, FamRZ 1999, 110; OLG Frankfurt 12 W 107/95 v. 10.08.1995, NJW 1996, 1219 [1220]: Auslegung des Titels nach Treu und Glauben; *kritisch* zu einer derart weiten Auslegungsbefugnis ROSENBERG/GAUL/SCHILKEN, ZwVollR, § 16 V 1, S. 254 f., m. w. Nwen.

Ein Beispiel hierfür ist das gegen mehrere Beklagte ergangene Urteil, das nicht benennt, in welchem Verhältnis die Beklagten haften. Während eine *Berichtigung* des Tenors nur zulässig ist, wenn sich aus den Urteilsgründen zweifelsfrei ergibt, wie das Gericht entschieden hat,[1074] ist in der *Vollstreckung* auch eine - wertende - Auslegung des Urteils gestattet.[1075] Ähnlich verhält es sich mit dem Urteil, das im Tenor die Voraussetzungen des § 756 ZPO nicht enthält, aus dessen Tatbestand und Entscheidungsgründen sich aber ergibt, daß Verzug des Schuldners vorliegt. Auch hier scheidet eine Berichtigung des Urteils dahin, daß der Tenor um den Ausspruch des Verzugs ergänzt wird, aus.[1076] Hingegen können die Vollstreckungsorgane aufgrund der Feststellungen im Urteil die Voraussetzungen des Schuldnerverzugs als gegeben ansehen.[1077]

Diese die Berichtigungsbefugnis übersteigende Auslegungskompetenz der Vollstreckungsorgane *scheint* der oben postulierten Bindung an einen Berichtigungsbeschluß zu widersprechen. Tatsächlich handelt es sich jedoch um eine funktionale Ergänzung: Die Bindungswirkung des Urteils und damit auch eines Berichtigungsbeschlusses in der Zwangsvollstreckung reicht nur soweit, wie hierdurch das Vollstreckungsprogramm vorgegeben wird. Die so gesteckten Grenzen dürfen durch die Vollstreckungsorgane auch im Wege der Auslegung nicht verändert werden. Dieser Rahmen ist jedoch in vielen Fällen offen, d. h. ergänzungsbedürftig. Hier gewinnt die Auslegungsbefugnis der Vollstreckungsorgane ihre originäre und mit der vorgegebenen Bindung nicht konfligierende Bedeutung.

Diese funktionale Ergänzung besteht auch im umgekehrten Sinn: Den Vollstreckungsorganen sind hinsichtlich der Erkenntnisobjekte Kognitionsschranken auferlegt,[1078] die für

---

1074 Dazu oben, § 5 I., S. 65 ff.

1075 KG 1 W 2199/88 v. 29.07.1988, NJW-RR 1988, 1406, mit der weiteren Annahme, daß auch hinsichtlich der Leistungspflicht aus einem Titel § 427 BGB anzuwenden sei (a. a. O., S. 1406 f.); LG Frankfurt 2/9 T 383/91 v. 13.05.1991, NJW-RR 1991, 1470; *einschränkend* OLG Köln 2 W 107/85 v. 11.09.1985, NJW-RR 1986, 159, zur Fälligkeit der ausgeurteilten Summe.

1076 Sofern ein entsprechender Antrag gestellt, aber versehentlich nicht beschieden wurde, kommt aber eine Urteilsergänzung gem. § 321 ZPO in Betracht; vgl. oben, Einleitung I. 4.b), S. 21 f.

1077 *Offen* gelassen in BGH VIII ZR 280/80 v. 09.12.1981, NJW 1982, 1048 [1049]; *a. A.* KG 1 W 450/71 v. 04.02.1972, NJW 1972, 2052 [2053], mit der sicher unzutreffenden Begründung, es seien „komplizierte, nach dem Sinn und Zweck des § 756 ZPO den Vollstreckungsorganen nicht zugemutete materiellrechtliche Überlegungen erforderlich, um zur Feststellung des Annahmeverzugs auf Grund der Beklagtenanträge zu gelangen“. Fraglich kann lediglich sein, ob die Beweiskraft des Tatbestandes sich auch auf diese Feststellungen bezieht. Allein daß eine Prüfung kompliziert ist, entzieht sie aber nicht der Kompetenz der Vollstreckungsorgane.

1078 Vgl. oben, § 3 IV. 2.b), S. 59 ff.

das Berichtigungsverfahren nicht gelten[1079]. Insoweit reicht die inhaltliche Bestimmungskompetenz bei der Urteilsberichtigung also weiter.

Eine andere Frage ist, ob auch Vollstreckungsorgane ein Urteil nach § 319 ZPO berichtigen dürfen. Dies wird zurecht verneint. Selbst wenn als Vollstreckungsorgan das Vollstreckungsgericht tätig wird, ist dies doch kein durch § 319 ZPO legitimiertes Gericht.[1080] Denn unbeschadet des Streits, welches Gericht im Instanzenzug des *Erkenntnisverfahrens* berichtigungsbefugt ist,[1081] sind nach einhelliger Ansicht in § 319 ZPO nur diese Gerichte gemeint. Darüber hinaus steht einer Berichtigungsbefugnis der Vollstreckungsorgane wiederum die Gefahr divergierender Entscheidungen entgegen.[1082]

c) Bindungswirkung fehlerhafter Berichtigungsbeschlüsse

Abschließend bleibt somit zu klären, ob auch ein fehlerhafter Berichtigungsbeschluß die vorstehend beschriebene Beachtungspflicht in der Zwangsvollstreckung auslöst. Doch heißt die Frage stellen, sie eindeutig zu bejahen. Wie bereits eingangs dieser Untersuchung dargestellt wurde, bedeutet Bindungswirkung gerade Bindung an eine für unrichtig gehaltene Entscheidung.[1083] Ein anderes Verständnis höbe den Sinn jeglicher Bindungswirkung auf.

Eine Einschränkung mag bestehen, wenn gar kein wirksamer Beschluß vorliegt. Doch ist dies nicht danach zu beurteilen, ob der Berichtigungsbeschluß seine vermeintlichen Grenzen eingehalten hat,[1084] sondern ausschließlich danach, ob dem Berichtigungsbeschluß solche Fehler anhaften, die nach allgemeinen Kriterien zu einer im Rechtssinn nicht existenten Entscheidung führen.[1085] Damit besteht Unwirksamkeit nur in der praktisch irrelevanten Fallgruppen der Entscheidung durch ein Nichtgericht.[1086] Die hingegen im tatsächlichen Gerichtsalltag vorkommenden fehlerhaften Berichtigungsbeschlüsse, durch die - *möglicherweise* - eine andere Person den Vollstreckungswirkungen des Urteils ausgesetzt oder der Vollstreckungsumfang des Urteils gegenüber der ursprünglichen Entscheidung fehlerhaft verändert wurde, erfüllen diese Kriterien nicht und sind daher wirksam.

Insbesondere wird die Bindung der Zwangsvollstreckungsorgane nicht dadurch aufgehoben, daß der Berichtigungsbeschluß keine Begründung für das Vorliegen einer offenba-

---

1079 Dazu oben, § 5 III. 2, S. 78 ff.

1080 So auch WIESEMANN, S. 252 f.

1081 Dazu unten, § 14 I. 2, 246 ff.

1082 OSTERLOH, S. 97.

1083 Siehe dazu oben, § 11 I., S. 192 f.

1084 So die oben, § 9 II., S. 178 ff., bzw. § 10, S. 187 ff., zitierte Rechtsprechung und Literatur.

1085 Dazu grundlegend JAUERNIG, Urteil, S. 150 ff.

1086 Vgl. MUSIELAK in MüKo-ZPO, vor § 300, Rn. 3.

ren Unrichtigkeit enthält.[1087] Der Mangel einer Begründung ist zwar fehlerhaft, doch wiegt er nicht so schwer, daß deswegen von einer unwirksamen Entscheidung ausgegangen werden könnte.

Diesem Ergebnis steht auch der notwendige Schutz des von einer unrichtigen Urteilsberichtigung Betroffenen nicht entgegen. Zunächst ist gegen den Berichtigungsbeschluß gem. § 319 III ZPO das Rechtsmittel der sofortige Beschwerde gegeben. Damit hat es der durch ihn Beschwerte in der Hand, den Berichtigungsbeschluß als Akt beseitigen zu lassen. Erfolgt dies, entfällt auch seine Vollstreckbarkeit.

Aber selbst wenn der Beschwerte die Zweiwochenfrist (§ 577 II 1 ZPO) zur Einlegung der sofortige Beschwerde *schuldhaft*, anderenfalls ist ihm gem. § 233 ZPO Wiedereinsetzung zu gewähren, versäumt hat, ist er nicht völlig schutzlos gestellt. Da der Berichtigungsbeschluß Bindungswirkung nur in der Zwangsvollstreckung äußert, kann eine aufgrund eines fehlerhaften Berichtigungsbeschlusses durch die Zwangsvollstreckung bewirkte Vermögensverschiebung nachträglich rückgängig gemacht werden.[1088] Gerade hierin liegt ja auch der praktische Vorteil der hier entwickelten Lösung: Durch einen Berichtigungsbeschluß, der in einem Verfahren mit geringeren Verfahrensgarantien als im Urteilsverfahren erlassen wird, wird eine endgültige Güterzuordnung nicht bewirkt. Und auch die Gefahr des „ersten Zugriffs" besteht nur dann, wenn der Beschwerte in der Verfolgung seiner Rechte nachlässig war. Diese Konsequenz ist aber zum Erhalt eines funktionsfähigen Vollstreckungsverfahrens notwendig und damit auch gerechtfertigt.

§ 13 - Zusammenfassung

In vorstehendem Teil dieser Arbeit wurde der Versuch unternommen, die bisher kontrovers diskutierte Frage nach der Bindungswirkung eines Berichtigungsbeschlusses zu beantworten. Grundlage der Untersuchung war die Darstellung des gegenwärtigen Standes der Diskussion in Rechtsprechung und Literatur. Dabei zeigte eine detaillierte Analyse der Rechtsprechung zur Urteilsberichtigung, daß diese zwar grundsätzlich von der materiellen Rechtskraft des Berichtigungsbeschlusses ausgeht, jedoch in vielen Einzelfällen eine Bindung verneint. Besonders häufig trat diese „Rechtskraftdurchbrechung" bei der durch einen Berichtigungsbeschluß herbeigeführten Rechtsmittelzulassung und der Änderung der Parteibezeichnung auf. Doch lassen sich die Fälle keineswegs darauf begrenzen.

1087 *A. A.* die oben, § 9 II. 2.b)(1), S. 183, genannte Rechtsprechung der Vollstreckungsgerichte, vgl. LG Hamburg 9 T 62/58 v. 16.05.1958, RPfleger 1958, 276.

1088 Siehe dazu bereits oben, § 12 I. 3, S. 216 f., sowie genauer unten, § 17 II., S. 296 ff.

Dieses widersprüchliche Bild fand sich auch in der Literatur. Zwar wenden sich insbesondere die Autoren, die das Berichtigungsverfahren monographisch untersucht haben, gegen die angebliche Unwirksamkeit fehlerhafter Berichtigungsbeschlüsse, doch ist die „Praktikerliteratur" gespalten. Während es auch hier Stimmen für eine strikte Bindung gibt, fehlen nicht die Meinungen, die einer unzulässigen Urteilsberichtigung die Bindungswirkung absprechen. Vollends unübersichtlich wurde das Bild unter Berücksichtigung der zahlreichen Urteilsanmerkungen.

Diese Unübersichtlichkeit war auch und erst recht in den Begründungen, die - wenn überhaupt und über eine petitio principii hinaus reichend - für die gegensätzlichen Ansichten dargeboten werden, zu finden. Während die Verfechter einer Bindung auf den Charakter des Berichtigungsbeschlusses als Staats- oder Staatshoheitsakt, seine Unabänderlichkeit gem. §§ 319 III, 577 III ZPO und seine unterstellte Rechtskraft sowie die Rechtssicherheit verweisen, betonen die Vertreter einer Unwirksamkeit die entgegenstehende Innenbindung oder Rechtskraft der berichtigten Entscheidung. Doch stehen diese Argumente nebeneinander und werden nicht abgewogen, sondern interessengerecht isoliert.

Daher bestand die nächste Aufgabe darin, die Überzeugungskraft der bislang vorgebrachten Argumente näher zu untersuchen. Dabei konnte als erstes die Ansicht, die eine Bindungswirkung der Urteilsberichtigung mit ihrem richterlichen oder hoheitlichen Charakter zu begründen versucht, als weder systematischer Kontrolle noch rechtsstaatlichen Anforderungen genügend verworfen werden. Aber auch die Unabänderlichkeit des Berichtigungsbeschlusses gem. §§ 319 III, 577 III ZPO führt keineswegs zwangsläufig zu seiner materiellen Rechtskraft. Einen solchen Schluß rechtfertigt weder die systematische noch die subjektiv teleologische Auslegung, wenngleich diese Auslegungsmethoden durchaus Argumente für eine umfassende Bindungswirkung des Berichtigungsbeschlusses geben.

Gewichtig gegen seine materielle Rechtskraft sprach sodann eine objektiv teleologische Auslegung des § 319 ZPO. Gerade die Fälle, in denen die Rechtsprechung die Bindung an eine fehlerhafte Urteilsberichtigung behauptet hat, zeigen nämlich, daß mit einem bindenden Berichtigungsbeschluß eine erhebliche Gefahr für die materielle Rechtskraft des Urteils und die Innenbindung des Gerichts verbunden ist. Den letztgenannten Instituten wird von der heutigen Rechtsprechung und Lehre aber zurecht ein erheblich höherer Stellenwert zugemessen, als dies bei Erlaß der ZPO der Fall war. Diese veränderte Anschauung einer Grundfrage des Prozeßrechts führte dazu, daß selbst dann, wenn man aus systematischer oder *subjektiv* teleologischer Sicht eine Bindungswirkung bejahen wollte, *objektiv* teleologisch erhebliche Zweifel an der Richtigkeit dieser Folge bestehen.

Diese Zweifel konnten auch durch das Argument, daß die Rechtssicherheit die materielle Rechtskraft eines Berichtigungsbeschlusses erfordere, nicht ausgeräumt werden. Im Gegenteil zeigte sich bei näherer Betrachtung, daß gerade die Möglichkeit umfassend bindender Urteilsberichtigung eine erhebliche Gefahr für die Rechtssicherheit bedeutet. Denn das so verstandene Institut lädt dazu ein, es zur - unzulässigen - inhaltlichen Korrektur zu benutzen.

Sodann konnte gezeigt werden, daß die bisherige Diskussion nicht nur zu den vorstehend genannten Wertungswidersprüchen führt, sondern auch auf einem fehlerhaften methodischen Ansatz beruht. Sie erschöpft sich nämlich in einem pauschalen Entweder-Oder, statt nach den unterschiedlichen Bindungswirkungen zu differenzieren. Diese wurden im folgenden herausgearbeitet. Dabei zeigte sich, daß neben dem aktmäßigen Schutz einer Entscheidung und der inhaltlichen Bindung in einem nachfolgenden *Erkenntnis*verfahren die Bindungswirkung in der *Zwangsvollstreckung* als eigenständige Kategorie anzuerkennen ist. Diese ist insbesondere von der auf Erkenntnisverfahren bezogenen und begrenzten materiellen Rechtskraft zu unterscheiden.

Mit diesem methodischen Rüstzeug konnten sodann die Bindungswirkungen, die von einem Berichtigungsbeschluß ausgehen, im Einzelnen untersucht werden. Dabei ergab sich als erstes, daß ihm aufgrund der eindeutigen gesetzgeberischen Anordnung in §§ 319 III, 577 III ZPO Bestandsschutz, d. h. Schutz vor aktmäßiger Beseitigung zukommt. Hinsichtlich den davon zu unterscheidenden inhaltlichen Bindungswirkungen, den Beachtungspflichten, war jedoch zu differenzieren. Soweit diese in einem Erkenntnisverfahren wirken, das sind die positive Seite der Innenbindung und die materielle Rechtskraft, erheischt der Berichtigungsbeschluß keine Bindungswirkung. Dies folgte aus dem Fehlen einer gesetzlichen Anordnung und den nicht gegebenen Voraussetzung für eine analoge Anwendung dieser nur für Urteile bestimmten Wirkungen. Soweit jedoch eine hiervon zu unterscheidende Bindung im Vollstreckungsverfahren (unter Einschluß des Klauselerteilungs- und der Rechtsbehelfsverfahren) in Frage steht, folgt bereits aus § 794 I Nr. 3 ZPO eine Bindung. Diese bewirkt, daß die Vollstreckungsorgane (in weitem Sinne) an die inhaltliche Veränderung des Titels durch den Berichtigungsbeschluß gebunden sind.

Die unterschiedliche Behandlung der Beachtungspflichten rechtfertigte sich aus den unterschiedlichen Folgen dieser Bindungswirkungen. Während eine Bindung im Erkenntnisverfahren zum endgültigen Verlust von Rechtspositionen, zur Änderung der Güter*zuordnung* führt, bewirkt die Bindung im Vollstreckungsverfahren nur eine Vermögens*verschiebung*. Diese kann, wenn ihr nicht die vom Berichtigungsbeschluß unberührte materielle Rechtskraft entgegensteht, wenn also ein unrichtiger Berichtigungsbeschluß vorliegt, rückgängig gemacht werden. Allein diese gegenüber der materiellen Rechtskraft geringere Wirkung wird auch durch die gegenüber dem Urteilsverfahren verminderten Garantien des Berichtigungsverfahrens gedeckt.

Vierter Teil: Verfahrensfragen

Im letzten Teil dieser Arbeit sind Verfahrensfragen zu erörtern. Dazu gehören zum einen Fragen des Berichtigungsverfahrens selbst, unter Einschluß der Rechtsmittel gegen Entscheidungen hierin. Weiterhin ist der Einfluß der Urteilsberichtigung auf das Verfahren in der Hauptsache und dabei insbesondere die strittige Frage nach dem Lauf von Rechtsmittelfristen zu diskutieren. Schließlich ist die bereits mehrfach angesprochene Haftung bei der Vollstreckung aus einem offenbar unrichtigen Urteil sowie die mögliche Haftung des Richters bei fehlerhafter Urteilsberichtigung näher zu behandeln.

§ 14 - Das Berichtigungsverfahren

Vorrangig sind einige strittige Fragen des Berichtigungsverfahrens zu erörtern. Dazu gehören die Zuständigkeit im Verhältnis von Einzelrichter zu Kammer bzw. Senat, das Berichtigungsinteresse Dritter, das Problem der Verwirkung der Antragsbefugnis im Berichtigungsverfahren sowie Fragen des rechtlichen Gehörs. Die übrigen, weitgehend unstreitigen Aspekte des Berichtigungsverfahrens werden nur angesprochen.

I. Zuständigkeit

Gemäß § 319 I ZPO sind Unrichtigkeiten „von *dem* Gericht" zu berichtigen. Damit ist nach allg. M. *zunächst* der Spruchkörper, der das zu berichtigende Urteil erlassen hat, gemeint.[1089] Da weiterhin, anders als bei der Tatbestandsberichtigung gem. § 320 IV 2 ZPO, die Mitwirkungsbefugnis nicht auf die Richter beschränkt ist, die auch das Urteil gefällt haben, ist es unerheblich, wenn sich seit Urteilserlaß die konkrete Zusammensetzung des Gerichts geändert, ein Richterwechsel stattgefunden hat.[1090]

1. Berichtigung der Einzelrichterentscheidung

Mit diesen Angaben ist die konkrete Zuständigkeit in den Fällen, in denen das Urteil vom *Einzelrichter* einer Kammer oder eines Senats (Erstinstanzlich am LG gem. § 348 ZPO, in der Berufung gem. § 524 III, IV ZPO) erlassen wurde, aber

---

1089 KG 12 W 1168/80 v. 14.07.1980, JurBüro 1981, 614 [615]; WIESEMANN, S. 249, m. w. Nwen; siehe zu der arbeitsrechtlichen Besonderheit, daß der Kammervorsitzende am ArbG allein entscheidet RAG B 17/40 v. 05.06.1940, ArbRSlg 39, 193 [194 f.]; LAG Hamm 5 Sa 860/67 v. 10.05.1968, MDR 1969, 170 [170 f.], sowie ausführlich MIARA, NZA 1996, 184.

1090 BGH III ZR 265/54 v. 08.03.1956, BGHZ 20, 188 [192]; BGH III ZR 95/82 v. 12.01.1984, NJW 1985, 742; MUSIELAK in MüKo-ZPO, § 319, Rn. 11, m. w. Nwen.

noch nicht bestimmt. Nach verbreiteter Auffassung soll hier bloß dieser, im umgekehrten Fall bloß das Kollegium zur Berichtigung befugt sein.[1091] Diese Unterscheidung klingt auch plausibel, da sie symmetrisch ist. Auch in der Sache hat sie etwas für sich, da gem. § 350 ZPO der Einzelrichter *als Landgericht* entscheidet.[1092] Probleme bereitet sie jedoch, wenn der Richter, der als Einzelrichter das Urteil gefällt hat, nicht mehr dem Kollegium angehört. Will man nicht, was nicht vertreten wird, in diesen Fällen die Berichtigung ausschließen, muß man entweder den neuen Richter mit der Berichtigung betrauen,[1093] oder das Kollegium entscheiden lassen.

Für die erste Möglichkeit spricht *nur* die Symmetrie. Denn mit mindestens gleichem, hinsichtlich der notwendigen Unvoreingenommenheit sogar besserem Recht könnte man in diesem Fall auch einen ganz anderen Richter mit der Berichtigung betrauen. Daher ist zumindest in dieser Konstellation die Zuständigkeit des Kollegiums gegeben. Aber auch in den Fällen, in denen der Einzelrichter das zu berichtigende Urteil gefällt hat, sprechen gute Gründe für eine *ausschließliche* Zuständigkeit des Kollegiums. Da berichtigungsfähig nur überindividuell gleich wahrnehmbare Umstände sind, bietet das Kollegium die bessere Gewähr für die Einhaltung der Grenzen der Berichtigungsbefugnis. Richtigerweise ist eine Tatsache nämlich dann nicht allgemeinkundig, wenn auch nur ein Richter des Kollegiums sie für zweifelhaft hält.[1094] Gleiches gilt für die Frage, ob ein logisch zwingender Schluß verletzt wurde. Die mit dieser Lösung dem Kollegium auferlegte Mehrbelastung erscheint im Hinblick auf die besser gewährleistete Entscheidungsqualität vertretbar.

2. *Berichtigung nach Rechtsmitteleinlegung*

Entgegen dem Wortlaut des § 319 I ZPO und entgegen einer älteren Auffassung ist nach h. M. *neben* dem Ausgangsgericht auch das Rechtsmittelgericht zur Berichtigung des Urteils berechtigt, wenn das Urteil angefochten wurde.[1095] Es

---

1091 HARTMANN in B/L/A/H, § 319, Rn. 27; MUSIELAK in MüKo-ZPO, § 319, Rn. 11, m. w. Nwen; *a. A.* WIECZOREK, ZPO, § 319, Anm. C I a 1 der das Kollegium immer den Einzelrichter berichtigen lassen will.

1092 Vgl. HARTMANN in B/L/A/H, § 350, Rn. 1.

1093 So OLG Zweibrücken 5 W 9/94 v. 06.06.1994, OLGZ 1994, 581.

1094 A. BLOMEYER, ZPR I, § 67 II 2a, S. 253 f.; WIECZOREK, ZPO, § 291, Anm. A III b 3, c; *a. A.* die h. L., vgl. LEIPOLD in Stein/Jonas, ZPO, § 291, Rn. 3, m. w. Nwen. Die von der h. L. zitierte Entscheidung BGH III ZR 157/58 v. 30.11.1959, VersR 1960, 511 [512 f.] erging zur Frage der *Gerichts*kundigkeit; zur Unterscheidung bereits oben, § 2 II. 2, S. 44 f.

1095 BGH XI ZR 278/96 v. 27.05.1997, BGHR ZPO § 319 Abs 1 Urteilsformel 5; BGH VII ZR 152/62 v. 18.06.1964, NJW 1964, 1858; BAG 3 AZR 412/63 v. 12.05.1964, NJW 1964, 1874; OLG Bremen 2 U 149/71 v. 22.06.1972, VersR 1973, 226 [228]; BayObLG besteht somit nach Rechtsmitteleinlegung eine doppelte Berichtigungszuständigkeit. Die hierdurch geschaffene Gefahr divergierender Berichtigungen ist auch der Grund, warum teilweise nach Rechtsmitteleinlegung *nur* noch das Rechtsmittelgericht für zuständig gehalten wird.[1096]

Zwar ist der h. M. zuzugeben, daß diese Gefahr praktisch eher gering ist, da zumindest nach Abgabe der Akten durch das Ausgangsgericht an das Rechtsmittelgericht Ersterem tatsächlich eine Berichtigung nur schwer möglich sein wird.[1097] Doch zeigt die Praxis, daß dies keineswegs immer ein Hinderungsgrund sein muß.[1098] Vor allem aber kann die von der h. M. für die behauptete Zuständigkeit des Rechtsmittelgerichts gegebene Begründung nicht überzeugen. Sie soll sich nämlich im Wege des „argumentum a maiore ad minus" aus der Befugnis, die zu berichtigende Entscheidung auch aufheben zu können, ergeben.[1099] Doch wird dabei übersehen, daß die zulässige Berichtigung im Gegensatz zur Rechtsmittelentscheidung *niemals* eine Entscheidung in der Sache ist.[1100] Sachentscheidung und Berichtigung sind zwei grundverschiedene Arten richterlicher Tätigkeit, was sich schon daraus ergibt, daß mit Erlaß des Urteils die *Entscheidungs*kompetenz des erkennenden Gerichts beendet ist, die *Berichtigungs*befugnis aber erst beginnt. Aus der Befugnis zur Sachentscheidung läßt sich daher nichts für die Berichtigungsbefugnis ableiten.

Darüber hinaus ist dieses Argument auch in sich unschlüssig. Denn auch das Rechtsmittelgericht hat nur dann die behauptete Aufhebungsbefugnis in der Sache, wenn das Rechtsmittel zulässig ist.[1101] Die Fälle, in denen von der Rechtsprechung eine Berichtigungsbefugnis des Rechtsmittelgerichts angenommen wurde, waren aber gerade die, bei denen aufgrund einer Berichtigung der Schein einer Beschwer entfiel oder unter die Rechtsmittelgrenze sank und daher das Rechtsmittel unzulässig war.[1102] Eine Aufhebungsbefugnis bestand daher nicht.

---

1 b Z 3/89 v. 03.03.1989, NJW-RR 1989, 720 [721] (für das FGG-Verfahren); Wiesemann, S. 249 f.; W. Lüke, JZ 1995, 969 [970]; Musielak in MüKo-ZPO, § 319, Rn. 11, m. w. Nwen.

1096 Hess, S. 42 f.

1097 Freytag, S. 33 f.; Wiesemann, S. 250.

1098 Siehe LG Bochum 11 S 503/82 v. 21.06.1983, ZZP 97 (1984), 215, dazu unten § 16 II. 1, bei Fn. 1322, S. 291.

1099 Wiesemann, S. 249; Hess, S. 43; die Rechtsprechung enthält sich einer Begründung.

1100 Insoweit auch W. Lüke, JZ 1995, 969 [970]; Musielak in MüKo-ZPO, § 319, Rn. 14.

1101 Jauernig, Urteil, S. 107 ff.; Proske, NJW 1997, 352 [353 f.], m. w. Nwen.

1102 BGH XI ZR 278/96 v. 27.05.1997, BGHR ZPO § 319 Abs. 1 Urteilsformel 5: Infolge der Berichtigung eines Rechenfehlers unterschritt die Beschwer den Betrag von 60.000 DM (§ 546 I 1 ZPO); ähnlich in BAG 3 AZR 412/63 v. 12.05.1964, NJW 1964, 1874.

Rechtfertigt somit die behauptete Aufhebungsbefugnis die Zuständigkeit des Rechtsmittelgerichts nicht, verbleibt lediglich das von der Literatur zusätzlich und von der Rechtsprechung unausgesprochen bemühte Argument der Prozeßökonomie.[1103] Das soll insbesondere gegen die Ansicht sprechen, daß im Falle einer offenbaren Unrichtigkeit das Rechtsmittelgericht den judex a quo zu veranlassen habe, sein Urteil selbst zu berichtigen.[1104] Denn das Rechtsmittelgericht werde das Vorliegen einer offenbaren Unrichtigkeit in vielen Fällen erst nach Vorlage der Akten feststellen können und müsse diese dann zurückgeben, um dem Ausgangsgericht die Berichtigung zu ermöglichen.

Jedoch verstößt dieser „kurze Prozeß" gegen das Gebot des gesetzlichen Richters, Art. 101 I 2 GG, da sich das Rechtsmittelgericht damit eine Kompetenz anmaßt, die ihm laut Gesetz allenfalls[1105] im Beschwerdeweg nach einer Entscheidung des Ausgangsgerichts zukommt.[1106] Das legitime Ziel der Prozeßökonomie kann prozeßrechts- und verfassungskonform eher erreicht werden, wenn man die durch die offenbare Unrichtigkeit beschwerte Partei nicht vorschnell in ein Rechtsmittel zwingt.[1107] Es bestehen somit keine überzeugenden Gründe, dem Rechtsmittelgericht die Zuständigkeit zur Berichtigung des vorinstanzlichen Urteils zuzusprechen.[1108]

Anders ist natürlich bei der Berichtigung des Urteils des Rechtsmittelgerichts zu entscheiden. Hier ist (ausschließlich) das Rechtsmittelgericht zuständig, da es das Gericht ist, das in der Sache entschieden hat.[1109]

3. *Zusammenfassung*

Für die Berichtigung ist ausschließlich das Gericht zuständig, daß das zu berichtigende Urteil erlassen hat. Eine Abweichung ergibt sich nur insoweit, wie bei Einzelrichterentscheidungen eines Kollegiums das Kollegium für eine Berichtigung zuständig ist.

1103 WIESEMANN, S. 250 f.

1104 Siehe zu dieser älteren Auffassung die Nwe. bei WIESEMANN, S. 249, Fn. 5.

1105 Hier ist jedoch der Rechtsmittelausschluß des § 319 III ZPO zu beachten, dazu unten, § 15 I., S. 261 ff.

1106 Vgl. zum Problem der angemaßten Entscheidungskompetenz im Rechtsmittelverfahren BETTERMAN, ZZP 88 (1975), 365 [379 ff., 400].

1107 Dazu unten, § 16 I. 3.b)(2), S. 287 f.

1108 So auch LINDACHER, ZZP 88 (1975), 64 [72]; ROSENBERG/SCHWAB/GOTTWALD, ZPR, § 61 I 3, S. 332; zu einer Ausnahme unten, § 15 I., bei Fn. 1201, S. 263.

1109 OLG Düsseldorf 10 W 57/91 v. 06.06.1991, MDR 1991, 789.

II. Einleitung des Berichtigungsverfahrens

Nach § 319 I ZPO „sind" offenbare Unrichtigkeiten „auch von Amts wegen" zu berichtigen. Daraus folgt nach einhelliger und zutreffender Ansicht, daß sowohl die Parteien einen Berichtigungsantrag stellen können als auch das Gericht von sich aus eine Berichtigung vornehmen darf und sogar - sobald es von einer solchen Unrichtigkeit Kenntnis erlangt - *muß*.[1110] Erwähnenswert sind in diesem Zusammenhang folgende Punkte:

1. Anwaltszwang im Berichtigungsverfahren

Der Antrag auf Urteilsberichtigung zielt ausschließlich auf eine prozessuale Wirkung. Er ist daher eine Prozeßhandlung,[1111] bei der im Anwaltsprozeß die Partei selbst nicht postulationsfähig ist, § 78 ZPO.[1112] Soweit im Klageverfahren eine anwaltliche Vertretung notwendig war, erstreckt sich dies Erfordernis demnach auch auf das Berichtigungsverfahren.[1113] Zwar folgt daraus, daß ein von der Naturpartei im Anschluß an einen Anwaltsprozeß selbst gestellter Antrag unwirksam ist,[1114] doch kann - und muß - dies Anlaß für das Gericht sein, der behaupteten offenbaren Unrichtigkeit von Amts wegen nachzugehen.[1115] Verneint es diese, entfällt jedoch für das Gericht die Entscheidung durch Beschluß und für die Partei die (nur begrenzt zulässige[1116]) Beschwerde.

2. Berichtigungsinteresse Dritter

Ein faktisches Interesse Dritter, die Berichtigung eines Urteils zu erreichen, mag in vielen Fällen bestehen. So wird etwa der - nicht verklagte - Haftpflichtversicherer ein Interesse daran haben, die Berichtigung eines Tenors zu erreichen, der die Zahlungspflicht seines Versicherungsnehmers gegenüber der getroffenen Entscheidung fehlerhaft zu hoch ausweist. Jedoch gibt diese *rein tatsächliche* Betroffenheit kein Recht, sich gegen das zwischen anderen Personen ergangene Urteil zu wenden.[1117] Etwas anderes gilt nur, wenn außer den Parteien des Prozesses Dritte unmittelbar *rechtlich* betroffen werden.

1110 Statt aller OLG Hamm 4 WF 457/85 v. 03.09.1986, NJW-RR 1987, 187 [188]; MUSIELAK in MüKo-ZPO, § 319, Rn. 12, jew. m. w. Nwen.

1111 Vgl. ROSENBERG/SCHWAB/GOTTWALD, ZPR, § 63 IV, V, S. 346.

1112 Vgl. ROSENBERG/SCHWAB/GOTTWALD, ZPR, § 53 III 2, S. 286.

1113 H. M., vgl. MUSIELAK in MüKo-ZPO, § 319, Rn. 12, m. w. Nwen; *a. A.* WIESEMANN, S. 260, aufgrund teleologischer Reduktion des § 78 ZPO.

1114 Vgl. ROSENBERG/SCHWAB/GOTTWALD, ZPR, § 53 III 3, S. 287.

1115 MUSIELAK in MüKo-ZPO, § 319, Rn. 12.

1116 Dazu unten, § 15 I., S. 261 f.

1117 HABSCHEID, SJZ 1987, 235 [237]; BORK in Stein/Jonas, ZPO, vor § 50, Rn. 10 f.; siehe zu dieser Parteibezogenheit des Rechtsmittelsystems ferner SMID, NJW 1989, 1578 ff.

a) Fehlerhafte Parteibezeichnung

Eine solche Konstellation liegt etwa vor, wenn durch die unrichtige Parteibezeichnung im Urteil eine andere Person den Urteilswirkungen ausgesetzt ist, als die wahren Parteien des Rechtsstreits. Wurde beispielsweise[1118] auf die gegen „G. V." erhobene Klage irrtümlich ein Urteil gegen „T. V." erlassen, ist „T. V." damit zwar nicht Partei des Rechtsstreits geworden,[1119] doch könnte der Kläger aus dem Titel die Zwangsvollstreckung gegen „T. V." betreiben. „T. V." ist daher durch das Urteil unmittelbar rechtlich betroffen, so daß seine Antragsbefugnis im Berichtigungsverfahren möglich erscheint.

Die Rechtsprechung entscheidet in diesem Fall indes anders und gewährt dem irrtümlich Betroffenen statt der Antragsbefugnis im Berichtigungsverfahren die Befugnis zur Einlegung des gegen die Entscheidung gegebenen Rechtsmittels.[1120] Eine Begründung hierfür wird jedoch nicht gegeben und ist auch nicht ersichtlich. Denn das prozessuale Problem, daß die Scheinpartei außerhalb des Prozeßrechtsverhältnisses steht und daher zur Einmischung grundsätzlich unberechtigt ist,[1121] stellt sich bei beiden Rechtsbehelfen. Dieser Gesichtspunkt wird jedoch durch die Notwendigkeit, der durch eine unrichtige Bezeichnung betroffenen Person eine Rechtsschutzmöglichkeit zu geben, verdrängt.[1122] In welcher Form der Rechtsschutz gewährt wird, ist eine zweite Frage. Er muß keineswegs soweit reichen, wie der der Parteien.[1123] Er muß lediglich die effektive Abwehr des durch die Falschbezeichnung gesetzten fehlerhaften Rechtsscheins sicherstellen. Soweit hierzu das Berichtigungsverfahren ausreicht, weil die Falschbezeichnung offenkundig ist, besteht für das aufwendigere Rechtsmittelverfahren kein Rechtsschutzbedürfnis.[1124]

Trotzdem ist dem BGH im entschiedenen *Einzelfall* zuzustimmen. Die im Urteil gewählte Bezeichnung entsprach dem Antrag des Klägers. Allenfalls mit der sehr weitgehenden Auslegung des BGH kann man behaupten, daß der Kläger „in Wahrheit" „G. V."

1118 Nach BGH VIII ZB 34/77 v. 09.11.1977, MDR 1978, 307; ähnliche Konstellation in BGH X ARZ 255/95 v. 28.03.1995, NJW-RR 1995, 764.

1119 Vgl. auch OLG Nürnberg 9 U 903/87 v. 01.07.1987, OLGZ 1987, 482 [486]; OLG Brandenburg 1 W 13/95 v. 20.12.1995, NJW-RR 1996, 1214 [1214 f.].

1120 BGH VIII ZB 34/77 v. 09.11.1977, MDR 1978, 307 [308]; in Einzelfällen wurde von den Instanzgerichten auch anders entschieden, siehe unten § 16 II. 2, in und bei Fn. 1334, S. 293. Grundsätzlich anders HABSCHEID, SJZ 1987, 235 [237], der lediglich die negative Feststellungsklage gewähren will.

1121 Insoweit zutreffend HABSCHEID, a. a. O.

1122 Insoweit zutreffend BGH, a. a. O.

1123 OLG Koblenz 5 W 429/96 v. 23.09.1996, NJW-RR 1997, 1352.

1124 Dazu ausführlich unten, § 16 II. 2, S. 292 ff.

und nicht „T. V." meinte.[1125] Offenkundig war das jedoch in keinem Fall. Um so unverständlicher ist, daß der BGH gleichwohl *grundsätzlich* die Zulässigkeit eines Berichtigungsantrags des Dritten verneinte.

Diese Entscheidung widerspricht auch der Rechtsprechung des BGH in der vergleichbaren Konstellation, daß einem Dritten die Prozeßkosten auferlegt wurden.[1126] Auch hier wird eine außerhalb des Prozeßrechtsverhältnisses stehende Person beschwert und werden ihr mangels Parteistellung die Rechtsmittel der Berufung und Revision verweigert. Allein die Beschwerde, die nicht auf die Parteistellung beschränkt ist, wird ihr zur Abwehr der Beschwer gewährt.[1127]

b) Berichtigungsinteresse des Prozeßbevollmächtigten

Ferner ist auch der Prozeßbevollmächtigte vom Urteil nicht nur tatsächlich betroffen. Wie dargelegt, wird seine Rechtsstellung im Kosten- und Gebührenfestsetzungsverfahren durch eine unrichtige Bezeichnung seiner Person oder der Partei, gegen die er die festgesetzten Kosten vollstrecken kann, beeinträchtigt.[1128] Insoweit ist ihm daher auch ein eigenes Antragsrecht auf Berichtigung seiner Bezeichnung zuzugestehen.

III. Rechtsschutzbedürfnis

Jede Inanspruchnahme staatlicher Organe zur Rechtsverfolgung setzt ein Rechtsschutzbedürfnis voraus.[1129] Auch bezüglich des Berichtigungsverfahrens ist von dieser Grundregel nicht abzuweichen. Allerdings dürfte der Behauptung, ein Urteil leide an einer offenbaren Unrichtigkeit, in aller Regel auch ein Rechtsschutzbedürfnis zukommen. Es sind daher nur wenige Konstellationen denkbar, bei denen die Frage des Rechtsschutzbedürfnis im Berichtigungsverfahren relevant werden kann.

Neben den Sonderfällen der wiederholten Berichtigung und der Verwirkung der Antragsbefugnis, auf die sogleich einzugehen ist, handelt es sich dabei um die beantragte Berichtigung von Unrichtigkeiten, die rechtlich *völlig* unerheblich sind. Als Beispiel sei die begehrte Berichtigung eines Rechtschreibfehlers in den Urteilsgründen genannt. Hierin liegt ein Mißbrauch der staatlichen Rechtsschutz-

---

1125 Kritisch SCHREIBER, JR 1978, 512, der zurecht darauf hinweist, daß mit einer so weiten Auslegung der formelle Parteibegriff in Gefahr gerät.

1126 BGH IVb ZR 5/86 v. 24.06.1987, NJW 1988, 49.

1127 BGH, a. a. O., S. 50, m. w. Nwen. Insoweit zustimmend auch SMID, NJW 1989, 1578 [1579]; zu dessen weiterführenden Überlegungen hinsichtlich des Rechtsschutzes gegen Entscheidungen des OLG unten, § 15 II. 2.a), in Fn. 1215, S. 266.

1128 Oben, § 8 I. 2.b), S. 158.

1129 BGH X ZB 2/70 v. 18.06.1970, BGHZ 54, 181 [184]; BGH I ZR 122/74 v. 05.12.1975, GRUR 1976, 256 [257]; OLG Koblenz 5 U 175/88 v. 29.06.1989, OLGZ 1990, 127 [127 f.]; HARTMANN in B/L/A/H, Grundz § 253, Rn. 34.

möglichkeiten,[1130] so daß man im Einzelfall das Rechtsschutzbedürfnis für einen Berichtigungsantrag verneinen kann. Das Gericht *kann* solche Fehler formlos berichtigen.[1131]

Nichts anderes gilt in den Fällen, in denen ein Antragsteller mehrfach und erfolglos die Berichtigung der selben behaupteten offenbaren Unrichtigkeit verlangt. Auch insoweit ergibt sich keine Abweichung von allgemeinen Grundsätzen, so daß das Gericht dann, wenn die Wiederholung ins Querulatorische umschlägt, solche Anträge unbeachtet zu den Akten legen kann.[1132]

1. Wiederholte Berichtigung

Problematischer erscheint die Beurteilung eines Berichtigungsantrags, der sich auf eine bereits berichtigte offenbare Unrichtigkeit bezieht. Wenngleich diese Konstellation in der Praxis nicht relevant zu sein scheint,[1133] hat sie doch die (ältere) Literatur beschäftigt. Während die einen eine mehrfache Berichtigung zulassen wollen, wobei Grundlage der folgenden Berichtigung dann jeweils die zuvor berichtigte Urteilsfassung sein soll,[1134] sprechen andere von einer Sperre durch die materielle Rechtskraft des ersten Berichtigungsbeschlusses.[1135] Beide Auffassungen überzeugen nicht.

Gegen die erste spricht, das auf diesem Wege mit einer Kette von Berichtigungen das Urteil komplett verändert werde könnte. Diese Gefahr ist um so größer, wenn man entgegen der hier vertretenen, aber mit der noch h. M. von einer weiten Berichtigungsbefugnis ausgeht. Und der zweiten Auffassung ist schon deshalb nicht zu folgen, weil dem Berichtigungsbeschluß nach obiger Untersuchung keine materielle Rechtskraft zukommt.

Tatsächlich dürfte einem solchen Berichtigungsantrag das Rechtsschutzbedürfnis nicht abzusprechen sein. Er kann jedoch in der Sache keinen Erfolg haben. Ist im ersten Berichtigungsbeschluß eine offenbare Unrichtigkeit festgestellt worden, steht der erneuten, aber abweichenden Beurteilung das Erfordernis entgegen, daß nur solche Unrichtigkeiten berichtigungsfähig sind, die *zweifelsfrei* sind. Denn

---

1130 Siehe dazu im allgemeinen: BAUMGÄRTEL, ZZP 69 (1956), 89 [113 ff.]; E. SCHUMANN in Stein/Jonas, ZPO, Vor § 253, Rn. 117.

1131 Vgl. ArbG Lüneburg 4 Ca 258/00 v. 03.04.2000, unveröffentlicht, wo lediglich darauf hingewiesen wurde, daß es statt „Haltungspriviligierung" „Haftungsprivilegierung" heißen müsse.

1132 Vgl. BVerfG 2 BvR 36/60 v. 22.02.1960, BVerfGE 11, 1 [5]; BGH VIII ARZ 14/73 v. 07.11.1973, NJW 1974, 55 [56].

1133 Angedeutet jedoch in OLG Köln 27 WF 54/92 v. 05.10.1992, FamRZ 1993, 456 [457].

1134 FREYTAG, S. 21 f.

1135 STEINBERG, S. 25.

was einmal in die eine Richtung festgestellt wurde, kann nicht zweifelsfrei nun anders sein.

2. Rechtsmißbrauchs und Verwirkung der Antragsbefugnis

Von etwas größerer praktischer Bedeutung ist die letzte Fragestellung im Zusammenhang mit dem Rechtsschutzbedürfnis. Nach § 319 I ZPO kann die Urteilsberichtigung „jederzeit" vorgenommen werden. Das bedeutet insbesondere, daß die Rechtskraft des zu berichtigenden Urteils einer Berichtigung nicht entgegen steht.[1136] Dennoch erscheint fraglich, ob nicht im Einzelfall ein Antrag auf Urteilsberichtigung abzuweisen ist, obwohl er wegen Vorliegens einer offenbaren Unrichtigkeit „an sich" begründet wäre. Mangels einer gesetzlichen Befristung der Antragsbefugnis und dem Eingriff in die Rechtsstellung des vom unrichtigen Urteil Beschwerten kann das nur angenommen werden, wenn der Antrag im Einzelfall gegen den auch im Zivilprozeßrechts geltenden Grundsatz von Treu und Glauben[1137] verstößt. Dieser Grundsatz hat im Zivilprozeß vier verschiedene Ausprägungen gefunden.[1138] Von ihnen erscheinen auf die Urteilsberichtigung allerdings nur zwei, nämlich der Einwand des *Rechtsmißbrauchs* und der *Verwirkung,* überhaupt anwendbar.[1139]

Ein *Rechtsmißbrauch* liegt vor, wenn von prozessualen Befugnissen zu Zwecken Gebrauch gemacht wird, die zu schützen unter keinem denkbaren Gesichtspunkt gerechtfertigt ist.[1140] Das kann in den oben erwähnten Konstellationen der Fall sein, in denen sich der Berichtigungsantrag auf Unrichtigkeiten bezieht, die rechtlich *völlig* unerheblich sind. Jedoch liegt hierin kein Verstoß gegen das *der anderen Prozeßpartei gegenüber* zu beachtende Gebot von Treu und Glauben, sondern ein Mißbrauch der staatlichen Rechtsschutzmöglichkeiten.[1141] Soweit die

---

1136 BGH IVb ZB 502/80 v. 23.04.1980, VersR 1980, 744; OLG Hamm 4 WF 457/85 v. 03.09.1986, NJW-RR 1987, 187 [188]; LEIPOLD in Stein/Jonas, ZPO, § 319, Rn. 10; MUSIELAK in MüKo-ZPO, § 319, Rn. 12, m. w. Nwen.

1137 Siehe dazu BGH IV ZR 336/55 v. 10.03.1956, BGHZ 20, 198 [206]; BAUMGÄRTEL, ZZP 86 (1973), 353 ff.

1138 Dazu näher BAUMGÄRTEL, ZZP 86 (1973), 353 [354 ff.].

1139 Vgl. MUSIELAK in MüKo-ZPO, § 319, Rn. 12, m. w. Nwen; zu den weiteren Varianten der „arglistige Schaffung prozessualer Rechtslagen" sowie des „Verbots gegensätzlichen Verhaltens" siehe BAUMGÄRTEL, ZZP 86 (1973), 353 [362 f., 363 ff.].

1140 BGH VII ZR 58/86 v. 26.02.1987, NJW 1987, 1946 [1947]; siehe näher BAUMGÄRTEL, ZZP 69 (1956), 89 [113 ff.]; ZEISS, Arglist, S. 150 ff.

1141 Zu der Unterscheidung dieser Aspekte siehe BAUMGÄRTEL, ZZP 69 (1956), 89 [99 ff.]; ZZP 86 (1973), 353 [368 ff.]; DÜTZ, NJW 1972, 1025 [1027 f.].

Berichtigung jedoch rechtserheblich ist, kann von einem Mißbrauch prozessualer Befugnisse nicht gesprochen werden.[1142]

Eher könnte der Einwand der *Verwirkung* durchschlagen. Von einer Verwirkung prozessualer Befugnisse[1143] kann indes nur ausgegangen werden, wenn bezüglich des verwirkten Rechtsbehelfs „ein selbständiger Vertrauenstatbestand vorliegt und das Erfordernis des Vertrauensschutzes für den Gegner derart überwiegt, daß das Interesse des Berechtigten an der sachlichen Prüfung des von ihm behaupteten Anspruchs zurücktreten muß."[1144] Das wird man beim Anspruch einer Partei auf Urteilsberichtigung kaum annehmen können.[1145] Dem für eine Verwirkung notwendigen Vertrauenstatbestand beim Gegner dürfte in aller Regel das Merkmal der Offenkundigkeit der Unrichtigkeit entgegenstehen. Wenn der Gegner die Unrichtigkeit trotzdem nicht bemerkt hat, ist dies allein seiner Unachtsamkeit zuzuschreiben. Diese verdient keinen Schutz.

Etwas anderes kann allerdings gelten, wenn der, der nun die Berichtigung beantragt, vorher durch *eigenes* Verhalten einen über den Schein des unrichtigen Urteils hinausgehenden Vertrauenstatbestand geschaffen hat.[1146] Doch ist auch dabei zu bedenken, daß neben den gegensätzlichen Parteiinteressen auch ein öffentliches Interesse an der Urteilsberichtigung besteht. Denn ein offenbar unrichtiges Urteil stellt immer auch eine Einschränkung der Rechtssicherheit dar, weshalb die Berichtigung auch von Amts wegen erfolgen kann. Daher sind an das Vorliegen eines von einer Partei geschaffenen Vertrauenstatbestandes so hohe Voraussetzungen zu knüpfen, daß mir kein praktisch relevantes Beispiel einfällt.[1147]

Insbesondere sehe ich die Voraussetzungen in folgendem Fall *nicht* gegeben: Das LG verurteilte zur Zahlung von 11 TDM nebst Zinsen *ab 1.10.1980.* In den Gründen des Ur-

---

1142 Erwogen jedoch von OLG München 25 W 1026/83 v. 12.04.1983, OLGZ 1983, 368 [369].

1143 Das ist abzugrenzen von einer Verwirkung der *Klagebefugnis*, die von der ganz h. L. abgelehnt wird, vgl. BAUMGÄRTEL, ZZP 86 (1973), 353 [367 f.]; HARTMANN in B/L/A/H, Einl. III, Rn. 64 f., m. w. Nwen; *anders* jedoch die Rspr., vgl. BVerfG 2 BvR 255/67 v. 26.01.1972, NJW 1972, 675 [676 f.], und dazu *abl.* DÜTZ, NJW 1972, 1025 [1028].

1144 BAUMGÄRTEL, ZZP 86 (1973), 353 [367]; ders., ZZP 67 (1954), 423 [444 ff.]; ähnlich ZEISS, Arglist, S. 123 ff., siehe auch HARTMANN in B/L/A/H, § 567, Rn. 13, m. w. Nwen.

1145 Zurückhaltend auch OLG Brandenburg 9 WF 234/99 v. 02.12.1999, MDR 2000, 658; OLG Hamm 4 WF 457/85 v. 03.09.1986, NJW-RR 1987, 187 [188 f.]; MUSIELAK in MüKo-ZPO, § 319, Rn. 12; WIESEMANN, S. 277 f.

1146 Insoweit überschneidet sich die Variante der Verwirkung mit der des widersprüchlichen Verhaltens. Da ihnen aber nur ein beschreibender Wert zukommt, kann die Einordnung letztlich offen bleiben.

1147 Das von WIESEMANN, S. 278, genannte Beispiel, daß der Antragsteller vorher erklärt hat, er „lege auf eine Berichtigung keinen Wert", dürfte nicht der Verwirkung, sondern - wenn überhaupt - dem *Verzicht* zuzuordnen sein.

teils wurde der Zinsanspruch mit dem Verzug des Beklagte *seit dem 4.9.1981* begründet. Der Beklagte nahm seine Berufung nach einem Vergleich, daß mit dem Urteil des LG alle Ansprüche des Klägers befriedigt seien, zurück. Nach Rechtskraft des landgerichtlichen Urteils beantragte der Beklagte die Berichtigung des Tenors, daß Zinsen nur ab dem 4.9.1981 zugesprochen seien.[1148]

IV. Rechtliches Gehör im Berichtigungsverfahren

„Über die Berichtigung *kann* ohne mündliche Verhandlung entschieden werden", § 319 II 1 ZPO. Das Gericht hat insoweit also einen Ermessensspielraum.[1149] Das heißt jedoch nicht, daß auch die Gewährung rechtlichen Gehörs in das Ermessen des Gerichts gestellt wäre. Denn dieses Prozeßgrundrecht kann auch außerhalb einer mündlichen Verhandlung gewährt werden und steht nicht im Ermessen des Gerichts.[1150] Es sind daher zwei Fragen zu unterscheiden. Zum einen ist festzustellen, wann im Berichtigungsverfahren rechtliches Gehör *überhaupt* zu gewähren ist, zum anderen ist zu prüfen, unter welchen Voraussetzungen die Gewährung rechtlichen Gehörs in der *besonderen Form* einer mündlichen Verhandlung zu erfolgen hat.

1. Die Notwendigkeit der Gewährung rechtlichen Gehörs

Nach h. M. ist die Gewährung rechtlichen Gehörs im Berichtigungsverfahren zwingend erforderlich, wenn in die Rechtsstellung einer der Parteien eingegriffen wird.[1151] Das ist richtig; es entspricht allgemeinen prozessualen und verfassungsrechtlichen Grundsätzen.[1152] Unklar bleibt jedoch, wann von einem Eingriff ausgegangen werden kann. Er liegt sicherlich vor, wenn es sich um eine unzulässige Berichtigung handelt, die die im Urteil enthaltene Entscheidung abändert.[1153] Doch ist die fehlerhafte Entscheidung kein tauglicher Maßstab zur Bestimmung der Anhörungspflicht.[1154]

1148 *A. A.* OLG München 25 W 1026/83 v. 12.04.1983, OLGZ 1983, 368 [369], das entgegen der Vorinstanz Verwirkung annahm; *wie hier* MUSIELAK in MüKo-ZPO, § 319, Rn. 12.

1149 Zu dessen Ausübung BVerfG 2 BvR 804/75 v. 24.03.1976, BVerfGE 42, 64 [74 f.].

1150 Siehe oben, § 12 III. 2.b)(1), S. 224 f.

1151 BVerfG 2 BvR 872/71 v. 19.07.1972, BVerfGE 34, 1 [7 f.]; BGH XII ARZ 10/96 v. 18.09.1996, FamRZ 1997, 173; WIESEMANN, S. 264; MUSIELAK in MüKo-ZPO, § 319, Rn. 13, m. w. Nwen.

1152 BVerfG 2 BvR 1581/79 v. 07.10.1980, BVerfGE 55, 95 [98 f.], m. Nwen zur st. Rspr. des BVerfG; BGH XI ZB 9/95 v. 20.06.1995, NJW 1995, 2497; OLG Celle 4 W 179/85 v. 26.09.1985, MDR 1986, 63; OLG Oldenburg 2 W 6/94 v. 02.03.1994, NJW-RR 1995, 830.

1153 E. SCHNEIDER, MDR 1968, 421 [423].

1154 Siehe oben, § 12 III. 2.b)(2)(b), S. 228.

Nach verbreiteter Auffassung soll ein Eingriff zu verneinen sein, wenn lediglich „Formalien wie z. B. Schreib- und Rechenfehler"[1155] berichtigt werden. Jedoch führt ein *Rechenfehler* in der Entscheidung in aller Regel zu einer Berichtigung des Tenors.[1156] Damit wird aber auch die Vollstreckbarkeit des Urteils verändert, was in die Rechtsstellung der Parteien eingreift. Eine vorherige Anhörung der Parteien ist daher unverzichtbar.[1157] Das gleiche gilt, wenn das Gericht den Erst- und Zweitbeklagten verdreht hat.[1158] Auch hier ändert sich, obwohl es sich „nur" um einen Schreibfehler handelt, durch die Berichtigung der vollstreckbare Inhalt des Urteils.

Aber auch die Berichtigung echter *Formalien*, wie des Rubrums des Urteils, kann einen Eingriff darstellen. Führte das ursprüngliche Urteil einen Richter auf, der weder das Urteil unterschrieben hat, noch sonst am Verfahren beteiligt war, kann darin eine berichtigungsfähige Unrichtigkeit liegen.[1159] Wird sie berichtigt, entfällt der Schein eines fehlerhaft zustande gekommenen Urteils. Hatte eine Partei aufgrund der Falschangabe bereits ein Rechtsmittel eingelegt, wird ihr durch die Berichtigung ein Indiz zum Beweis der Fehlerhaftigkeit der Entscheidung genommen.[1160] Auch das stellt einen Eingriff in die Rechtsstellung dar, weshalb den Parteien rechtliches Gehör vor der Berichtigung zu gewähren ist. Und das gilt nicht nur bei der Bezeichnung der Richter, sondern für die Berichtigung aller Teile des Rubrums, die das prozeßordnungsgemäße Zustandekommen des Urteils dokumentieren.

Eine Sonderstellung nimmt die Berichtigung der *Parteibezeichnung* ein. Ist die Unrichtigkeit auf ein Versehen des Gerichts zurückzuführen, etwa weil das Gericht bei der Bezeichnung vom Antrag des Klägers abgewichen ist, ist eine Anhörung entbehrlich. Zwar erfolgt auch hier ein Eingriff durch die Berichtigung, da das unberichtigt nicht oder nur unter Schwierigkeiten vollstreckbare Urteil durch die Berichtigung vollstreckbar wird. Doch ist den Parteien hierzu bereits im Urteilsverfahren rechtliches Gehör gewährt worden. Durch die Falschbezeichnung ist für die Parteien keine neue Lage geschaffen worden, die eine erneute Anhö-

---

1155 MUSIELAK in MüKo-ZPO, § 319, Rn. 13, so auch WASSERMANN in AK-ZPO, § 319, Rn. 16.

1156 Siehe die Beispiele oben, § 6 I. 2.b), S. 93 ff.

1157 So auch LAG Frankfurt 11 Ta 56/82 v. 23.04.1982, unveröffentlicht (Juris); WIESEMANN, S. 264.

1158 So in BGH VI ZB 4/55 v. 23.04.1955, BGHZ 17, 149.

1159 Siehe oben, § 8 I. 2.d), S. 162.

1160 Näher oben, § 8 I. 1, S. 157.

rung geböte.[1161] Demgegenüber gewinnt das Interesse an einer möglichst schnellen Berichtigung gerade im Hinblick auf den Schutz unbeteiligter Dritter Priorität.

Anders ist es zu beurteilen, wenn die Falschbezeichnung bereits durch den Kläger erfolgte. Dann wird die Berichtigung nur aufgrund neuen Tatsachenvortrags erfolgen können, zu dem der Beklagte zu hören ist.[1162] Diese Anhörungspflicht besteht auch, wenn der Berichtigungsantrag auf allgemeinkundige Tatsachen gestützt wird. Denn es ist keineswegs gewährleistet, daß die Gegenseite hiervon Kenntnis hat.[1163] Weiterhin ist rechtliches Gehör zu gewähren, wenn der Antragsteller die Berichtigung seiner eigenen Bezeichnung verlangt. Auch dadurch wird die Rechtsstellung der anderen Partei beeinflußt (§ 750 I ZPO).

Ein weiteres Problem ergibt sich, wenn aufgrund der ursprünglichen Angaben im Urteil eine Person betroffen zu sein scheint, die es tatsächlich nicht ist. Hier stellt sich die Frage, ob auch diese Person im Berichtigungsverfahren zu beteiligen und ihr rechtliches Gehör zu gewähren ist. Das ist zu bejahen, wenn diese *Scheinpartei* konkret von der Unrichtigkeit des Urteils betroffen ist. Und das liegt vor, wenn das Urteil der Scheinpartei zugestellt oder vor Korrektur der Unrichtigkeit bereits eine Ausfertigung mit der fehlerhaften Bezeichnung erteilt wurde. In diesen Fällen muß es der Scheinpartei ermöglicht werden, sich am Berichtigungsverfahren zu beteiligen, ein solches einzuleiten oder andere Rechtsbehelfe zu ergreifen, die den fehlerhaften Schein beseitigen können.[1164] Ihr ist daher rechtliches Gehör zu gewähren.

Zusammenfassend läßt sich sagen, daß die Gewährung rechtlichen Gehörs im Berichtigungsverfahren nur dann entbehrlich ist, wenn es sich entweder um die Berichtigung von Schreibfehlern handelt, deren offenbare Unrichtigkeit aus dem Urteil selbst hervorgeht und ohne Einfluß auf die Vollstreckbarkeit bleibt, oder eine ausschließlich vom Gericht verursachte Falschbezeichnung der Parteien berichtigt wird, bevor dieser Fehler nach außen gedrungen ist.

2. Die Notwendigkeit einer mündlichen Verhandlung

Von der Frage, ob und wem rechtliches Gehör zu gewähren ist, ist die weitere Frage, in welcher Form dies zu geschehen hat, zu trennen. Verfassungsrechtlich ist nur vorgegeben, daß die Gewährung *effektiv* zu erfolgen hat.[1165] Eine be-

1161 Vgl. BGH XII ARZ 10/96 v. 18.09.1996, FamRZ 1997, 173.

1162 Vgl. BVerfG 2 BvR 434/82 v. 14.12.1982, BVerfGE 62, 392 [396]; BVerfG 2 BvR 1581/79 v. 07.10.1980, BVerfGE 55, 95 [98 f.], m. w. Nwen.

1163 Siehe zum rechtlichen Gehör vor der Verwertung allgemeinkundiger Tatsachen LIPP, Wissen, S. 34 f.

1164 Siehe oben, II. 2a), S. 250.

1165 BVerfG 1 BvR 1011/88 v. 29.11.1989, BVerfGE 81, 123 [129].

stimmte Form, insbesondere die der mündlichen Verhandlung, schreibt Art. 103 I GG hingegen nicht vor.[1166] Soweit das Prozeßrecht die Durchführung einer mündlichen Verhandlung in das Ermessen des Gerichts stellt, kann das rechtliche Gehör daher auch schriftlich gewährt werden.[1167]

Ermessensleitend hat dabei in erster Linie die Effektivität der Rechtsschutzgewährung zu sein. Daneben gewinnt aber auch die Prozeßökonomie Bedeutung.[1168] Beide Aspekte werden in aller Regel *gegen* die Durchführung einer mündlichen Verhandlung sprechen. Bereits aus der Maxime der Rechtssicherheit folgt, daß eine offenbare Unrichtigkeit schnellstmöglich berichtigt werden muß, was einer mündlichen Verhandlung entgegensteht.[1169] Und auch der Gegenstand des Berichtigungsverfahrens, nämlich allgemeinkundige Tatsachen und logische Schlüsse, erfordert nicht die Möglichkeit der mündlichen Präsentation. Schließlich spricht auch der erhöhte Aufwand für Gericht und Parteien gegen die Durchführung einer mündlichen Verhandlung im Berichtigungsverfahren.

V. Entscheidung

Die Entscheidung über die Urteilsberichtigung ergeht gem. § 319 II ZPO *durch Beschluß*. Sofern eine Berichtigung ausgesprochen wird, ist der Beschluß zuzustellen (§§ 319 III, 329 III ZPO); wird ein Berichtigungsantrag zurückgewiesen, wird der auf mündliche Verhandlung ergangene Beschluß verkündet (§ 329 I 1 ZPO), ansonsten formlos zugestellt (§ 329 II ZPO).[1170]

Der Berichtigungsbeschluß ist wie jeder andere Beschluß *zu begründen*.[1171] Das folgt zwar nicht aus § 313 I Nr. 6 ZPO, der unmittelbar nur für Urteile gilt und mangels Erwähnung auch nicht über § 329 I ZPO anwendbar ist, ergibt sich aber aus dem Rechtsstaatgebot (Art. 20 III GG)[1172] und dem Grundsatz rechtli-

---

1166 BVerfG 1 BvR 513/56 v. 13.11.1956, BVerfGE 6, 19 [20].

1167 BVerfG 2 BvR 482/72 v. 09.10.1973, BVerfGE 36, 85 [87], m. w. Nwen; Rosenberg/Schwab/Gottwald, ZPR, § 82 II 3, S. 448.

1168 Dazu BVerfG 1 BvR 158/78 v. 08.11.1978, BVerfGE 50, 32 [35 f.].

1169 Insoweit zutreffend Wiesemann, S. 263 f., der jedoch mit dem weitgehenden Ausschluß der Gehörsgewährung überhaupt über das Ziel hinaus schießt.

1170 Allg. M., vgl. Musielak in MüKo-ZPO, § 319, Rn. 13, m. w. Nwen.

1171 Der genaue Umfang der Begründungspflicht bei Beschlüssen ist streitig; vgl. hierzu Hartmann in B/L/A/H, § 329, Rn. 2 ff., m. w. Nwen.

1172 So BVerfG 1 BvR 253/56 v. 16.01.1957, BVerfGE 6, 32 [44]; BVerfG 2 BvR 319/62 v. 28.01.1970, BVerfGE 28, 10 [15]; BVerfG 2 BvR 1434/83 v. 05.11.1985, BVerfGE 71, 122 [135 f.]: Begründungspflicht folgt *auch* aus dem Willkürverbot.

chen Gehörs (Art. 103 I GG)[1173].[1174] In der Begründung eines Beschlusses, durch den eine Urteilsberichtigung ausgesprochen wird, ist - sofern herangezogen - auszuführen, aus welchen externen Erkenntnisquellen sich die offenbare Unrichtigkeit ergibt. Das erleichtert zum einen dem Rechtsmittelgericht die Nachprüfung.[1175] Die Begründung dient bei nie oder nicht mehr anfechtbaren Berichtigungsbeschlüssen aber auch dazu, den Parteien die Prüfung zu ermöglichen, ob eine durch Zwangsvollstreckung aufgrund des Berichtigungsbeschlusses herbeigeführte Güterverschiebung im Klagewege rückgängig gemacht werden kann.[1176] Daher sollte selbst die h. M., die eine Begründungspflicht nur bei Anfechtbarkeit der Entscheidung bejaht,[1177] die Begründung auch eines unanfechtbaren Berichtigungsbeschlusses fordern.[1178]

Sofern eine Urteilsberichtigung beschlossen wird, ist sie auf dem Urteil und den bereits erteilten Ausfertigungen *zu vermerken*, § 319 II 2 ZPO.[1179] Daraus folgt, daß die ursprüngliche Unrichtigkeit sowie die Berichtigung kenntlich zu machen sind. Wurde ein fehlerhafter Tenor verkündet, ist dieser zunächst so wie verkündet in das Urteil zu übernehmen und anschließend durch gesonderten Beschluß zu berichtigen.[1180] Verstöße gegen dieses Klarheitsgebot führen jedoch

---

1173 So BVerfG 1 BvR 986/91 v. 19.05.1992, BVerfGE 86, 133 [144 f.];BVerfG 1 BvR 426/77 v. 01.02.1978, BVerfGE 47, 182 [189 f.]; BGH IVb ZB 154/82 v. 13.10.1982, NJW 1983, 123; OLG Köln 2 W 63/87 v. 20.05.1987, NJW-RR 1987, 1152.

1174 Ausführlich zu den verschiedenen Begründungswegen: BRINK, Begründung, S. 46 ff.

1175 Das Fehlen einer Begründung ist jedoch von der Frage des tatsächlichen Vorliegens einer offenbaren Unrichtigkeit zu unterscheiden. Das beachten beispielsweise RG V 58/29 v. 28.05.1930, RGZ 129, 155 [161 f.]; BAG 2 AZR 7/55 v. 22.12.1955, AP Nr. 2 zu § 319 ZPO; BAG 5 AZR 252/67 v. 09.03.1968, AP Nr. 14 zu § 319 ZPO, nicht; *zutreffend* BAUMGÄRTEL, SAE 1969, 204.

1176 Dazu unten, § 17 II., S. 296 ff.

1177 BVerfG 2 BvR 84/79 v. 28.02.1979, BVerfGE 50, 287 [289 f.]: „Dem Grundgesetz läßt sich nicht entnehmen, daß jede - auch eine mit ordentlichen Rechtsmitteln nicht mehr anfechtbare letztinstanzliche - gerichtliche Entscheidung mit einer Begründung zu versehen ist"; relativiert durch BVerfG 2 BvR 1434/83 v. 05.11.1985, BVerfGE 71, 122 [135 f.]: Das verfassungsrechtliche Willkürverbot „verlangt ... eine Begründung auch der letzinstanzlichen Entscheidung jedenfalls dann und insoweit, als von dem eindeutigen Wortlaut einer Rechtsnorm abgewichen werden soll und der Grund hierfür sich nicht schon eindeutig aus den ... Besonderheiten des Falles ergibt."

1178 Wie hier - i. E. - HARTMANN in B/L/A/H, § 319, Rn. 28.

1179 Ist es wegen der Länge des Berichtigungsbeschlusses nicht möglich, diesen vollständig auf der Urteilsurkunde zu vermerken, ist er auf ein gesondertes Blatt zu setzen, das mit dem Urteil amtlich zu verbinden ist; entsprechend ist bei den Ausfertigungen zu verfahren; vgl. LG Hannover 11 T 74/70 v. 25.08.1970, JurBüro 1970, 886 [887].

1180 FREYTAG, S. 39; so auch KG (2) I Ss 106/57 v. 13.06.1957, DRiZ 1957, Beilage zu Heft 10, 118, zur entsprechenden Anwendung des § 319 ZPO im Strafverfahren.

nicht zur Nichtigkeit von Berichtigungsbeschluß oder berichtigtem Urteil.[1181] Erst recht berechtigt ein solcher Mangel die Vollstreckungsorgane nicht dazu, die Bindungswirkung der Urteilsberichtigung für das Vollstreckungsverfahren zu ignorieren.[1182] Bedenkt man, daß hinsichtlich der Aufnahme der verkündeten Formel in das Urteil dem Gericht eine Beurkundungsfunktion zukommt,[1183] dürfte bei einem Verstoß der - zumindest objektive - Tatbestand der Falschbeurkundung im Amt, § 348 StGB, erfüllt sein.

Wurden bereits *Ausfertigungen* des unberichtigten Urteils erteilt, sind diese zwecks Berichtigung zurückzufordern. Zwangsmittel, dies durchzusetzen, gibt es jedoch nicht. Allerdings handelt der Rechtsanwalt, der einer entsprechenden Aufforderung des Gerichts nicht nachkommt - auch heute noch - standeswidrig, da er ein Organ der Rechtspflege ist, § 1 BRAO.[1184] Im Falle der Benutzung des unberichtigten Urteils als Vollstreckungstitel trotz Aufforderung, diesen zwecks Berichtigung zurückzugeben, macht sich die Partei schadensersatzpflichtig.[1185]

Darauf hinzuweisen ist noch, daß in der Rückforderung der Urteilsausfertigung zum Zwecke der Berichtigung einer offenbaren Unrichtigkeit kein Widerruf des Zustellungswillens hinsichtlich der wirksam vorgenommenen Zustellung des unberichtigten Urteils liegt.[1186]

VI. Kosten des Berichtigungsverfahrens

Die Kosten des Berichtigungsverfahrens sind Kosten des Rechtsstreits. Sie sind daher durch die bereits im Verfahren angefallenen Gebühren des Gerichts und der Rechtsanwälte (§ 37 Nr. 6 BRAGO) abgedeckt.[1187] Nur wenn sich die Tätigkeit eines Anwalts auf das Berichtigungsverfahren beschränkt, fallen hierfür gesonderte Gebühren an.[1188]

VII. Exkurs: Berichtigung der Ausfertigung

Die Berichtigung von Ausfertigungen kann nicht nur als Folge einer Urteilsberichtigung notwendig werden. Weicht die erteilte Ausfertigung von der Urschrift

---

1181 HARTMANN in B/L/A/H, § 319, Rn. 34; MUSIELAK in MüKo-ZPO, § 319, Rn. 13; BVerwG I WB 47/73 v. 23.01.1975, NJW 1975, 1795 [1796] zur Berichtigung eines Beschlusses.

1182 Dazu bereits oben, § 12 IV. 3.c), S. 240.

1183 Dazu oben, § 8 I. 2.d), S. 163.

1184 WIESEMANN, S. 271; vgl. BVerfG 1 BvR 1078/80 v. 08.03.1983, NJW 1983, 1535 [1538].

1185 Dazu unten, § 17 II. 2, S. 297 f.

1186 BGH XII ZB 98/91 v. 25.09.1991, NJW-RR 1992, 251 [252].

1187 LEIPOLD in Stein/Jonas, ZPO, § 319, Rn. 20; MUSIELAK in MüKo-ZPO, § 319, Rn. 21.

1188 Dazu HARTMANN, Kostengesetze, § 37 BRAGO, Rn. 32.

des Urteils ab, ist sie vom zuständigen Urkundsbeamten der Geschäftsstelle (§ 317 III ZPO) zurückzufordern und *formlos* zu berichtigen. Weigert sich der Urkundsbeamte, ist die Entscheidung des Gerichts gem. § 576 ZPO anzurufen.[1189] Eine Frage der Urteilsberichtigung nach § 319 ZPO ist das aber nicht.[1190]

§ 15 - Rechtsmittel gegen Entscheidungen im Berichtigungsverfahren

Nach § 319 III ZPO findet gegen den Beschluß, durch den ein Antrag auf Berichtigung zurückgewiesen wird, kein Rechtsmittel, gegen den Beschluß, der eine Berichtigung ausspricht, die sofortige Beschwerde statt. Die Reichweite dieser scheinbar klaren Anordnungen ist umstritten.

I. Rechtsmittel gegen die Ablehnung eines Berichtigungsantrags

Die erste Frage gilt dem gesetzlichen Ausschluß eines Rechtsmittels gegen die Zurückweisung eines Berichtigungsantrags. Nach einer alten Auffassung ist das Gesetz wörtlich zu nehmen, die an sich gem. § 567 I ZPO statthafte Beschwerde daher durch § 319 III ZPO ausgeschlossen.[1191]

Demgegenüber hat sich in der Literatur und der Rechtsprechung der Instanzgerichte bereits frühzeitig[1192] die Ansicht durchgesetzt, daß in diesem Fall zu differenzieren sei. Habe das Ausgangsgericht eine Berichtigung abgelehnt, weil es die Unrichtigkeit für nicht offenbar hielt, bleibe es bei der gesetzgeberischen Entscheidung. Beruhe die Ablehnung einer Berichtigung hingegen auf der Verkennung des Begriffs der offenbaren Unrichtigkeit, sei hiergegen die Beschwerde

---

1189 Leipold in Stein/Jonas, ZPO, § 317, Rn. 16.

1190 BGH IVb ZB 805/81 v. 30.09.1981, VersR 1982, 70; so schon Hess, S. 64 f.; *a. A.* Hartmann in B/L/A/H, § 317, Rn. 14; Musielak in MüKo-ZPO, § 317, Rn. 12: Berichtigung *entsprechend* § 319 ZPO.

1191 RG VI 167/96 v. 19.10.1896, RGZ 38, 389 [391].

1192 Vgl. KG XVI ZS v. 12.12.1912, OLG Rspr. 27, 85 [86]; KG XVII ZS v. 09.11.1912, OLG Rspr. 27, 87; Hess, S. 51 f.; Freytag, S. 43 ff.

gegeben.[1193] Auch sei die Beschwerde zulässig, wenn das Gericht prozeßordnungswidrig entschieden habe.[1194]

Dieser Ansicht kann nicht uneingeschränkt gefolgt werden. Allerdings erscheint der Ausgangspunkt, daß der Rechtsmittelausschluß des § 319 III ZPO eine teleologische Reduktion verlangt, zutreffend. Hintergrund dieser Regel ist, daß eine Unrichtigkeit nicht offenbar sein kann, wenn *ein* Gericht Zweifel an dem Vorliegen einer Unrichtigkeit oder dem statt dessen Richtigen für möglich hält.[1195] In diesem Fall könnte das Rechtsmittelgericht zwar zu einer anderen Einschätzung gelangen, doch würde damit lediglich die eine (subjektive) Wertung durch die andere ersetzt. Das steht indes einer Berichtigung - auch im Rechtsmittelverfahren - entgegen. Der Rechtsmittelausschluß bei abgelehnter Berichtigung verstärkt daher die Begrenzung auf offenbare Unrichtigkeiten.

Dieser Zweck steht einem Rechtsmittel jedoch dann nicht entgegen, wenn das angerufene Gericht gar nicht in der Sache entschieden hat.[1196] Das ist etwa der Fall, wenn das Gericht sich für unzuständig hielt, oder die beantragte Berichtigung wegen Verwirkung der Antragsbefugnis ablehnte. In diesen Fällen wird durch den Rechtsmittelausschluß das Kriterium der offenbaren Unrichtigkeit nicht geschützt, sondern der Antragsteller lediglich auf einen umständlicheren Weg verwiesen. Doch sollte bei der Annahme einer solchen Ausnahme Vorsicht walten. Hat etwa das Ausgangsgericht einen Urteils*ergänzungs*antrags als *Berechtigungs*antrag behandelt und mangels Offenkundigkeit abgelehnt, macht das die Beschwerde nicht zulässig.[1197] Denn auch wenn der judex a quo auf fehlerhaftem Weg zu der Frage der Berichtigungsfähigkeit seiner Entscheidung gekommen ist, hat er doch sachlich über sie entschieden. Die Zulassung der Beschwerde führte

---

1193 Siehe aus neuerer Zeit LG Frankfurt 2/9 T 383/91 v. 13.05.1991, NJW-RR 1991, 1470; LG Bonn 6 T 202/90 v. 11.09.1990, JurBüro 1991, 125; LAG München 8 Ta 252/83 v. 10.02.1984, MDR 1985, 170; OLG Nürnberg 5 W 41/79 v. 13.07.1979, JurBüro 1980, 144; HARTMANN in B/L/A/H, § 319, Rn. 35, jew. m. w. Nwen; *offengelassen* in BGH IVa ZB 25/88 v. 01.02.1989, BGHR ZPO § 319 Abs. 3 Anfechtbarkeit 1; *a. A.* BGH V ZB 25/88 v. 09.02.1989, BGHZ 106, 370 [372 ff.] (in einer Entscheidung im WEG-Verfahren, wobei das Gericht sich jedoch ausdrücklich auf das ZPO-Verfahren bezog); LEIPOLD in Stein/Jonas, ZPO, § 319, Rn. 17.

1194 OLG Frankfurt 22 W 42/89 v. 17.08.1989, OLGZ 1990, 75 [76 f.].

1195 So auch BGH V ZB 25/88 v. 09.02.1989, BGHZ 106, 370 [373 f.]; OLG Brandenburg 10 WF 155/96 v. 21.02.1997, MDR 1997, 497; ähnlich MUSIELAK in MüKo-ZPO, § 319, Rn. 20.

1196 So auch OLG Hamm 4 WF 457/85 v. 03.09.1986, NJW-RR 1987, 187 [187 f.]; MUSIELAK, a. a. O.; LEIPOLD in Stein/Jonas, ZPO, § 319, Rn. 17.

1197 *A. A.* OLG Frankfurt 22 W 42/89 v. 17.08.1989, OLGZ 1990, 75 [76 f.]; LEIPOLD in Stein/Jonas, ZPO, § 319, Rn. 17.

daher zu der gerade zu vermeidenden Berichtigung aufgrund (abweichender) Wertung.

Noch problematischer ist die Zulassung der Beschwerde, weil das Gericht den Begriff der offenbaren Unrichtigkeit verkannt habe. Denn zur Anwendung dieses Begriffs, die im Falle der Ablehnung gerade nicht durch die Entscheidung des Beschwerdegerichts ersetzt werden soll, gehört notwendig auch dessen Auslegung.[1198] Das darf auch durch eine Beschwerde wegen „greifbarer Gesetzeswidrigkeit" nicht überspielt werden.[1199] Eine Ausnahme ist jedoch gerechtfertigt, wenn das Gericht eine Berichtigung abgelehnt hat, weil

- die Berichtigung den Tenor verändere,
- die Unrichtigkeit von der Partei herrühre,
- nur durch urteilsexterne Erkenntnisquellen aufgedeckt werden könne,
- die Berichtigung fehlerhaft festgestellter allgemeinkundiger Tatsachen oder angewandter logischer Schlüsse zu einer Veränderung der Entscheidung führe oder
- die Antragsbefugnis verwirkt sei.

In diesen Fällen hat das Ausgangsgericht ebenfalls nicht darüber entschieden, ob eine offenbare Unrichtigkeit vorliegt, sondern hat sich durch nicht bestehende Kongnitionsschranken an einer inhaltlichen Entscheidung gehindert gesehen. Allerdings darf das Beschwerdegericht in diesen Fällen nicht sachlich über den Berichtigungsantrag entscheiden, sondern hat wegen eines Verfahrensfehlers die Entscheidung dem judex a quo zu übertragen, § 575 ZPO.[1200] Dieser hat sodann unter Beachtung der Rechtsauffassung des Beschwerdegerichts über das Vorliegen einer offenbaren Unrichtigkeit zu entscheiden.

Wie hier wohl auch das OLG Hamm,[1201] obwohl das Gericht letztlich und im konkreten Fall zurecht aufgrund der (zweiten) Beschwerde selbst über den Berichtigungsantrag entschieden hat. Dem ging die Besonderheit voraus, daß das AG, welches das zu berichtigende Urteil erlassen hatte, sich auch nach Stattgabe der ersten Beschwerde gegen die Ablehnung eines Berichtigungsantrags und Zurückverweisung weigerte, unter Beachtung der Rechtsauffassung des Rechtsmittelgerichts über die Berichtigung zu entscheiden. In die-

---

1198 Zutreffend MUSIELAK, a. a. O.; *a. A.* indes die h. M., vgl. die Nwe in Fn. 1193.

1199 OLG Brandenburg 10 WF 155/96 v. 21.02.1997, MDR 1997, 497; *a. A.* LG Mönchengladbach 4 T 48/99 v. 28.09.1999, MDR 2000, 357; OLG Koblenz 11 WF 864/90 v. 06.09.1990, FamRZ 1991, 100 [101]; *offengelassen* in BGH XII ZB 176/93 v. 09.03.1994, EzFamR aktuell 1994, 239 [240], für den Fall der außerordentlichen Beschwerde gegen die Aufhebung eines Berichtigungsbeschlusses durch das Rechtsmittelgericht, da deren Voraussetzungen nicht gegeben seien.

1200 So auch LG Berlin 82 T 518/99 v. 09.06.1999, JurBüro 1999, 538, im Falle einer berichtigungsfähigen Rechtspflegerentscheidung; *a. A.* die h. M., vgl. die Nwe in Fn. 1193.

1201 OLG Hamm 4 WF 457/85 v. 03.09.1986, NJW-RR 1987, 187 [187 f.].

sem Fall käme die erneute Zurückverweisung einer Rechtsschutzverweigerung gegenüber dem durch die offenbare Unrichtigkeit Belasteten gleich.

Soweit nach Vorstehendem die Anfechtung der Ablehnung einer Urteilsberichtigung zulässig ist, hat sie entsprechend § 577 II ZPO innerhalb von zwei Wochen zu erfolgen.[1202] Insoweit ist der Gedanke des § 319 III ZPO, daß über die Urteilsberichtigung schnell entschieden werde, heranzuziehen. Diese zeitliche Beschränkung ist insbesondere erforderlich, weil es im Rahmen der Wiedereinsetzung gegen die Versäumung der Rechtsmittelfrist auch auf eine mögliche Beschwerdeentscheidung ankommt.[1203] Hingegen kann sie nicht als sofortige Beschwerde betrachtet werden, da kein Grund ersichtlich ist, warum der judex a quo ihr nicht soll selbst abhelfen können, wenn er seines Fehlers gewahr wird.[1204]

II. Rechtsmittel gegen die Urteilsberichtigung

Auch die Frage, wann ein Rechtsmittel gegen die erfolgte Urteilsberichtigung zulässig ist, ist umstritten. Der Streit rührt daher, daß § 319 III ZPO zwar unbeschränkt die sofortige Beschwerde für zulässig erklärt, nach den grundsätzlichen Bestimmungen über die Beschwerde jedoch einzelne Entscheidungen der Land- und Oberlandesgerichte von einer Anfechtung ausgenommen sind, § 567 III, IV ZPO.

Bei diesem Streit sollten zwei Aspekte auseinandergehalten werden. Der erste ist, ob es eine notwendige Verbindung zwischen den Grenzen der Anfechtbarkeit des Urteils selbst und den Grenzen der Anfechtbarkeit einer Berichtigung gibt. Die zweite Frage ist, wie weit der gesetzliche Rechtsmittelausschluß nach § 567 III, IV ZPO reicht.

Nicht vertieft zu werden braucht die *allgemeine* Zulässigkeitsvoraussetzung der Beschwer.[1205] Aus ihr folgt im Berichtigungsverfahren, daß der durch eine Berichtigung Begünstigte kein Recht hat, sich gegen die Berichtigung zu beschweren. Das gilt auch, wenn durch die Berichtigung einem bereits eingelegten Rechtsmittel der Boden entzogen wird, und er die Kosten des Rechtsmittelverfahrens zu tragen hat.[1206]

1. Ausschluß der Beschwerde durch Unanfechtbarkeit des Urteils

Nach Ansicht des BGH wäre es ein „widersinniges Ergebnis", wenn das Urteil selbst weder in seiner ursprünglichen noch in seiner berichtigten Fassung anfecht-

---

1202 So auch OLG Koblenz 11 WF 864/90 v. 06.09.1990, FamRZ 1991, 100 [101]; FREYTAG, S. 43 ff.; *a. A.* LG Bonn 6 T 202/90 v. 11.09.1990, JurBüro 1991, 125.

1203 Dazu unten, § 16 I. 3.b), S. 282 ff.

1204 *A. A.* OLG Koblenz 11 WF 864/90 v. 06.09.1990, FamRZ 1991, 100 [101].

1205 Dazu ausführlich BETTERMANN, ZZP 82 (1969), 24.

1206 OLG Köln 2 W 19/65 v. 18.05.1965, OLGZ 1965, 50 [51 f.], dazu näher unten, § 16 II., S. 289 ff.

bar wäre, der Berichtigungsbeschluß aber der sofortige Beschwerde unterläge.[1207] Von einem derartigen Widersinn könnte jedoch nur ausgegangen werden, wenn der Prüfungsgegenstand eines Rechtsmittels gegen das Urteil der gleiche wäre, wie der gegen die Urteilsberichtigung. Und das wäre nur der Fall, wenn die Überprüfung des Berichtigungsbeschlusses auch zur Nachprüfung des Urteils in der Sache selbst führen würde.[1208]

Diese Voraussetzung ist indes nicht gegeben. So wie die Urteilsberichtigung selbst, betrifft auch die Beschwerde gegen einen Berichtigungsbeschluß lediglich die Feststellung des Urteilsinhalts, also nur die Frage wie *entschieden wurde*, nicht aber, wie *zu entscheiden* gewesen *wäre*.[1209] Es handelt sich daher um zwei ganz verschiedene Verfahrensgegenstände, so daß der Ausschluß der Anfechtung der Hauptsache nichts zur Frage der Anfechtbarkeit einer Berichtigung hergibt.[1210]

2. *Ausschluß der Beschwerde durch gesetzliche Bestimmungen*

Gibt es somit keinen Ausschluß der nach § 319 III ZPO gegen den Berichtigungsbeschluß gegebenen sofortige Beschwerde kraft „Natur der Sache“ fragt sich, ob gesetzlichen Bestimmungen bestimmte Arten von Berichtigungsbeschlüssen von der Beschwerde ausnehmen.

a) Die Beschwerde gegen die Berichtigung oberlandesgerichtlicher Berufungsurteile

Ein erster und seit langem weithin akzeptierter Ausschluß gilt für vom OLG erlassene Berichtigungsbeschlüsse.[1211] Gem. § 567 IV 1 ZPO ist gegen Entschei-

---

1207 BGH IVa ZB 27/88 v. 10.05.1989, NJW 1989, 2625; offengelassen in BGH I ZB 14/89 v. 22.03.1990, NJW-RR 1990, 893.

1208 So OLG Karlsruhe 2 W 37/67 v. 10.08.1967, MDR 1968, 421, zur Beschwerde gegen einen die Kostenverteilung eines Berufungsurteils berichtigenden Beschluß des LG.

1209 So schon RG III 65/17 v. 15.05.1917, RGZ 90, 228 [231]; STRIEMER, JW 1928, 709.

1210 So auch OLG Frankfurt 11 W 57/83 v. 22.11.1983, MDR 1984, 323; KG 12 W 1797/71 v. 14.10.1971, NJW 1972, 262; OLG Düsseldorf 3 W 7/73 v. 24.01.1973, NJW 1973, 1132; OLG Hamm 21 W 1/86 v. 20.02.1986, MDR 1986, 594; KG 24 W 4793/86 v. 08.10.1986, NJW-RR 1987, 954; BayObLG 3Z BR 328/95 v. 13.12.1995, NJW-RR 1997, 57; HESS, S. 52 f.; WIESEMANN, S. 298 f. (m. w. Nwen zur älteren Lit. und Rspr.); E. SCHNEIDER, MDR 1968, 421 [422]; WASSERMANN in AK-ZPO, § 319, Rn. 18; *a. A.* OLG Hamm 4 W 148/85 v. 20.12.1985, NJW-RR 1986, 739; OLG Karlsruhe 2 W 37/67 v. 10.08.1967, MDR 1968, 421.

1211 BGH IVa ZB 27/88 v. 10.05.1989, NJW 1989, 2625; BGH I ZB 14/89 v. 22.03.1990, NJW-RR 1990, 893; LEIPOLD in Stein/Jonas, ZPO, § 319, Rn. 18; *a. A.* WASSERMANN in AK-ZPO, § 319, Rn. 18, der die Anfechtung *insoweit* zulassen will, „als es um die Prüfung geht, ob eine Unstimmigkeit zwischen Wille und Erklärung oder ein Fehler in der dungen der Oberlandesgerichte eine Beschwerde nicht zulässig. Zwar nimmt S. 2 dieser Vorschrift gewissen Entscheidungen davon aus,[1212] doch ist in dieser Aufzählung der Berichtigungsbeschluß nicht enthalten.

Fraglich könnte daher allenfalls sein, diese Vorschrift einschränkend auszulegen. So wurde von der älteren Literatur vorgebracht, daß der Gesetzgeber der ZPO-Novelle von 1905, durch die der heutige § 567 IV ZPO eingefügt wurde, den Berichtigungsbeschluß übersehen habe.[1213] Gerade dessen Überprüfbarkeit sei aber wegen der viel zu weiten Auslegung des Begriffes der offenbaren Unrichtigkeit durch die Rechtsprechung geboten. Dadurch erhalte die Unanfechtbarkeit eine „geradezu ungeheuerliche Bedeutung".[1214]

Dieser Ansicht ist auf der Grundlage der noch h. M., die von einer materiellen Rechtskraft der Berichtigungsbeschlüsse ausgeht, zuzustimmen. Wie oben dargelegt wurde, ermöglicht sie eine urteilsähnliche Entscheidungswirkung ohne die Verfahrensgarantien des Urteilsverfahrens und unter Verstoß gegen die prozessualen Grundsätze von Innenbindung und Rechtskraft. Unter diesen Voraussetzungen wäre eine teleologische Reduktion des § 567 IV ZPO nicht nur möglich, sondern geboten.[1215]

OSTERLOH begründet die von ihm vertretene Anfechtbarkeit oberlandesgerichtlicher Berichtigungsbeschlüsse damit, daß nur so das im Berichtigungsverfahren nicht genügend geschützte rechtliche Gehör gewährleistet werden könne.[1216] Dieses Argument kann aber nicht überzeugen, da sich so allenfalls die Anfechtbarkeit *verfahrens*fehlerhaft zustande gekommener Berichtigungsbeschluß begründen läßt. Der Sache nach handelt es sich daher um eine außerordentliche Beschwerde wegen Verfahrensverstoßes, die zwar m. E. durchaus gerechtfertigt wäre, von der h. M. jedoch abgelehnt wird.[1217] Die Frage der Anfech-

---

Willensbildung vorliegt" (Aber was soll sonst Gegenstand der Beschwerde gegen einen Berichtigungsbeschluß sein?).

1212 Dabei handelt es sich um Entscheidungen, mit denen das OLG ein Rechtsmittel verwirft sowie über Rechtswegbeschlüsse, vgl. BRAUN in MüKo-ZPO, § 567, Rn. 21.

1213 FREYTAG, S. 47.

1214 STRIEMER, JW 1928, 709.

1215 Das gilt insbesondere für den Fall, daß das OLG durch einen indentitätswechselnden Berichtigungsbeschluß einen Dritten den Urteilswirkungen ausgesetzt hat. Spricht man diesem Beschluß mit der noch h. M. materielle Rechtskraft zu, erscheint eine Anfechtbarkeit aufgrund Art. 19 IV GG und entgegen § 567 IV ZPO zwingend, vgl. SMID, NJW 1989, 1578 [1579 ff.].

1216 OSTERLOH, S. 93.

1217 BGH XI ZB 9/95 v. 20.06.1995, NJW 1995, 2497; BGH III ZR 111/88 v. 19.10.1989, NJW 1990, 838 [840]; OLG Düsseldorf 10 W 74/93 v. 17.06.1993, OLG-Rp Düsseldorf 1993, 348; W. HENCKEL, ZZP 77 (1964), 321 [328, 333 ff.]; SEETZEN, NJW 1982, 2337 [2342]; *a. A.* OLG Köln 25 WF 62/96 v. 29.05.1996, NJW-RR 1996, 1151; OLG Oldenburg 8 W 51/94 v. 08.07.1994, NJW-RR 1995, 829; OLG Oldenburg 2 W 6/94 v. 02.03.1994, NJW-RR 1995, 830; S. PAWLOWSKI, Rechtsschutz, S. 172 ff.

tung von Beschlüssen, die zwar verfahrensgemäß zustande gekommen sind, aber nicht offenbare Unrichtigkeiten berichtigen, wird mit diesem Argument nicht gelöst.

Geht man indes zutreffend davon aus, daß dem Berichtigungsbeschluß keine materielle Rechtskraft zukommt, führt der Ausschluß der sofortige Beschwerde gegen Berichtigungsbeschlüsse der Oberlandesgerichte nicht zu derart weitreichenden Eingriffen, daß eine Reduktion des § 567 IV ZPO zwingend geboten wäre. Zwar bindet der Berichtigungsbeschluß in der Zwangsvollstreckung, so daß dem durch eine fehlerhafte Berichtigung Betroffenen dieser Nachteil bleibt. Doch bedeutet das keinen endgültigen Rechtsverlust.[1218] Ein Hinwegsetzen über den klaren Wortlaut des § 567 IV ZPO läßt sich damit nicht rechtfertigen.

In jedem Fall abzulehnen ist eine *ausnahmsweise* Anfechtbarkeit wegen „greifbarer Gesetzwidrigkeit".[1219] Das folgt zwar nicht aus dem Grundsatz, daß eine „Beschwerde [...] dann nicht zulässig sein [kann], wenn das Urteil, das durch den Beschluß nach § 319 ZPO berichtigt wurde, selbst der Anfechtung entzogen ist".[1220] Ein solcher Grundsatz existiert - wie gezeigt - nicht. Es folgt aber aus der mit diesem Rechtsmittel geschaffenen Unsicherheit.[1221]

b) Die Beschwerde gegen die Berichtigung landgerichtlicher Berufungsurteile

Ein weiterer Ausschluß der Anfechtbarkeit soll sich aus § 567 III ZPO für die Berichtigung landgerichtlicher Berufungsurteile ergeben.[1222] Diese erst durch das Rechtspflege-Vereinfachungsgesetz von 1990[1223] eingefügte Vorschrift bezweckte, die nach altem Recht[1224] unterschiedliche Anfechtbarkeit von Entscheidungen in der Hauptsache und verfahrensbegleitenden Beschlüssen aufzuheben.[1225]

Vergleicht man den Wortlaut von § 567 III 1 ZPO mit dem des ähnlichen § 567 IV 1 ZPO ergibt sich allerdings ein bedeutender Unterschied. Während nach letztgenannter Vorschrift „gegen die Entscheidungen ... eine Beschwerde nicht zulässig ist", schließt erstgenannte Vorschrift nur „Entscheidungen der Landgerichte *im* Berufungsverfahren ..." von der Anfechtbarkeit aus. Die Entscheidung des Berufungsgerichts über eine Urteilsberichtigung ergeht aber zwangsläufig erst *nach* Abschluß des (eigentlichen) Berufungsverfahrens. Der Wortlaut als Grenze der Auslegung[1226] steht daher einem Verständnis des § 567

1218 Dazu näher unten, § 17 II., S. 296 ff.

1219 Offengelassen in BGH I ZB 14/89 v. 22.03.1990, NJW-RR 1990, 893.

1220 So BGH IVa ZB 27/88 v. 10.05.1989, NJW 1989, 2625.

1221 Dazu bereits oben, § 3 IV. 1, S. 56.

1222 So MUSIELAK in MüKo-ZPO, § 319, Rn. 19; HARTMANN in B/L/A/H, § 319, Rn. 37.

1223 BGBl I, 2847.

1224 Die oben in Fn. 1207-1210 genannte Rechtsprechung und Literatur bezog sich darauf.

1225 GRUNSKY in Stein/Jonas, § 567, Rn. 7.

1226 Vgl. die Nwe oben in Fn. 865, S. 196.

III 1 ZPO, daß die sofortige Beschwerde gegen einen Berichtigungsbeschluß weiterhin zulässig sei, nicht entgegen.

Zwar widerspricht diese einschränkende Auslegung den Intentionen des Gesetzgebers, doch sind diese subjektiven Vorstellungen nur insoweit maßgeblich, wie sie im Gesetz Niederschlag gefunden hat.[1227] Das ist aber nicht - zumindest nicht eindeutig - der Fall. Da weiterhin gerade die Landgerichte sich durch eine Vielzahl zweifelhafter - und bereits deshalb zweifellos unzulässiger! - Berichtigungsbeschlüsse hervorgetan haben, geben die oben genannten Gründe für eine unbeschränkte Anfechtbarkeit der Berichtigungsbeschlüsse hier den Ausschlag. Auch Berichtigungen landgerichtlicher Berufungsurteile sind daher mit der sofortige Beschwerde anfechtbar.

c) Die Beschwerde gegen die Berichtigung der Kostenentscheidung

Schließlich wird vertreten, daß der Rechtsmittelausschluß des § 99 I ZPO auch der Anfechtung einer Urteilsberichtigung, die sich auf die Kostenentscheidung bezieht, im Wege stehe.[1228] Auch diese Ansicht verkennt jedoch, daß die Prüfungsgegenstände beider Beschwerden grundverschieden sind. Geht es bei der Überprüfung der Kostenentscheidung um deren Richtigkeit, geht es bei der Kontrolle des Berichtigungsbeschlusses ausschließlich darum, ob der neue Kostenausspruch der bereits vorher getroffenen Entscheidung entspricht.[1229]

3. *Rechtsmittel bei äußerlich fehlerhaften Berichtigungsbeschlüssen*

Bei der Anfechtung der Urteilsberichtigung ist schließlich fraglich, welches Rechtsmittel gegeben ist, wenn die Berichtigung *äußerlich* fehlerhaft erfolgte.

a) Rechtsmittel bei fehlerhafter Entscheidungsform

Ein solcher Fehler ist zum einen gegeben, wenn entgegen § 319 II ZPO die tatsächlich erfolgte Berichtigung nicht gesondert beschlossen, sondern lediglich ein von der verkündeten Entscheidung abweichendes Urteil abgefaßt wurde.

Da es sich in diesem Fall der Sache nach um eine Urteilsberichtigung handelt, ist hiergegen - soweit statthaft, § 567 IV ZPO - die sofortige Beschwerde zulässig.[1230] Wie auch sonst ist sie darauf gerichtet, das Urteil in die unberichtigte, d. h. hier: verkündete Form zu bringen.[1231] Begründet ist die Beschwerde allerdings

---

1227 Siehe oben in und bei Fn. 871, S. 198.

1228 OLG Karlsruhe 16 WF 110/99 v. 30.09.1999, NJW-RR 2000, 730.

1229 Verkannt von OLG Karlsruhe, a. a. O., die zu unrecht davon ausgehen, daß „die endgültige Kostenentscheidung in einem Berichtigungsbeschluß getroffen" werden könne, vgl. oben, § 6 II. 1.b), S. 104 ff.

1230 OLG Hamm 4 W 148/85 v. 20.12.1985, NJW-RR 1986, 739.

1231 So auch WIESEMANN, S. 301 f.

nur, wenn die vom Ausgangsgericht vorgenommene Berichtigung neben der Form auch gegen die Begrenzung der Berichtigungsbefugnis auf offenbare Unrichtigkeiten verstoßen hat. Anderenfalls ist vom Beschwerdegericht der unterlassene Berichtigungsvermerk auf dem Urteil anzubringen. Zwar wäre auch eine Zurückverweisung der Sache gem. § 575 ZPO möglich, doch hat hier der judex a quo bereits in der Sache über die Berichtigungsfähigkeit entschieden, die Zurückweisung wäre daher reiner Formalismus.

Hat eine Partei, allein auf diesen Formfehler oder die sonstige Unzulässigkeit der Berichtigung gestützt, gegen das Urteil *„Berufung“* eingelegt, ist die Berufung als sofortige Beschwerde zu behandeln. Der Grundsatz der Meistbegünstigung, nach dem Fehler in der Form der Entscheidung nicht zu Lasten der Parteien gehen dürfen,[1232] gewinnt hier nur insoweit Bedeutung, als daß die Frist zur Einlegung der Beschwerde abweichend von § 577 II 1 ZPO nicht zwei Wochen, sondern entsprechend § 516 ZPO einen Monat beträgt. Weiterhin darf die als „Berufung“ bezeichnete Beschwerde nicht deshalb zurückgewiesen werden, weil die Berufungssumme gem. § 511a I 1 ZPO nicht erreicht ist. Die Durchführung eines Berufungsverfahrens ist hingegen unzulässig. Sie entspricht weder dem durch Auslegung zu ermittelnden Begehr des Rechtsmittelführers[1233] noch begünstigt sie ihn, da er auf wesentlich aufwendigerem und teurerem Weg doch nicht mehr erhalten kann, als im ordnungsgemäßen Beschwerdeverfahren.[1234]

Hat eine Partei hingegen die „Berufung“ sowohl auf die Fehlerhaftigkeit der Berichtigung als auch auf die Unrichtigkeit der Entscheidung selbst gestützt, ist - soweit zulässig - die Berufung durchzuführen. Einer gesonderten Entscheidung über die oder auch nur eines gesonderten Ausspruchs zur Berichtigung bedarf es nicht. Für den Erfolg der Berufung ist, da es den Berichtigungsbeschlüssen an der Fähigkeit zur materiellen Rechtskraft mangelt, das (erst zu konstruierende) unberichtigte Urteil maßgeblich.[1235] Stellt sich dabei heraus, daß das Ausgangsgericht richtig *entschieden* hat, ist die Berufung zurückzuweisen. War der Berichtigungsbeschluß nicht nur formell, sondern auch inhaltlich unrichtig, ist im Tenor des

---

1232 BGH V ZR 169/85 v. 17.10.1986, BGHZ 98, 362 [364 f.]; BGH BLw 25/92 v. 20.04.1993, NJW-RR 1993, 956 [957]; näher BRAUN, JZ 1996, 979.

1233 Siehe zur Notwendigkeit, auch Rechtsmittelanträge auszulegen und ggf. sogar umzudeuten BGH VI ZB 12/86 v. 25.11.1986, NJW 1987, 1204; BGH XI ZB 6/91 v. 08.10.1991, NJW 1992, 243.

1234 *A. A.* STEINBERG, S. 30; OSTERLOH, S. 94; das übersieht aber auch WIESEMANN, S. 301 f., der aus dem Grundsatz der Meistbegünstigung folgert, daß in diesen Fällen die Berufung durchzuführen sei.

1235 Eine Besonderheit, die nur Bedeutung gewinnt, wenn die Berichtigung inhaltlich *un*zulässig war.

Berufungsurteils der ursprüngliche Tenor der erstinstanzlichen Entscheidung wieder herzustellen.

Ist in diesem Fall die Berufung jedoch mangels Erreichen der Berufungssumme gem. § 511a I 1 ZPO unzulässig, ist sie zu verwerfen, da der Grundsatz der Meistbegünstigung kein Rechtsmittel gibt, das bei korrekter Entscheidungsform nicht gegeben wäre.[1236] Außerdem ist über die in der „Berufung" enthaltene sofortige Beschwerde gegen den Berichtigungsbeschluß zu entscheiden. Diese Entscheidungen haben, zumindest wenn sie vom Oberlandesgericht getroffen werden, durch gesonderte Beschlüsse zu erfolgen, da gegen die Verwerfung der Berufung nach § 547 ZPO die Revision zulässig, die weitere Beschwerde gegen die Entscheidung über die Urteilsberichtigung aber nach § 568 II ZPO ausgeschlossen ist.

Hat eine Partei allein zwecks Anfechtung der Berichtigung gegen das Berufungsurteil eines Oberlandesgerichts „*Revision*" eingelegt, ist das Rechtsmittel zu verwerfen, da die Überprüfung oberlandesgerichtlicher Berichtigungsbeschlüsse nach § 567 IV ZPO ausgeschlossen ist. Genauso ist zu verfahren, wenn die Revision auch auf die Unrichtigkeit der Entscheidung selbst gestützt wird, aber die Revision unzulässig ist. In beiden Fällen ist zu beachten, daß auch eine äußerlich fehlerhafte Entscheidung nicht zu einer Verlängerung des Instanzenzuges führt. Wendet sich die Revision aber gegen die Entscheidung selbst und ist sie zulässig, gelten die für die Durchführung der Berufung gemachten Ausführungen entsprechend.

b) Rechtsmittel bei fehlerhafter Kennzeichnung.

Wurde hingegen die Berichtigung zwar gesondert beschlossen, aber entgegen § 319 II ZPO nicht auf dem Urteil vermerkt, also nicht kenntlich gemacht, handelt es sich lediglich um einen Fehler im Berichtigungsverfahren. Hiergegen ist ausschließlich, soweit sie nicht gem. § 567 IV ZPO ausgeschlossen ist, die sofortige Beschwerde gegeben. Wird sie eingelegt, hat das Beschwerdegericht den Berichtigungsvermerk auf dem Urteil nachzutragen.

4. Folge erfolgreicher Anfechtung

Dringt der Beschwerdeführer mit der Anfechtung des Berichtigungsbeschlusses durch, ist der Berichtigungsvermerk auf dem Urteil zu streichen.[1237] Bereits erteilte Ausfertigungen sind vom Ausgangsgericht (vgl. § 724 II ZPO) zwecks Korrektur zurückzufordern.[1238]

1236 BGH BLw 25/92 v. 20.04.1993, NJW-RR 1993, 956 [957], m. w. Nwen.

1237 OLG München 25 W 1876/86 v. 12.08.1986, OLGZ 1986, 484 [486].

1238 Vgl. oben, § 14 VII., S. 260, sowie zur Haftung unten, § 17 II., S. 296 ff.

III. Kosten des Rechtsmittelverfahrens

Anders als das Berichtigungsverfahren gehört das Rechtsmittelverfahren hinsichtlich der Kosten nicht zum Ausgangsverfahren. Vielmehr werden hierfür gem. § 11 GKG, i. V. m. Nr. 1220 ff., 1520 ff., 1530 ff., 1900 ff. KVerz Gerichts- und gem. §§ 61 I Nr. 1, 31 BRAGO Rechtsanwaltskosten fällig.[1239] Ihre Höhe bestimmt sich gem. § 11 II 1 GKG, §§ 7, 8 BRAGO i. V. m. § 3 ZPO, sofern nicht gesetzlich Sonderregeln eingreifen, nach dem objektiven Verkehrswert.[1240]

Diesen bezüglich der Abwehr einer erfolgten oder dem Begehren einer verweigerten Urteilsberichtigung zu bestimmen, ist schwierig. Maßgeblich für die Bemessung hat das wirtschaftliche Interesse des Rechtsmittelführers zu sein. Ist dies, wie in der Praxis die Regel, auf die Abwehr oder Ermöglichung der Zwangsvollstreckung aus dem Urteil gerichtet, ist im Falle, daß das Urteil ohne Berichtigung *nicht* vollstreckbar ist, der Wert auf bis zu 100% der zu vollstreckenden Urteilssumme anzusetzen.[1241] Sind hingegen lediglich auch in der Zwangsvollstreckung über §§ 567, 766 ZPO behebbare Unrichtigkeiten gerügt, ist der Beschwerdewert nach dem Wert der hierdurch auftretenden Zeitverzögerung zu bemessen. Das ist eine Frage des Einzelfalls; in aller Regel wird der Wert aber deutlich weniger als 100% betragen.

Auf Antrag der jeweiligen Verfahrensbevollmächtigten ist der Wert gemäß § 10 BRAGO festzusetzen.[1242]

IV. Ausschluß der weiteren Beschwerde

Mit dem Rechtspflege-Vereinfachungsgesetz von 1990 wurde auch § 568 II ZPO geändert. Während nach seiner alten Fassung gegen jede Beschwerdeentscheidung die weitere Beschwerde grundsätzlich[1243] möglich war, ist diese nach § 568 II ZPO n. F. nur statthaft, wenn das Gesetz sie bestimmt. Das ist in § 319 ZPO nicht der Fall, weshalb die weitere Beschwerde ausgeschlossen ist.[1244]

1239 Vgl. ALBERS in B/L/A/H, Übers § 567, Rn. 12.

1240 Vgl. HARTMANN in B/L/A/H, § 3, Rn. 2 f.

1241 So auch OLG Zweibrücken 2 UF 180/83 v. 02.03.1984, JurBüro 1984, 917; vgl. OLG Hamburg 14 W 73/96 v. 10.12.1996, OLG-Rp Hamburg 1997, 112: 80%; *a. A.* OLG Saarbrücken 1 W 31/86 v. 21.05.1987, JurBüro 1989, 522 [523]: nur 20%, das erscheint indes für diese Konstellation deutlich zu wenig.

1242 OLG Zweibrücken 2 UF 186/83 v. 02.03.1984, unveröffentlicht (Juris).

1243 Nach altem wie neuen Recht ist (weitere) Voraussetzung der *Zulässigkeit* der weiteren Beschwerde, daß in der angefochtenen Beschwerdeentscheidung ein neuer selbständiger Beschwerdegrund enthalten ist; siehe dazu die Nwe oben, Fn. 1205, S. 264.

1244 LEIPOLD in Stein/Jonas, ZPO, § 319, Rn. 19.

§ 16 - Urteilsberichtigung und Rechtsmittel gegen das Urteil

Zu den im Zusammenhang mit der Urteilsberichtigung immer wieder erörterten und bis heute strittigen Punkten gehört die Frage, welchen Einfluß die Urteilsberichtigung auf Rechtsmittel gegen das berichtigte oder berichtigungsfähige Urteil hat. Dabei sind zwei Problemkreise zu unterscheiden. Zum einen geht es um die Frage, welchen Einfluß die Urteilsberichtigung auf den Lauf von Rechtsmittelfristen gegen das Urteil selbst hat. Zum anderen fragt sich, in welchem Verhältnis die Berichtigung zu eingelegten oder möglichen Rechtsmitteln steht.

I. Zum Einfluß der Berichtigung auf Rechtsmittelfristen

Das problematische Verhältnis von Urteilsberichtigung und Rechtsmittelfristen wird an folgendem Beispiel deutlich:

> *„Die Klägerin verlangt von dem Beklagten restlichen Werklohn für Bauarbeiten in Höhe von 206.630,94 DM. Der Beklagte hat die Aufrechnung mit einer streitigen Gegenforderung in Höhe von 5.209,21 DM erklärt. Das Landgericht hat den Beklagten durch Teilurteil zur Zahlung von 168.251,06 DM verurteilt. Eine Klageabweisung wegen der dabei verrechneten Forderung des Beklagten in Höhe von 5.209,21 DM ist im Tenor des landgerichtlichen Urteils unterblieben. In den Entscheidungsgründen des am 12. März 1998 zugestellten Urteils ist ausgeführt, hinsichtlich des entscheidungsreifen Teils sei die Klage in dem aus dem Tenor ersichtlichen Umfang begründet. Ferner heißt es, der Werklohnanspruch der Klägerin sei durch Aufrechnung des Beklagten in Höhe von 5.209,21 DM erloschen. Durch der Klägerin am 1. April 1998 zugestellten Beschluß hat das Landgericht den Tenor des Teilurteils dahingehend berichtigt, daß die Klage in Höhe von 5.209,21 DM abgewiesen werde. Daraufhin hat die Klägerin am 4. Mai 1998 (Montag) Berufung eingelegt.“*[1245]

Die Berufung kann nur zulässig sein, wenn die Berufungsfrist (ein Monat ab Zustellung des vollständigen Urteils, § 516 ZPO) erst mit Zustellung des Berichtigungsbeschlusses am 1.4.1998 zu laufen begonnen hatte oder der Klägerin gem. § 233 ZPO Wiedereinsetzung in die Berufungsfrist zu gewähren gewesen wäre. Anderenfalls wäre die Berufung gem. § 519b I 1 ZPO wegen Versäumung der Berufungsfrist als unzulässig zu verwerfen.

1245 BGH VII ZB 24/98 v. 05.11.1998, NJW 1999, 646 [646 f.].

1. Die Kasuistik der Rechtsprechung

Die Behandlung dieses Problems durch die Rechtsprechung ist gerade in jüngster Zeit zunehmend unübersichtlich geworden. Zwar besteht Einigkeit, daß die Berichtigung eines Urteils grundsätzlich nicht zu einem Neubeginn der Rechtsmittelfrist gegen das berichtigte Urteil führt, doch werden hiervon immer wieder Ausnahmen gemacht, die in der Praxis zu einer völligen Verunsicherung führen.

a) Kein Neubeginn der Rechtsmittelfrist durch die Urteilsberichtigung

Der Grundsatz, daß die Urteilsberichtigung keinerlei Einfluß auf den Lauf von Rechtsmittelfristen ausübt, ist so alt wie das ihm zugrunde liegende Problem. Er beruht auf drei Überlegungen. Zum einen habe die Urteilsberichtigung rückwirkender Kraft. Sie sein keine neue Entscheidung, sondern drücke lediglich die bereits getroffene Entscheidung klarer aus, weshalb bereits die Beschwer als Rechtsmittelvoraussetzung fehle.[1246] Zum anderen sind nur offenbare, d. h. insbesondere auch für die Parteien ersichtliche Unrichtigkeiten berichtigungsfähig. Daher müsse „jede Partei ohne weiteres von der Voraussetzung ausgehen, daß die Berichtigung erfolgen werde, und danach ihren Entschluß wegen des etwa einzulegenden Rechtsmittels fassen."[1247] Schließlich wurde der Ansicht, die für einen Neubeginn der Rechtsmittelfrist durch die Urteilsberichtigung plädiert, entgegengehalten, daß sie das Wesen der formellen Rechtskraft verkenne. Es würde danach nämlich ein Urteil, daß irgendeinen zu berichtigenden Fehler enthält, überhaupt nie rechtskräftig werden.[1248]

Diese reichsgerichtliche Rechtsprechung gilt im Grundsatz bis heute. Denn wie das RG meint auch der BGH, daß

> *„den Parteien ... zuzumuten [ist], bei ihrer Entschließung zur Einlegung eines Rechtsmittels auch offenbare Unrichtigkeiten einer Entscheidung zu berücksichtigen, schon bevor diese gemäß § 319 ZPO berichtigt worden sind".*[1249]

Und auch in der Rechtsprechung des BVerfG ist anerkannt, daß „für den Beginn der Berechnung der Monatsfrist von § 93 I BVerfGG nicht der (später er-

---

1246 RG II 90/42 v. 05.11.1942, DR 1943, 249 [250].

1247 RG VI 34/92 v. 28.04.1892, RGZ 29, 403 [405].

1248 RG I 144/41 v. 01.12.1942, RGZ 170, 186, mit Hinweis auf den möglichen Härteausgleich durch Wiedereinsetzung.

1249 BGH XII ZB 98/91 v. 25.09.1991, NJW-RR 1992, 251 [252]; BGH XII ZR 44/92 v. 05.05.1993, NJW-RR 1993, 1213 [1214]; BGH XII ZR 68/89 v. 28.03.1990, FamRZ 1990, 988; vgl. ferner BGH IVb ZB 502/80 v. 23.04.1980, VersR 1980, 744; BGH V ZR 21/83 v. 09.12.1983, BGHZ 89, 184 [186]; sowie BGH VI ZR 249/75 v. 26.10.1976, BGHZ 67, 284 [286 f.], zu Mängeln nur in der Ausfertigung.

folgte) Zugang der Mitteilung des Gerichts über eine Berichtigung der angefochtenen Entscheidung … in Betracht kommt, vielmehr fängt die Monatsfrist mit der Zustellung oder formlosen Mitteilung der in vollständiger Form abgefaßten gerichtlichen Entscheidung zu laufen an, wenn diese nach den maßgebenden verfahrensrechtlichen Vorschriften von Amts wegen vorzunehmen ist, sofern sich aus der Formulierung des Tenors die Rechtswirkungen der Entscheidung unschwer feststellen lassen."[1250]

b) Ausnahmen

Ausgehend von diesem Grundsatz wäre der Eingangsfall einfach zu entscheiden: Vorbehaltlich einer evtl. zu gewährenden Wiedereinsetzung wäre die Berufung verfristet und damit zu verwerfen. So einfach ist die Sache indes nicht. Bereits das *Reichsarbeitsgericht* entschied nämlich, daß dann, wenn eine

> *„… Entscheidung erst dadurch einem RM zugänglich [wird], daß die in der Entscheidung selbst unterbliebene Wertfestsetzung oder Zulassung des Rechtsmittels durch einen Berichtigungsbeschluß nachgeholt wird, […] die Frist zur Einlegung des Rechtsmittels nicht schon mit der Zustellung der ursprünglichen Entscheidung sondern erst mit der Zustellung des Berichtigungsbeschlusses [beginnt].* "[1251]

Zwar war diese Entscheidung ausdrücklich auf die nachträgliche Rechtsmittelzulassung beschränkt, doch diente sie dem BGH bereits frühzeitig als Argumentationshilfe dafür, daß auch dann, wenn erst aus der Berichtigung des Urteilstenors hervorgeht, daß eine Partei durch das ergangene Urteil beschwert ist, der Lauf der Rechtsmittelfrist mit der Zustellung des Berichtigungsbeschlusses beginnt („Zustellungslösung").[1252]

Soweit ersichtlich hatte sich der BGH in einem Fall mit einer ähnlichen Konstellation wie der des RAG zu befassen.[1253] Es handelt sich um den bereits oben besprochenen Fall, in dem im Tenor des am 21.5.1979 zugestellten Urteils die Revision für den *Beklagten*, ausweislich der Gründe jedoch für den *Kläger* zugelassen wurde.[1254] Hier legten die Kläger gegen das Urteil zunächst jedoch keine Revision ein, sondern wandten sich mit der Verfassungsbeschwerde gegen die (vermeintliche) Nichtzulassung der Revision. Auf einen Hinweis des BVerfG beantragten sie die Berichtigung des Tenors, die vom OLG beschlos-

---

1250 BVerfG 1 BvR 1211/89 v. 15.02.1990, HFR 1990, 579; ähnlich bereits BVerfG 1 BvR 197/63 v. 10.11.1964, BVerfGE 18, 192 [194], und jüngst BVerfG 1 BvR 1399/00 v. 12.09.2000, NJW 2001, 142; so auch BayVerfGH Vf 43-VI-91 v. 20.03.1992, BayVBl 1993, 763, zu Art. 51 II 2 Bay-VfGHG.

1251 RAG B 17/40 v. 05.06.1940, ArbRSlg 39, 193 [LS, S. 195].

1252 BGH VI ZB 4/55 v. 23.04.1955, BGHZ 17, 149 [LS 1, S. 152].

1253 BGH VI ZR 236/79 v. 10.03.1981, VersR 1981, 548.

1254 Näher oben, § 6 IV. 2.b), S. 127.

sen und ihnen am 12.9.1979 zugestellt wurde. Am 26.9.1979 legten die Kläger schließlich Revision verbunden mit einem Antrag auf Wiedereinsetzung ein.

Der BGH prüfte die Wiedereinsetzung nicht, sondern meinte, daß hier die Revisionsfrist erst mit Zustellung des Berichtigungsbeschlusses begonnen habe. Zwar, so der BGH selbst, „lag [es] auf der Hand",[1255] daß sich die Revisionszulassung auf die Kläger bezog, doch komme es auf dessen Verschulden nicht an. Dem Beginn der Rechtsmittelfrist habe bereits entgegengestanden, daß dem äußeren Anschein nach das unberichtigte Urteil keine Anfechtungsmöglichkeit für die Kläger enthielt und dieser Fehler durch das Gericht verursacht wurde. Ein Irrtum des Gerichts dürfe sich nicht dahin auswirken, daß die Rechtsmittelmöglichkeit einer Partei beeinträchtigt oder gar vereitelt werde.[1256]

Während in der Folge die Entscheidungen überwogen, die im Einzelfall einen Neubeginn der Rechtsmittelfrist ablehnten,[1257] zeichnet sich in jüngster Zeit eine Wende zu einer weitherzigeren Anwendung ab. Unter Bezugnahme auf die Rechtsprechung des BVerfGs, daß der in den Verfahrensordnungen eingeräumte Instanzen nicht unzumutbar erschwert werden darf,[1258] bejahte der BGH den Neubeginn der Rechtsmittelfrist durch erfolgte Urteilsberichtigung in einem Fall, in dem im Urteil statt der (wirklichen und offenbar ersichtlichen) Klägerin ihr Ehemann als Kläger bezeichnet und dies nachträglich berichtigt wurde.[1259] Genauso entschied er in dem schon erwähnten Fall, in dem bei einer Unterhaltsberechnung ein Betrag vom Amtsgericht zunächst als Summand aufgeführt wurde, der tatsächlich und ersichtlich abgezogen werden sollte. Auch hier besorgte der BGH eine „auch verfassungsrechtlich bedenkliche Erschwerung der Rechtsmittelmög-

---

1255 BGH a. a. O., S. 549.

1256 BGH, a. a. O.

1257 Siehe neben den Nwen in Fn. 1249 auch BGH XII ZR 68/89 v. 28.03.1990, FamRZ 1990, 988, wo der Verurteilung zur Unterhaltszahlung i. H. v. 900 DM im Tenor ein Betrag von 675 DM in den Gründen gegenüberstand. Nachdem der Beklagte Berichtigung erreichte, legte die Klägerin Berufung ein. Diese verwarf das OLG als verspätet, was der BGH nicht beanstandete.

Dagegen finden sich in der instanzgerichtlichen Rechtsprechung Fälle, in denen von einem Neubeginn der Rechtsmittelfrist nach erfolgter Berichtigung ausgegangen wurde; vgl. OLG Hamburg 5 W 10/78 v. 20.03.1978, MDR 1978, 583; LAG Berlin 5 Sa 4/70 v. 26.02.1970, AP Nr. 16 zu § 319 ZPO.

1258 BVerfG 1 BvR 1291/85 v. 02.12.1987, NJW 1988, 1255 [1255 f.]; aus jüngster Zeit: BVerfG 2 BvR 852/93 v. 25.11.1994, NJW 1995, 711; BVerfG 1 BvR 762/94 v. 23.01.1995, NJW 1995, 1416 [1416 f.].

1259 BGH VII ZB 13/90 v. 17.01.1991, BGHZ 113, 228 [231]. Dem folgt auch die instanzgerichtliche Rechtsprechung, vgl. OLG Celle 9 U 90/98 v. 02.12.1998, MDR 1999, 499: Neubeginn der Berufungsfrist für die GmbH & Co KG, die im Rubrum vergessen wurde, deren Verurteilung aus Tenor („Die Beklagten") und Gründen jedoch offensichtlich war.

lichkeit“, wenn die Rechtsmittelfrist schon mit Zustellung des unberichtigten Urteils zu laufen beginne.[1260]

Die gleichen Erwägungen führten auch im Eingangsfall dazu, daß das Gericht die Rechtsmittelfrist erst mit Zustellung des Berichtigungsbeschlusses beginnen ließ. Es habe sich die Beschwer der Klägerin „zweifelsfrei“ erst aus dem Berichtigungsbeschluß des Landgerichts ergeben. Zwar sei dies für die Prozeßbevollmächtigte der Klägerin schon aus den Gründen des unberichtigten Urteils ersichtlich gewesen, doch komme es „auf ein Verschulden der Partei oder ihrer Prozeßbevollmächtigten daran, daß sie trotz der unrichtigen Tenorierung den vom Gericht in Wahrheit gewollten Inhalt seiner Entscheidung nicht erkannt haben, [...] nicht an“.[1261] Denn, so fährt das Gericht in fast wörtlicher Wiederholung der bereits genannten Entscheidung des 6. Senats[1262] fort:

> *„Es genügt, daß dem äußeren Anschein nach das nicht berichtigte Urteil keine Anfechtungsmöglichkeit für die Klägerin eröffnete und diese durch den Fehler des Gerichts davon abgehalten worden ist, gegen dieses Urteil, solange es nicht berichtigt worden war, ein Rechtsmittel einzulegen. Ein Irrtum des Gerichts darf sich nicht dahin auswirken, daß die Möglichkeit, Rechtsmittel einzulegen, beeinträchtigt oder gar vereitelt wird“.*[1263]

Schließlich ist in der Rechtsprechung anerkannt, daß dann, wenn der spätere Rechtsmittelführer zunächst eine Berichtigung erwirkt, diese jedoch auf sofortige Beschwerde hin aufgehoben wird, die Rechtsmittelfrist *hinsichtlich der hierdurch geschaffenen Beschwer* erst mit der Zustellung des Aufhebungsbeschlusses beginnt.[1264]

c) Wiedereinsetzung

Die scheinbare Härte der reichsgerichtlichen Rechtsprechung milderte sich dadurch, daß der Partei, deren Beschwer erst durch den Berichtigungsbeschluß sichtbar wurde, Wiedereinsetzung zu gewähren war. Denn, so das RG,

---

1260 BGH XII ZR 184/93 v. 09.11.1994, NJW 1995, 1033 [1033 f.], dazu oben, § 6 I. 2.b)(1), S. 93. Einschränkend jüngst BVerfG 1 BvR 1399/00 v. 12.09.2000, NJW 2001, 142.

1261 BGH VII ZB 24/98 v. 05.11.1998, unveröffentlicht (Juris).

1262 BGH VI ZR 236/79 v. 10.03.1981, VersR 1981, 548; dieser Senat hatte es zwischenzeitlich indes abgelehnt in einem Fall, in dem im Urteilsrubrum versehentlich der Zweitbeklagte nicht erwähnt war, die Rechtsmittelfrist erst mit Zustellung des berichtigten Urteils laufen zu lassen, BGH VI ZB 8/95 v. 27.06.1995, VersR 1996, 214 [215].

1263 BGH VII ZB 24/98 v. 05.11.1998 (Hervorhebung vom Verf.).

1264 BGH VI ZB 4/85 v. 21.05.1985, NJW 1986, 935 [936]; BGH VIII ZB 37/88 v. 25.01.1989, VersR 1989, 530.

„man kann nicht verlangen, daß sie [die Partei] eine größere Aufmerksamkeit anwenden muß als das erkennende Gericht... Sie konnte sich vielmehr darauf verlassen, daß kein Rechenfehler unterlaufen war.“[1265]

Allerdings hatte die reichsgerichtliche Problemlösung über die Wiedereinsetzung einen Haken: Nach § 236 II ZPO a. F. war eine Wiedereinsetzung - so zumindest nach damals überwiegendem Verständnis[1266] - nur möglich, wenn sie beantragt wurde. Hatte daher eine Partei nach Erlaß der sie beschwerenden Entscheidung im Berichtigungsverfahren nur das Rechtsmittel gegen die Entscheidung eingelegt, ohne gleichzeitig Wiedereinsetzung zu beantragen, blieb das Rechtsmittel unzulässig.[1267]

Nicht zuletzt dieser Aspekt war es, der den BGH in der Ausgangsentscheidung seiner Rechtsprechung zum Beginn der Rechtsmittelfrist bei Urteilsberichtigung leitete. Gegen die Lösung des Problems über eine Wiedereinsetzung spreche nämlich, daß:[1268]

- die Frist zur Einlegung des Rechtsmittels nach Wiederaufnahmeregeln mit nur zwei Wochen (§ 234 I ZPO) kürzer sei als die Monatsfrist, die das Gesetz für die Rechtsmitteleinlegung vorsehe;
- eine Wiedereinsetzung nach Jahresfrist ausscheide, § 234 III ZPO;
- die Wiedereinsetzung - wie dargestellt - trotz Vornahme der erforderlichen Handlung am fehlenden Antrag scheitern könne.

Gerade wegen dieser Bedenken, deren Stichhaltigkeit später zu untersuchen ist, überrascht es, daß der BGH in der Anwendung dieses Instituts zurückhaltend ist. Zwar gewährte er in einem Fall, in dem die Frist versäumt wurde, weil der Berufungskläger infolge Krankheit nicht in der Lage war, innerhalb der Rechtsmittelfrist den für die Prüfung der durch den Berichtigungsbeschluß geänderten Rechtslage erforderlichen Rat eines Anwalts einzuholen, Wiedereinsetzung.[1269] Dafür billigte er in einem anderen Fall die Versagung der Wiedereinsetzung durch

---

1265 RG I 341/26 v. 19.01.1927, RGZ 116, 13 [14 f.]; so auch RG II ZR 250/29 v. 03.01.1930, JW 1930, 1001; RG I 144/41 v. 01.12.1942, RGZ 170, 186.

1266 Vgl. RG IV 167/34 v. 01.11.1934, JW 1935, 277, Nr. 7; so noch BGH III ZB 13/52 v. 24.09.1952, BGHZ 7, 194 [197]; anders jedoch schon RG IV 12/42 v. 10.06.1942, RGZ 169, 196 [199]: Wiedereinsetzung auch ohne Antrag, wenn die Tatsachen aus denen sich ergibt, daß die Fristversäumnis unverschuldet ist, offen- oder gerichtskundig sind.

1267 So in RAG 202/29 v. 16.11.1929, ArbRSlg 7, 446 [447 f.], mit Anm. GERSTEL, ArbRSlg 7, 448: „hart aber gerecht“.

1268 BGH VI ZB 4/55 v. 23.04.1955, BGHZ 17, 149 [152 f.], mit Anm. JOHANNSEN, LM ZPO § 319 Nr. 2.

1269 BGH VIII ZR 256/68 v. 20.05.1970, MDR 1970, 757 [758].

das OLG, weil die Wiedereinsetzungsfrist nicht erst mit der Bekanntgabe des Berichtigungsbeschlusses, sondern schon mit der Zustellung des Berichtigungsantrags des Beklagten an die Klägerin beginne.[1270]

Schließlich wendete der BGH auch in Fällen, in denen die Rechtsmittelzulassung über eine Wiedereinsetzung selbst nach der alten reichsgerichtlichen Rechtsprechung möglich gewesen wäre, statt dessen sein Institut des herausgeschobenen Fristbeginns an.[1271] Und auch in einer jüngeren Entscheidung bekräftigte er diese Linie, indem er die alten Bedenken gegen die Wiedereinsetzungslösung erneuerte.[1272] Allerdings findet sich der frühere Haupteinwand, daß Wiedereinsetzung u. U. mangels Antrags nicht gewährt werden könne, obwohl die Voraussetzungen vorliegen, nicht mehr - ihm ist seit 1977 durch die Neufassung des § 236 II 2 ZPO,[1273] nach der Wiedereinsetzung auch ohne Antrag gewährt werden kann, der Boden entzogen.

2. *Lösungsansätze der Literatur*

Die heute h. M. in der Literatur stimmt der kasuistischen Rechtsprechung zu.[1274] Sie hat sich damit sowohl von einer älteren Ansicht, die ebenso wie das RG die Lösung ausschließlich über die Wiedereinsetzung erreichen wollte,[1275] als auch von der Meinung, die *in jedem Fall* die Rechtsmittelfrist erst mit der Entscheidung über eine Berichtigung beginnen lassen will,[1276] abgewandt.

1270 BGH XII ZR 68/89 v. 28.03.1990, FamRZ 1990, 988 [989], siehe dazu in Fn. 1257. Dem ist i. E. zuzustimmen; die Entscheidung steht nur in auffälligem Kontrast zu der Rechtsprechung zum Neubeginn der Rechtsmittelfrist. Siehe auch OLG Stuttgart 15 UF 251/83 u. 531/83 v. 13.01.1984, FamRZ 1984, 402 [404 f.]: Keine Wiedereinsetzung, wenn die Entscheidungsgründe die teilweise Klageabweisung ergeben, diese Entscheidung in der Urteilsformel jedoch nicht zum Ausdruck gekommen ist.

1271 Siehe die Nwe oben in Fn. 1264 zu den im Rechtsmittelverfahren aufgehobenen Berichtigungsbeschlüssen. *Anders* jedoch jüngst BGH I ZB 30/98 v. 25.06.1998, NJW 1998, 3280, das in der gleichen Situation Wiedereinsetzung gewährte.

1272 BGH VII ZB 13/90 v. 17.01.1991, BGHZ 113, 228 [232].

1273 Vereinfachungsnovelle vom 3.12.1976, BGBl I, 3281.

1274 Vgl. MUSIELAK in MüKo-ZPO, § 319, Rn. 15 f.; LEIPOLD in Stein/Jonas, ZPO, § 319, Rn. 14; E. SCHUMANN, AP Nr. 16 zu § 319 ZPO; so aber auch schon VOLKMAR, ArbRSlg 39, 197.

1275 HESS, S. 56 ff.; HEINZERLING, AcP 52 (1869), 499 [520]; weitere Nwe bei WIESEMANN, S. 206 (in Fn. 6); siehe aus neuerer Zeit: OSTERLOH, S. 90; WIESEMANN, S. 213 ff.

1276 STEINBERG, S. 36 f.; WAHLE, JW 1928, 1222 [1222 f.], der aber bei „wirklich offensichtlichen Unrichtigkeiten" eine Ausnahme machen wollte; *jüngst* HEINRICH, LM § 319 ZPO Nr. 19, unter Hinweis auf die unnötigen Kosten einer vorsorglichen Rechtsmitteleinlegung.

Jedoch gibt es auch Stimmen, die sich gegen die als zu großzügig erachtete Rechtsprechung wenden. Während diese Kritik teils nur auf den Einzelfall beschränkt ist,[1277] wird andererseits aber auch eingewandt, daß überhaupt nur dann, wenn erst aus der Berichtigung hervorgehe, welche *Partei* in Wirklichkeit beschwert sei, oder für welche *Partei* die Revision zugelassen sei, sich der Neubeginn der Rechtsmittelfrist rechtfertige; lediglich die Veränderung der bereits vorhandenen Beschwer könne nicht ausreichen.[1278]

3. *Kritik*

Die Kasuistik der h. M. ist *in Ansatz und Folgen verfehlt.*[1279] Sie weicht, wie sogleich darzulegen ist, ohne Notwendigkeit von anerkannten und richtigen Prämissen des Rechtsmittelrechts ab und führt durch widersprüchliche Entscheidungen zu einer Rechtsunsicherheit, die den beabsichtigten Schutz des durch die unrichtige Ausgangsentscheidung Betroffenen in sein Gegenteil verkehrt.

So ist - *zumindest mir* - der tragende Unterschied, warum im Fall, daß im Urteil statt der (wirklichen und offenbar ersichtlichen) Klägerin ihr Ehemann als Kläger bezeichnet wurde, die Rechtsmittelfrist erst mit Zustellung des Berichtigungsbeschlusses zu laufen beginnen soll,[1280] das jedoch nicht gilt, falls im unberichtigten Rubrum der Zweitbeklagte versehentlich nicht erwähnt wurde,[1281] nicht ersichtlich.

a) Zur „Zustellungslösung“

Gemäß §§ 516, 552 i. V. m. 317 I ZPO beginnt die Rechtsmittelfrist mit der *wirksamen* Zustellung einer Ausfertigung[1282] des in vollständiger Form abgefaßten Urteils. Die Zustellung ist - hinsichtlich des Zustellungsobjekts *nur* - unwirksam, wenn entweder keine rechtsgültige Urteilsurschrift vorliegt,[1283] die Ausfertigung mangels wirksamen Ausfertigungsvermerks nur ein „Ausfertigungsentwurf“ ist,[1284] oder die Ausfertigung derart schwerwiegende inhaltliche Mängel, d. h. Abweichungen von der Urschrift enthält, daß sie nicht als Wiedergabe der Urschrift angesehen werden kann.[1285]

1277 So von NOWAK, JR 1991, 423, gegen BGH VII ZB 13/90 v. 17.01.1991, BGHZ 113, 228.

1278 HAGEN, LM Nr. 11 zu § 319 ZPO.

1279 So bereits WIESEMANN, S. 213 ff.

1280 BGH VII ZB 13/90 v. 17.01.1991, BGHZ 113, 228 [231].

1281 BGH VI ZB 8/95 v. 27.06.1995, VersR 1996, 214 [215].

1282 HARTMANN in B/L/A/H, § 170, Rn. 1, m. w. Nwen.

1283 Dazu oben, § 8 I. 2.d), S. 162 ff.

1284 BGH KVR 10/85 v. 24.03.1987, BGHZ 100, 234 [237 f.].

1285 BGH III ZR 51/80 v. 04.06.1981, NJW 1981, 2345 [2346]; BGH VIII ZB 25/86 v. 08.10.1986, NJW-RR 1987, 377; BGH VI ZR 249/75 v. 26.10.1976, BGHZ 67, 284 [290 f.]; HARTMANN in B/L/A/H, § 516, Rn. 6, m. w. Nwen.

Eine ganz andere Frage ist, ob die Zustellung einer äußerlich völlig korrekten Ausfertigung wirksam ist, wenn ihr gar kein wirksames Urteil zugrunde liegt. Das kann etwa geschehen, wenn die Ausfertigung entgegen § 317 II 1 ZPO vor Unterschrift aller Richter erteilt oder das Urteil nicht wirksam verkündet wurde. Das ist zu verneinen, da die Zustellung den Zweck hat, durch Beginn der Rechtsmittelfristen die formelle Rechtskraft eines rechtskraftfähigen Urteils vorzubereiten, nicht jedoch ein rechtskraftfähiges Urteil zu fingieren.[1286]

Von diesen Mängeln kann *keiner* auf einer offenbaren Unrichtigkeit *des Urteils*, d. h. der Urteilsurschrift beruhen.[1287] Das darüber hinaus vom BGH[1288] angenommene weitere Wirksamkeitserfordernis, daß das Urteil erkennen lassen müsse, wer in welchem Umfang durch die Entscheidung beschwert sei, vermischt Fragen der *Richtigkeit des Urteils* mit der aus Gründen der Rechtssicherheit notwendig formalen Frage der *Wirksamkeit der Zustellung*. Ein Urteil, daß die Beschwer auch bei der gebotenen Auslegung nicht erkennen läßt, ist bereits aus diesem Grund fehlerhaft und aufzuheben. Vor allem aber ist ein derart unklares Urteil der Berichtigung nach § 319 ZPO gar nicht zugänglich, die Einlegung eines Rechtsmittels zur Beseitigung der Beschwer daher zwingend erforderlich.[1289]

Aber selbst ausgehend von ihrer - unrichtigen - Prämisse, sind die oben zitierten Entscheidungen falsch. Denn in jedem der Fälle war die Beschwer aus dem Urteil als ganzem ersichtlich. Und das ist auch nicht sonderlich überraschend, da die Urteilsberichtigung doch nur der Korrektur *offenbarer* Unrichtigkeiten dient. Daraus zieht schließlich auch das Gesetz selbst die gebotene Konsequenz, indem es im Falle der Urteilsergänzung nach § 321 ZPO die Berufungsfrist erneut eröffnet, § 517 ZPO, eine solche Folge für die Urteilsberichtigung nach § 319 ZPO aber gerade nicht ausspricht.[1290]

Eine andere Beurteilung kann sich nur ergeben, wenn zweifelhaft ist, ob die Unrichtigkeit des Urteils offenbar i. S. d. § 319 ZPO ist. Zwar führen Zweifel in aller Regel zum Ausschluß der Berichtigungsfähigkeit, doch muß das nicht immer so sein. Bestehen die Zweifel nämlich nicht bezüglich des *Vorliegens* einer offenbaren Unrichtigkeit, sondern bezüglich deren *Berücksichtigungsfähigkeit*, genannt

---

1286 So - i. E. - die heute ganz h. M., vgl. BGH IX ZR 7/98 v. 04.02.1999, NJW 1999, 1192, sowie die Nwe. in Fn. 695, S. 162. In diesem Sinne schon BGH VI ZR 249/75 v. 26.10.1976, BGHZ 67, 284 [288 f.] gegen die abw. Rspr. des RG, vgl. RG (GS) II 405/12 v. 02.06.1913, RGZ 82, 422 [424 ff.], sowie die frühe Rspr. des BGH, vgl. BGH II ZR 310/53 v. 27.10.1955, BGHZ 18, 350 [354].

1287 Zu den Mängeln nur in der Ausfertigung BGH VI ZR 249/75 v. 26.10.1976, BGHZ 67, 284 [287 ff.].

1288 Siehe die Nwe oben in Fn. 1252, S. 274.

1289 Darauf weist zutreffend WIESEMANN, S. 214, hin.

1290 So auch WIESEMANN, S. 213; das gesteht aber auch BGH VI ZR 249/75 v. 26.10.1976, BGHZ 67, 284 [286 f.], zu.

sei nur der angebliche Ausschluß von Parteiversehen, steht das der Urteilsberichtigung nicht entgegen.[1291] Aber auch in diesen Fällen können die berechtigten Interessen der Parteien anders als durch Verneinung einer wirksamen Zustellung effektiv geschützt werden. Schließlich, und das verkennt im Ansatz auch der BGH nicht, bietet das geltende Zivilprozeßrecht mit der Wiedereinsetzung ein Institut, die Folgen unverschuldeter Fristversäumnis abzufangen. Und bereits im Wortlaut des § 233 ZPO steckt mit dem Erfordernis der *schuldlosen* Fristversäumnis die Möglichkeit, den verschiedenen Konstellationen des offenbar unrichtigen Urteils im Einzelfall gerecht zu werden.

Die vom BGH hiergegen erhobenen grundsätzlichen Bedenken können nicht überzeugen. Zwar ist es richtig, daß die zweiwöchige Wiedereinsetzungsfrist gem. § 234 I ZPO kürzer ist, als die normale einmonatige Rechtsmittelfrist. Doch bewirkt allein die Verkürzung der Überlegungsfrist noch keine *unzumutbare* Beeinträchtigung des Rechtsschutzes. Denn bei der Frage der Zumutbarkeit ist nicht nur einseitig auf den Wiedereinsetzung Begehrenden, sondern auch auf den, der auf die Rechtskraft des nunmehr verspätet angefochtenen Urteils vertraut hat, zu achten. Den im Falle offenbarer Unrichtigkeit vorliegenden Fehler des Gerichts ausschließlich zugunsten des Rechtsmittelführers zu lösen, verkennt, daß damit in eine Rechtsposition der Gegenseite eingegriffen wird.[1292] Aber auch die Länge der nach § 234 I ZPO gewährten Frist ist nicht so kurz, daß sie unzumutbar wäre. Schließlich gewährt das Gesetz für die Einlegung der sofortige Beschwerde gegen die Verwerfung der Berufung durch Beschluß nach §§ 519b II, 577 II ZPO auch nur eine Frist von zwei Wochen.

Auch das weitere, mittlerweile zum tragenden erklärte Argument, daß gem. § 234 III ZPO nach Ablauf eines Jahres keine Wiedereinsetzung gewährt werden könne,[1293] überzeugt nicht. Es ist bereits schwer vorstellbar, daß einem Urteil eine offenbare Unrichtigkeit anhaftet, die ein Jahr unentdeckt bleibt, sodann nach ihrer Berichtigung aber Anlaß für die Einlegung eines Rechtsmittels gibt. Daß es sich hierbei eher um ein Phantasieprodukt handelt, wird auch daran deutlich, daß - soweit ersichtlich - in keinem der über die „Zustellungslösung“ entschiedenen Fälle eine Wiedereinsetzung an der Jahresfrist gescheitert wäre. Aber selbst wenn das einmal der Fall sein sollte, ist das in einer derartigen Nachlässigkeit der davon betroffenen Partei begründet, daß dahinter der Fehler des Gerichts verblaßt.

Im übrigen kann die „Zustellungslösung“ unmöglich konsequent angewandt werden. Sie ernst genommen hieße nämlich, daß auch nach Jahren und Jahrzehn-

---

1291 Siehe dazu oben, § 15 I., S. 261 ff.

1292 Vgl. STÜRNER, ZZP 99 (1986), 291 [296], dazu bereits oben, § 3 IV. 1, bei Fn. 231, S. 57.

1293 BGH VII ZB 13/90 v. 17.01.1991, BGHZ 113, 228 [232]; vgl. schon BGH VI ZB 4/55 v. 23.04.1955, BGHZ 17, 149 [152 f.].

ten ein offenbar unrichtiges Urteil der formellen Rechtskraft entbehrte.[1294] Das ist besonders unverständlich, da es gerade das Wesen der offenbaren Unrichtigkeit ausmacht, daß die getroffene Entscheidung zweifelsfrei erkennbar ist. Hingegen wäre ein Urteil, daß die Grenzen seiner materiellen Rechtskraft nicht zweifelsfrei, sondern nur im Rahmen eines weiteren Erkenntnisverfahrens preisgibt, mangels Berichtigungsfähigkeit mit Ablauf der Rechtsmittelfrist unangreifbar. Somit wäre das fehlerhaftere Urteil besser geschützt als das richtigere. Das ist ein absurdes Ergebnis.

Daß auch dem BGH hier Bedenken kommen, zeigt folgende Erwägung:

> *„Die Frage, ob der in solchen Fällen notwendig eintretenden Hinausschiebung des Eintritts der Rechtskraft zeitliche Grenzen gesetzt sind, etwa in Anlehnung an die Grundgedanken des § 516 ZPO oder des § 234 Abs. 3 ZPO, stellt sich im Streitfall nicht."*[1295]

Doch desavouiert diese Überlegung - zurecht - den ganzen Ansatz. Es erscheint nämlich nicht angängig, zunächst gestützt auf angebliche Unzulänglichkeiten im Wiedereinsetzungsrecht die Wirksamkeit der Zustellung zu verneinen, um anschließend diese Unzulänglichkeiten als Maßstab für die Begrenzung der eigenen Rechtsschöpfung zu nehmen. Die von der Rechtsprechung unter Federführung des BGH und unter Gefolgschaft der Literatur vertretene „Zustellungslösung" ist daher zu verwerfen. Statt dessen ist eine Lösung des Problems gesetzeskonform über das Institut der Wiedereinsetzung zu entwickeln.

b) Kriterien der Wiedereinsetzung

Die Wiedereinsetzung wird im Zusammenhang mit der Berichtigung eines Urteils unter zwei verschiedenen Aspekten relevant. Da ist zum einen der durch die Unrichtigkeit scheinbar Begünstigte. Das ist der Kläger, wenn der Tenor das Beantragte zuspricht, ausweislich der Entscheidungsgründe die Klage aber abgewiesen wurde. Hier ist der Kläger tatsächlich beschwert, müßte also, um die Beschwer abzuwenden, ein Rechtsmittel einlegen. Daran wäre er i. S. d. § 233 ZPO nur gehindert, wenn er die offenbare Unrichtigkeit des Tenors nicht erkannt hat und auch nicht hätte erkennen können. Denn mangels Kenntnis der Beschwer bestand für ihn keine Veranlassung, ein Rechtsmittel einzulegen. Wird das Urteil nach Ablauf der Rechtsmittelfrist berichtigt und legt er erst jetzt das Rechtsmittel ein, kommt es für die Frage einer dem Kläger zu gewährenden Wiedereinsetzung also darauf an, welche Anforderungen an ihn gestellt werden können, die offenbare Unrichtigkeit schon vor der Berichtigung zu erkennen.

1294 So bereits RG (GS) II 405/12 v. 02.06.1913, RGZ 82, 422 [426].

1295 BGH VI ZR 236/79 v. 10.03.1981, VersR 1981, 548 [549] (Hervorhebung vom Verf.).

Kannte er hingegen die offenbare Unrichtigkeit, oder hätte er sie erkennen müssen, stellt sich die Frage der Wiedereinsetzung nicht. Denn das Vertrauen auf den Fortbestand einer offenbaren Unrichtigkeit verdient keinen Schutz.[1296]

Ein anderes Problem stellt sich in diesem Fall für den Beklagten. Er ist durch das Urteil zwar beschwert, da auch der fehlerhafte Ausspruch wegen der Vollstreckbarkeit eine Beschwer darstellt. Da jedoch keine ihm nachteilige *rechtskraftfähige* Entscheidung getroffen wurde, kann er diese Beschwer durch Berichtigung des Tenors beseitigen lassen. Er hat daher eigentlich keine Veranlassung, ein Rechtsmittel einzulegen. Ein Problem bekommt der Beklagte, wenn sein Berichtigungsantrag nach Ablauf der Rechtsmittelfrist zurückgewiesen wird. Um die Vollstreckbarkeit zu beseitigen muß er nun das gegen das Urteil gegebene aber inzwischen verfristete Rechtsmittel einlegen. Auch hier *kann* man für die Frage der Wiedereinsetzung darauf abstellen, ob der Beklagte hätte erkennen müssen, daß die Unrichtigkeit *nicht* offenbar i. S. d. § 319 ZPO war. Zumindest daneben gewinnt aber die Frage Bedeutung, ob ein Verschulden bereits deshalb zu verneinen ist, weil der Beklagte zunächst den einfacheren und billigeren Weg zur Beseitigung seiner Beschwer gewählt hat.

Diese Grundkonstellation läßt sich vielfältig variieren: Kläger und Beklagte können in umgekehrten Rollen betroffen, die Klage nach den Gründen nur teilweise abgewiesen sein etc. Diese Varianten alle durchzuspielen wäre so formatsprengend wie unergiebig. Worauf es allein ankommt ist für diese sich auch in Abwandlungen letztlich nur wiederholende Grundkonstellation eine brauchbare Lösung zu finden. Es geht daher im folgenden um die Wiedereinsetzung zum einen für den von der Unrichtigkeit Begünstigten, zum anderen um den durch sie Belasteten.

(1) Wiedereinsetzung des von der Unrichtigkeit Begünstigten

Bei der Frage der Wiedereinsetzung sind zwei Aspekte zu unterscheiden. Zum einen ist zu klären, welcher Verschuldensmaßstab anzulegen ist, zum anderen muß der Zeitpunkt, in dem das Hindernis als beseitigt gilt (§ 234 II ZPO), festgelegt werden.

(a) Verschuldensmaßstab

Gemäß § 233 ZPO in der Fassung der Vereinfachungsnovelle 1976[1297] ist einer Partei, die ohne ihr Verschulden verhindert war, eine Notfrist einzuhalten, auf Antrag Wiedereinsetzung zu gewähren. In dieser Fassung ist das Gesetz wesentlich wiedereinsetzungsfreundlicher, als in der ursprünglichen Version, die statt fehlenden Verschuldens ein Naturereignis oder unabwendbaren Zufall verlang-

1296 Siehe bereits oben, § 2 I. 1, bei Fn. 155, S. 41.

1297 BGBl I, 3281.

te.[1298] Während früher grundsätzliche Zweifel möglich waren, ob die Nichterkennung einer offenbaren Unrichtigkeit des Urteils als „unabwendbarer Zufall" zu bewerten sei,[1299] kann ein Verschulden der Partei heute sicher nicht durchweg angenommen werden. Andererseits erscheint es aber auch fraglich, ob es in jedem Fall richtig ist, daß man von den Parteien schwerlich eine größere Sorgfalt verlangen könne, als vom Gericht selbst.[1300] Schließlich kämpfen die Parteien im Zivilprozeß um *ihr* Recht.[1301]

Dieser Grundsatz der Eigenverantwortlichkeit erfährt indes nach herrschender und zutreffender Ansicht dort eine Einschränkung, wo ein Fehler des Gerichts die Prozeßführung einer Partei erschwert.[1302] Daher ist die *erste Differenzierung* des Verschuldensmaßstabs nach der *Verantwortlichkeit* für die offenbare Unrichtigkeit vorzunehmen: Keine Wiedereinsetzung rechtfertigen die Fälle, in denen die Unrichtigkeit von der Partei schuldhaft verursacht wurde, die Wiedereinsetzung begehrt. Solche Fälle können auftreten bei der unrichtigen Bezeichnung der Parteien oder des umstrittenen Gegenstandes. Indes ist schwer vorstellbar, wie aus einer derartigen Unrichtigkeit eine scheinbare Begünstigung des Säumigen entstehen soll.

Der Umkehrschluß, daß im Falle der ausschließlich vom Gericht verursachten Unrichtigkeit immer Schuldlosigkeit der scheinbar begünstigten Partei anzunehmen sei, erscheint hingegen nicht zulässig. Denn es ist zu bedenken, daß die Wiedereinsetzung neben der durch sie begünstigten auch eine von ihr benachteiligte Partei erzeugt, die nach Ablauf der Rechtsmittelfrist auf die Rechtskraft der Entscheidung vertraute.[1303] Daher erscheint es nicht angebracht, den Fehler des Gerichts ausschließlich einer Seite „zugute" kommen zu lassen. Erforderlich ist vielmehr eine *weitere Differenzierung* nach der *konkreten Erkenntnisfähigkeit* der

---

1298 Ganz h. M., vgl. HARTMANN in B/L/A/H, § 233, Rn. 11, m. w. Nwen.

1299 Verneinend beispielsweise STRIEMER, JW 1928, 709 [710], großzügiger hingegen schon damals die Rechtsprechung, vgl. die Nwe oben, Fn. 1265.

1300 So RG I 341/26 v. 19.01.1927, RGZ 116, 13 [14 f.].

1301 Die Redewendung vom „Kampf ums Recht" geht zurück auf die gleichnamige Schrift IHERINGS, der jedoch aufgrund eines idealistischen Ansatzes den Kampf des Einzelnen letztlich - und in der Rechtfertigung (vgl. die Einleitung zu der hier zitierten 22. Auflage, 1929) vor allem - als Mittel zur Wahrung und Durchsetzung der Rechtsordnung i. S. einer Gerechtigkeitsordnung verstand (IHERING, a. a. O., S. 46 ff.) und deshalb auch eine Pflicht des Einzelnen zum Kampf um (sein) Recht sah (a. a. O., S. 51 ff.). Siehe zur Darwinismus-Kritik, die IHERINGS Ansatz erfahren hat: SOMEK, Kaserne, S. 61 ff.; zum heute noch gültigen Interessendualismus als Konstituens des Zivilprozesses oben, § 3 IV. 1, S. 57.

1302 Siehe die Nwe oben, Fn. 1258.

1303 Darauf weist zurecht FEIBER in MüKo-ZPO, § 233, Rn. 2, hin.

Wiedereinsetzung begehrenden Partei. Daher ist eine Partei dann nicht (mehr) schuldlos an der Einlegung eines Rechtsmittels gehindert, wenn sie aufgrund der ihr zur Verfügung stehenden Erkenntnismittel und ihrer persönlichen Erkenntnisfähigkeit in der Lage ist, die offenbare Unrichtigkeit und die dadurch verdeckte Beschwer zu erkennen. Das entspricht auch der ansonsten im Wiedereinsetzungsrecht anerkannten individuellen Betrachtung.[1304]

Auch wenn es für die Verschuldensfrage somit auf den Einzelfall ankommt, sind doch einige grundsätzliche Kriterien bestimmbar. So ist zunächst danach zu unterscheiden, ob die Partei anwaltlich vertreten war oder nicht. An die *Naturpartei* sind auch hinsichtlich der Erkennbarkeit offenbarer Unrichtigkeiten geringere Maßstäbe anzulegen als an die durch einen Rechtsanwalt vertretene. Wurde sie durch einen unrichtigen Hauptsacheausspruch scheinbar begünstigt, kann von ihr nicht verlangt werden, diesen anhand der Gründe zu überprüfen.[1305] Hierfür wäre nämlich Voraussetzung, daß die Partei überhaupt wüßte, daß im Zweifelsfall die aussagekräftigen Entscheidungsgründe maßgeblich sind; eine Erkenntnis, die sich selbst unter Juristen noch nicht überall herumgesprochen hat.

Andererseits kann sich auch die Naturpartei nicht darauf berufen, daß eine teilweise Klageabweisung, die laut Entscheidungsgründen erfolgte, in der Urteilsformel nicht zum Ausdruck gekommen ist.[1306] Denn daß die Abweisung in den Tenor aufgenommen werden muß, ist spezifisch juristisches Wissen. Das kann der Partei selbst aber weder positiv noch negativ unterstellt werden. Daher ist auch bei einer anwaltlich nicht vertretenen Partei keine unverschuldete Fristversäumnis gegeben, wenn die Unrichtigkeit für den Nichtjuristen keinen Einfluß auf die Entscheidung zur Einlegung eines Rechtsmittels hat. So ist es etwa bei fehlerhaften Angaben im Rubrum. Daß hier möglicherweise ein zur Aufhebung des Urteils führender Verfahrensfehler vorliegen kann, ist allein - insoweit unbeachtliche - juristische Kenntnis.[1307]

Wesentlich strengere Anforderungen haben zu gelten, wenn die Partei *anwaltlich vertreten* ist. Es ist im Wiedereinsetzungsrecht anerkannt, daß ein Verschulden des Prozeßbevollmächtigten der Partei zuzurechnen ist, § 85 II ZPO,[1308] und

---

1304 Vgl. HARTMANN in B/L/A/H, § 233, Rn. 11, m. w. Nwen.

1305 Vgl. die Fälle BGH XII ZR 68/89 v. 28.03.1990, FamRZ 1990, 988: Verurteilung lt. Tenor zu 900 DM, lt. Gründen zu 675 DM; ähnlich OLG Hamburg 5 W 10/78 v. 20.03.1978, MDR 1978, 583; LAG Berlin 5 Sa 4/70 v. 26.02.1970, AP Nr. 16 zu § 319 ZPO: Abweisung der Klage im Tenor, der laut Gründen stattgegeben wurde.

1306 So auch OLG Stuttgart 15 UF 251/83 u. 531/83 v. 13.01.1984, FamRZ 1984, 402 [404 f.], allerdings bei der anwaltlich vertretenen Partei.

1307 Vgl. etwa BGH IVb ZB 502/80 v. 23.04.1980, VersR 1980, 744: Keine Angabe des Schlusses der mündlichen Verhandlung.

1308 Siehe HARTMANN in B/L/A/H, § 233, Rn. 11, m. w. Nwen.

auch für diesen Sonderfall kann nichts anderes gelten.[1309] Zwar ist der Fehler, der zur Versäumung der Rechtsmittelfrist führte im Ausgangspunkt vom Gericht verursacht worden. Doch ist es die - ihm seiner Partei, nicht dem Gericht gegenüber obliegende - Pflicht des Rechtsanwalts, ein Urteil auf eine mögliche Beschwer hin zu untersuchen. Sowenig der Gesetzgeber der ZPO davon ausging, daß es nur Urteile ohne offenbare Unrichtigkeiten geben werde, darf auch der Rechtsanwalt die Abwesenheit solcher Fehler unterstellen.[1310]

Daher wird nur in Ausnahmefällen ein Verschulden der anwaltlich vertretenen Partei an der Versäumung der Rechtsmittelfrist zu verneinen sein. Insbesondere wenn sich die Unrichtigkeit aus dem Urteil selbst ergibt, ist eine solche Ausnahme kaum vorstellbar. Besteht die offenbare Unrichtigkeit hingegen in der fehlerhaften Übernahme allgemeinkundiger Tatsachen, wie etwa fehlerhaften Übernahme des Preisindex für die Lebenshaltungskosten,[1311] liegt kein Verschulden vor.

(b) Maßgeblicher Zeitpunkt

Vorstehende Überlegungen zum Verschuldensmaßstab ergeben zugleich die notwendige Differenzierung hinsichtlich des Zeitpunkts, in dem das aus der offenbaren Unrichtigkeit bestehende Hindernis zur Rechtsmitteleinlegung in jedem Fall beseitigt ist, § 234 II ZPO.

Im Falle der *anwaltlich vertretenen Partei* ist bereits die Zustellung des offenbar unrichtigen Urteils - in aller Regel - kein Hindernis, die dadurch verdeckte Beschwer in der Entscheidung zu erkennen. Soweit daher die Fristversäumnis verschuldet ist, stellt sich auch die Frage des Beginns der Wiedereinsetzungsfrist nicht. Anderes gilt, wenn auch den Rechtsanwalt ausnahmsweise kein Verschulden trifft. Als Beispiel bietet sich wiederum der Fall der fehlerhaften Übernahme des Preisindex für die Lebenshaltungskosten an. Wurde aufgrund dessen der auszugleichende Zugewinn im Urteil zu hoch angesetzt, wird der scheinbar Belastete einen Berichtigungsantrag stellen, sobald er von diesem Fehler Kenntnis erhält.

Hier fragt sich, ob die Wiedereinsetzungsfrist für den von der Unrichtigkeit scheinbar Begünstigten bereits zu laufen beginnt, sobald sein Rechtsanwalt im

---

1309 So ganz selbstverständlich und explizit beispielsweise auch BGH XII ZR 68/89 v. 28.03.1990, FamRZ 1990, 988 [989]. Das ist indes erstaunlich, weil der BGH im Rahmen seiner „Zustellungslösung" die Zurechenbarkeit des Anwaltsverschuldens ausdrücklich abgelehnt hat, vgl. BGH VI ZR 236/79 v. 10.03.1981, VersR 1981, 548 [549]; BGH XII ZR 184/93 v. 09.11.1994, NJW 1995, 1033 [1033 f.].

1310 Vgl. etwa BGH XII ZB 31/94 v. 25.05.1994, BGH, VersR 1995, 112 [113]: „Selbst ein mißverständlich formulierter Hinweis *[des Gerichts]* hätte den Prozeßbevollmächtigten des Beklagten nicht der Verpflichtung enthoben, sich über den Beginn der Frist *[hier zur Begründung der Berufung]* in eigener Verantwortung Klarheit zu verschaffen."

1311 Siehe dazu oben, § 6 I. 2.b)(2), bei Fn. 419, S. 98.

Rahmen der Gewährung rechtlichen Gehörs von diesem Antrag Kenntnis erhält, oder erst später, etwa wenn ein Berichtigungsbeschluß ergangen oder gar rechtskräftig geworden ist. Doch gibt es keinen Grund für einen späten Fristbeginn, da bereits mit Kenntnis vom Berichtigungsantrag das Vertrauen in das äußerlich Zugesprochene erschüttert ist. Und ein Vertrauen darauf, daß die offenbare Unrichtigkeit unkorrigiert bestehen bleibt, ist nicht schützenswert.

Anders ist auch hier die *Naturpartei* zu behandeln. Zwar muß auch ihr ab Kenntnis vom Berichtigungsantrag klar sein, daß mit ihrem Sieg „etwas nicht stimmt", er vielleicht nur scheinbar ist. Doch kann das billigerweise für sie nur die Obliegenheit bedeuten, Rechtsrat einzuholen. Um sie gegenüber einer bereits anwaltlich vertretenen Partei nicht zu benachteiligen, wird man die Wiedereinsetzungsfrist erst nach einer Überlegungs- und Anwaltssuchfrist beginnen lassen dürfen. Dafür erscheint eine Woche ausreichend.[1312]

(2) Wiedereinsetzung des von der Unrichtigkeit Belasteten

Wie eingangs dargestellt, ist die Situation für den von der offenbaren Unrichtigkeit Belasteten grundsätzlich anders. Für ihn besteht nur Anlaß, ein Rechtsmittel einzulegen, wenn sein Versuch, die scheinbare Verurteilung im Wege der Urteilsberichtigung zu beseitigen, fehlschlägt. Und auch dann geht es ihm nicht darum, die Entscheidung selbst abzuändern, sondern lediglich darum, ihren Ausdruck zu korrigieren. In diesem Fall den (hinsichtlich des der materiellen Rechtskraft fähigen Entscheidungsgehalts) nur scheinbar Beschwerten über die Versagung der Wiedereinsetzung dazu zu zwingen, von vornherein ein an sich überflüssiges Rechtsmittel einzulegen, widerspricht elementarsten Geboten der Prozeßökonomie. Und auch die Gedanken der Rechtssicherheit und des Vertrauensschutzes der Gegenseite erfordern eine Beschränkung der Wiedereinsetzung nicht. Denn diese erfährt spätestens durch den Berichtigungsantrag, daß ihr „Sieg" nur ein scheinbarer ist oder zumindest sein kann. Sofern sie nicht schon vorher das gegen die Entscheidung gegebene Rechtsmittel ergriffen hat oder hätte ergreifen müssen, wird sie spätestens jetzt zu entsprechenden Schritten gezwungen.

Daher ist dem durch eine offenbare Unrichtigkeit Belasteten *grundsätzlich* Wiedereinsetzung in die Versäumung der Rechtsmittelfrist zu gewähren, wenn er erfolglos in der Rechtsmittelfrist einen Antrag auf Urteilsberichtigung gestellt hat. Der Lauf der Wiedereinsetzungsfrist beginnt mit der Zustellung der Zurückweisung seines Antrags. Geschah die Zurückweisung allerdings in anfechtbarer Weise

1312 In der Rechtsprechung werden für den vergleichbaren Fall der Zurückweisung eines PKH-Antrags Fristen zwischen 2-3 Tagen, BAG I AZR 296/60 v. 02.12.1961, NJW 1962, 462, und 1 Woche, OLG Schleswig 15 WF 60/92 v. 12.10.1992, MDR 1993, 1241 [1241 f.], eingeräumt.

fehlerhaft,[1313] beginnt die Wiedereinsetzungsfrist erst mit der erneuten (ablehnenden) Entscheidung des Gerichts über den Berichtigungsantrag. Ist ein Berichtigungsbeschluß ergangen, der auf sofortige Beschwerde aufgehoben wurde, beginnt die Frist mit Zustellung des aufhebenden Beschlusses.[1314]

Diese Begünstigung des durch die Unrichtigkeit Beschwerten ist allerdings dann *nicht* gerechtfertigt, wenn eine offenbare Unrichtigkeit offensichtlich nicht vorlag. Anderenfalls gäbe man der Partei die Möglichkeit an die Hand, durch Stellung eines absehbar aussichtslosen Berichtigungsantrags die Rechtsmittelfrist zu verlängern. Auch insoweit kann indes großzügiger als beim scheinbar Begünstigten verfahren werden, da auch mit Stellung eines zweifelhaften Berichtigungsantrags das Vertrauen der Gegenseite auf den Bestand der Entscheidung erschüttert wird. Bei der Frage des Vorliegens eines offensichtlich unbegründeten Berichtigungsantrags wird man wiederum unterscheiden müssen, ob die Partei anwaltlich vertreten war oder nicht. Weiterhin kann zumindest dann, wenn das Ausgangsgericht dem Berichtigungsantrag entsprach, die Wiedereinsetzung nicht verweigert werden, auch wenn das Obergericht der sofortige Beschwerde wegen offensichtlicher Verkennung der Berichtigungsbefugnis stattgab.[1315]

4. Ergebnis

Aus Gründen der Rechtssicherheit und wegen des schützenswerten Vertrauens der Gegenseite beginnt in allen Fällen unrichtiger Urteile die Rechtsmittelfrist mit der Zustellung des unberichtigten Urteils zu laufen. Unbillige Härten sind durch Wiedereinsetzung in die Rechtsmittelfrist auszugleichen.

Das für die Wiedereinsetzung maßgebliche Kriterium der unverschuldeten Verhinderung, § 233 ZPO, bestimmt sich für den von der Unrichtigkeit Begünstigten und den durch sie Belasteten unterschiedlich. Der scheinbar *Begünstigte* hat grundsätzlich das Urteil auf eine in ihm enthaltene Beschwer hin zu untersuchen. Ausnahmen, in denen ein Verschulden zu verneinen wäre, bestehen nur bei offenbaren Unrichtigkeiten, die sich aus der fehlerhaften Übernahme offenkundiger Tatsachen ergeben, sowie für die anwaltlich nicht vertretene Partei. In diesen Ausnahmefällen beginnt die Wiedereinsetzungsfrist mit Zustellung des Berichtigungs*antrags*. Lediglich der anwaltlich nicht vertretenen Partei ist eine zusätzliche Überlegungsfrist von einer Woche zuzugestehen.

Der scheinbar *Belastete* ist hingegen nicht verpflichtet, nur zur Bekämpfung der äußeren Beschwer ein Rechtsmittel einzulegen. Sollte sein Berichtigungsan-

---

1313 Wegen Verkennung der Berichtigungsbefugnis; siehe dazu oben, § 15 I., S. 263.

1314 Vgl. BGH I ZB 30/98 v. 25.06.1998, NJW 1998, 3280, der jedoch die *Rechtsmittelfrist* mit Zustellung der Beschwerdeentscheidung beginnen ließ.

1315 Vgl. BGH I ZB 30/98 v. 25.06.1998, a. a. O.

trag abgewiesen werden, ist ihm daher Wiedereinsetzung zu gewähren. Der Lauf der Wiedereinsetzungsfrist beginnt mit der Zustellung der endgültigen Zurückweisung seines Antrags. Diesen Schutz verdient er lediglich dann nicht, wenn eine offenbare Unrichtigkeit offensichtlich nicht vorlag.

II. Das Verhältnis der Urteilsberichtigung zu Rechtsmitteln gegen das Urteil

Die Probleme im Verhältnis der Urteilsberichtigung zu Rechtsmitteln gegen das Urteil gliedern sich in zwei Bereiche. Zum einen ist zu klären, welchen Einfluß eine zwischenzeitlich erfolgte Berichtigung auf das bereits eingelegte Rechtsmittel hat. Zum anderen stellt sich die Frage, ob die Möglichkeit, die Unrichtigkeit eines Urteils im Wege der Urteilsberichtigung zu beseitigen, ein statt dessen eingelegtes Rechtsmittel unzulässig macht.

1. Einfluß der Urteilsberichtigung auf eingelegte Rechtsmittel

Der Einfluß eines nach Rechtsmitteleinlegung ergangenen Berichtigungsbeschlusses auf die Entscheidung über das Rechtsmittel ergibt sich aus der Funktion von Urteilsberichtigung einerseits und Rechtsmittelverfahren andererseits.

Das *Berichtigungsverfahren* dient dazu, Unrichtigkeiten des Urteils, die anhand des Urteils als ganzem sowie unter Zuhilfenahme weiterer Erkenntnisquellen *zweifelsfrei* ersichtlich sind (offenbare Unrichtigkeiten), zu korrigieren, und damit die vom Gericht tatsächlich getroffene Entscheidung klar nach außen treten zu lassen. Im *Rechtsmittelverfahren* ist hingegen die tatsächlich getroffene Entscheidung auf ihre Richtigkeit zu überprüfen. Grundlage für deren - notwendig vorrangiger - Erkenntnis ist nicht (nur) der Text „Urteil“, sondern sind auch weitere Erkenntnisquellen, wie Protokolle, Schriftsätze etc.[1316] Dabei hat das Rechtsmittelgericht diese Erkenntnisquellen selbständig auszulegen und ist dabei auch befugt und verpflichtet, etwaige Zweifel über die in der Vorinstanz getroffene Entscheidung auszuräumen.[1317]

Die Erkenntnisfähigkeit des Rechtsmittelgerichts schließt daher die des Ausgangsgerichts im Berichtigungsverfahren ein.[1318] Mit anderen Worten kann ein

---

1316 Die Erkenntnisschranken des Revisionsgerichts nach § 571 ZPO können außer Betracht bleiben, da auch nach h. M. eine unzulässige Tatbestandsberichtigung über § 319 ZPO unwirksam ist, vgl. BGH IVa ZR 155/86 v. 09.12.1987, NJW-RR 1988, 407 [408], und dazu oben bei Fn. 743.

1317 Vgl. zum ganzen oben, § 2 I., S. 33 ff., sowie § 4, S. 64.

1318 Richtig OLG Köln 2 W 121/82 v. 15.12.1982, VersR 1983, 252 [LS]: „Offenbare Unrichtigkeiten in der Fassung des Beschlußtenors einer angefochtenen Entscheidung sind in der Rechtsmittelinstanz vom übergeordneten Gericht im zutreffenden Sinne *zu berücksichtigen*“ (*Hervorhebung* vom Verf.).

während des Rechtsmittelverfahrens ergangener Berichtigungsbeschluß dem Rechtsmittelgericht keine neue Erkenntnis und damit keine veränderte Entscheidungsgrundlage bescheren. Die Urteilsberichtigung hat somit *keinen* Einfluß auf das Rechtsmittelverfahren.

Dieser Zusammenhang wird durch die These der h. M.[1319] von der „Rückwirkung" der Urteilsberichtigung verdunkelt. Sie dient einzig dazu, die - wenngleich vielfach durchbrochene - Bindung des Rechtsmittelgerichts an fehlerhafte Berichtigungsbeschlüsse zu begründen. Nachdem in dieser Untersuchung gezeigt werden konnte, daß Berichtigungsbeschlüssen keine (Bindungs-)Wirkung für nachfolgende Erkenntnisverfahren, wozu auch die Rechtsmittelverfahren gehören, zukommt, besteht auch keine Veranlassung, diesen mißverständlichen Begriff weiter zu benutzen.

Mit dem hier entwickelten Verständnis erklärt sich auch zwanglos, warum durch die nachträgliche Urteilsberichtigung ein bereits eingelegtes Rechtsmittel rückwirkend unzulässig „werden" kann.[1320] Tatsächlich war dieses Rechtsmittel nie zulässig, wenn aufgrund der zweifelsfrei getroffenen aber unrichtig ausgedrückten Entscheidung der erforderliche Wert der Beschwer nicht erreicht oder eine Rechtsmittelzulassung nicht ausgesprochen wurde. Das einzige, was sich im Falle zulässiger Berichtigung verändert hat, ist, daß durch den Berichtigungsbeschluß der *Schein* einer anderen Entscheidung entfallen ist.[1321]

Andersherum wird im Falle *unzulässiger* Berichtigung der Schein einer anderen als der tatsächlich getroffenen Entscheidung gesetzt. Auch das ist nach der hier vertretenen Auffassung für die Rechtsmittelinstanz *unerheblich*.

Es fragt sich nun, wie über dieses unzulässige Rechtsmittel zu entscheiden ist. Das Problem illustriert folgender Fall:

> *Der Kläger hatte den Beklagten P zusammen mit drei weiteren Personen, darunter den Beklagten M, in Anspruch genommen. Das Amtsgericht hatte der Klage nur gegen M stattgegeben, aufgrund einer Verwechslung im Rubrum jedoch scheinbar P verurteilt. P*

1319 Vgl. nur BGH IX ZR 193/93 v. 14.07.1994, BGHZ 127, 74 [81 f.]; MUSIELAK in MüKo-ZPO, § 319, Rn. 15, jew. m. w. Nwen.

1320 So ebenfalls die ganz h. M., vgl. BGH IX ZR 193/93 v. 14.07.1994, BGHZ 127, 74 [82]; BayObLG 2 Z 102/86 v. 20.10.1986, BayObLGZ 1986, 398 [399]; LEIPOLD in Stein/Jonas, ZPO, § 319, Rn. 13, jew. m. w. Nwen; *einschränkend* LINDACHER, ZZP 88 (1975), 64 [71], aus Gründen des Vertrauensschutzes, dagegen BGH II ZR 310/53 v. 27.10.1955, BGHZ 18, 350 [357]; dazu bereits oben, § 2 I. 1, bei Fn. 155, S. 41.

Andersherum soll durch die nachträgliche Urteilsberichtigung ein Rechtsmittel aber auch zulässig werden können, vgl. RAG 323/33 v. 25.04.1934, ArbRSlg 14, 33 [39]. Auch das ist aus genannten Gründen nur i. E. richtig.

1321 So auch GRUNSKY in STEIN/JONAS, Einl. § 511, Rn. 25.

legte gegen das Urteil Berufung ein. Auf Anregung des LG beantragte der Kläger während des Berufungsverfahrens die Berichtigung des Urteils, die vom Amtsgericht vorgenommen wurde. Darauf hin erklärten die Parteien das Rechtsmittel der Berufung für erledigt und stellten wechselseitige Kostenanträge.[1322]

Nach (wohl) h. M. wäre die Berufung mit der Folge der Kostentragung durch den Berufungsführer, P, als unzulässig abzuweisen gewesen, § 97 I ZPO.[1323] Dem hätte P nur (teilweise) entgehen können, wenn er nach erfolgter Berichtigung des angefochtenen Urteils sein Rechtsmittel zurückgenommen hätte.[1324] Zwar hätte er auch dann die Kosten zu tragen, doch wären sie mangels Entscheidung des Rechtsmittelgerichts geringer gewesen.[1325] Demgegenüber hat das LG Bochum eine Erledigungserklärung hinsichtlich des Rechtsmittels zugelassen und über die Kosten entsprechend § 91a I 1 ZPO nach billigem Ermessen durch Beschluß entschieden.[1326]

Der letztgenannten Ansicht ist nicht zu folgen. Dabei kann offen bleiben, ob die Erledigungserklärung eines Rechtsmittels überhaupt anzuerkennen ist.[1327] Denn ihre Konsequenzen für die Kostentragung sind unbillig. Erwägenswert wäre sie allenfalls in der kaum praktischen Konstellation, daß sich die durch die offenbare Unrichtigkeit scheinbar begünstigte Seite einer Erledigung nach Berichtigung *widersetzt*. Da könnte es gerechtfertigt erscheinen, ihr die (aber nur weiteren!) Kosten des Rechtsmittelverfahrens aufzuerlegen. Doch bereits in dem Fall, daß sich die Gegenseite, gerade um die Kosten gering zu halten, am Rechtsmittelverfahren nicht beteiligt und daher auch keine Erledigung erklären *kann*, ist kein Grund ersichtlich, warum sie die Kosten tragen soll.[1328]

1322 LG Bochum 11 S 503/82 v. 21.06.1983, ZZP 97 (1984), 215, mit Anm. WALDNER, ZZP 97 (1984), 216.

1323 BGH IX ZR 193/93 v. 14.07.1994, BGHZ 127, 74 [82 f.]; MUSIELAK in MüKo-ZPO, § 319, Rn. 17; HARTMANN in B/L/A/H, § 319, Rn. 28 a. E.

1324 RG VI 489/24 v. 05.05.1925, RGZ 110, 428 [429].

1325 Es entfällt die Urteilsgebühr gem. KV Nr. 1223 ff. (Berufung) bzw. Nr. 1236 ff. (Revision); siehe ferner KV Nr. 1221 zur Ermäßigung der Verfahrensgebühr bei der Berufung.

1326 LG Bochum 11 S 503/82 v. 21.06.1983, ZZP 97 (1984), 215 [216], grds. zustimmend WALDNER, ZZP 97 (1984), 216; LEIPOLD in Stein/Jonas, ZPO, § 319, Rn. 14, jew. m. w. Nwen.

1327 *Bejahend* OLG Hamburg 8 U 61/59 v. 25.01.1960, NJW 1960, 2151; WALDNER, ZZP 97 (1984), 216 ff.; LEIPOLD in Stein/Jonas, ZPO, § 91a, Rn. 52, m. w. Nwen; *verneinend* BGH IX ZR 193/93 v. 14.07.1994, BGHZ 127, 74 [82]; HABSCHEID, NJW 1960, 2132 [2133 f.].

1328 Zutreffend BGH IX ZR 193/93 v. 14.07.1994, BGHZ 127, 74 [83].

Und auch der billig erscheinende Weg, bei beidseitiger Erledigungserklärung nach § 91a I 1 ZPO die Kosten gegenseitig aufzuheben, wird für den Rechtsmittelgegner, der die Unrichtigkeit nicht zu vertreten hat, ungerechtfertigt teuer.[1329] Schließlich ist es der Rechtsmittelführer, der durch die Einlegung eines Rechtsmittels, statt des einfacheren und billigeren Wegs der Urteilsberichtigung, die Kosten verursacht hat. Die einzig sinnvolle Lösung des Problems liegt darin, durch eine großzügige Wiedereinsetzungsregelung, den Druck zur vorschnellen Einlegung eines Rechtsmittels vom durch die offenbare Unrichtigkeit Belasteten zu nehmen. Beschreitet er dann trotzdem den Rechtsmittelweg, macht er es auf seine Kosten. Allein das erscheint billig.[1330]

Daher ist es auch keineswegs zwingend, die Gerichtskosten des Rechtsmittelverfahrens nach § 8 GKG wegen unrichtiger Behandlung der Sache niederzuschlagen.[1331]

2. *Ausschluß des Rechtsmittels durch Berichtigungsmöglichkeit*

Aus Vorstehendem ergibt sich auch die Antwort auf die ebenfalls umstrittene Frage, ob durch die Möglichkeit, die Beschwer mittels Berichtigung zu beseitigen, das Rechtsschutzbedürfnis für ein mit dem gleichen Ziel eingelegtes Rechtsmittel entfällt. Während die h. M. von einer Konkurrenz dieser Rechtsbehelfe ausgeht,[1332] ist nach einer vor allem in der Literatur vertretenen Auffassung die beschwerte Partei zunächst auf den Berichtigungsantrag beschränkt.[1333] Aber auch die Rechtsprechung hat vereinzelt und jeweils ausdrücklich begrenzt auf den kon-

---

1329 *A. A.* WALDNER, ZZP 97 (1984), 216 [220], der dem Kläger und Berufungsbeklagten eine höhere Kostenquote auferlegen will. Doch erscheint die Begründung, daß der Kläger besonders verpflichtet war, weitere Kosten zu vermeiden, nicht überzeugend. Schließlich hatte ausschließlich das Gericht den Fehler zu vertreten.

1330 So - i. E., wenngleich von Erledigung ausgehend - auch OLG Bamberg 2 WF 139/94 v. 02.01.1995, RPfleger 1995, 289. Tatsächlich hat das Gericht die Erledigungserklärung als Rücknahme der Erinnerung ausgelegt und behandelt. Das erscheint zutreffend.

A. A. OLG Köln 2 W 19/65 v. 18.05.1965, OLGZ 1965, 50 [52], das die Kosten entsprechend der Lage bei Unzulässigkeit der Anschlußberufung wegen Rücknahme der Berufung dem Berufungskläger auferlegen will.

1331 Erwogen und im konkreten Fall abgelehnt OLG Hamm 4 UF 145/86 v. 04.09.1986, FamRZ 1986, 1139 [1140]; nicht erhoben in BGH IX ZR 193/93 v. 14.07.1994, BGHZ 127, 74 [83].

1332 BGH VIII ZB 34/77 v. 09.11.1977, MDR 1978, 307 [308]; OLG Köln 4 UF 102/97 v. 26.09.1997, FamRZ 1998, 1239; OLG Koblenz 11 UF 856/96 v. 19.02.1997, OLGR Koblenz 1997, 129; RG VI 489/24 v. 05.05.1925, RGZ 110, 428 [429]; KÖNIG, MDR 1989, 706 [708]; HEINZERLING, AcP 52 (1869), 499 [515 f.]; HESS, S. 57 f.; FREYTAG, S. 52 ff.; MUSIELAK in MüKo-ZPO, § 319, Rn. 17, m. w. Nwen.

1333 STEINBERG, S. 34 f.; SPRUNG, Rechtsbehelfe, S. 65 ff., 72; LINDACHER, ZZP 88 (1975), 64 [72].

kreten Fall das statt Berichtigungsantrag eingelegte Rechtsmittel allein wegen der Berichtigungsmöglichkeit für unzulässig erklärt.[1334]

Diese ganze Diskussion ist ein Scheingefecht. Ein Urteil, das nur eine offenbare Unrichtigkeit i. S. v. § 319 ZPO aufweist, ist in der Entscheidung *richtig*. Die Unrichtigkeit bezieht sich lediglich auf den Ausdruck, den die getroffene Entscheidung im Urteilstext gefunden hat, auf die unrichtige Übernahme allgemeinkundiger Tatsachen oder auf die unrichtige Anwendung logischer Schlüsse. Zu dieser Korrektur *bedarf* es nicht nur keines Rechtsmittels, ein Rechtsmittel *ist* mangels Beschwer unzulässig.[1335]

Zu dem gleichen Ergebnis kommt die h. M. über ihre Konstruktion von der „Rückwirkung" der - auch vom Rechtsmittelgericht vorzunehmenden - Urteilsberichtigung. Auch daraus folgt, daß ein Rechtsmittel gegen ein berichtigungsfähiges Urteil letztlich mangels Beschwer als unzulässig abzuweisen ist.[1336] Probleme ergeben sich nur dann, wenn eine beantragte Urteilsberichtigung mangels Vorliegens einer offenbaren Unrichtigkeit abgelehnt wird. Doch werden mit der Einräumung eines Rechtsmittels für diese Fälle dem Rechtsmittelführer Steine statt Brot gegeben.[1337] Auch hier zeigt sich, daß allein die Lösung über eine angemessen großzügige Gewährung der Wiedereinsetzung zu einem interessengerechten Ergebnis führt.

§ 17 - Offenbare Unrichtigkeit und Zwangsvollstreckung

Leidet das Urteil an einer offenbaren Unrichtigkeit, fragt sich, welchen Einfluß dies auf die Vollstreckung aus dem Urteil hat. Einzugehen ist dabei in erster Linie auf die Konstellation, in der durch die noch vorzunehmende Urteilsberichtigung eine *Beschränkung* der Vollstreckungsmöglichkeit erfolgt. Der umgekehrte Fall erscheint hingegen - vollstreckungsrechtlich - unproblematisch, da hierbei keine materiell ungerechtfertigte Vollstreckung droht, sondern der Vollstreckungsgläubiger lediglich seine nunmehr erweiterten Vollstreckungsmöglichkeiten nutzen kann.

1334 Vgl. OLG Zweibrücken 6 UF 34/84 v. 11.10.1984, FamRZ 1985, 614: geringfügiger Rechenfehler in Entscheidung über Versorgungsausgleich; OLG Bamberg 2 WF 139/94 v. 02.01.1995, RPfleger 1995, 289: Parteibezeichnungen im Kostenfestsetzungsbeschluß vertauscht; OLG Koblenz 5 W 429/96 v. 23.09.1996, NJW-RR 1997, 1352: Einspruch des von einer unrichtigen Parteibezeichnung scheinbar Betroffenen.

1335 *Insoweit* ist der Einwand von E. SCHUMANN in Stein/Jonas, ZPO, Vorb. § 253, Rn. 103, richtig, daß z. T. vorschnell zur Verneinung des Rechtsschutzbedürfnisses gegriffen wird; ähnlich BAUMGÄRTEL, ZZP 67 (1954), 423 [436 ff.].

1336 Siehe die Nwe. oben, Fn. 1320, S. 290.

1337 So treffend LINDACHER, ZZP 88 (1975), 64 [67].

Das so eingegrenzte Problem weist zwei Aspekte auf. Zum einen fragt sich, ob und wie die Vollstreckung aus dem unberichtigten Urteil verhindert werden kann. Zum anderen ist zu klären, welche Folgen sich aus einer Vollstreckung aus dem unberichtigten Urteil ergeben.

Abschließend sind die bereits oben entwickelten Lösungen für die Vollstreckung aufgrund einer fehlerhaften Berichtigung zusammenzufassen.

I. Vollstreckungsschutz

Die Frage nach Vollstreckungschutzmöglichkeiten ist je nach dem, ob ein Berichtigungsbeschluß vorliegt oder nicht, unterschiedlich zu beantworten.

1. Vollstreckung bei Vorliegen eines Berichtigungsbeschlusses

Die erste Konstellation wird durch folgendes Beispiel verdeutlicht: Der Tenor des unberichtigten Urteils lautete auf 2.000 DM. Nach Erteilung einer vollstreckbaren Ausfertigung wird das Urteil dahin berichtigt, daß nur zur Zahlung von 1.000 DM verurteilt worden sei. Es fragt sich nun, wie der Schuldner gegen eine (weitere) ungerechtfertigte Inanspruchnahme aus dem unberichtigten Titel geschützt werden kann.

Zum einen hat der Titelgläubiger die Pflicht, die unberichtigte Urteilsausfertigung zwecks Anbringung des Berichtigungsvermerks zurückzugeben.[1338] Diese Verpflichtung hindert den Gläubiger jedoch nicht, die Vollstreckung aus dem unberichtigten Titel zu betreiben bzw. fortzusetzen.[1339] Effektiven Schutz erzielt er hingegen über § 775 Nr. 1 ZPO. Danach ist die Zwangsvollstreckung - ganz oder z. T. - einzustellen, wenn die Ausfertigung einer vollstreckbaren Entscheidung vorgelegt wird, die der Erstentscheidung die Vollstreckbarkeit nimmt. Und der Berichtigungsbeschluß ist eine solche - im weiteren Sinne - vollstreckbare Entscheidung.[1340]

Dieses Ergebnis widerspricht nicht der h. M., daß die Einstellung der wegen Berichtigung unzulässig gewordenen Zwangsvollstreckung über die Vollstreckungserinnerung nach § 766 ZPO zu erreichen sei.[1341] Jedoch ist zu beachten, daß der Rechtsbehelf der Vollstreckungserinnerung nur Erfolg haben kann, wenn die Zwangsvollstreckung aufgrund Verstoßes gegen andere Vorschriften unzulässig ist; zu der Frage, ob die Zwangsvollstreckung unzulässig ist, sagt die Norm

---

1338 Siehe oben, § 14 V. , S. 260.

1339 Zu den daraus entstehenden Ausgleichsansprüchen des Schuldners sogleich unter II. , S. 296 ff.

1340 Dazu oben, § 12 IV. 1, S. 229 f.

1341 So LEIPOLD in Stein/Jonas, ZPO, § 319, Rn. 14; WIESEMANN, S. 222.

hingegen nichts.[1342] Dies bestimmt für den Fall der Vollstreckung aus dem unberichtigten Urteil, das zwischenzeitlich berichtigt wurde, § 775 Nr. 1 ZPO. Und diese Norm enthält zugleich den Befehl an die Vollstreckungsorgane, die Zwangsvollstreckung einzustellen.[1343] Daher ergänzt die Vollstreckungserinnerung lediglich den bereits durch § 775 ZPO begründeten Rechtsschutz.[1344]

Nur der Vollständigkeit halber sei noch darauf hingewiesen, daß die Vollstreckungsgegenklage nach § 767 ZPO zur Abwehr der Vollstreckung aus dem unberichtigten Urteil unzulässig ist. Denn die Vollstreckungsgegenklage ist nur für solche Einwendungen gegeben, die sich gegen den im Vollstreckungstitel festgestellten materiell-rechtlichen Anspruch selbst richten.[1345]

2. *Vollstreckung ohne Vorliegen eines Berichtigungsbeschlusses*

Die weitere Frage ist, ob der Vollstreckungsschuldner bei der Vollstreckungserinnerung auch ohne Vorliegen eines Berichtigungsbeschlusses damit gehört werden kann, daß der Titel an einer offenbaren Unrichtigkeit i. S. v. § 319 ZPO leide und daher die Vollstreckung im titulierten Umfang unzulässig sei. Hierfür spricht *scheinbar*, daß nach wohl allg. M.,

> *„nach § 766 ZPO [...] geltend gemacht werden [kann], daß ... der Titel einen anderen Inhalt hat, als ihn Gläubiger und Vollstreckungsorgane zugrunde gelegt haben.“*[1346]

Tatsächlich würde dem Vollstreckungsgericht damit jedoch eine Berichtigungskompetenz eingeräumt, die es nach § 319 ZPO gerade nicht besitzt, und die auch nicht aus der oben beschriebenen Dualität von Berichtigungsmöglichkeit durch das erkennende Gericht und Auslegungsbefugnis durch die Vollstreckungsorgane folgt.[1347] Denn die Auslegungsbefugnis besteht nur im durch den Titel vorgegebenen Rahmen. Die Berichtigung hingegen zielt auf eine - wenngleich entscheidungsneutrale - Abänderung des Titels. Daher kann der Schuldner im Falle behaupteter offenbarer Unrichtigkeit des Urteils im Wege der Vollstreckungserinnerung lediglich die Schutzanordnungen gem. §§ 766 I 2, 732 II ZPO

1342 Vgl. ROSENBERG/SCHWAB/GOTTWALD, ZPR, § 37 III 1, S. 578.

1343 HARTMANN in B/L/A/H, § 775, Rn. 4; VOLLKOMMER in Zöller, ZPO, § 775, Rn. 1.

1344 Weitergehend VOLLKOMMER in Zöller, ZPO, § 766, Rn. 15, wonach der Vollstreckungsschuldner das Vollstreckungsorgan zunächst um Einstellung ersuchen muß.

1345 RG I 356/12 v. 16.04.1913, RGZ 82, 161 [163]; vgl. auch BGH VII ZR 6/76 v. 04.11.1976, NJW 1977, 583 [584]: § 767 ZPO nur für den nicht vollstreckbaren Teil eines Vergleichs; BGH XI ZR 133/96 v. 03.06.1997, NJW 1997, 2320 [2321] zur Frage, ob und in wie weit die Vollstreckungsgegenklage der Zulässigkeit einer Feststellungsklage entgegensteht. Weiterhin K. SCHMIDT in MüKo-ZPO, § 767, Rn. 18.

1346 KG 1 W 2199/88 v. 29.07.1988, NJW-RR 1988, 1406; HARTMANN in B/L/A/H, § 766, Rn. 16.

1347 Siehe § 12 IV. 3.b), S. 238 f., insbesondere bei Fn. 1080, S. 239.

erreichen. Eine solche Anordnung ist befristet und mit der Auflage zu erlassen, beim Prozeßgericht einen Berichtigungsantrag zu stellen. Wird dieser zurückgewiesen, sind auch etwaige Schutzanordnungen aufzuheben.

II. Haftung des Gläubigers

Wenn und soweit der präventive Vollstreckungsschutz nicht ausgereicht hat, eine dem wahren Urteilsinhalt zuwider laufende Vollstreckung zu verhindern, fragt sich, welche Ansprüche der Vollstreckungsschuldner gegen den Vollstreckungsgläubiger hat.

1. Haftung analog § 717 II, III ZPO

Die Grundlage solcher Ansprüche sieht die h. M. in einer Analogie zu § 717 II, III ZPO.[1348] Diese Vorschrift statuiert nach heute überwiegender Auffassung eine Risiko-[1349] oder auch Gefährdungshaftung[1350] des aus einem nur vorläufig vollstreckbaren Urteil Vollstreckenden. Ihr Kerngedanke ist, daß der Gläubiger, der aus einem noch nicht endgültigen Titel vollstreckt, den möglichen Schaden dieses zwar erlaubten, aber riskanten Tuns zu tragen hat.[1351]

Weiterhin besteht Einigkeit, daß diese Haftungsnorm grundsätzlich analogiefähig ist.[1352] Doch ist eine Analogievoraussetzung die Vergleichbarkeit der Sachverhalte.[1353] Und das bedeutet für die analoge Anwendung des § 717 ZPO, daß der der unberechtigten Zwangsvollstreckung zugrunde liegende Titel in einer ähnlichen Art nicht endgültig sein muß, wie der für vorläufig vollstreckbar erklärte.[1354] Das trifft insbesondere auf die auflösend bedingten Endurteile zu.[1355]

1348 WIECZOREK, ZPO, § 319, Anm. E II, OSTERLOH, S. 98 f.; WIESEMANN, S. 222 f.; KRÜGER in MüKo-ZPO, § 717, Rn. 11; HERGET in Zöller, ZPO, § 717, Rn. 4; PECHER, Schadensersatz, S. 188; für den Fall der Berichtigung eines nur vorläufig vollstreckbaren Urteils: MÜNZBERG in Stein/Jonas, § 717, Rn. 63; LEIPOLD in Stein/Jonas, ZPO, § 319, Rn. 14.

1349 KRÜGER in MüKo-ZPO, § 717, Rn. 2; MÜNZBERG in Stein/Jonas, § 717, Rn. 9 ff., m. w. Nwen.

1350 BGH VI ZR 31/81 v. 05.10.1982, BGHZ 85, 110 [113]; BGH IX ZR 132/84 v. 23.05.1985, BGHZ 95, 10 [16]; HARTMANN in B/L/A/H, § 717, Rn. 2.

1351 BGH VI ZR 31/81 v. 05.10.1982, BGHZ 85, 110 [115]; vgl. zur Begründung MÜNZBERG in Stein/Jonas, § 717, Rn. 10, m. w. Nwen; *a. A.* (rechtswidrig) W. HENCKEL, Recht, S. 265.

1352 BGH IX ZR 132/84 v. 23.05.1985, BGHZ 95, 10 [14]; PECHER, Schadensersatz, S. 188 ff.; MÜNZBERG in Stein/Jonas, § 717, Rn. 59 ff., m. w. Nwen.

1353 LARENZ/CANARIS, Methodenlehre, S. 202 ff.

1354 BGH IX ZR 132/84 v. 23.05.1985, BGHZ 95, 10 [14 f.]; BGH VI ZR 213/71 v. 04.12.1973, BGHZ 62, 7 [9]; MÜNZBERG in Stein/Jonas, § 717, Rn. 60, jew. m. w. Nwen.

1355 MÜNZBERG, a. a. O.; KRÜGER in MüKo-ZPO, § 717, Rn. 11, jew. m. w. Nwen und Bsp.

Keine Analogie rechtfertigt hingegen die ausnahmsweise Aufhebung eines rechtskräftigen Titels, etwa infolge von Wiedereinsetzung oder Wiederaufnahme des Verfahrens.[1356] Und auch dann, wenn der Titel die Vollstreckung nicht in der vorgenommenen Art und Weise erlaubte, ist eine Analogie ausgeschlossen.[1357]

Versucht man nun die Vollstreckung aus einem offenbar unrichtigen Urteil in dieses Spannungsfeld einzuordnen, überrascht die von der h. M. - ohne Begründung - bejahte Analogie. Zunächst wird man konstatieren müssen, daß bei aller Bedeutung, die der Urteilsberichtigung im Gerichtsalltag zukommt, die offenbare Unrichtigkeit doch eine pathologische Ausnahme des Urteils darstellt. Bereits dies steht einer Gleichsetzung mit den für vorläufig vollstreckbar erklärten Urteilen entgegen.

Mehr noch widerspricht der Grundgedanke der Haftungsanordnung des § 717 ZPO dieser Analogie. Denn bei dieser Haftung handelt es sich um die Zuweisung des Risikos *explizit* erlaubten Tuns.[1358] Das ist bei der Vollstreckung aus einem offenbar unrichtigen Urteil grundsätzlich anders. Hier gibt es lediglich den Schein einer rechtmäßigen Vollstreckbarkeit. Eine *Analogie* zu § 717 II ZPO ist daher *abzulehnen*.[1359]

Das gilt auch für den Sonderfall, daß aus einem offenbar unrichtigen und für vorläufig vollstreckbar erklärtem Urteil vollstreckt wird.[1360] Denn auch hier beruht die (nachträgliche) Fehlerhaftigkeit der Vollstreckung nicht auf der Vorläufigkeit des Titels, sondern auf dem davon völlig unabhängigen Fehler der offenbaren Unrichtigkeit. Nur wenn die vorläufiges Vollstreckbarkeit eines derart fehlerhaften Urteils aufgehoben wird, kann der Vollstreckungsschuldner den Gesamtschaden gem. § 717 II ZPO ersetzt verlangen. Denn eine Trennung des Schadens, der durch die vorläufiges Vollstreckbarkeit entstanden ist, von dem, der auf der offenbaren Unrichtigkeit des Titels beruht, erscheint unsinnig.

2. *Deliktshaftung*

Es entspricht allg. Ansicht, daß ein vollstreckender Gläubiger aus §§ 823, 826 BGB schadensersatzpflichtig sein *kann*.[1361] Ausgeschlossen wird diese Haftung in den meisten Fällen jedoch dadurch, daß der durch die Vollstreckung bewirkte Vermögenseingriff durch einen rechtskräftigen Titel gerechtfertigt wird. Es fehlt daher an einem Schaden.[1362]

1356 MÜNZBERG, a. a. O., Rn. 67; KRÜGER, a. a. O., Rn. 12, jew. m. w. Nwen.

1357 MÜNZBERG, a. a. O., Rn. 66.

1358 BGH VI ZR 31/81 v. 05.10.1982, BGHZ 85, 110 [113].

1359 So auch FREYTAG, S. 41.

1360 *A. A.* MÜNZBERG, a. a. O., Rn. 63; LEIPOLD in Stein/Jonas, ZPO, § 319, Rn. 14.

1361 BGH VI ZR 117/77 v. 13.03.1979, BGHZ 74, 9 [13 ff.]; K. SCHMIDT in MüKo-ZPO, § 767, Rn. 21; GAUL, ZZP 85 (1972), 251 [260], jew. m. w. Nwen.

1362 Vgl. BGH III ZR 43/92 v. 24.06.1993, NJW 1993, 3204 [3205].

Dies ist bei der Vollstreckung aus einem in seinem vollstreckbaren Teil offenbar unrichtigen Urteil anders. Ein derart fehlerhaftes Urteil ist gerade dadurch gekennzeichnet, daß sein vollstreckbarer Ausspruch nicht der in materielle Rechtskraft erwachsenen Sachentscheidung entspricht.[1363] Das Vorliegen eines Schadens und die Rechtswidrigkeit des durch die Vollstreckung bewirkten Vermögenseingriffs[1364] sind daher zu bejahen. Problematisch ist indes, welche subjektiven Voraussetzung in der Person des Gläubigers an die Schadensersatzpflicht zu knüpfen sind.

a) Haftung nach § 823 BGB

Soweit die Haftung auf § 823 BGB gestützt werden soll, muß zumindest fahrlässiges Verhalten vorliegen. Dies ist nach allgemeinen Grundsätzen gegeben, wenn der Gläubiger die erforderliche Sorgfalt nicht eingehalten hat. Doch welche Sorgfalt ist von einem Gläubiger zu erwarten? Nicht vertretbar erschiene, ihn mit der Begründung generell zu entlasten, daß er nicht sorgfältiger zu sein habe, als das Gericht, dem die offenbare Unrichtigkeit passiert ist. Denn einmal kann - unbeschadet der Haftungsfolgen[1365] - auch das Gericht der Vorwurf fahrlässigen Verhaltens treffen. Darüber hinaus darf nicht außer acht gelassen werden, daß in der Zwangsvollstreckung Gläubiger und Schuldner durch ein Rechtsverhältnis verbunden sind, in dem der Grundsatz von Treu und Glauben gilt.[1366]

Andererseits wird man vom Gläubiger nicht erwarten können, daß er etwa ein kompliziertes Rechenwerk in einer Unterhaltsentscheidung nachrechnet, bevor er aus dem Titel vollstreckt. Insoweit hat es bei der Parteiverantwortlichkeit zu verbleiben, so daß es Sache des Vollstreckungsschuldners ist, etwaige offenbare Unrichtigkeiten aufzudecken. Erst wenn, sei es durch einen Berichtigungsantrag, sei es auf informellem Weg, etwa durch einen kollegialiter übermittelten Hinweis, der Gläubiger oder sein Prozeßbevollmächtigter (§ 85 II ZPO) von einer derart „versteckten“ Unrichtigkeit Kenntnis erhält, und trotzdem (weiter) vollstreckt, wird der Vorwurf schuldhaften Verhaltens zurecht erhoben werden können.[1367]

1363 Dazu oben, § 3 IV. 2.b), S. 59 ff.

1364 Um Mißverständnissen vorzubeugen, ist darauf hinzuweisen, daß die Vollstreckung selbst nicht rechtswidrig ist, siehe BGH VI ZR 31/81 v. 05.10.1982, BGHZ 85, 110 [113], und ausführlich W. HENCKEL, Recht, S. 248 ff.

1365 Dazu oben, Einleitung II. , S. 28.

1366 MÜNZBERG in Stein/Jonas, vor § 704, Rn. 45; BERNHARDT, ZZP 66 (1953), 77 [99 f.], jew. m. w. Nwen.

1367 Vgl. BGH IX ZR 132/84 v. 23.05.1985, BGHZ 95, 10 [19, 21], wo zur Haftung aus § 823 BGB wegen eines Einstellungsantrags nach § 771 III ZPO ausgeführt wird, daß eine nur leichte Fahrlässigkeit die Rechtswidrig des Eingriffs nicht begründe.

Auch wenn nach obigen Maßstäben ein schuldhaftes Handeln des Gläubigers gegeben ist, wird doch nur ausnahmsweise eine Schadensersatzpflicht aus § 823 I BGB bestehen. Diese Haftung wird nämlich empfindlich durch den dieser Vorschrift inhärenten Grundsatz des enumerativen Rechtsgüterschutz begrenzt; der Schutz des Vermögens als solchem oder auch nur der Schutz von Forderungsrechten wird hingegen durch § 823 I BGB nicht gewährleistet.[1368] Ein Schadensersatzanspruch des geschädigten Schuldners ist daher nur gegeben, wenn die Zwangsvollstreckung in Sachen oder geschützte Immaterialgüterrechte[1369] erfolgte.

b) Haftung nach § 826 BGB

Um so wichtiger ist daher die Frage, wann ein Schadensersatzanspruch des Schuldners aus § 826 BGB besteht. Denn dieser setzt nicht die Verletzung eines Rechtsguts voraus, sondern erfaßt grundsätzlich jede Vermögensbeschädigung.[1370] Dafür sind jedoch die Tatbestandsvoraussetzungen deutlich höher.

Zum einen muß die Vollstreckung aus dem unberichtigten Urteil einen Verstoß gegen die guten Sitten darstellen. Die Konkretisierung dieser Generalklausel ist schwierig und in vielen Einzelheiten umstritten.[1371] Doch ist auf die Streitstände im vorliegenden Zusammenhang nicht einzugehen.[1372] Vielmehr kann auf die anerkannte Fallgruppe des sittenwidrigen Rechtsmißbrauchs[1373] bzw. der sittenwidrigen Ausnutzung einer formalen Rechtsstellung[1374] zurückgegriffen werden.

Eine derart (bloß) formale Rechtsstellung hat der Gläubiger eines offenbar unrichtigen Urteils: Zwar gibt sie ihm wegen der Formalisierung der Zwangsvollstreckung das Recht, aufgrund des Titels die Vollstreckung zu betreiben. Doch ist ein daraus folgender Rechtserwerb materiell ungerechtfertigt.

1368 BGH VI ZR 25/63 v. 04.02.1964, BGHZ 41, 123 [126 f.]; TAUPITZ, Jura 1992, 113 [115].

1369 Dazu MERTENS in MüKo-BGB, § 823, Rn. 153, m. w. Nwen.

1370 BGH Ib ZR 91/64 v. 11.11.1966, NJW 1967, 493 [495]; MERTENS in MüKo-BGB, § 826, Rn. 51.

1371 Siehe dazu den Überblick bei MERTENS in MüKo-BGB, § 826, Rn. 7 ff., m. w. Nwen.

1372 Insbesondere unberücksichtigt bleiben kann die immer noch umstrittene Beseitigung eines rechtskräftigen Titels über § 826 BGB. Bei der Frage des Schadensersatzes wegen Vollstreckung aus einem offenbar unrichtigen Urteil besteht gerade kein Konflikt zu dessen Rechtskraft.

1373 BGH VIII ZR 165/69 v. 06.10.1971, BGHZ 57, 108 [111]; MERTENS in MüKo-BGB, § 826, Rn. 4.

1374 THOMAS in Palandt, BGB, § 826, Rn. 6; ferner BGH IVb ZR 29/85 v. 23.04.1986, NJW 1986, 2047 [2049], wo in concreto ein solcher Verstoß wegen der entgegenstehenden Rechtskraft jedoch abgelehnt wurde.

Diese Diskrepanz zwischen formaler Möglichkeit und materieller Berechtigung rechtfertigt den Vorwurf sittenwidrigen Handelns jedoch nicht, wenn der Gläubiger die Vollstreckung als zulässig ansehen durfte.[1375] Das wird im Regelfall gegeben sein. Lediglich dann, wenn er oder sein Prozeßbevollmächtigter Anlaß hatte, das Vorliegen einer offenbaren Unrichtigkeit zu vermuten,[1376] schlägt die *Be*nutzung der formalen Rechtsposition in eine sittenwidrige *Aus*nutzung um.

Zum anderen ist Anspruchsvoraussetzung des § 826 BGB, daß der Schaden vorsätzlich zugefügt wurde. Da hierfür jedoch keine Schädigungsabsicht erforderlich ist, sondern das Bewußtsein um den schädlichen Erfolg ausreicht,[1377] dürfte die Feststellung und Bejahung dieses Tatbestandsmerkmals keine besonderen Schwierigkeiten aufweisen.[1378]

3. *Haftung aus ungerechtfertigten Bereicherung*

Liegen die oben beschriebenen subjektiven Momente auf Seiten des Gläubigers nicht vor, verbleibt nur seine Haftung aus ungerechtfertigter Bereicherung, §§ 812 BGB. Denn über dieses Institut kann jede, auch die durch Zwangsvollstreckung bewirkte ungerechtfertigte Vermögensverschiebung herausverlangt werden.[1379]

Aus Sicht des durch die unberechtigte Zwangsvollstreckung betroffenen Schuldners unbefriedigend ist an dieser Haftung zweierlei: Zum einen ist vom Gläubiger lediglich der ihm erwachsene Vorteil herauszugeben.[1380] Dazu gehört jedoch nicht der häufig darüber weit hinausgehende Schaden, der dem Schuldner durch die Zwangsvollstreckung oder durch die zu ihrer Abwendung gemachten Aufwendungen entstanden ist.[1381]

1375 Vgl. BGH II ZR 185/61 v. 20.06.1963, NJW 1963, 1872 [1873]; MERTENS in MüKo-BGB, § 826, Rn. 42 ff.

1376 Dazu vorstehend unter a), S. 298 f.

1377 BGH II ZR 289/88 v. 26.06.1989, BGHZ 108, 134 [143]; BGH VI ZR 6/90 v. 20.11.1990, NJW 1991, 634 [636].

1378 Zum *Umfang* des Schadensersatzanspruchs vgl. MÜNZBERG in Stein/Jonas, § 717, Rn. 30 ff., m. w. Nwen, sowie BGH VI ZR 31/81 v. 05.10.1982, BGHZ 85, 110 [112 f., 114 f.], wo darauf hingewiesen wird, daß die Zurechnung bei einer Haftung aus § 826 BGB weiter reicht als bei der aus § 717 II ZPO (Vertrauensschaden aus der Vollstreckung als solcher).

1379 BGH IVb ZR 657/80 v. 17.02.1982, BGHZ 83, 278 [280 f.]; K. SCHMIDT in MüKo-ZPO, § 767, Rn. 21, m. w. Nwen; GAUL, ZZP 85 (1972), 251 [260]. *A. A.* BÖHM, Ausgleichsansprüche, S. 32 ff., 68, 88, der eine „Vollstreckungskraft" postuliert, die wie die Rechtskraft wirke; dagegen zutreffen und ausführlich GAUL, AcP 173 (1973), 323 ff.

1380 BGH V ZR 4/94 v. 07.10.1994, NJW 1995, 53 [55]; BGH III ZR 130/60 v. 21.12.1961, BGHZ 36, 232 [233].

1381 Vgl. insoweit MÜNZBERG in Stein/Jonas, § 717, Rn. 53 ff., m. w. Nwen.

Zum anderen verbleibt dem Gläubiger der Einwand der Entreicherung, § 818 III BGB. Damit kann er sich gegen eine Inanspruchnahme wehren, wenn der ihm rechtsgrundlos erwachsene Vorteil nicht mehr in seinem Vermögen vorhanden ist.[1382] Dieser Einwand wird lediglich bei Bösgläubigkeit abgeschnitten, §§ 818 IV, 819 BGB. Sie ist unter den gleichen Voraussetzungen gegeben, die oben für die subjektiven Tatbestandsmerkmale der deliktischen Haftung entwickelt wurden.

4. Ergebnis

Im Grundsatz ist der durch die Vollstreckung aus einem offenbar unrichtigen Urteil Betroffene auf die Geltendmachung von Bereicherungsansprüchen und damit auf die Abschöpfung des Vermögensvorteils beim Vollstreckungsgläubiger beschränkt. Lediglich dann, wenn dieser oder sein Bevollmächtigter die offenbare Unrichtigkeit des Urteils und damit die materielle Unbegründetheit der Vollstreckung hätte erkennen müssen, hat der Vollstreckungsschuldner zusätzlich Ansprüche aus §§ 823, 826 BGB, über die er den ihm entstandenen Schaden ersetzt bekommt. Solche Ansprüche sind in einem gesonderten Prozeß durchzusetzen.[1383]

III. Zwangsvollstreckung bei fehlerhafter Urteilsberichtigung

Nur kurz ist abschließend auf die Probleme bei der Zwangsvollstreckung infolge einer fehlerhaften Urteilsberichtigung einzugehen, da die wesentlichen Gedanken bereits oben entwickelt wurden.

1. Vollstreckungsschutz gegen einen Berichtigungsbeschluß?

Zunächst könnte fraglich erscheinen, ob der Vollstreckungsschuldner von den Vollstreckungsorganen Schutz gegen einen (vermeintlich) fehlerhaften Berichtigungsbeschluß erhalten darf. So mag er mit der Vollstreckungserinnerung etwa einwenden, daß eine berichtigungsfähige offenbare Unrichtigkeit nicht vorgelegen habe.

Hier dem Vollstreckungsgericht eine Kompetenz zur Verweigerung der vom Gläubiger begehrten Vollstreckungshandlung zu geben, hieße jedoch, die oben begründete Bindung der Vollstreckungsorgane an den Berichtigungsbeschluß

1382 Siehe dazu ausführlich GERLACH, S. 66 ff.; LIEB in MüKo-BGB, § 818, Rn. 47 ff., jew. m. w. Nwen; siehe zur Möglichkeit, die Kosten der Zwangsvollstreckung abzusetzen BGH VII ZR 32/75 v. 25.03.1976, BGHZ 66, 150 [155 ff.]; *a. A.* GERLACH, S. 60 ff., m. w. Nwen.

1383 Insoweit gleich auch die, die eine Analogie zu § 717 II ZPO bejahen, vgl. MÜNZBERG in Stein/Jonas, § 717, Rn. 61, m. w. Nwen; *a. A.* OLG Düsseldorf 10 W 154/87 v. 07.01.1988, RPfleger 1988, 280, zum Anspruch auf Rückerstattung der Kosten bei Berichtigung des Kostenfestsetzungsbeschlusses: Rückfestsetzung.

aufzuheben. Eine solche Kompetenz besteht daher nicht.[1384] Aber auch zum Erlaß von Schutzanordnungen gem. §§ 766 I 2, 732 II ZPO ist das Vollstreckungsgericht in diesem Fall nicht befugt. Denn damit unterliefe es wiederum die Kompetenzverteilung zwischen Erkenntnis- und Vollstreckungsgerichten.

2. *Haftung des Gläubigers*

Die Haftung des Gläubigers, der die ihm durch einen fehlerhaften Berichtigungsbeschluß eingeräumte Möglichkeit, über das rechtskräftig zugesprochene hinaus zu vollstrecken, ausnutzt, entspricht im wesentlichen der vorstehend erläuterten Haftung des Gläubigers, der aus einem unberichtigten Urteil vollstreckt. Der Schuldner wird daher in aller Regel auf Bereicherungsansprüche beschränkt sein. Der Annahme fahrlässigen oder gar vorsätzlichen Verhaltens des Gläubigers steht hier zusätzlich entgegen, daß die Parteien auf die Richtigkeit der Berichtigungsentscheidung grundsätzlich vertrauen dürfen. Hat der Gläubiger jedoch den Berichtigungsbeschluß arglistig erlangt, etwa durch Vorlage gefälschter Dokumente, haftet er nach § 826 BGB bzw. nach § 823 II BGB i. V. m. Strafgesetzen.

1384 Siehe oben, § 12 IV., S. 229 ff.

Ergebnisse

Die Ergebnisse dieser Untersuchung lassen sich wie folgt zusammenfassen:

1. Die von § 318 ZPO geschützte Entscheidung ist dem Urteil als ganzem zu entnehmen. Die Auslegungsbedürftigkeit des Textes „Urteil" ist kein Mangel, sondern notwendige Folge des auf die Zwangsvollstreckung zugeschnittenen Tenors.
2. Eine textliche Veränderung des Urteils, unter Einschluß von Änderungen im Tenor und in der Bezeichnung der Parteien, bedeutet nicht zwangsläufig eine Änderung der in ihm enthaltenen Entscheidung. Im Gegenteil sind solche äußeren Veränderungen (Berichtigungen) solange entscheidungsneutral, wie die Auslegung des berichtigten und des unberichtigten Urteils zweifelsfrei die selbe Entscheidung ergeben.
3. Zweifelsfrei und damit offenbar ist eine Unrichtigkeit, deren Erkenntnis und Korrektur von den Zufälligkeiten und Wertungen individueller Wahrnehmung unabhängig ist.
4. Grammatische, systematische und teleologische Auslegung sprechen für eine Modell der Urteilsberichtigung, daß die berichtigungsfähigen Unrichtigkeiten auf im obigen Sinne zweifelsfrei feststellbare Fehler begrenzt.
5. Berichtigungs*un*fähig sind Unrichtigkeiten, die in Ausübung richterlicher Wertungsbefugnis entstanden sind. Daher dürfen weder Rechtsirrtümer noch Tatsachen, die vom Richter festzustellen sind, berichtigt werden. Berichtigungsfähig sind dagegen neben den in § 319 ZPO explizit genannten Schreib- und Rechenfehler auch fehlerhaft festgestellte allgemeinkundige Tatsachen und logische Fehlschlüsse. Insoweit ist es unerheblich, wenn durch die Berichtigung die Entscheidung verändert wird.
6. Für die Berichtigungsbefugnis ist der Entscheidungswille unerheblich. Maßgeblich ist allein der zweifelsfrei feststellbare Erklärungsgehalt der Urteilsurkunde unter Hinzuziehung zuverlässiger externer Erkenntnisquellen.
7. Offenbar i. S. v. § 319 I ZPO ist eine Unrichtigkeit, wenn sowohl die Tatsache der Unrichtigkeit als auch das statt dessen Gemeinte für jeden unbefangenen, verständigen und mit der Terminologie Vertrauten im Zeitpunkt der Entscheidung ersichtlich ist.
8. Sämtliche Bestandteile des Tenors sind grundsätzlich berichtigungsfähig. Hinsichtlich einzelner Aussprüche wird eine Berichtigung aufgrund des Kriteriums der zweifelsfreien Erkennbarkeit jedoch praktisch kaum gegeben sein.
9. Die Berichtigung der Parteibezeichnung ist solange zulässig, wie die Identität der Partei zweifelsfrei gewahrt bleibt. Auch in soweit ist ausschließlich auf die getroffene Entscheidung und nicht darauf, wie zu entscheiden gewesen wäre, abzustellen.

10. Die nach §§ 313 I Nr. 1-3, 315 I ZPO weiterhin im Urteil erforderlichen Angaben sind ebenfalls berichtigungsfähig. Auch hier gilt der Maßstab der zweifelsfreien Erkennbarkeit der Unrichtigkeit und des statt dessen Gemeinten.
11. Die Berichtigung des Tatbestandes nach § 319 ZPO ist nur wegen offenkundig falsch wiedergegebenen Parteivortrags zulässig.
12. Die Berichtigung der Entscheidungsgründe kommt praktisch bloß bei der Falschbezeichnung eines Gegenstandes sowie bei Rechenfehlern in Betracht.
13. Unrichtigkeiten im Urteil, die wie ein Leitsatz keinen - in Bezug auf das Prozeßrechtsverhältnis - rechtserheblichen Inhalt haben, können mangels Rechtsschutzbedürfnis nicht berichtigt werden.
14. Die in Rechtsprechung und Literatur für eine umfassende Bindungswirkung des Berichtigungsbeschlusses gegebenen Gründe überzeugen - soweit sie nicht schon als petitio principii ausscheiden - nicht. Sie läßt sich auch weder aus dem Wortlaut der §§ 319 III, 577 III ZPO noch aus seinem „hoheitlichen" Charakter ableiten. Allenfalls die systematische und die subjektiv teleologische Auslegung können Argumente für die behauptete Bindungswirkung geben.
15. Diesen Argumenten gegenüber spricht der mit umfassender Bindungswirkung der Urteilsberichtigung verbundene Konflikt mit Rechtskraft und Innenbindung des unberichtigten Urteils gegen die Anerkennung materieller Rechtskraft des Berichtigungsbeschlusses. Auch die von der Gegenansicht bemühte Rechtssicherheit steht tatsächlich einer umfassenden Bindung an die Urteilsberichtigung entgegen.
16. Neben Innenbindung und Rechtskraft besteht eine eigenständige und von vorgenannten Urteilswirkungen unabhängige Bindungswirkung von Vollstreckungstiteln in der Zwangsvollstreckung. Sie ist insoweit „schwächer" als die Erstgenannten, als sie lediglich eine - vorübergehende - Vermögensverschiebung, nicht aber eine - endgültige - Güterzuordnung rechtfertigt.
17. Dem Berichtigungsbeschluß kommt formelle Rechtskraft zu. Er ist damit gegen seine aktmäßige Beseitigung geschützt.
18. Materielle Rechtskraft erlangt der Berichtigungsbeschluß nicht. Es fehlt sowohl an einer gesetzlichen Anordnung, als auch an den für eine Analogie erforderlichen Verfahrensvoraussetzungen, um diese Urteilswirkung auf ihn zu übertragen.
19. Der Berichtigungsbeschluß entfaltet jedoch volle Bindung in der Zwangsvollstreckung unter Einschluß des Klausel- und Rechtsbehelfsverfahrens.
20. Für die Berichtigung ist ausschließlich das Gericht zuständig, daß das zu berichtigende Urteil erlassen hat. Eine Abweichung ergibt sich nur insoweit,

wie bei Einzelrichterentscheidungen eines Kollegiums das Kollegium für die Berichtigung zuständig ist.

21. Das Rechtsmittelgericht ist zu einer Berichtigung der Entscheidung des judex-a-quo nicht befugt.
22. Der Antrag auf Urteilsberichtigung unterliegt im Anwaltsprozeß ebenfalls dem Vertretungszwang. Falls außerhalb des Prozeßrechtsverhältnisses stehende Personen ein rechtlich geschütztes Interesse an einer Urteilsberichtigung haben, sind auch sie antragsbefugt.
23. Einem Antrag auf Urteilsberichtigung fehlt bei begehrter Berichtigung rechtlich unerheblicher Fehler das Rechtsschutzbedürfnis. Wiederholten oder nach Rechtskraft des zu berichtigenden Urteils gestellten Berichtigungsanträgen fehlt das Rechtsschutzbedürfnis jedoch in aller Regel nicht.
24. Die Ablehnung der Urteilsberichtigung ist entgegen § 319 III ZPO anfechtbar, wenn sich das Gericht aufgrund tatsächlich nicht bestehender Kognitionsschranken an einer Berichtigung gehindert sah. Die Beschwerde ist befristet und führt bei Erfolg zur Zurückverweisung an den judex-a-quo.
25. Die sofortige Beschwerde gegen den Berichtigungsbeschluß wird nicht dadurch ausgeschlossen, daß gegen das Urteil selbst kein Rechtsmittel statthaft ist.
26. Gegen Berichtigungsbeschlüsse der OLGe ist die Beschwerde gem. § 567 IV 1 ZPO ausgeschlossen. Eine solche Sperrwirkung kommt § 567 III ZPO bezüglich landgerichtlicher Berufungsurteile nicht zu.
27. Wurde entgegen § 319 II ZPO die tatsächlich erfolgte Berichtigung nicht gesondert beschlossen, sondern lediglich ein von der verkündeten Entscheidung abweichendes Urteil abgefaßt, ist auch hiergegen die sofortige Beschwerde gegeben.
28. In allen Fällen unrichtiger Urteile beginnt die Rechtsmittelfrist mit der Zustellung des unberichtigten Urteils zu laufen. Unbillige Härten sind durch Wiedereinsetzung in die Rechtsmittelfrist auszugleichen.
29. Das für die Wiedereinsetzung maßgebliche Kriterium der unverschuldeten Verhinderung, § 233 ZPO, bestimmt sich für den von der Unrichtigkeit Begünstigten und den durch sie Belasteten unterschiedlich. Der *Begünstigte* hat grundsätzlich das Urteil auf eine in ihm enthaltene Beschwer hin zu untersuchen und gegebenenfalls Rechtsmittel einzulegen. Der *Belastete* ist hingegen nicht verpflichtet, nur zur Bekämpfung der äußeren Beschwer ein Rechtsmittel einzulegen.
30. Die Urteilsberichtigung hat keinen Einfluß auf das Rechtsmittelverfahren in der Hauptsache. Fällt durch Berichtigung nach Rechtsmitteleinlegung der Schein einer Beschwer des Rechtsmittelführers weg, ist das Rechtsmittel auf seine Kosten zu verwerfen.

31. Die Vollstreckung aus dem unberichtigten Urteil kann der Vollstreckungsschuldner bei Vorliegen eines Berichtigungsbeschlusses gem. § 775 Nr. 1 ZPO abwehren. Ist (noch) kein Berichtigungsbeschluß ergangen, kann der Vollstreckungsschuldner allenfalls Schutzanordnungen gem. §§ 766 I 2, 732 II ZPO erreichen.

32. Führte der primäre Rechtsschutz nicht zum Erfolg, hat der durch die Vollstreckung aus einem offenbar unrichtigen Urteil Betroffene Bereicherungsansprüchen gegen den Vollstreckungsgläubiger. Kannte dieser die offenbare Unrichtigkeit des Urteils und damit die materielle Unbegründetheit der Vollstreckung, hat der Vollstreckungsschuldner zusätzlich Ansprüche aus §§ 823, 826 BGB; § 717 II, III ZPO finden jedoch keine Anwendung.

Literaturverzeichnis

Achterberg, Norbert	Das Wesen des Richtens Festschrift A. Troller, Berlin, 1987, S. 3 ff. zitiert: Achterberg, FS Troller, S.
Althaus, Stefan	Die Konstruktion der herrschenden Meinung in der juristischen Kommunikation Münchner Dissertationen, 1994 zitiert: Althaus, h.M., S.
Arens, Peter	Prozeßrecht und materielles Recht AcP 173 (1973), 250 zitiert: Arens, AcP 173 (1973), 250
Bader, Johann	Urteilsformel (Tenor) und materielle Rechtskraft im Zivilprozeß NJW 1965, 527 zitiert: Bader, NJW 1965, 527
Balzer, Christian	Schlanke Entscheidungen im Zivilprozeß NJW 1995, 2448 zitiert: Balzer, NJW 1995, 2448
Bassenge, Peter et al.	Bürgerliches Gesetzbuch 59. Auflage, München, 2000 zitiert: Bearbeiter in Palandt, §
Batschari, Alexander / Durst, Matthias	Wirkung des Synallagmas auf die materielle Rechtskraft NJW 1995, 1650 zitiert: Batschari/Durst, NJW 1995, 1650
Bauer, Manfred	Die Gegenvorstellung im Zivilprozeß Berlin, 1990 zitiert: Bauer, Gegenvorstellung, S.
Baumbach, Adolf / Lauterbach, W. et. al.	Zivilprozeßordnung 58. Auflage, München, 2000 zitiert: Bearbeiter in BLAH, ZPO, §, Rn.
Baumert, Friedhelm	Anm. zu OLG Koblenz 14 W 58/86 v. 20.1.1986 AnwBl 1987, 554 zitiert: Baumert, AnwBl 1987, 554
Baumgärtel, Gottfried	Die Verwirkung prozessualer Befugnisse im Bereich der ZPO

	und des FGG ZZP 67 (1954), 423 zitiert: Baumgärtel, ZZP 67 (1954), 423
ders.	Treu und Glauben, gute Sitten und Schikaneverbot im Erkenntnisverfahren ZZP 69 (1956), 89 zitiert: Baumgärtel, ZZP 69 (1956), 89
ders.	Anm. zu OVG Hamburg Bf II 381/53 v. 24.4.1957 JZ 1958, 68 zitiert: Baumgärtel, JZ 1958, 68
ders.	Anm. zu BAG 2 AZR 511/58 v. 5.5.1960 SAE 1960, 171 zitiert: Baumgärtel, SAE 1960, 171
ders.	Anm. zu BAG 4 AZR 103/58 v. 19.5.1960 AP Nr.11 zu §319 ZPO zitiert: Baumgärtel, AP Nr. 11 zu § 319 ZPO
ders.	Anm. zu BAG 5 AZR 252/67 v. 9.6.1968 SAE 1969, 204 zitiert: Baumgärtel, SAE 1969, 204
ders.	Treu und Glauben im Zivilprozeß ZZP 86 (1973), 353 zitiert: Baumgärtel, ZZP 86 (1973), 353
ders.	Kriterien zur Abgrenzung von Parteiberichtigung und Parteiwechsel Festschrift für Schnorr von Carolsfeld, Köln, 1973, S. 19 ff. zitiert: Baumgärtel, FS v. Carolsfeld, S.
Berner, Wilhelm	Anm. zu OLG Hamm 15 W 463/59 v. 7.3.1960 Rpfleger 1960, 299 zitiert: Berner, Rpfleger 1960, 299
Bernhardt, Wolfgang	Auswirkung von Treu und Glauben im Prozeß und in der Zwangsvollstreckung ZZP 66 (1953), 77 zitiert: Bernhardt, ZZP 66 (1953), 77
Bettermann, Karl August	Die Vollstreckung des Zivilurteils in den Grenzen seiner Rechtskraft Hamburg, 1948

zitiert: Bettermann, Vollstreckung, S

ders. Die Beschwer als Rechtsmittelvoraussetzung im deutschen Zivilprozeß
ZZP 82 (1969), 24ff
zitiert: Bettermann, ZZP 82 (1969), 24

ders. Anfechtung und Kassation
ZZP 88 (1975), 365
zitiert: Bettermann, ZZP 88 (1975), 365

ders. Hunder Jahre Zivilprozeßordnung - Das Schicksal einer liberalen Kodifikation
ZZP 91 (1978), 365
zitiert: Bettermann, ZZP 91 (1978), 365

Binder, Julius Prozeß und Recht
Leipzig, 1927 (Neudruck Aalen, 1969)
zitiert: Binder, Prozeß und Recht, S.

Blomeyer, Arwed Zivilprozeßrecht - Erkenntnisverfahren
2. Auflage, Berlin, 1985
zitiert: A. Blomeyer, ZPR I, §

Blomeyer, Jürgen Die Erinnerungsbefugnis Dritter in der Mobiliarzwangsvollstreckung. Zugleich Gedanken zur Verfahrensnatur der Erinnerung und zur Rechtskraft der Erinnerung
Berlin, 1966
zitiert: J. Blomeyer, Erinnerungsbefugnis, S.

ders. Die Haftung des Staates für die Verzögerung von Zivilprozessen
NJW 1977, 557
zitiert: J. Blomeyer, NJW 1977, 557

Böhm, Harald Ungerechtfertigte Zwangsvollstreckung und materiellrechtliche Ausgleichsansprüche
Bielefeld, 1971
zitiert: Böhm, Ausgleichsansprüche, S.

Böttcher, Volker Berichtigung und Ergänzung von Urteilen im Zivilprozeß
Dissertation Hannover, 1995
zitiert: Böttcher, S.

Bötticher, Eduard Kritische Beiträge zur Lehre von der materiellen Rechtskraft im Zivilprozeß

	Berlin, 1930 zitiert: Bötticher, Beiträge, S.
Boor, Hans Otto de	Zur Lehre vom Parteiwechsel und vom Parteibegriff Leipzig, 1941 zitiert: de Boor, Parteiwechsel, S.
Braun, Johann	Die Aufrechnung des Klägers im Prozeß ZZP 89 (1976), 93 zitiert: Braun, ZZP 89 (1976), 93
ders.	Verletzung des Rechts auf Gehör und Urteilskorrektur im Zivilprozeß NJW 1981, 425 zitiert: Braun, NJW 1981, 425
ders.	Rechtskraft und Restitution, Teil 2 - Die Grundlagen des geltenden Restitutionsrechts Berlin, 1985 zitiert: Braun, Restitution II, S.
ders.	Rechtskraft und Rechtskraftbeschränkung im Zivilprozeß JuS 1986, 364 zitiert: Braun, JuS 1986, 364
ders.	Anm. zu BGH VII ZB 3/92 v. 8.10.92 ZZP 106 (1993), 236 zitiert: Braun, ZZP 106 (1993), 236
ders.	Anm. zu BGH VIII ZR 108/95 v. 17.4.1996 JZ 1996, 979 zitiert: Braun, JZ 1996, 979
Brink, Stefan	Über die richterliche Entscheidungsbegründung Frankfurt/Main, 1999 zitiert: Brink, Begründung, S.
Brox, Hans	Die objektiven Grenzen der materiellen Rechtskraft im Zivilprozeß JuS 1962, 121ff zitiert: Brox, JuS 1962, 121
Brox, Hans / Walker, Wolf-Dietrich	Zwangsvollstreckungsrecht 6. Auflage, Köln, 1999 zitiert: Brox/Walker, ZwVollR, Rn.

Bruns, Rudolf	Zum Problemkreis des Wiederaufnahmerechts. Zugleich eine Besprechung von Hans Friedhelm Gaul, die Grundlagen des Wiederaufnahmeverfahrens und die Ausdehnung der Wiederaufnahmegründe. FamRZ 1957, 201 zitiert: Bruns, FamRZ 1957, 201
ders.	Methodik des Prozeßrechts in Thiel, Manfred (Hrsg.), Enzyklopädie der geisteswissenschaftlichen Arbeitsmethoden, München, 1972 zitiert: Bruns, Methodik, S.
Bull, Hans-Joachim	Die „Berichtigung“ des Rubrums DRiZ 1956, 180 zitiert: Bull, DRiZ 1956, 180
ders.	Erlebnisse mit Berichtigungsbeschlüssen RPfleger 1957, 401 zitiert: Bull, RPfleger 1957, 401
ders.	Anm. zu LG Mannheim 1 T 13/57, LG Bielefeld 3 T 179/58, LG Hamburg 9 T 265/57 RPfleger 1958, 279 zitiert: Bull, RPfleger 1958, 279
ders.	Anm. zu OLG Hamm 15 W 42/59 v. 29.4.59 RPfleger 1959, 281 zitiert: Bull, RPfleger 1959, 281
Bundesministerium der Justiz (Hrsg)	Bericht der Kommission für das Zivilprozeßrecht Bonn, 1977 zitiert: Kommissionsbericht ZPR, S.
Busch	Auslegung von Vollstreckungstiteln ZZP 53 (1938), 84 zitiert: Busch, ZZP 53 (1938), 84
Chlosta, Joachim	Zulässigkeit der außerordentlichen Beschwerde; zugleich Anmerkung zu BGH, NJW 1993, 135 NJW 1993, 2160 zitiert: Chlosta, NJW 1993, 2160
Degenhardt, Franz-Josef	Die Auslegung und Berichtigung von Urteilen des Gerichtshofs der Europäischen Gemeinschaften Stuttgart, 1969 zitiert: Degenhardt, S.

Dütz, Wilhelm | Verwirkung des Rechts auf Anrufung der Gerichte
NJW 1972, 1025
zitiert: Dütz, NJW 1972, 1025

Engisch, Karl | Einführung in das juristische Denken
9. Auflage, Stuttgart, 1997
zitiert: Engisch, Einführung, S.

Feiber, Oskar | Anstöße zu einer Verbesserung des Rechtsmittelverfahrens
NJW 1996, 2057
zitiert: Feiber, NJW 1996, 2057

Felix, Günther | Zur Erklärungstheorie des Bundesfinanzhofes bei Berichtigung wegen offenbarer Unrichtigkeiten gemäß § 92 Abs. 3 AO
FR 1960, 35
zitiert: Felix, FR 1960, 35

Fialski, Heiko | Anm. zu BGH IX ZR 149/86 v. 14.4.1987
WuB VII A § 318 ZPO 1.87
zitiert: Fialski, WuB VII A § 318 ZPO 1.87

Fikentscher, Wolfgang | Methoden des Rechts, Band II
Tübingen, 1975
zitiert: Fikentscher, Methoden II, S.

Fischer | Anm. zu BGH II ZR 310/53 v. 27.10.1955
LM § 319 ZPO Nr.3
zitiert: Fischer, LM § 319 ZPO Nr.3

Fischer, Frank O. | Bezugnahmen - insbesondere pauschale Bezugnahmen - in Tatbeständen und Schriftsätzen im Zivilprozeß sowie damit zusammenhängende Fragen
Frankfurt am Main, 1994
zitiert: Fischer, Bezugnahmen, S.

Flotho, Manfred | Empfehlen sich im Interesse eines effektiven Rechtsschutzes Maßnahmen zur Vereinfachung, Vereinheitlichung und Beschränkung der Rechtsmittel und Rechtsbehelfe des Zivilverfahrens?
DRiZ 1996, 353
zitiert: Flotho, DRiZ 1996, 353

Flume, Werner | Anm. zu BVerfG 1 BvR 1087/91 v. 16.5.1995
NJW 1995, 2904

Zitiert: Flume, NJW 1995, 2904

Foerste, Ulrich	Zur Rechtskraft in Ausgleichszusammenhängen ZZP 108 (1995), 167 zitiert: Foerste, ZZP 108 (1995), 167
Fraga Novell, Ana Maria	Die Wirkung der Beschlüsse im Zivilprozeß Berlin, 2000 zitiert: Fraga Novelle, S.
Freytag, Joachim B.	Berichtigung offenbarer Unrichtigkeiten in richterlichen Entscheidungen Dissertation Leipzig, 1933 zitiert: Freytag, S.
Friedrichs, Karl	Anm. zu RG VII ZR 396/27 v. 9.12.1927 JW 1928, 2130 zitiert: Friedrichs, JW 1928, 2130
Gadamer, Hans-Georg	Wahrheit und Methode 3. Auflage, Tuebingen, 1972 zitiert: Gadamer, Wahrheit, S.
Gäbelein, Wolfgang	Zur Abänderbarkeit von Entscheidungen JZ 1955, 260 zitiert: Gäbelein, JZ 1955, 260
Gaul, Hans Friedhelm	Die Grundlagen des Wiederaufnahmerechts und die Ausdehnung der Wiederaufnahmegründe - Zugleich ein Beitrag zum Problem der Analogie beim enumerativen Ausnahmerechtssatz Bielefeld, 1956 zitiert: Gaul, Wiederaufnahme, S.
ders.	Besprechung der Festschrift zum 45. DJT ZZP 80 (1967), 151 zitiert: Gaul, ZZP 80 (1967), 151
ders.	Zur Frage nach dem Zweck des Zivilprozesses AcP 168 (1968), 27 zitiert: Gaul, AcP 168 (1968), 27
ders.	Zur Struktur der Zwangsvollstreckung RPfleger 1971, 1, 41, 81 zitiert: Gaul, RPfleger 1971,

ders.	Das Rechtsbehelfssystem der Zwangsvollstreckung - Möglichkeiten und Grenzen einer Vereinfachung ZZP 85 (1972), 251 zitiert: Gaul, ZZP 85 (1972), 251
ders.	Ungerechtfertigte Zwangsvollstreckung und materielle Ausgleichsansprüche AcP 173 (1973), 323 zitiert: Gaul, AcP 173 (1973), 323
ders.	Negative Rechtskraftwirkung und konkursmäßige Zweittitulierung Festschrift für Friedrich Weber, Berlin, 1975, S. 155 ff. zitiert: Gaul, FS Weber, S.
ders.	Rechtskraftlehre seit Savigny und der heutige Stand Festschrift für Werner Flume, Köln, 1978, S. 443 ff. zitiert: Gaul, FS Flume, S.
Geis, Max-Emanuel	Das revidierte Konzept der "Gerechtigkeit als Fairneß" bei John Rawls - materielle oder prozedurale Gerechtigkeitstheorie? JZ 1995, 324 zitiert: Geis, JZ 1995, 324
Geissler, Th.	Anm. zu BGH II ZR 310/53 v. 27.10.1955 NJW 1956, 344 zitiert: Geissler, NJW 1956, 344
Gerlach, Johann W.	Ungerechtfertigte Zwangsvollstreckung und ungerechtfertigte Bereicherung Berlin, 1986 zitiert: Gerlach, S.
Gerland, Volker	Die Räumungsvollstreckung gegen "Unbenannt" DGVZ 1991, 182 zitiert: Gerland, DGVZ 1991, 182
Gerstel	Anm. zu RAG 202/29 v. 16.11.1929 ArbRSlg 7, 448 zitiert: Gerstel, ArbRSlg 7, 448
Gilles, Peter	Vollstreckungsgegenklage, sog vollstreckbarer Anspruch und Einwendungen gegen die Zwangsvollstreckung im Zwielicht prozessualer und zivilistischer Prozeßbetrachtung - Zugleich ein Beitrag zu Funktion, Rechtsmittelähnlichkeit und Streit-

	gegenstand der Vollstreckungsgegenklage ZZP 83 (1970), 61 zitiert: Gilles, ZZP 83 (1970), 61
Götz, Heinrich	Urteilsmängel und innerprozessuale Bindungswirkung - zugleich ein Beitrag zur Lehre von der Urteilsnichtigkeit Frankfurter Dissertation, 1956 zitiert: Götz, Urteilsmängel, S.
Gottwald, Peter	Empfehlen sich im Interesse eines effektiven Rechtsschutzes Maßnahmen zur Vereinfachung, Vereinheitlichung und Beschränkung der Rechtsmittel und Rechtsbehelfe des Zivilverfahrensrechts? NJW 1996, Beilage zu Heft 23, 9 zitiert: Gottwald, NJW 1996, Beilage zu Heft 23, 9
Grunsky, Wolfgang	Rechtskraft von Entscheidungsgründen und Beschwer ZZP 76 (1963), 165 zitiert: Grunsky, ZZP 76 (1963), 165
ders.	Anm. zu BAG 4 AZR 418/68 v. 4.6.1969 AP Nr. 15 zu § 319 ZPO zitiert: Grunsky, AP Nr. 15 zu § 319 ZPO
ders.	Zur Haftung für richterliche Amtspflichtverletzungen Festschrift für Ludwig Raiser, Tübingen, 1974, S. 141 ff. zitiert: Grunsky, FS Raiser, S.
ders.	Grundlagen des Verfahrensrechts 2. Auflage, Bielefeld, 1974 zitiert: Grunsky, Grundlagen, S.
ders.	Anm. zu BGH III ZR 43/92 v. 24.6.1993 LM ZPO § 322 Nr. 136 (1/1994) zitiert: Grunsky, LM ZPO § 322 Nr. 136
Gündner, Otto	Die Abänderlichkeit formell rechtskräftiger Beschlüsse der streitigen Zivilgerichtsbarkeit Dissertation Gießen, 1935 zitiert: Gündner, Beschlüsse, S.
Habscheid, Walther J.	Zur Erledigung des Rechtsmittels NJW 1960, 2132 zitiert: Habscheid, NJW 1960, 2132
ders.	Der nur scheinbar Verklagte (Scheinbeklagte)

	SJZ 1987, 235 zitiert: Habscheid, SJZ 1987, 235
ders.	Die materielle Rechtskraft des die negative Feststellungsklage aus Beweislastgründen abweisenden Urteils NJW 1988, 2641 zitiert: Habscheid, NJW 1988, 2641
Hagen	Anm. zu BGH V ZR 21/83 v. 9.12.1983 LM Nr. 11 zu § 319 ZPO zitiert: Hagen, LM Nr. 11 zu § 319 ZPO
Hahn, G.	Die gesammten Materialien zur Zivilprozeßordnung Berlin, 1880 zitiert: Hahn, Materialien-ZPO, S.
Hartmann, Peter	Kostengesetze 28. Auflage, München, 1999 zitiert: Hartmann, Kostengesetze
Hauck, Karl	Die Rechtskraftfähigkeit der Beschlüsse im Zivilprozeß Dissertation Heidelberg, 1949 zitiert: Hauck, Rechtskraftfähigkeit, S.
Heim, F. F.	Die Feststellungswirkung des Zivilurteils 2. Auflage, München, 1912 zitiert: Heim, Feststellungswirkung, S.
Hein, Wolfgang	Indentität der Partei Berlin, 1918 zitiert: Hein, Identität, S.
Heinrich, Christian	Anm. zu BGH IX ZR 193/93 v. 14.7.94 LM 1/95 § 319 ZPO Nr.19 zitiert: Heinrich, LM § 319 ZPO Nr.19
Heinrich, Udo	Der gewillkürte Parteiwechsel Köln, 1990 zitiert: Heinrich, Parteiwechsel, S.
Heinzerling, Wilhelm	Ueber die Remedur der beim Urtheilserlaß unterlaufenen richterlichen Versehen AcP 52 (1852), 499 zitiert: Heinzerling, AcP 52 (1869), 499

Hellwig, Konrad	System des deutschen Zivilprozeßrechts, Teil 1 Leipzig, 1912; Nachdruck Aalen, 1968 zitiert: Hellwig, System I, S.
Henckel, Wolfram	Sanktionen bei der Verletzung des Anspruchs auf rechtliches Gehör ZZP 77 (1964), 321 zitiert: W. Henckel, ZZP 77 (1964), 321
ders.	Prozeßrecht und materielles Recht Göttingen, 1970 zitiert: W. Henckel, Recht, S.
Henkel, Heinrich	Einführung in die Rechtsphilosophie 2. Auflage, München, 1977 zitiert: H. Henkel, Einführung, S.
Henssler, Friedericke	Korrektur rechtskräftiger Entscheidungen über den Versorgungsausgleich Konstanz, 1983 zitiert: F. Henssler, Korrektur, S.
Hergenröder, Curt W.	Zivilprozessuale Grundlagen richterlicher Rechtsfortbildung Tübingen, 1995 zitiert: Hergenröder, Rechtsfortbildung, S.
Hess, Carl	Über die Berichtigung von Urteilen nach § 319 ZPO Dissertation Heidelberg, 1916 zitiert: Hess, S.
Hippel, Eike von	Untersuchungen zum Problem des fehlerhaften Staatsakts - Beitrag zur Methode einer teleologischen Rechtsauslegung 2. Auflage, Berlin, 1960 zitiert: v. Hippel, Staatsakt, S.
Hörle, Georg	Berichtigung der Bezeichnung der beklagten Partei im Urteile nach § 319 ZPO ZZP 44 (1914), 65 zitiert: Hörle, ZZP 44 (1914), 65
Huber, Michael	Grundfragen des Tatbestandes im Zivilurteil JuS 1984, 615, 786, 950 zitiert: Huber, JuS 1984, 615
Husmann, Johann H.	Der unbezifferte Klageantrag als Abwehrrecht gegen unbillige Kostenlast und die Kostenvorschrift des § 92 II ZPO

NJW 1989, 3126
zitiert: Husmann, NJW 1989, 3126

Ihering, Rudolf v. | Der Kampf ums Recht
22. Auflage, Wien, 1929
zitiert: Ihering, Kampf, S.

Irle, Martin | Lehrbuch der Sozialspsychologie
Göttingen, 1975
zitiert: Irle, Sozialspsychologie, S.

Isay, Hermann | Rechtsnorm und Entscheidung
Berlin, 1929
zitiert: Isay, Entscheidung, S.

Jaeger, Ernst / Weber, Friedrich | Konkursordnung
8. Auflage, Berlin, 1973
zitiert: Jaeger/Weber, KO,

Jaspersen, Kai | Sinn und Zweck der Vollstreckungsklausel
Rpfleger 1995, 4
zitiert: Jaspersen, Rpfleger 1995, 4

Jauernig, Othmar | Nochmals: Auswirkung von Treu und Glauben im Prozeß und in der Zwangsvollstreckung
ZZP 66 (1953), 398
zitiert: Jauernig, ZZP 66 (1953), 398

ders. | Das fehlerhafte Zivilurteil
Frankfurt, 1958
zitiert: Jauernig, Urteil, S.

ders. | Materielles Recht und Prozeßrecht
JuS 1971, 329
zitiert: Jauernig, JuS 1971, 329

ders. | Materielle Rechtskraft oder innerprozessuale Bindungswirkung eines Verwerfungsbeschlusses gem. § 519b Abs. 2 ZPO bei wiederholter Berufung?
MDR 1982, 286
zitiert: Jauernig, MDR 1982, 286

ders. | Subjektive Grenzen der Rechtskraft und Recht auf rechtliches Gehör
ZZP 101 (1988), 361
zitiert: Jauernig, ZZP 101 (1988), 361

ders.	Zivilprozeßrecht 25. Auflage, München, 1998 zitiert: Jauernig, ZPR,
Jellinek, Walter	Der fehlerhafte Staatsakt und seine Wirkungen Tübingen, 1908 (Neudruck Aalen, 1974) zitiert: Jellinek, Staatsakt, S.
Jeserich, Kurt (Hrsg.)	Deutsche Verwaltungsgeschichte, Bd. 4 Stuttgart, 1985 zitiert: Jeserich, Verwaltungsgeschichte, S.
Johannsen	Anm. zu BGH VI ZB 4/55 v. 23.4.1955 LM ZPO § 319 Nr.2 zitiert: Johannsen, LM ZPO § 319 Nr.2
Jonas, Martin	Anm. zu RAG 7/30 v. 21.6.1930 JW 1931, 1291 zitiert: Jonas, JW 1931, 1291
ders.	Anm. zu RG IVa 288/35 v. 28.10.1935 JW 1936, 103 zitiert: Jonas, JW 1936, 103
Jurksch, Volker	Wenn Gläubiger oder Schuldner wechseln: Rechtsnachfolgeklauseln gemäß §§ 727 ff. ZPO MDR 1996, 987 zitiert: Jurksch, MDR 1996, 987
Kaufmann, Arthur	Analogie und "Natur der Sache" 2. Auflage, Heidelberg, 1982 zitiert: Kaufmann, Analogie, S.
Keidel, Theodor et. al.	Freiwillige Gerichtsbarkeit 14. Auflage, München, 1999 zitiert: Bearbeiter in Keidel, FG, §, Rn.
Kerameus, Konstantin	Die Rechtskraftwirkung der Entscheidungsgründe nach gemeinem und partikularem Recht AcP 167 (1967), 241 zitiert: Kerameus, AcP 167 (1967), 241
Kirberger, Petra	Anm. zu OLG Hamm 15 W 292/77 v. 4.11.77 Rpfleger 1978, 424 zitiert: Kirberger, Rpfleger 1978, 424

Kisch, Wilhelm | Beiträge zur Urteilslehre
Leipzig, 1903 (Neudruck Aalen, 1969)
zitiert: Kisch, Urteilslehre, S.

ders. | Parteiänderung im Zivilprozeß
München, 1912
zitiert: Kisch, Parteiänderung, S.

Kissel, Otto Rudolf | Gerichtsverfassungsgesetz
2. Auflage, München, 1994
zitiert: Kissel, GVG, §, Rn.

Kleinknecht, Theodor / Meyer-Goßner, Lutz | Strafprozeßordnung
42. Auflage, München, 1995
zitiert: Kleinknecht/Meyer-Goßner, StPO, §, Rn.

Kleinschmidt, Willi | Das Berichtigungsverfahren nach deutschem und österreichischem Zivilprozeß
Leipzig, 1932
zitiert: Kleinschmidt, S.

Klette, Dieter | Die rechtliche Behandlung von Verstößen gegen das Verbot "ne ultra petita"
ZZP 82 (1969), 93
zitiert: Klette, ZZP 82 (1969), 93

Kluge, Friedrich / Mitzka, Walther | Etymologisches Wörterbuch der deutschen Sprache
19. Auflage, Berlin, 1963
zitiert: Kluge/Mitzka, Wörterbuch, S.

König, Jörg | Rechenfehler in Anerkenntnisurteilen
MDR 1989, 706
zitiert: König, MDR 1989, 706

Köst, Ewald | Anm. zu OLG Dresden 2 U 218/38 v. 30.5.1940
ZZP 62 (1941), 385
zitiert: Köst, ZZP 62 (1941), 385

Kunze, Axel | § 495a ZPO - mehr Rechtsschutz ohne Zivilprozeß?
NJW 1995, 2750
zitiert: Kunze, NJW 1995, 2750

Lässig, Curt Lutz | Die fehlerhafte Rechtsmittelzulassung und ihre Verbindlichkeit für das Rechtsmittelgericht
Berlin, 1976

zitiert: Lässig, Rechtsmittelzulassung, S.

Larenz, Karl / Canaris, Claus-Wilhelm — Methodenlehre der Rechtswissenschaft
3. Auflage, Heidelberg, 1995
zitiert: Larenz/Canaris, Methodenlehre, S.

Leipold, Dieter — Das Haftungsprivileg des Spruchrichters
JZ 1967, 737
zitiert: Leipold, JZ 1967, 737

Lent, Friedrich — Anm. zu OLG Frankfurt 3 W 48/51 v. 23.5.1951
NJW 1951, 721
zitiert: Lent, NJW 1951, 721

Lindacher, Walter F. — Divergenzen zwischen Urteilstenor und Entscheidungsgründen
ZZP 88 (1975), 64
zitiert: Lindacher, ZZP 88 (1975), 64

ders. — Parteiunfähigkeit als Nichtigkeitsgrund analog § 579 Abs. 1 Nr. 4 ZPO?
JZ 1989, 377
zitiert: Lindacher, JZ 1989, 377

Lipp, Volker — Das private Wissen des Richters - Zur Unparteilichkeit des Richters im Prozeß
Heidelberg, 1995
zitiert: Lipp, Wissen, S.

Lotz, Michael — Die „greifbare Gesetzeswidrigkeit" - eine den Wertentscheidungen des Grundgesetzes Rechnung tragende Rechtsschöpfung des BGH?
NJW 1996, 2130
zitiert: Lotz, NJW 1996, 2130

Lousanoff, de — Anm. zu LG Gießen 7 T 333/81 v. 2.10.1981
JurBüro 1982, 1094
zitiert: de Lousanoff, JurBüro 1982, 1094

Lutter, Marcus / Hommelhoff, Peter — GmbH-Gesetz
15. Auflage, Köln, 2000
zitiert: Lutter/Hommelhoff, GmbHG, §

Lüke, Gerhard — Aus der Praxis: Kläger wider Willen
JuS 1986, 553
zitiert: G. Lüke, JuS 1986, 553

Lüke, Gerhard / Walchshöfer, A. (Hrsg.)
Münchner Kommentar zur Zivilprozeßordnung
München, 1992
zitiert: Bearbeiter in MüKo-ZPO

Lüke, Gerhard / Zawar, Rolf
Die Fehlerhaftigkeit von Rechtsakten
JuS 1970, 205/495
zitiert: G. Lüke/Zawar, JuS 1970, 205/495

Lüke, Wolfgang
Anm. zu BGH VIII ZB 53/94 v. 1.2.1995
JZ 1995, 969
zitiert: W. Lüke, JZ 1995, 969

Luhmann, Niklas
Legitimation durch Verfahren
2. Auflage, Frankfurt, 1989
zitiert: Luhmann, Legitimation, S.

Mädrich, Matthias
Rechtskraftprobleme bei Klagen aus dem Eigentum
MDR 1982, 456
zitiert: Mädrich, MDR 1982, 456

Maier, Kurt / Herrmann, Tilo
Die Korrektur des Versorgungsausgleichs
NJW 1980, 11
zitiert: Maier/Herrmann, NJW 1980, 11

Maier-Reimer, Georg
Fremdwährungsverbindlichkeiten
NJW 1985, 2049
zitiert: Maier-Reimer, NJW 1985, 2049

Markl, Hermann
Gerichtskostengesetz,
2. Auflage, Berlin, 1983
zitiert: Markl, GKG, §

Merkl, Adolf
Die Lehre von der Rechtskraft
Leipzig, 1923
zitiert: Merkl, Rechtskraft, S.

Merten, Detlef
Zum Spruchrichterprivileg des § 839 Abs. 2 BGB
Festschrift für W. Wengler, Bd. 2, S. 519 ff., Berlin, 1973
zitiert: Merten, FS Wengler, S.

Miara, Anja
Beteiligung der ehrenamtlichen Richter bei Berichtigungsbeschlüssen nach § 319 ZPO im arbeitsgerichtlichen Verfahren
NZA 1996, 184
zitiert: Miara, NZA 1996, 184

Mittelbach, Rolf	Die Bedeutung der Urteilsergänzung DB 1967, 1428 zitiert: Mittelbach, DB 1967, 1428
Mitzka, Walther	Trübners Deutsches Wörterbuch, Bd. 5 Berlin, 1954 zitiert: Mitzka, Wörterbuch
Müller, Friedrich	Juristische Methodik 5. Auflage, Berlin, 1993 zitiert: F. Müller, Methodik, S.
Mümmler, Alfred	Voraussetzungen zur Berichtigung eines Beschlusses gem. § 319 Abs. 1 ZPO JurBüro 1978, 167-168 zitiert: Mümmler, JurBüro 1978, 167
Münch, Ingo v. / Kunig, Philip (Hrsg.)	Grundgesetz-Kommentar 3. Auflage, München, 1996 zitiert: Bearbeiter in v. Münch, GG, Art., Rn.
Neuner, Jörg	Die Rechtsfindung contra legem München, 1992 zitiert: Neuner, Rechtsfindung, S.
Nowak, E.	Anm. zu BGH VII ZB 13/90 v. 17.1.1991 JR 1991, 423 zitiert: Nowak, JR 1991, 423
Osterloh, Eilert	Die Berichtigung gerichtlicher Entscheidungen nach § 319 ZPO Dissertation München, 1970 zitiert: Osterloh, S.
Otto, Hansjörg	Anm. zu BAG 4 AZR 364/72 v. 23.5.1973 SAE 1974, 58 zitiert: H. Otto, SAE 1974, 58
Pagenstecher, Max	Zur Lehre von der materiellen Rechtskraft Berlin, 1905 (Neudruck Aalen, 1968) zitiert: Pagenstecher, Rechtskraft, S.
Pantle, Norbert	Anm. zu BGH I ZR 74/88 v. 29.3.1990 MDR 1993, 1166 zitiert: Pantle, MDR 1993, 1166

Pawlowski, Hans-Martin	Aufgabe des Zivilprozesses ZZP 80 (1967), 345 zitiert: Pawlowski, ZZP 80 (1967), 345
ders.	Die Autorität des Richterspruchs Jura 1989, 337 zitiert: Pawlowski, Jura 1989, 337
Pawlowski, Sibylle	Zum außerordentlichen Rechtsschutz gegen Urteile und Beschlüsse bei Verletzung des Rechts auf Gehör nach Art.103 Abs. 1 GG durch die Zivilgerichtsbarkeit. Berlin, 1994 zitiert: S. Pawlowski, Rechtsschutz, S.
Pecher, Hans Peter	Schadensersatzansprüche aus ungerechtfertigter Vollstreckung Berlin, 1967 zitiert: Pecher, Schadensersatz, S.
Petermann, Gerhard	Anm. zu LG Mönchengladbach 6 T 17/59 v. 27.5.1959 Rpfleger 1959, 357 zitiert: Petermann, Rpfleger 1959, 357
ders.	Anm. zu LG Koblenz 4 T 349/72 v. 29.8.1972 RPfleger 1972, 458 zitiert: Petermann, RPfleger 1972, 458
ders.	Zweifel an der Identität des Schuldners DGVZ 1976, 84 zitiert: Petermann, DGVZ 1976, 84
Peters, Egbert	Materielle Rechtskraft der Entscheidungen im Vollstreckungsverfahren ZZP 90 (1977), 145 zitiert: Peters, ZZP 90 (1977), 145
Pfeiffer, Thomas	Scheinurteil - Berufung und Erledigungserklärung durch Scheinbeklagten - Kostentragung EWiR 1994, 1149 zitiert: Pfeiffer, EWiR 1994, 1149
Pieper, Helmut	Die materielle Rechtskraft der im Zwangsvollstreckungsverfahren ergehenden Beschlüsse Dissertation Mainz, 1953 zitiert: Pieper, Rechtskraft, S.

Planck, J. J. W. von — Lehrbuch des Deutschen Civilprozessrechts, Bd. 1
Nördlingen, 1887
zitiert: Planck, Lehrbuch, S.

Pohle, Rudolf — Anm. zu BAG 2 AZR 523/54 v. 7.3.1955
AP Nr. 1 zu § 319 ZPO
zitiert: Pohle, AP Nr. 1 zu § 319 ZPO

ders. — Anm. zu BAG 2 AZR 7/55 v. 22.12.1955
AP Nr. 2 zu § 319 ZPO
zitiert: Pohle, AP Nr. 2 zu § 319 ZPO

ders. — Anm. zu BAG 1 AZR 192/55 v. 13.4.1956
AP Nr. 3 zu § 319 ZPO
zitiert: Pohle, AP Nr. 3 zu § 319 ZPO

ders. — Anm. zu BAG 3 AZR 412/63 v. 12.5.1964
AP Nr. 13 zu § 319 ZPO
zitiert: Pohle, AP Nr. 13 zu § 319 ZPO

Proske, Stefan — Außerordentliche Rechtsmittel gegen die fehlerhafte Nichtzulassung der Revision
NJW 1997, 352
zitiert: Proske, NJW 1997, 352

Pruskowski, Wolfgang — Anm. zu LG Stade 1 S 25/78 v. 26.7.1978
NJW 1979, 931
zitiert: Pruskowski, NJW 1979, 931

Ratte, Theo — Wiederholung der Beschwerde und Gegenvorstellung. Die Abänderbarkeit einer oberlandesgerichtlichen Beschwerdeentscheidung im Zivilprozeß. Zugleich ein Beitrag zur Rechtsnatur der Berufung und der Beschwerde
Berlin, 1975
zitiert: Ratte, Gegenvorstellung, S.

Reinicke, Gerhard — Die Kollision zwischen Rechtsfrieden und Gerechtigkeit
NJW 1952, 3
zitiert: Reinicke, NJW 1952, 3

Roquette, Hermann — Anm. zu OLG Jena 2 W 1083/27 v. 23.9.1927
JW 1928, 1317
zitiert: Roquette, JW 1928, 1317

Rosenberg, Leo / Gaul, Hans Friedhelm / — Zwangsvollstreckungsrecht
11. Auflage, München, 1997

Schilken, Eberhard	zitiert: Rosenberg/Gaul/Schilken, ZwVollR, §, S.
Rosenberg, Leo / Schwab, Karl Heinz / Gottwald, Peter	Zivilprozeßrecht 15. Auflage, München, 1993 zitiert: Rosenberg/Schwab/Gottwald, ZPR, §, S.
Roth, Herbert	Anm. zu BGH XI ZB 9/95 v. 20.6.1995 JZ 1996, 375 zitiert: Roth, JZ 1996, 375
Rottleuthner, Hubert	Umbau des Rechtsstaats? NJW 1996, 2473 zitiert: Rottleuthner, NJW 1996, 2473
Runge, Werner	Anm. zu OLG Düsseldorf 13 W 33/74 v. 23.1.1975 BB 1977, 472 zitiert: Runge, BB 1977, 472
Sauer, Wilhelm	Allgemeine Prozeßrechtslehre. Zugleich eine systematische Schulung der zivilistischen und der kriminalistischen Praxis Berlin, 1951 zitiert: Sauer, Prozeßrechtslehre, S.
Savigny, Friedrich Karl v.	System des heutigen Römischen Rechts, Bd. VI Berlin, 1847 (Neudruck Aalen, 1974) zitiert: Savigny, System Bd. VI, S.
Sax, Walter	Das unrichtige Sachurteil als Zentralproblem der allgemeinen Prozeßrechtslehre ZZP 67 (1954), 21 zitiert: Sax, ZZP 67 (1954), 21
Schellhammer, Kurt	Zivilprozeß 8. Auflage, Heidelberg, 1999 zitiert: Schellhammer, ZP, Rn.
Schilken, Eberhard	Zivilprozeßrecht 2. Auflage, Köln, 1995 zitiert: Schilken, ZPR, Rn.
Schlosser, Peter	Einverständliches Parteihandeln im Zivilprozeß Tübingen, 1968 zitiert: Schlosser, Parteihandeln, S.
Schmidt, Holger	Innenbindungswirkung, formelle und materielle Rechtskraft. - Eine Untersuchung über die Wirkungsweise dieser drei Insti-

tute.
Rpfleger 1974, 177
zitiert: H. Schmidt, Rpfleger 1974, 177

ders. — Besprechung von Theo Ratte: Wiederholung der Beschwerde und Gegenvorstellung
FamRZ 76, 654
zitiert: H. Schmidt, FamRZ 76, 654

Schmidt, Karsten — Zur Haftungsverfassung in der Vor-GmbH
ZIP 1997, 671
zitiert: K. Schmidt, ZIP 1997, 671

ders. — Haftung aus Rechtsgeschäft vor Errichtung einer GmbH
GmbHR 1998, 613
zitiert: K. Schmidt, GmbHR 1998, 613

Schneider, Egon — Die Parteibezeichnung im Urteil
MDR 1966, 811
zitiert: E. Schneider, MDR 1966, 811

ders. — Die Urteilsformel
MDR 1967, 94
zitiert: E. Schneider, MDR 1967, 94

ders. — Anm. zu OLG Karlsruhe 2 W 37/67 v. 31.10.1967
MDR 1968, 421
zitiert: E. Schneider, MDR 1968, 421

ders. — Anm. zu OLG Celle 5 W 1/69 v. 13.1.1969
JurBüro 1969, 457
zitiert: E. Schneider, JurBüro 1969, 457

ders. — Streitwertänderungen mit Einfluß auf die Kostenentscheidung des Urteils
NJW 1969, 1237
zitiert: E. Schneider, NJW 1969, 1237

ders. — Anm. zu BGH VIII ZR 111/76 v. 30.6.1977
MDR 1977, 925
zitiert: E. Schneider, MDR 1977, 925

ders. — Die Rechtsmittelfähigkeit von Einstellungsbeschlüssen nach §§ 707, 719, 769 ZPO
MDR 1980, 529
zitiert: E. Schneider, MDR 1980, 529

ders. Anm. zu OLG Köln 4 U 234/76 v. 25.4.1980
MDR 1980, 762
zitiert: E. Schneider, MDR 1980, 762

ders. Problemfälle aus der Prozeßpraxis - Revision bei verzögerter Urteilsabsetzung
MDR 1988, 640
zitiert: E. Schneider, MDR 1988, 640

Schreiber, Klaus Anm. zu BGH VIII ZB 34/77 v. 9.11.1977
JR 1978, 512
zitiert: Schreiber, JR 1978, 512

Schüler, Joachim Zwangsvollstreckung gegen eine "Firma"
DGVZ 1981, 65
zitiert: Schüler, DGVZ 1981, 65

ders. Die Problematik hinsichtlich der Vollstreckungsfähigkeit von Schuldtiteln, die fehlerhaft oder ungenau sind
DGVZ 1982, 65
zitiert: Schüler, DGVZ 1982, 65

Schultes, Hans-Jörg Zur Nichtigkeit des den Arrest vollziehenden Überweisungsbeschlusses
JR 1995, 137
zitiert: Schultes, JR 1995, 137

Schumacher, Detlef Die Unrichtige Wiedergabe des Parteivorbringens als offenbare berichtigungsfähige Unrichtigkeit
NJW 1969, 967
zitiert: Schumacher, NJW 1969, 967

Schumann, Claus-Dieter Zur Beweiskraft des Tatbestands im Rechtsmittelverfahren
NJW 1993, 2786
zitiert: C.-D. Schumann, NJW 1993, 2786

Schumann, Ekkehard Anm. zu BAG 5 AZR 252/67 v. 9.3.1968
AP Nr. 14 zu § 319 ZPO
zitiert: E. Schumann, AP Nr. 14 zu § 319 ZPO

ders. Fehlurteil und Rechtskraft - Eine dogmengeschichtliche Auseinandersetzung mit den Leugnern des Fehlurteils
Festschrift für Eduard Bötticher, Berlin, 1969, S. 289 ff.
zitiert: E. Schumann, Fehlurteil, S.

ders.	Anm. zu LAG Berlin 5 Sa 4/70 v. 26.2.1970 AP Nr. 16 zu § 319 ZPO zitiert: E. Schumann, AP Nr. 16 zu § 319 ZPO
Schwab, Karl Heinz	Anm. zu BGH VII ZR 12/61 v. 30.11.1961 ZZP 75 (1962), 123 zitiert: Schwab, ZZP 75 (1962), 123
ders.	Die Bedeutung der Entscheidungsgründe Festschrift für Eduard Bötticher, Berlin 1969, S. 321 ff. zitiert: Schwab, FS Bötticher, S.
Schwartz, Johann Chr.	Absolute Rechtskraft und heutiges Deutsches Recht Festgabe für Derneburg, Berlin, 1900 zitiert: Schwartz, Rechtskraft, S.
Seetzen, Uwe	Die Anhörungsrüge kraft Verfassungsrecht NJW 1982, 2337 zitiert: Seetzen, NJW 1982, 2337
Seibert, Claus	Zur Berichtigung des Urteilsspruchs in Strafsachen NJW 1964, 239-240 zitiert: Seibert, NJW 1964, 239
Seuffert, Lothar von	Kommentar zur Ziviprozeßordnung 10. Auflage, München, 1910 zitiert: Seuffert, ZPO[10] (1910), §
Smid, Stefan	Rechtsmittel und Rechtsweg gegen Kostenentscheidungen des OLG gegen Dritte NJW 1989, 1578 zitiert: Smid, NJW 1989, 1578
ders.	Zum prozeßrechtlichen Grund des Haftungsausschlusses nach § 839 Abs. 2 S. 1 BGB Jura 1990, 225 zitiert: Smid, Jura 1990, 225
ders.	Rechtsprechung - Zur Unterscheidung von Rechtsfürsorge und Prozeß - Köln, 1990 zitiert: Smid, Rechtsprechung, S.
Soergel, Hans Th. (Begr.)	Bürgerliches Gesetzbuch 12. Auflage, Stuttgart, 1988 zitiert: Bearbeiter in Soergel, §, Rn.

Somek, Alexander	Die Kaserne der Freiheit in Luf, Gerhard (Hrsg.), Der Kampf ums Recht, S. 57 ff., Berlin, 1995 zitiert: Somek, Kaserne, S.
Speckmann, Werner	Streitwertänderung und Kostenentscheidung NJW 1972, 232 zitiert: Speckmann, NJW 1972, 232
Sprung, Rainer	Konkurrenz von Rechtsbehelfen Wien, 1966 zitiert: Sprung, Rechtsbehelfe, S.
Staudinger, J. v. (Begr.)	Kommentar zum Bürgerlichen Gesetzbuch 12. Auflage, Berlin, 1980 zitiert: Bearbeiter in Staudinger, BGB, §, Rn.
Stein, Friedrich	Das private Wissen des Richters: Untersuchungen zum Beweisrecht beider Prozesse Leipzig, 1893 (Nachdruck Aalen, 1969) zitiert: Stein, Wissen, S.
Stein, Friedrich / Jonas, Martin (Begr.)	Zivilprozeßordnung 21. Auflage, Tübingen, 1991 - 1999 zitiert: Bearbeiter in Stein/Jonas, ZPO, §
Steinberg	Die Berichtigung von Urteilen und Beschlüssen Berlin, 1930 zitiert: Steinberg, S.
Stolleis, Michael	Geschichte des öffentlichen Rechts in Deutschland. Band 3: Staats- und Verwaltungswissenschaft in Republik und Diktatur 1914 bis 1945 München, 1999 zitiert: Stolleis, Geschichte, S.
Stricker, Gregor	Das "Kruzifixurteil" in der wissenschaftlichen Diskussion NJW 1996, 440 zitiert: Stricker, NJW 1996, 440
Striemer	Anm. zu RG VII ZR 396/27 v. 9.12.1927 JW 1928, 709 zitiert: Striemer, JW 1928, 709
Strzysch, Marianne	Der Brockhaus, Bd. 6 (Gu - Ir)

	Mannheim, 1998 zitiert: Brockhaus
Stürner, Rolf	Prinzipien der Einzelzwangsvollstreckung ZZP 99 (1986), 291 zitiert: Stürner, ZZP 99 (1986), 291
ders.	Die Kontrolle zivilprozessualer Verfahrensfehler durch das Bundesverfassungsgericht JZ 1986, 526 zitiert: Stürner, JZ 1986, 526
Stürner, Rolf / Münch, Joachim	Die Vollstreckung indexierter ausländischer Unterhaltstitel JZ 1987, 178 zitiert: Stürner/Münch, JZ 1987, 178
Taupitz, Jochen	Das Umwelthaftungsgesetz als Zwischenschritt auf dem Weg zu einem effektiven Umwelthaftungsrecht Jura 1992, 113 zitiert: Taupitz, Jura 1992, 113
Thomas, Heinz / Putzo, Hans	Zivilprozeßordnung 22. Auflage, München, 1999 zitiert: Thomas/Putzo, ZPO, § 51 Rn,
Ulmer, Peter	Zur Haftungsverfassung in der Vor-GmbH ZIP 1996, 733 zitiert: Ulmer, ZIP 1996, 733
Ulmer, Peter (Red.)	Münchner Kommentar zum Bürgerlichen Gesetzbuch 3. Auflage, München, 1997 zitiert: Bearbeiter in MüKo-BGB, §
Volkmar	Anm. zu RAG B 17/40 v. 05.06.1940 ArbRSlg 39, 197 zitiert: Volkmar, ArbRSlg 39, 197
Vollkommer, Max	Unzulässige "Berichtigung" des Rubrums MDR 1992, 642 zitiert: Vollkommer, MDR 1992, 642
Voßkuhle, Andreas	Rechtsschutz gegen den Richter. Zur Integration der dritten Gewalt in das verfassungsrechtliche Kontrollsystem vor dem Hintergrund des Art.19 Abs.4 GG München, 1993 zitiert: Voßkuhle, Rechtsschutz, S.

Wach, Adolf	Vorträge über die Reichscivilprozeßordnung 2. Auflage, Bonn, 1896 zitiert: Wach, Vorträge, S.
Wahle, Karl	Anm. zu RG VII ZR 396/27 v. 9.12.1927 JW 1928, 1222 zitiert: Wahle, JW 1928, 1222
Wahrig-Burfeind, Renate (Hrsg.)	Wörterbuch der deutschen Sprache 2. Auflage, München, 1998 zitiert: Wahrig, Wörterbuch
Waldner, Wolfram	Anm. zu LG Bochum 11 S 503/82 v. 21.6.1983 ZZP 97 (1984), 216 zitiert: Waldner, ZZP 97 (1984), 216
Walker, Wolf-Dietrich	Anm. zu BGH IX ZR 226/91 v. 17.12.1992 ZZP 107 (1994), 105 zitiert: Walker, ZZP 107 (1994), 105
Walter, Bernhard	Anm. zu BAG 1 AZR 192/55 v. 13.4.1956 SAE 1957, 103 zitiert: Walter, SAE 1957, 103
Wasmuth, Johannes	Anm. zu LG Bonn 8 T 65/90 v. 23.7.1990 JurBüro 1991, 265 zitiert: Wasmuth, JurBüro 1991, 265
Wassermann, Rudolf (Hrsg.)	Kommentar zur Zivilprozeßordnung, Reihe Alternativkommentare Neuwied, 1987 zitiert: Bearbeiter in AK-ZPO, §
Wax, Peter	Anm. zu BGH VII ZB 3/92 v. 8.10.1992 LM H. 2/1993, §567 ZPO Nr.28 zitiert: Wax, LM H. 2/1993, §567 ZPO Nr.28
Weber	Anm. zu BGH VI ZR 176/78 v. 8.7.1980 LM Nr. 10 zu § 319 ZPO zitiert: Weber, LM Nr. 10 zu § 319 ZPO
Werner, Bernhard	Rechtskraft und Innenbindung zivilprozessualer Beschlüsse im Erkenntnis und summarischen Verfahren Erlanger Juristische Abhandlungen, Bd. 31, 1983 zitiert: Werner, Rechtskraft, S.

Wetzell, Georg Wilhelm	System des ordentlichen Zivilprozesses 3. Auflage, Leipzig, 1878 (Neudruck Aalen, 1969) zitiert: Wetzell, System, S.
Wieczorek, Bernhard (Begr.)	Zivilprozeßordnung 2. Auflage, Berlin zitiert: Wieczorek, ZPO, §, Anm.
Wiesemann, Peter	Die Berichtigung gerichtlicher Entscheidungen im Zivil-, Verwaltungs-, Finanz- und Sozialgerichtsprozeß Dissertation Mainz, 1974 zitiert: Wiesemann, S.
Wieser, Eberhard	Die Vollstreckbarkeit im weiteren Sinne ZZP 102 (1989), 261 zitiert: Wieser, ZZP 102 (1989), 261
Windel, Peter A.	Die Rechtsbehelfe des Schuldners gegen eine Vollstreckung aus einer unwirksamen notariellen Urkunde (§ 794 Abs 1 Nr. 5 ZPO) - zugleich ein Beitrag zum Rechtsschutzsystem des 8. Buches der ZPO ZZP 102 (1989), 175 zitiert: Windel, ZZP 102 (1989), 175
Wolf, Manfred	Anm. zu BGH II ZR 188/89, AG 1991, 312/315 AG 1991, 315 zitiert: M. Wolf, AG 1991, 315
Zeiss, Walter	Die arglistige Prozeßpartei Berlin, 1967 zitiert: Zeiss, Arglist, S.
ders.	Anm. zu BAG 1 AZB 16/69 v. 4.8.1969 SAE 1970, 75 zitiert: Zeiss, SAE 1970, 75
Zeuner, Albrecht	Die objektiven Grenzen der materiellen Rechtskraft im Rahmen rechtlicher Sinnzusammenhänge Tübingen, 1959 zitiert: Zeuner, Sinnzusammenhänge, S.
Ziehensack, Helmut	Die Berichtigung der Parteibezeichnung ÖJZ 1996, 721 zitiert: Ziehensack, ÖJZ 1996, 721

Zippelius, Reinhold | Legitimation durch Verfahren?
Festschrift für Karl Larenz, München, 1973, S. 293 ff.
zitiert: Zippelius, FS Larenz, S.

Zöller, Richard (Hrsg.) | Zivilprozeßordnung
21. Auflage, Köln, 1999
zitiert: Bearbeiter in Zöller, ZPO, §

Peter Lang · Europäischer Verlag der Wissenschaften

Aline Bruer-Schäfer

Der Internationale Strafgerichtshof

Die Internationale Strafgerichtsbarkeit im Spannungsfeld von Recht und Politik

Frankfurt/M., Berlin, Bern, Bruxelles, New York, Oxford, Wien, 2001. 388 S.
Schriften zum Staats- und Völkerrecht.
Herausgegeben von Dieter Blumenwitz. Bd. 90
ISBN 3-631-37940-4 · br. € 50.10*

Am 17. Juli 1998 wurde in Rom ein Statut beschlossen, das die Tür zur Errichtung eines Internationalen Strafgerichtshofs (IStGH) öffnet. Der IStGH will die Straflosigkeit schwerster Verletzungen der Menschenrechte verhindern und die Bestrafung der Täter auch bei hoheitlichem Tätigwerden sicherstellen. Vor diesem Hintergrund zeigt die Arbeit das zwischen (Völkerstraf-) Recht und Politik bestehende Spannungsverhältnis auf. Zur Einführung in die Thematik wird das Problemfeld Völkerrecht und Strafe erörtert und dadurch die Grundlage für die weitere Betrachtung geschaffen. Im Mittelpunkt der Arbeit steht die zu bejahende Frage, ob auf der Grundlage des Statuts von Rom ein unabhängig, unparteiisch und effektiv arbeitender IStGH errichtet werden kann.

Aus dem Inhalt: Das Spannungsfeld zwischen (Völkerstraf-) Recht und Politik · Die Problematik Völkerrecht und Strafe · Das Statut von Rom vom 17. Juli 1998 und die internationale Strafgerichtsbarkeit · Der IStGH auf der Grundlage des Statuts von Rom als wirksamer Beitrag zur Friedenssicherung und -erhaltung und als unabhängiger sowie effektiver Garant für Gerechtigkeit

Frankfurt/M · Berlin · Bern · Bruxelles · New York · Oxford · Wien
Auslieferung: Verlag Peter Lang AG
Jupiterstr. 15, CH-3000 Bern 15
Telefax (004131) 9402131

*inklusive der in Deutschland gültigen Mehrwertsteuer
Preisänderungen vorbehalten

Homepage http://www.peterlang.de

FSC
www.fsc.org
MIX
Papier | Fördert gute Waldnutzung
FSC® C083411

Kolibri 360 GmbH
Ferdinand-Jühlke-Straße 7
99095 Erfurt, Deutschland
produktsicherheit@kolibri360.de

Druck:
CPI Druckdienstleistungen GmbH
im Auftrag der
Kolibri 360 GmbH
Ferdinand-Jühlke-Str. 7
99095 Erfurt